把行业企业需求和标准
作为教学的目标和行动

职业教育汽车运用与维修专业工作过程系统化课程系列教材

发动机及其组件的拆装与检测

组　编　北京市昌平职业学校

主　编　谭红霞

副主编　尹志平　王　亮

参　编　时景来　张晶磊　何　旭

机 械 工 业 出 版 社

本书是职业教育汽车运用与维修专业工作过程系统化课程教材。通过本课程的学习，学生能够了解发动机系统的组成和工作原理，并能对简单的机械故障进行检测和排除。本书注重学习者“工作能力”的培养，力求体现“能力本位”的职业教育原则。每一个学习单元的设计除了注重传统意义上“工艺与技能”的学习，还充分关注环保、安全管理、劳动组织、职业行为等内容，使学习者在学习中不仅能获得知识、提高技能，而且还能积累丰富的工作过程经验，形成系统化解决问题的工作思维模式，提高综合职业能力。本书共包括来自发动机的尾气噪声、排气管的维修、冷却液报警灯点亮、发动机冷却液温度高、机油压力报警灯闪烁、发动机异响六个学习单元。

本书既可作为系统培训教材，又可将每个学习任务作为独立课题供读者选用；既可为教师在制订教学计划及课堂教学方面给予帮助，又可为学生提供学习帮助。

图书在版编目（CIP）数据

发动机及其组件的拆装与检测/谭红霞主编．北京市昌平职业学校组编．—北京：机械工业出版社，2011.6

职业教育汽车运用与维修专业工作过程系统化课程系列教材

ISBN 978-7-111-34385-1

Ⅰ.①发…　Ⅱ.①谭…②北…　Ⅲ.①汽车—发动机—装配（机械）—职业教育—教材②汽车—发动机—检测—职业教育—教材　Ⅳ.①U464

中国版本图书馆 CIP 数据核字（2011）第 078545 号

机械工业出版社（北京市百万庄大街 22 号　邮政编码 100037）
策划编辑：曹新宇　责任编辑：曹新宇　王莉娜
责任校对：陈延翔　封面设计：赵颖喆
责任印制：杨　曦
北京四季青印刷厂印刷（三河市杨庄镇环伟装订厂装订）
2011 年 8 月第 1 版第 1 次印刷
184mm×260mm · 18 印张 · 1 插页 · 441 千字
0 001—3 000 册
标准书号：ISBN 978-7-111-34385-1
定价：43.00 元（含两册）

凡购本书，如有缺页、倒页、脱页，由本社发行部调换

电话服务	网络服务
社服务中心：(010)88361066	门户网：http：//www.cmpbook.com
销售一部：(010)68326294	教材网：http：//www.cmpedu.com
销售二部：(010)88379649	
读者购书热线：(010)88379203	**封面无防伪标均为盗版**

序

进入21世纪以来，中国汽车产业发展突飞猛进，已经成为我国国民经济的支柱产业之一。目前中国机动车保有量已达1.99亿辆，其中汽车8 500多万辆，每年新增机动车2 000多万辆。

调查显示，一辆新车从购买到报废的全部花费中，购车费用只占到35%，而后期维修占到45%，并以每年10%以上的速度递增。作为汽车产业的重要延伸，汽车维修行业已经成为一个潜力巨大的市场，得到了前所未有的发展。汽车维修企业的管理水平和服务意识有了明显的改善，扩大了服务范围，改变了服务方式，提高了服务水平。随着现代汽车检测诊断技术的广泛应用，企业增加了服务设施，提高了技术装备水平，但与世界发达国家相比，在现代服务理念、行业研究、行业标准、服务项目的广度、服务内涵的深度和服务质量等方面还存在相当大的差距，关键在于企业工作人员整体综合素质未能达到现代维修企业的发展需求，具体表现为：受过专业训练的人员比例较低，拥有技能证书的员工比例较低；大部分员工从业时间短，维修经验匮乏，跳槽现象严重；企业急需大量有明确的行业发展目标、有良好职业道德、有端正工作态度和敬业精神的优秀人才。

北京市昌平职业学校汽车运用与维修专业教师在基于与德国合作开发的工作过程系统化课程基础上，经过5年的教学实践，按照企业行业的要求对课程进行了多次的修订，最终开发出了本套适合中国汽车维修企业人才发展需求和中国职业教育现状的汽车运用与维修专业工作过程系统化课程系列教材。从体系内容上看，本套教材力求反映汽修行业人才培养的特点，按企业行动领域来构建课程内容，充分体现了理论实践一体化的职业教育模式。

与国内已出版的同类教材相比较，本套教材的内容与编排展现了以下三个特点：

1. 学习内容以工作任务为载体

本套教材的每个学习单元都是以任务、工具、项目等为载体，由维修企业的一项真实工作任务转化而来，其设计和实施完全是按照完整的工作过程展开的，学习者经历的是一个“重复思维的过程”。正所谓“重复的是过程，不重复的是内容”，从而为使学习者建立职业思维方式，成为行业人才奠定了基础。

2. 注重工作能力的培养

本套教材遵循“能力本位”的职业教育原则，每一个学习情境的设计除了注重传统意义上“工艺与技能”的学习，还充分关注环保、安全管理、劳动组织、职业行为等内容。学习者在学习中不仅能获得知识、提高技能，而且还能积累丰富的工作过程经验，形成系统化解决问题的工作模式，提高综合职业能力。

3. 注重工作习惯的养成和工作思维的形成

本套教材通过模拟维修企业的实际生产过程和组织运行机构，使学习者对实际的工作环境不再陌生，实现学习者和企业的“零”对接；逐步树立认真负责的工作态度、严格遵守法律法规的意识、保护环境和工作场地的习惯、维护企业和顾客利益的职业素养；慢慢形成独立工作、与人沟通、做事讲究方式方法、会记录、能归纳、勤思考、具有自我保护意识、能展示自我、具有一定创新性的独立人格；渐渐养成与人合作、善于交流、有深刻的集体荣誉感的团队精神。

通过对本套教材的学习，学习者能够达到企业的要求。本套教材是一套能充分体现学校与企业零距离对接的教材。

细读书稿，深感本书有特色、有价值。应编者盛情之约，写下以上感言，姑以为序。

北京祥龙博瑞汽车服务（集团）有限公司总工程师

魏俊强

前　言

随着汽车制造技术的迅猛发展及汽车维修技术的不断更新，汽车维修企业的劳动组织形式也发生了变化，因此现代汽车维修行业对从业人员提出了更高的要求，终身职业学习的理念逐渐被大家接受。职业能力是科学的工作和学习方法的基础，无法简单通过传统的学科化课程和传授式教学来实现，并且传统课程的学科系统化和职业活动之间存在着巨大的鸿沟，学校课程与企业的职业活动不协调，所以促进职业能力发展的课程成为当前职业教育课程发展的趋势。

经过广泛、深入的市场调研后，我们通过对汽修企业的岗位能力进行分析，获得了企业用人的标准。现代企业不仅看重员工技能的熟练，更要求员工具备较强的责任心，要诚实、守信、能合作、会沟通。所以，可以把现代企业用人的标准归纳成专业能力、关键能力（见附录）和职业道德三方面的能力需求。

工作过程系统化课程正是以培养这三种能力为目标的一套课程。工作过程是指企业里为完成一件工作任务而进行的一个完整的工作程序，其基本组成要素见下图。

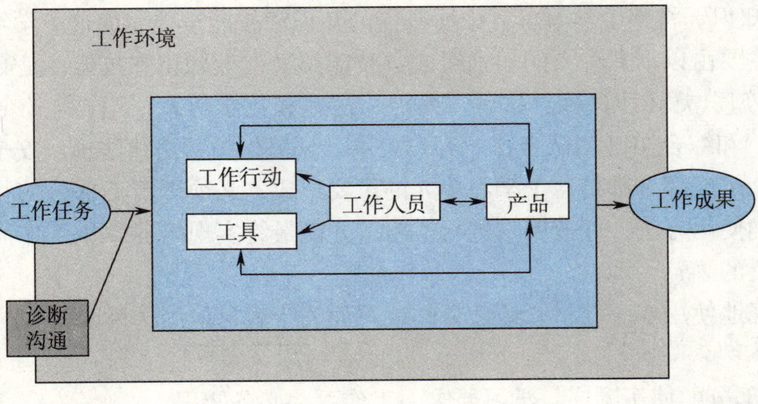

本套教材适用于中等职业学校三年或四年制汽车运用与维修专业使用，它是按照汽车维修企业的典型工作任务的需要进行课程设置，基于工作过程系统化理念进行编写的，共包含汽车维护保养、发动机及其组件的拆装与检测、汽车电子和电气系统的检测与维修、汽车传动系统的诊断与维修、汽车发动机控制系统的诊断与维修、汽车底盘和制动系统的诊断与维修、汽车网络系统的诊断与维修、汽车附加系统的补充装备及其调试和汽车舒适与安全系统的检测与维修 9 门课程，共 49 个学习单元。

本套教材是对学科体系教材的一次颠覆性改造。它没有传统意义上的“机械制图”、“电工基础”等专业理论课，但专业理论基础知识与技能并没有舍弃，而是依照工作过程的要求，以够用、适用为原则，与传统的专业技能课程内容结合在一起，按照行动体系的需要，打破学科体系，对内容进行分解和重构，将其整合到各课程与学习单元中去，充分体现了理论与实践一体化的当代职业教育先进思想。其教学内容的综合性、教学设计的系统性、教学过程的行动性、教学思路的创新性、培养目标的职业性与以往的教学都有着很大的不同。

本套教材遵照从宏观到微观、从整体到局部和从简单到复杂的认知规律，以汽车维修企业典型工作任务的分析为基础进行课程的划分，以学习单元为基础进行每本教材的编排，充分体现工学结合的理念，以故障的诊断和排除为学习的工作任务，模拟真实的工作过程。学习过程从故障现象出发，学习者从客户接待—故障诊断—维修计划制订—工具准备—故障排除—费用核算—交车，经历完整的工作过程。学习开始于接待客户，结束于把车辆交给客户并定期回访。学习者学习到的不仅是知识和技术，更是在经历完整的工作过程中，学会技术，选择和使用工具，与人沟通，了解企业的业务流程和组织方式，由学会技术到学会工作。

通过对本套教材的学习，学习者能够完全掌握必要的专业理论知识，同时能够达到相应的技术要求，并能取得相应的职业资格证书，为就业打下良好基础。

本套教材中的每本教材由 4 ~7 个学习单元组成，每个学习单元由学习要求、工作页和必备知识三部分组成。

1. 学习要求。由企业工作任务、学习目标、教学内容、建议学时和教学资源等部分组成。

2. 工作页。按照接受工作任务、信息收集、制订计划、实施与质量检查和评价与反馈的工作流程进行编写，起到引导学习者按照企业真实的工作流程来进行学习的目的，使学习者的学习更加具有针对性。

3. 必备知识。将整个学习单元中所必需的知识和技能按照完成这个学习单元的流程编写在一起，主要由以下几个大的类别组成：技能类（专业知识和技能，是必备知识的主体部分）、文化知识类（计算机、数学、英语、物理和化学等）、工作类（企业工作流程和组织机构等）和综合类（团队合作、客户关系、环境保护、法律法规、安全规范等）。

以上三个组成部分都是每个学习单元的重要组成，必须理清三部分的相互关系，明确三部分的正确使用方法，并按要求进行学习，才能最终实现培养学生工作能力、与企业实现零对接的目的。

为了更好地使用本套教材，请认真阅读下面关于教材使用的说明：

1. 三个部分的使用顺序：学习要求→工作页→必备知识。

2. 学习者在进行每个单元的学习之前，一定要认真研读“学习要求”的相关内容，明确与本单元对应的企业工作的流程及本单元的学习目标和内容，为更好地进行本单元的学习奠定基础。

3.“工作页”是本教材的核心，它将学习者需要掌握的知识、技能，需要养成的职业规范，需要形成的行为习惯，需要适应的企业工作环境和流程等学习要求都按照企业真实工作任务的工作流程，通过问题引导的方式提出来，使学生在完成每个学习单元的过程中充分体现“做中学、学中做”的特点。**所以，学习者在使用本套教材进行学习时，一定要按照工作页的引导进行学习，而不能像传统教材那样先看学习内容，再完成相关的作业。**

本套教材是在大量的企业调研的基础上编写完成的，所以，即便学习者没有真实的工作经历，只要按照本套教材的要求进行学习，就必能对企业真实的工作有所了解，真正实现与企业的“零”对接。

4. “工作页”中提出了大量的引导问题，若想解决这些问题就必须到对应的“必备知识”中寻找答案。所以，“必备知识”就类似于一个资源库，学习者可以按照学习的需要，到“必备知识”中搜寻自己所需要的。当然，这个“资源库”的篇幅毕竟有限，无法完全满足学习者的学习要求，所以学习者还需要结合自身的实际条件，准备相应的维修手册、产品使用说明、企业真实的维修数据库、管理软件、规章制度、管理要求、视频、实物教具和实验实训设备等学习资源，才能真正构建一个工作过程系统化课程所必需的学习环境。

本教材是工作过程系统化课程系列教材的第二本书，参考学时是220学时，本教材能使学习者掌握汽车发动机及其组件的主要知识和技能，同时，将强化学习者关注自己和他人的学习过程、自我展示、相互评价等方面的意识和能力，从而达到对学习者综合职业能力培养的目的。

通过本教材的学习，使学生了解发动机系统、排气系统及主要部件的功能，掌握一定的专业技能，如正确使用拆装工具和焊接设备，并能够根据维修手册和相关资料的要求，完成对排气系统和发动机系统机械部件的检测、拆装与维修；利用企业信息系统制订工作计划并实施，利用该系统控制整个工作流程，对工作成果进行检查、评估、记录和演示。在学习过程中，培养学生与人交流、团队协作的能力以及对工作认真负责的态度，完成对工作过程的记录与总结，养成安全操作、环境保护、节约成本的良好习惯。

本教材在每个学习单元都设置了评价环节，从自己、他人、团队等角度对每一个学习者的知识、技能、行为习惯、方法和意识等职业能力进行综合评价，以此促进学习者关注自身综合职业能力的提升，为最终更快地融入企业的工作环境，并能在企业中实现可持续发展奠定基础。

本书既可作为系统培训教材，又可将每个学习任务作为独立课题供读者选用；既可为教师在制订教学计划方面及课堂教学方面给予帮助，又可为学生提供学习帮助。

学时建议

	总学时
学习单元一　来自发动机的尾气噪声	40
学习单元二　排气管的维修	40
学习单元三　冷却液报警灯点亮	25
学习单元四　发动机冷却液温度高（冷却系统的故障）	45
学习单元五　机油压力报警灯闪烁	25
学习单元六　发动机异响	45
合计	220

为了使学习者在每个学习单元的学习中，都能对学习的目标和内容有一个初步的了解和最终的控制，本教材为学习者制订了下面的“教学目标及教学内容控制表”，该表将本书涉及的教学目标和教学内容一一罗列出来，并将每个学习单元所承载的学习目标和内容也都逐一进行了标注，一方面有利于学习者在开始学习前对本教材的主体和每一个学习单元的内涵及相互关系有所了解；另一方面学习者可以在每一个单元学习完成后，利用此表对自己的学习目标和内容的达成情况进行自查。

教学目标和内容控制表

序号	发动机及其组件的拆装与检测	学习单元一	学习单元二	学习单元三	学习单元四	学习单元五	学习单元六
1	维修企业信息系统的使用	*	*	*	*	*	*
2	遵守法律规定和生产商的规定	*	*	*	*	*	*
3	技术交流媒介的使用（网络平台、多媒体设备）	*	*	*	*	*	*
4	使用工具和机器设备	*	*	*	*	*	*
5	使用维修企业用料和辅助用料	*	*	*	*	*	*
6	零部件的检验	*	*	*	*	*	*
7	掌握螺纹联接件的制作和使用	*	*		*		*
8	遵守技术数据和安装规定	*	*	*	*	*	*
9	执行钻孔工作	*	*				
10	攻螺纹和维修螺纹	*	*				
11	测量长度、直径和螺纹	*	*				*
12	记录和演示工作结果	*	*	*	*	*	*
13	工作结果的检查和评估	*	*	*	*	*	*
14	和员工以及上司沟通	*	*	*	*	*	*
15	发动机系统的拆卸、维修和安装计划			*	*	*	*
16	气缸、曲轴箱、气缸盖			*	*	*	*
17	曲柄连杆机构（活塞、活塞环、活塞销、曲轴传动装置）					*	*
18	发动机轴承				*	*	*
19	配气机构（发动机控制装置、气门传动装置）			*	*		
20	可变配气正时控制装置				*		
21	工作原理图（曲线图）	*	*		*		
22	发动机种类				*		
23	气缸数量、点火顺序、点火正时（间隔）						*

（续）

序号	发动机及其组件的拆装与检测	学习单元一	学习单元二	学习单元三	学习单元四	学习单元五	学习单元六
24	进气系统				*		
25	排气系统		*				
26	机械设备、安装工具和原料	*	*		*		*
27	对半成品的切割、重新定型和安装	*	*				
28	钻孔和攻螺纹	*					
29	螺栓和螺栓联接	*			*		
30	螺栓转矩、旋转角度	*			*		*
31	工厂委托书	*	*		*		
32	工作计划	*	*		*		*
33	磨损检查 （用设备和相应的工艺方法对表面、规定尺寸、公差和螺纹、压缩压力和压力损失进行检查、测量）	*	*		*		*
34	密封性检测	*	*	*	*		*
35	机动车验收	*	*	*	*	*	*
36	文档	*	*	*	*	*	*
37	框图、示意图和功能列表	*	*	*	*	*	*
38	备件和材料需求表	*	*	*	*	*	*
39	生产商材料	*	*	*	*	*	*
40	担保权、保障、保证	*	*	*	*	*	*
41	环境保护	*	*	*	*	*	*
42	企业工作流程（情景模拟）	*	*	*	*	*	*
43	机修师和员工之间的交流、专业交流	*	*	*	*	*	*
44	工作安全、劳动安全、事故预防	*	*	*	*	*	*
45	垃圾处理和再利用	*	*	*	*	*	*
46	外来语专业概念			*	*	*	
专业理论基础							
47	计算						*
48	材料延伸长度检测		*				*
49	热膨胀				*		*
50	曲轴角度、弧度换算						*
51	重量、密度、重力						*

（续）

序号	发动机及其组件的拆装与检测	学习单元一	学习单元二	学习单元三	学习单元四	学习单元五	学习单元六
52	压力计算				*		
53	活塞力计算						*
54	曲轴的受力分析						*
55	动力、动力拆分						*
56	曲轴连杆的受力分析（计算）						*
57	活塞速度（活塞往返次数/秒）						*
58	发动机转速						*
59	机械功和能						*
60	机械功率						*
61	发动机转矩和功率						*
62	能量的转换效率（功的损失）						*
63	控制时间	*	*				
64	图解法、示意图（简单图表计算）			*	*	*	*
65	计算机技术	*	*		*		*
66	企业数据处理（硬件和软件）	*	*				
67	车间信息系统、交流平台和文档系统	*	*		*		*
68	生产商规定	*	*	*	*	*	*
69	图示法、示意图（简单的图表计算）				*		*
70	文件汇编软件						

本书由谭红霞任主编，尹志平、王亮任副主编，参加编写的还有时景来、张晶磊、何旭。由于编者水平有限，书中难免有不足之处，请广大读者提出宝贵意见和建议，以求不断改进和完善。

北京市昌平职业学校

目 录

学习单元一

来自发动机的尾气噪声

来自发动机的尾气噪声学习要求

企业工作任务	
针对顾客的陈述，应检测车辆的排气装置并对其进行维护。在接车时，确定排气弯管和排气管之间不密封。	
工作流程	**可能故障原因**
1. 接车并对车辆进行验证。 2. 确认车辆信息。 3. 寻找故障原因。 4. 学习螺栓联接的系统知识。 5. 确定螺栓联接对其他部位产生的影响。 6. 确定可行的维修方案（更换或修理）。 7. 确定实施螺纹修理的工作流程图。 8. 实施螺纹修理（例如精切、螺纹护套等）。 9. 更换断裂的支承螺栓（双头螺栓）。 10. 按照厂家的说明书拆卸和安装排气装置。 11. 进行密封性试验。 12. 验收。 13. 工作记录。 14. 车辆交与客户。	1. 支承螺栓出现故障。 2. 支承螺栓破裂。 3. 排气弯管中的螺纹损坏。 4. 螺栓联接锈蚀（不动）。

学习目标

1. 能够拆装汽车排气管。
2. 能够利用企业信息系统制订工作计划并实施，并利用该系统控制整个工作流程，特别要会使用电子数据信息系统。
3. 遵守法律和生产商的规定，并能合理使用技术交流平台。
4. 正确使用工具、机械设备、原料和辅助原料。
5. 在拆装和维修过程中，学生要检查零部件的再利用性（包括修复后的再利用）。
6. 在拆卸螺栓联接时，要注意技术数据和安装规定。
7. 在维修零部件时，要能够完成对半成品重新定型、切割的工作，特别是钻孔和加工螺纹的工作。
8. 能够用测量仪器检测零件长度、直径和螺纹（测牙形）。
9. 能够对工作成果进行检查、评估、记录和演示。
10. 能够和同事及领导进行沟通。

教学内容

技能类	综合类
1. 排气系统的拆装。 2. 机械设备、安装工具和原料的使用。 3. 钻孔和攻螺纹。 4. 划线。 5. 切割。 6. 用量具测量。 7. 螺栓和螺栓联接。 8. 螺栓拧紧力矩。 9. 对半成品的切割、重新定型和定位。	1. 企业工作流程。 2. 制订维修计划，收集相关技术资料。 3. 严格遵守维修车间的管理制度，注意维修车辆、设备、工具的正确使用及人身安全。 4. 注意环境保护、合理使用原材料。 5. 记录工作结果并存档。 6. 对工作质量进行评价。 7. 口头和书面交流。 8. 测量和检验。 9. 与顾客进行沟通的方式。 10. 责任心。

专业理论基础	计算机
1. 材料。 2. 机械制图。	1. 演示文稿。 2. Word。 3. Excel。 4. 备件列表和材料清单。

建议学时

40 学时

教学资源

1. 排气装置有故障的四辆汽车。
2. 排气装置的构件。
3. 工厂信息系统。
4. 备件目录。
5. 游标卡尺、直尺、牙形尺。
6. 手电钻。
7. 台钻。
8. 拆装螺栓的工具。
9. 螺纹切削工具。
10. 扭力扳手。

来自发动机的尾气噪声工作页

1 接受工作任务 1.1 填写任务委托书	成绩：

1. 接受维修工作任务，填写工作任务委托书。
顾客描述：来自发动机尾气的噪声。

昌职汽车修理厂委托书

客户名称				业务单号	
地址				车牌号码	
联系电话		联系人		车型	
发动机号		行驶里程		颜色	
VIN 号		存油		预计完工日期	

随车附件	有 ✓ 无 × 损 ○							
	前照灯		转向灯		制动灯		示宽灯	
	牌照灯		车内灯		收录机		天线	
	点烟器		烟灰缸		电扇		摇把	
	空调器		反光镜		室内镜		门窗玻璃	
	刮水器		喇叭		车门拉手		靠垫座套	
	地垫		遮阳板		轴头亮盖		千斤顶	
	备胎		手工具		前车牌号		后车牌号	
	运营牌		徽标		前商标		左后商标	
	中后商标		右后商标					

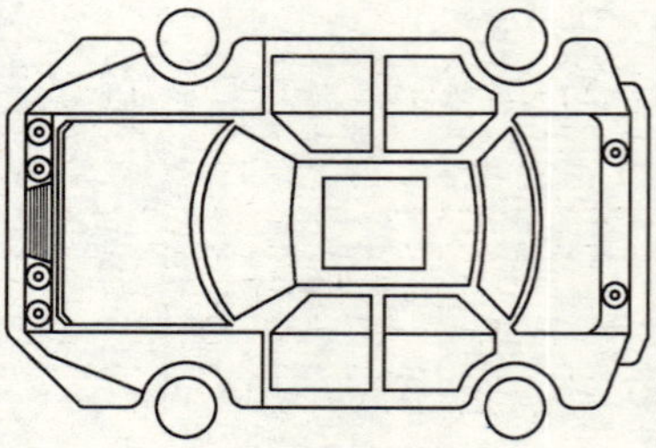

油存 E | | | | | | | | F

序号	维修项目
备注	

※零件损坏是否更换　　□是　　□否

本人对以上内容已经确认，并愿意按上述要求进行评估服务和支付相关费用。

本人已将车内票据、现金及贵重物品取走。

经办人：__________　　　　用户签字：　　　　日期：______年____月____日

1　接受工作任务 1.2　初步检查故障原因	成绩：

2. “初步检查故障原因”的操作过程监控表。

操作步骤	操作过程记录		
起动汽车	1）起动前应拉紧驻车制动，先检查挡位。 ① 自动变速器车的变速杆应在P挡。P挡位置时________、________或取下钥匙，________将被锁定，停车和起动发动机时，选择该挡位。起动时，请先踩下制动踏板，再起动发动机。 ② 手动挡的车挡位应在________。		
	2）观察四周，确认车辆周边是否有可能________的物体。		
	3）将点火开关打到________挡，________车窗玻璃。此时，仪表灯应________，检查各仪表是否工作正常，如燃油________、机油________、冷却液________、发动机________、蓄电池________。		
	4）接好尾气排放装置。		
	5）起动汽车。		
举升汽车	1）使用举升机前应清除举升机附近________的器具及杂物，使用前应检查操作手柄或按钮是否正常。		
	2）检查举升机________。		
	3）待举升车辆驶入后，应将举升机支撑块________该车型规定的举升点。		
	4）举升汽车时，初步把汽车提升到轮胎________地面为止，确认车辆________支撑在举升机上。举升汽车时，人员应________车辆，举升到需要高度时，必须插入________，并确保________才可开始车底作业。千万________试图摇晃车辆，因为这样可能导致车辆跌落，造成________。		
	5）举升汽车时举升要________，降落要________。		
	6）有人在车下作业时，________升降举升机。		
	7）发现举升机操纵机构不灵敏、电动机不同步、托架不平或液压部分漏油，应________，不得带病操作。		
	8）作业完毕后，应________，打扫举升机周围以保持场地整洁。		
检查排气系统	1）检查汽车排气系统时，排气管________非常高，建议戴上手套，防止________。 2）通过对排气装置进行检测，如出现________，则表示排气系统________不好或者有损坏。 3）排气管存在的问题：____________________________。 4）初步确定解决问题的办法：____。		
小组合作			

2 收集信息

2.1 排气系统的知识

成绩：

3. 排气系统的作用。

1）降低在强烈冲击下（发出爆炸声）从________中排出的废气，使之不超过规定的________。

2）将______安全导出，阻止其渗入______。

3）使废气中污染物的含量在通过（废气）______后小于规定的极限值。

4）使废气在______过程中，发动机的______尽可能小。

5）排气门打开后，气缸中的废气仍旧有____ ~ ____Pa 的剩余压力。在没有______的情况下，废气排到空气中时会伴随有很大的响声。噪声强度的一个计量单位是______，其测量单位为____（A）= dB，人类的听觉界限从______开始。噪声级每增加______，会使得______的响度增加一倍。超过______的噪声会使人耳感到疼痛，超过______的持续噪声可使人丧命。

4. 通过阅读资料，了解生活中的噪声等级，请完成下表。

噪声源	噪声级/dB（A）	噪声源	噪声级/dB（A）
气动压力机		轿车的噪声允许值	
痛阈极限		聊天对话	
迪斯科舞厅		客厅	
不带消声器的发动机		卧室	
车间		很轻的树叶“沙沙”声	
交通繁忙的街道		听觉界限（0 分贝）	

5. 车辆的行驶噪声扩展的极限值（单位：dB（A））。

轿车	带有汽油或者柴油发动机		公共汽车、载货车	3.5t 以下	
	带有柴油直接喷射系统的柴油机			带有柴油直接喷射系统的柴油机	
载货车	75kW 以下		公共汽车、载货车	150kW 以下	
				150kW 以上	

2　收集信息 **2.2　螺纹联接**	**成绩:**

6. 下图所示为螺纹联接，请在方框内填写相应部分的名称。

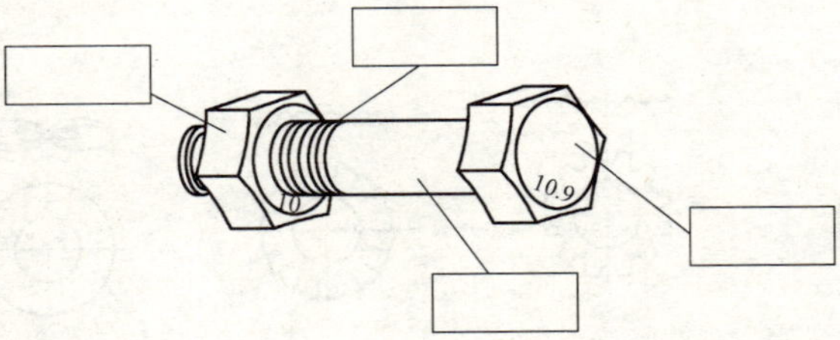

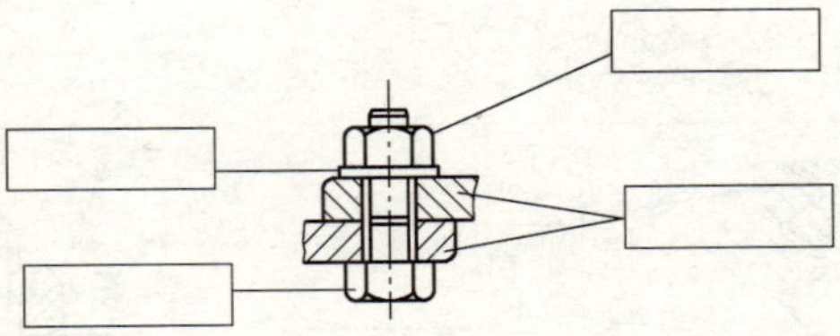

7. 填空题。

1）螺纹联接是使用拧紧______和______的方法联接在一起。

2）螺纹的形状有______螺纹、______螺纹、______螺纹和______螺纹。

3）紧固螺纹最主要的形状是____螺纹，其螺纹轮廓侧面上的摩擦使螺纹能够____，也就是说，当螺旋角小于 15° 时，螺纹紧固件不会________。

4）如果螺纹联接需要经常拆卸，从而导致工件上的内螺纹经常损坏，则可以使用______。如下图，请填写图中相应部分的名称。

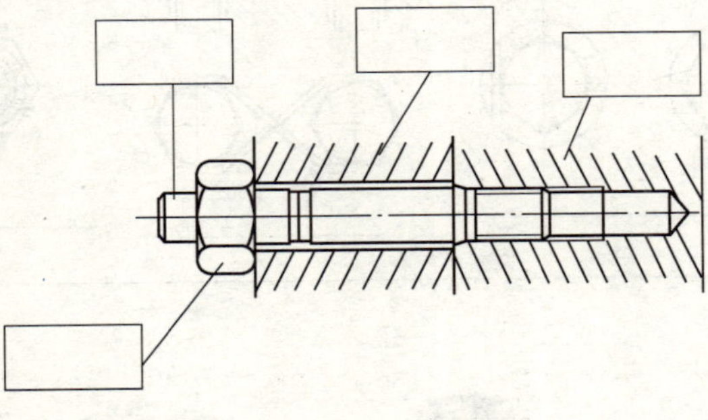

5）写出 M16×1.5 的含义：____。

8. 请你认真完成下表。

螺纹联接防松的方法	在图片下方的横线上填上图片所示防松方法的具体名称，在图片中数字后的横线上填写所指部位的名称。
	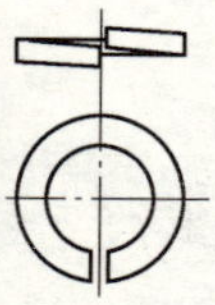   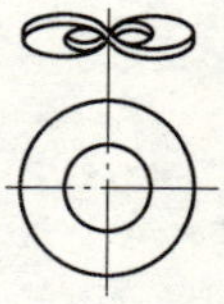 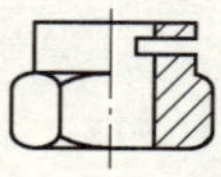 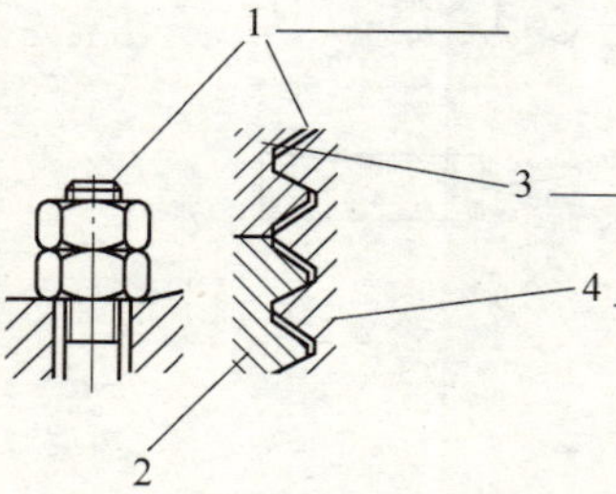 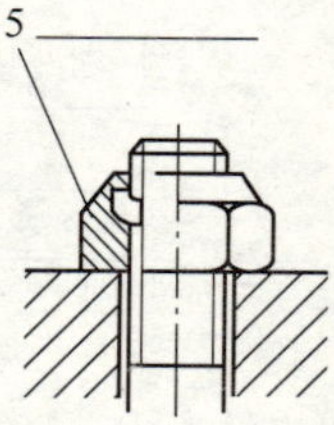
	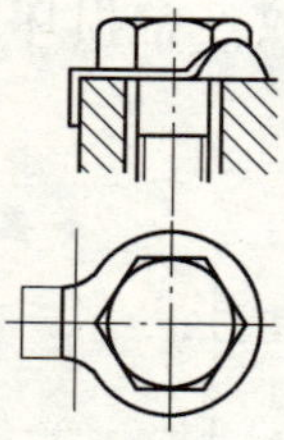 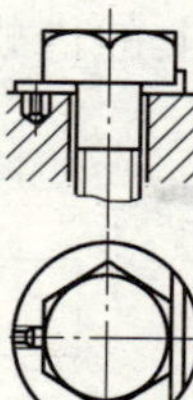 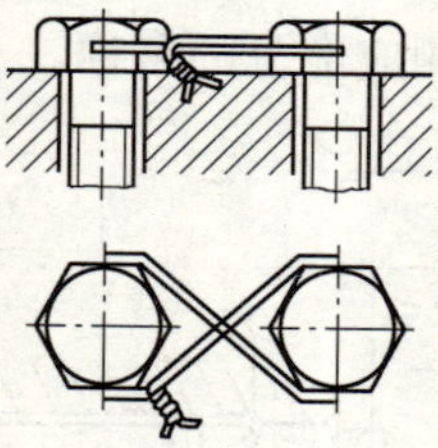 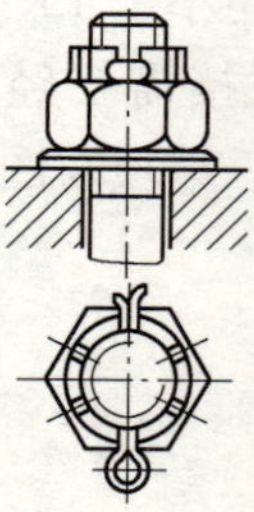 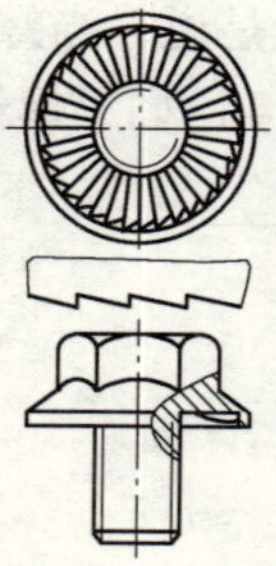
	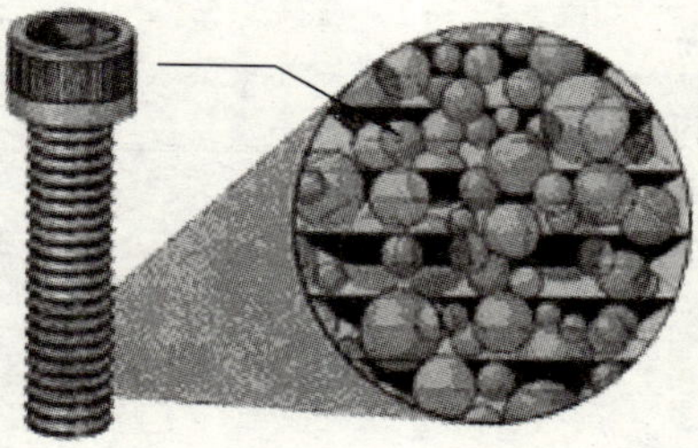

9. 以下图片是拆装螺栓所使用的工具，请在方框内标出每种工具的名称。

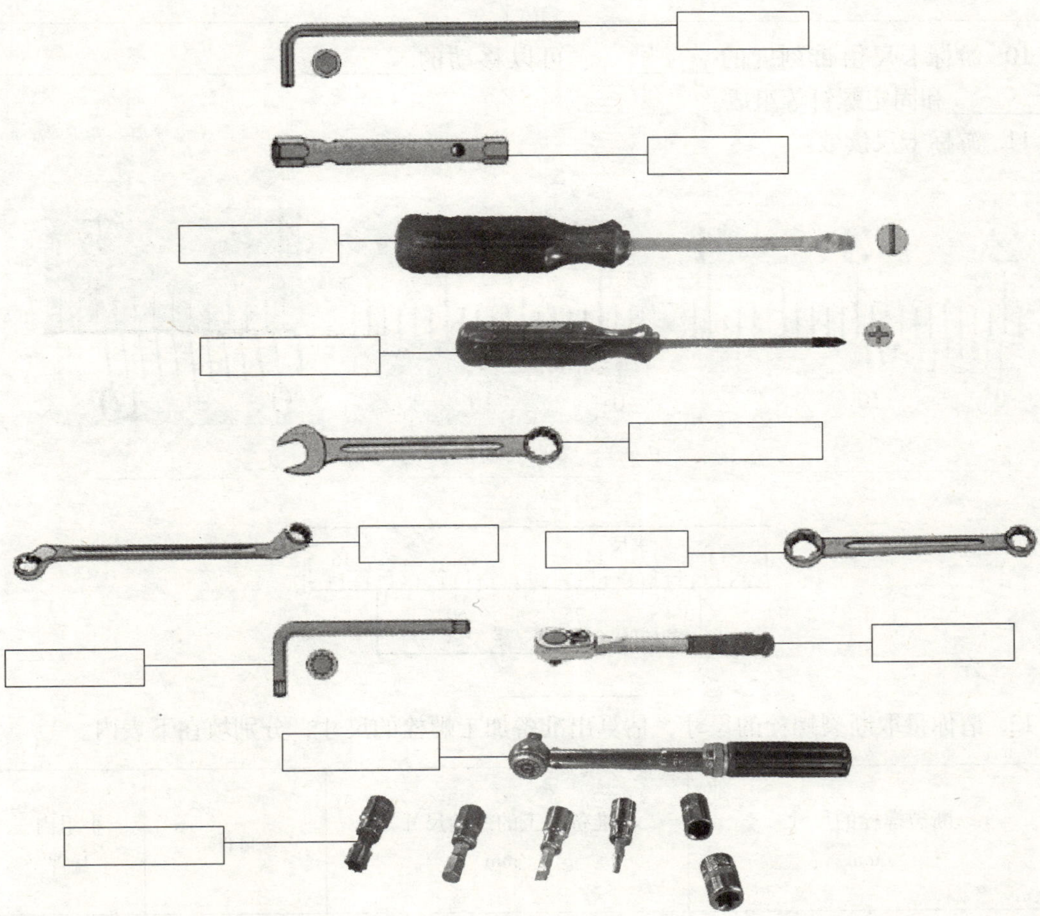

3 制订工作计划 3.1 确定六角头螺栓的加工尺寸	成绩：

10. 游标卡尺由带刻度的________、可以移动的________、________、________、________和固定螺钉等组成。

11. 游标卡尺读数。

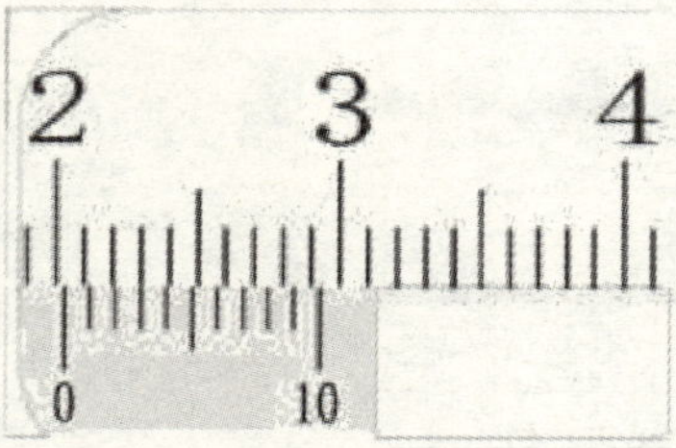

____

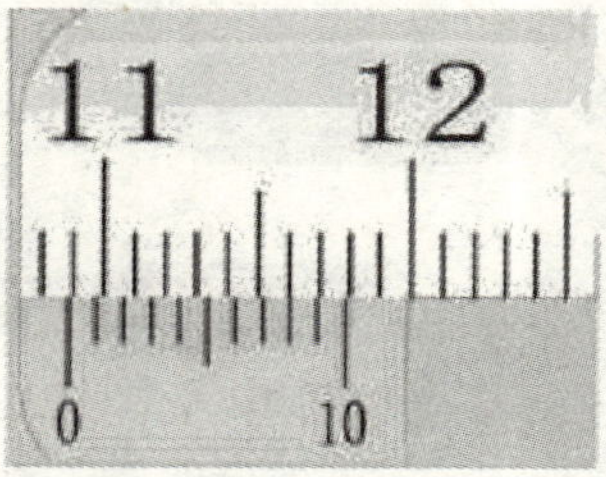

____

____

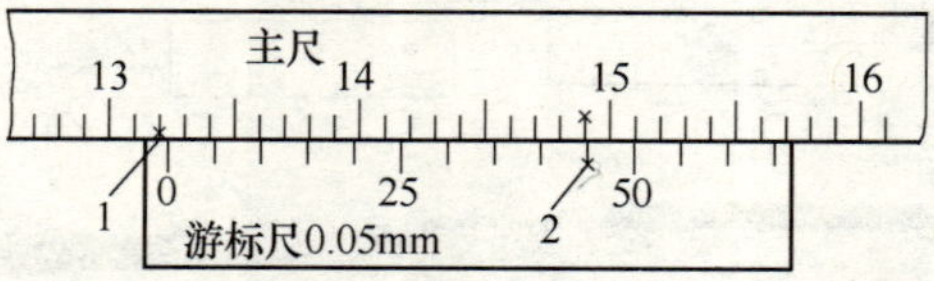

____

12. 请你量取断裂螺栓的尺寸，估算出准备加工螺栓的尺寸，分别填在下表内。

断裂螺栓的尺寸/mm		准备加工的螺栓尺寸/mm		自评	小组内互评
螺栓直径		螺栓直径			
螺栓长度		螺栓长度			
螺纹长度		螺纹长度			

3　制订工作计划

3.2　划线

成绩：

13. 填空题。

1）划线是根据______要求，在______或______上划出加工界线的一种操作。

2）划线分为________和________。

3）划线操作时，工件支撑要_____，以防滑倒或移动。在一次支撑中，应把需要划出的________划全，以免再次支撑补划，造成______。

14. 请写出划线工具的名称及其用法。

图片	用法	图片	用法
名称：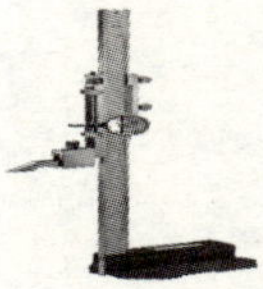		名称：	
名称：		名称：	
名称：		名称：	
名称：		名称：	

15. 六角螺栓划线。

划线步骤	划线简图	操作过程叙述	完成情况检查

3 制订工作计划

3.3 锉削

成绩：

16. 锉削的基础知识。

1）锉削是用锉刀对________进行加工的操作，多用于锯削或錾削之后，所加工出的表面粗糙度可达____________。

2）根据图中锉刀断面的形状，在横线上写出该锉刀的种类名称。

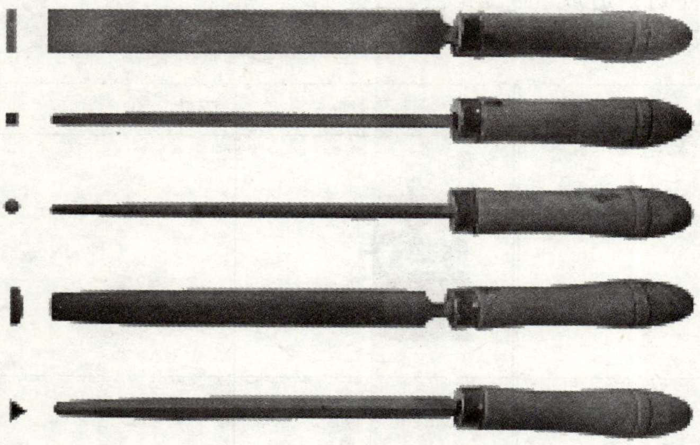

____

____

____

____

____

3）使用大的平锉时，应______握锉柄，______压在锉端，使锉刀保持________。用中型平锉时，应用力较小，左手的________和________捏着锉端，引导锉刀________。

4）对平面进行粗锉时，可用________锉法，这样锉得快且可利用锉痕判断加工部分是否锉到所需尺寸，平面基本锉平后，可用____锉法进行锉削，以降低工件表面的粗糙度和获得正直的锉纹，最后可用细锉或光锉以____锉法修光。

17. 按照所划的线，锉削六角头螺栓的头部。

序号	操作步骤	加工简图	描述	完成情况检查	

1	锉削六角头				
2	六角头螺栓头部倒角				
3	螺杆头部倒角				

3　制订工作计划 3.4　加工螺纹	成绩：

18. 用______加工______的方法叫攻螺纹，用______加工______的方法叫套螺纹。

19. 在下图中的横线上填上相应的名称。

____

____

20. 套螺纹的操作步骤。

序号	操作流程	文字描述	完成情况	

1	组装板牙和铰杠			
2	用台虎钳固定毛坯			
3	套螺纹			
4	校准			
5	校准后继续套螺纹			
6	修光			

21. 攻螺纹的操作步骤。

序号	加工步骤	简图	操作方法	工量具	完成情况记录	小组互查
1	划线					
2	钻孔					
3	攻螺纹					

3 制订工作计划

3.5 锈蚀（折断）螺栓的取出

成绩：

22. 请写出下图所示拆除折断螺栓的方法。

序号	图片	方法名称	描述操作过程
1			
2			
3			
4			
5			

23. 填空，完成下面所述锈蚀螺栓取出的方法。

1）采用________的原则，在拆除中，先向拧紧的方向转动，然后再进行松动。

2）拆卸之前，先用______浸泡。一方面可以去除一部分螺栓表面的铁锈，另一方面，油可以顺着缝隙渗入螺栓螺母间隙内，有利于拆除。

3）拆卸螺栓之前，先对螺帽进行______，有时可以使螺栓螺母之间获得一定______，然后进行拆除。

4）敲击法____________________

5）局部受热法____________________

6）辅助工具法____________________

7）化学药剂法____________________

24. 请说出你是选用什么方法来拆除断螺栓的，并说出为什么使用这种方法。

____

3　制订工作计划 3.6　排气系统的拆装	成绩：

25. 对照排气装置的装配图，将图中序号所指的零件名称写在相应的横线上。

1—______________

2—______________

3—______________

4—______________

5—______________

6—______________

7—______________

8—______________

9—______________

10—______________

11—______________

12—______________

13—______________

14—______________

15—______________

16—______________

17—______________

18—______________

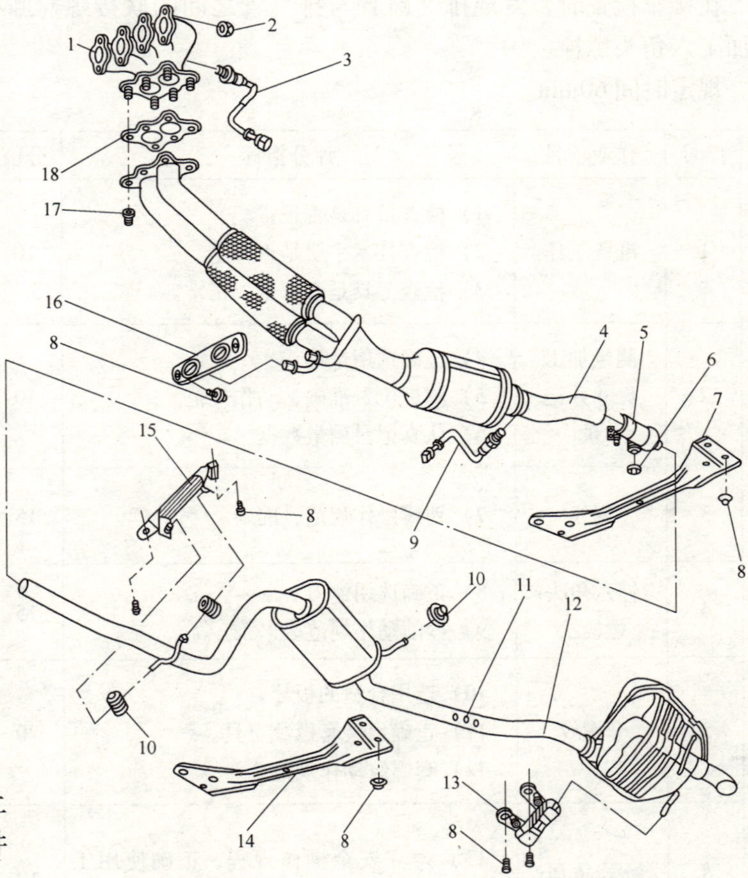

26. 结合上图，在车辆上进行认知，在找到的零件后面划“✓”。

序号	操作要求	实车认知	教师考核	序号	操作要求	实车认知	教师考核
1				10			
2				11			
3				12			
4				13			
5				14			
6				15			
7				16			
8				17			
9				18			

4 实施

4.1 加工六角头螺栓

成绩：

27. 工作任务：

在接车检查时，发现排气歧管与排气管之间的联接螺栓断裂，测量断裂螺栓的尺寸，加工六角头螺栓。

规定时间60min。

序号	作业项目	评分指标	分值	评分标准	得分
1	准备工作	1）检查量具是否正常。 2）检查技术手册是否齐全。 3）检查工具是否齐全、正常。	10	每项错误扣5分，扣完为止。	
2	测量加工尺寸并记录	4）正确选用量具。 5）测量位置准确，动作规范。 6）认真记录测量数据	10	每项错误扣5分，扣完为止。	
3	划线	7）划线操作规范、准确。	15	每项错误扣5分，扣完为止。	
4	锉六角头螺栓头	8）正确选用锉刀。 9）锉削动作规范。	15	每项错误扣5分，扣完为止。	
5	套螺纹	10）选用合适的板牙。 11）正确组装套螺纹工具。 12）套螺纹动作规范。	20	每项错误扣5分，扣完为止。	
6	注意事项	13）遵守安全操作规程，正确使用工具、量具。	10	不符合要求，每项扣5分，扣完为止。	
7	文明生产	14）语言、行为是否文明。	10	每次错误扣5分，扣完为止。	
8	整理	15）工作场地干净整洁。 16）工具干净无污物，摆放整齐。	10	每次错误扣5分，扣完为止。	
9	分数总计		100		
10	综合评价				

4　实施

4.2　加工内螺纹

成绩：

28. 工作任务：

在接车时，确定排气歧管和排气管之间不密封——螺栓断裂，取出断裂的螺栓后，重新加工内螺纹。

规定时间60min。

序号	作业项目	评分指标	分值	评分标准	得分
1	准备工作	1）检查量具是否正常。 2）检查技术手册是否齐全。 3）检查工具是否齐全、正常。	10	每项错误扣5分，扣完为止。	
2	钻孔	4）正确选用钻头。 5）正确安装钻头。 6）钻孔动作规范。 7）工件、工具摆放正确。	30	每项错误扣5分，扣完为止。	
3	加工与六角头螺栓配合的内螺纹	8）正确选用丝锥。 9）正确组装丝锥和铰杠 10）攻螺纹操作规范、准确。	30	每项错误扣5分，扣完为止。	
4	注意事项	11）遵守安全操作规程，正确使用工具、量具，操作现场整洁。	10	不符合要求，每项扣5分，扣完为止。	
5	文明生产	12）语言、行为是否文明。	10	每次错误扣5分，扣完为止。	
6	整理	13）工作场地干净整洁。 14）工具干净无污物，摆放整齐。	10	每次错误扣5分，扣完为止。	
7	分数总计		100		
8	综合评价				

4　实施

4.3　维修排气系统

成绩：

29. 工作任务：

针对顾客的陈述，检测车辆的排气装置并对其进行维护。在接车时，确定排气歧管和排气管之间不密封，拆除断裂的螺栓，将加工好的螺栓和内螺纹孔进行重新安装。

规定时间 60min。

序号	作业项目	评分指标	分值	评分标准	得分
1	准备工作	1）举升汽车。 2）检查工具是否齐全、正常。	10	每项错误扣 5 分，扣完为止。	
2	正确拆除断裂螺栓	3）确定拆除方法。 4）正确选用拆装工具。 5）动作规范。 6）零件、工具摆放正确。	30	每项错误扣 5 分，扣完为止。	
3	拆卸和安装排气管	7）正确查询技术手册。 8）正确选用拆装工具。	30	每项错误扣 5 分，扣完为止。	
4	注意事项	9）遵守安全操作规程，正确使用工具、量具，操作现场整洁。	10	不符合要求，每项扣 5 分，扣完为止。	
5	文明生产	10）语言、行为是否文明。	10	每次错误扣 5 分，扣完为止。	
6	整理	11）工作场地干净整洁。 12）工具干净无污物，摆放整齐。	10	每次错误扣 5 分，扣完为止。	
7	分数总计		100		
8	综合评价				

5　质量检查 **5.1　六角头螺栓和螺纹孔的配合**	**成绩：**

30. 小组间互查。

<table>
<tr><td rowspan="2">组别/姓名</td><td colspan="2">六角头螺栓和螺纹孔能旋合到一起</td><td colspan="2">六角头螺栓和内螺纹的表面光洁度</td></tr>
<tr><td></td><td></td><td></td><td></td></tr>
<tr><td></td><td></td><td></td><td></td><td></td></tr>
<tr><td></td><td></td><td></td><td></td><td></td></tr>
<tr><td></td><td></td><td></td><td></td><td></td></tr>
<tr><td></td><td></td><td></td><td></td><td></td></tr>
<tr><td></td><td></td><td></td><td></td><td></td></tr>
<tr><td rowspan="2">教师
综合
评价</td><td colspan="2"></td><td colspan="2"></td></tr>
<tr><td colspan="2"></td><td colspan="2"></td></tr>
<tr><td>小组
改进
措施</td><td colspan="4"></td></tr>
</table>

5 质量检查 5.2 检查修复后的排气系统	成绩：

31. 密封性检查（起动汽车——举升汽车——检查排气系统）。

32. 小组自查记录：____。

33. 小组间互查。

组别		
教师综合评价		
小组改进措施		

6 交车（参照工作页一：任务委托书）

学习单元二

排气管的维修

排气管的维修学习要求

<table>
<tr><td colspan="2">企业工作任务</td></tr>
<tr><td colspan="2">在车辆年检的过程中，应对车辆的技术状况进行检测。检测时确认出消声器的尾管已断裂。</td></tr>
<tr><td>工作流程</td><td>可能故障原因</td></tr>
<tr><td>1. 依据国家年检的规定制定年检的检验标准。
2. 查找故障原因。
3. 制订修理计划。
4. 学习排气管的系统知识。
5. 制订工作计划，确定材料清单。
6. 切割末端排气管（尽可能采用原装），进行整形校准（弯曲）或者制作一个排气管固定架。
7. 遵守厂商的安装要求。
8. 焊入末端管或排气管固定架。
9. 检查工作性能和密封性。</td><td>1. 排气管生锈。
2. 排气管严重变形。
3. 车体上的或排气管位置的排气管固定架生锈。
4. 两个消声器之间的排气管完全生锈（断裂）。</td></tr>
<tr><td colspan="2">学习目标</td></tr>
<tr><td colspan="2">1. 要学会用目测的方法对排气管进行检查，并确定故障部位。
2. 学会查阅维修手册的方法，确定拆卸排气管的步骤、操作方法和注意事项。
3. 利用企业信息系统制订工作计划并实施，并利用该系统控制整个工作流程，特别要会使用电子数据信息系统。</td></tr>
</table>

4. 遵守法律和生产商的规定，并能合理使用技术交流平台。
5. 正确使用工具、机械设备、原料（企业所需原料和辅助原料）。
6. 在拆装和维修过程中，要检查零部件的再利用性（包括修复后的再利用）。
7. 在拆卸连接件时，特别是螺纹联接件时，要注意技术数据和安装规定。
8. 能够对工作成果进行检查、评估、记录和演示。
9. 能够和同事、领导进行沟通。

教学内容

技能类	综合类
1. 学会金属切削设备的使用。 2. 学会焊接设备的使用。 3. 学会使用弯曲设备。 4. 学会手钻、立式钻床的使用。 5. 学会查阅“国家汽车年检的规定”的相关法律条例。	1. 维修任务委托书。 2. 工作计划。

专业理论基础	计算机
材料：排气管的材料。	1. 客户及车辆信息资料的录入。 2. 国家及厂家规定的信息资料查询。 3. 汽车维修企业信息管理系统的查询。 4. 网上查询资料。 5. 重要内容的文字处理。

建议学时

40 学时

教学资源

1. 有相应故障的四辆汽车。
2. 有关汽车年检的法律条例。
3. 用于检修的原材料。
4. 手钻。
5. 立式钻床。
6. 弯曲设备（折弯机）。
7. 焊接设备。
8. 切割工具（手锯、等离子切割机）。

排气管的维修工作页

1　接受工作任务 1.1　填写工作委托书	成绩：

1. 接待客户，填写接车单（收集客户信息——确认车辆信息——初步检查车辆）。

昌职汽车修理厂委托书

日期：________年____月____日

客户名称				业务单号	
地址				车牌号码	
联系电话		联系人		车型	
发动机号		行驶里程		颜色	
VIN 号		存油		预计完工日期	

随车附件（有 ✓　无 ×　损 ○）

前照灯		转向灯		制动灯		示宽灯	
牌照灯		车内灯		收录机		天线	
点烟器		烟灰缸		电扇		摇把	
空调器		反光镜		室内镜		门窗玻璃	
刮水器		喇叭		车门拉手		靠垫座套	
地垫		遮阳板		轴头亮盖		千斤顶	
备胎		手工具		前车牌号		后车牌号	
运营牌		徽标		前商标		左后商标	
中后商标		右后商标					

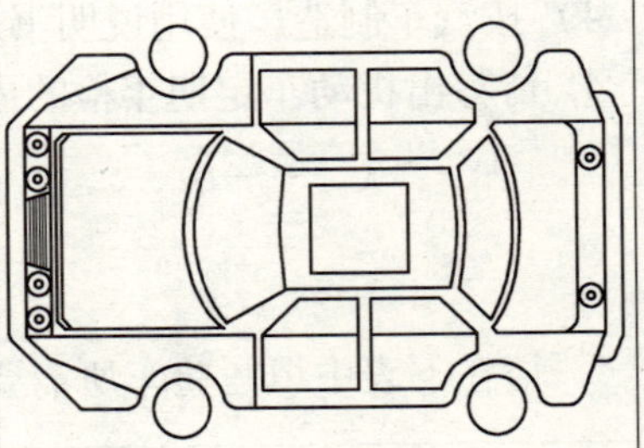

油存 E |　|　|　|　|　|　|　|　| F

序号	维修项目
备注	

※零件损坏是否更换　　□是　　□否

本人对以上内容已经确认，并愿意按上述要求进行评估服务和支付相关费用。

本人已将车内票据、现金及贵重物品取走。

经办人：__________　　　　用户签字：__________

1 接受工作任务 1.2 了解国家车辆年检的相关规定	成绩：

2. 车辆年检也就是我们平时所说的验车。《道路交通安全法实施条例》第十六条规定，机动车应当从注册登记之日起，按照下列期限进行安全技术检验：

1）营运载客汽车__年以内每年检验__次；超过__年的，每__个月检验1次。

2）载货汽车和大型、中型非营运载客汽车，__年以内每年检验1次；超过__年的，每6个月检验1次。

3）小型、微型非营运载客汽车，__年以内每__年检验1次；超过__年的，每年检验1次；超过__年的，每6个月检验1次。

4）摩托车__年以内每__年检验1次；超过__年的，每年检验1次。

5）拖拉机和其他机动车每年检验__次。营运机动车在规定的检验期限内，经安全技术检验合格的，不再重复进行安全技术检验。

3. 请仔细阅读使用尾气分析仪前车辆的准备的相关材料，完成以下填空内容。

1）排气系统不得________。

2）应保证取样探头插入排气管的深度不小于____，否则排气管应加接管，但应保证接口不漏气。

3）发动机应达到规定的________。

4）按汽车制造厂使用说明书规定的调整法，调至规定的______和______。

4. 请写出机动车定期年检的内容。

5. 请在下表中填写验车所需要的手续。

私户		公户	
1		1	
2		2	
3		3	
		4	
		5	

6. 请写出车辆年检的具体流程。

序号	流程名称	请用简单的语言描述流程
第一步		
第二步		
第三步		
第四步		
第五步		
第六步		
第七步		

2　收集信息

2.1　排气系统

成绩：

7. 请根据学习资料，完成以下填空题。

1）对排气装置的要求：高温及巨大的温度变化发生在排气装置的____部。能抵抗大气影响和冬季撒融雪剂对排气装置全段造成________；能抵抗可燃气体液化造成的内部腐蚀，尤其是在____部的________上的腐蚀；能______碎石的击打、车身的运动及发动机的________对排气装置造成的强大的________。

2）排气装置各个部分必须由不同的材料制造以满足这些要求。排气装置前部的工作温度较____，因此主要由______、______好、__________强的优质钢组成。同时它又需要能够抵抗热腐蚀。消声器大多数是以双层壁式的夹层方式制造的。为了防止可燃气体液化造成腐蚀，内部的钢板外壳由防锈的______制成，外部钢板外壳由______组成，同时为了防止外部腐蚀，镀有一层______。排气装置后部的排气管同样也镀有一层______。

3）排气装置由______、______、______、______、______等组成。

8. 下图为捷达车排气装置，请在图上标出各部分的名称。

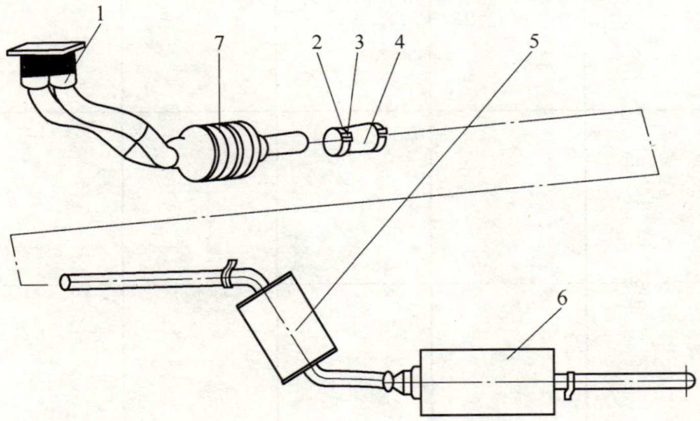

1—__________

2—__________

3—__________

4—__________

5—__________

6—__________

7—__________

2 收集信息

2.2 排气装置认知

成绩：

9. 请在表格相应位置写出排气装置各零部件的名称及其作用，并在车辆上找到该零部件后在自己认知栏内划“✓”。然后，学生间相互检查认知效果，交换工作页后，在学生互查栏内划“✓”，最后教师检查，并在相应栏内划“✓”。

图片	名称	作用	自己认知	学生互查	教师检查

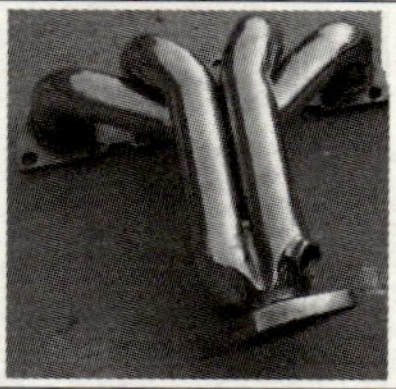					
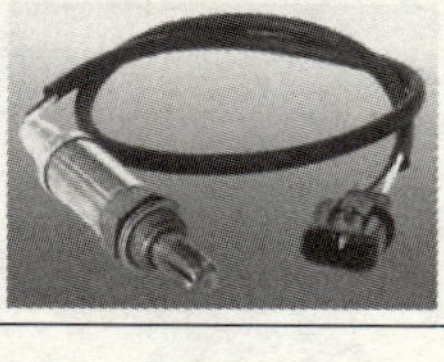					

2　收集信息 2.3　等离子切割机的使用	成绩：

10. ________是利用等离子炬将____（如铪电极）和____之间的自由电弧压缩成高温、高电离度高能量密度及高焰流速度的____，可用于切割、焊接、喷涂和堆焊等。

11. 等离子切割机采用________（______接“+”极，______接“-”极）。

12. 等离子切割在一些方面的应用非常出色，例如切割________，切割____高、____小，热影响区小。

13. 简述等离子切割机的结构。

14. 简述等离子切割机的使用安全注意事项。

2　收集信息 2.4　二氧化碳气体保护焊	成绩：

15. 请将正确答案写在横线上。

1）________气体保护焊使用一根焊丝，________以一定的速度自动进给，在母材和焊丝之间出现________，短弧产生的热量使焊丝熔化，将母材焊接起来，实现________焊接。

2）在焊接过程中，惰性气体对焊位________，以免母材被空气________。

3）焊接电流的大小会影响母材的________、焊丝________、电弧的________、焊接溅出物的数量。随着电流________，熔深、剩余金属的高度和焊缝宽度也会________。

4）电弧电压决定了电弧的________。电弧电压调整到适当数值时，在焊接部位将连续发出轻微的“嗞嗞”声。电弧电压过高，电弧长度________，焊缝________小，焊缝呈________；电弧电压过低，电弧长度________，焊缝熔深________，焊缝呈________。

5）导电嘴到母材的标准距离为________，导电嘴到母材的距离________，保护气体所起的保护作用减小，同时，焊丝外伸过长反而加快了焊丝________的速度，________焊接质量；但距离________，焊接难以进行。

6）焊接速度快，________和________都会减少，焊缝会变成________形，速度过快，还会出现咬边现象；焊接速度过低则会产生许多________。

7）焊接速度与母材板厚度的关系，如表所示，请在表格相应位置填写焊接速度。

板厚度/mm	焊接速度/（mm/min）
0.8	
>0.8	

8）若随着电弧的缩短，稳定的反光亮开始减弱，此时________合适。如果送丝________，随着焊丝在熔池内熔化并熔敷在焊接部位，可以听到“啪哒”声，此时反光亮度________。送丝速度太快，将________电弧，此时熔敷速度大于熔池吸收速度，产生________现象，并伴有________弧光。

9）请写出下图中所示的焊接位置。

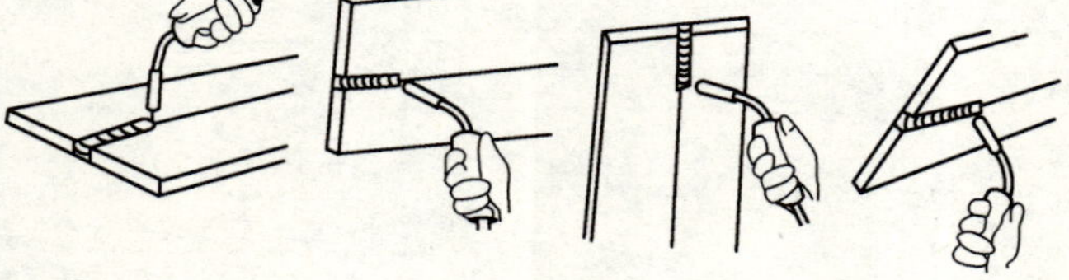

a)　　b)　　c)　　d)

a）________

b）________

c）________

d）________

10）请写出下图中所示的焊接形式。

a)　b)　c)

a）________
b）________
c）________

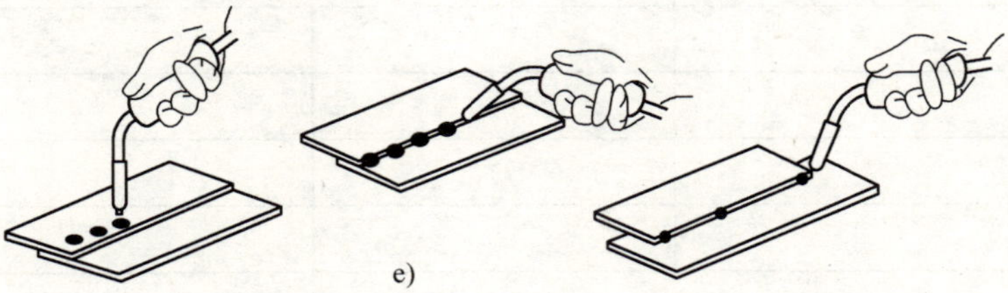

d)　e)　f)

a）________
b）________
c）________

3 制订工作计划 3.1 拆装捷达车排气管	成绩：

16. 请结合自己对捷达车排气装置的观察，完成拆装排气管的工作计划。

拆装步骤	使用的工具和设备	安全要求	小组成员分工

17. 请做出制作捷达排气装置拆装工作计划环节的过程评价。

小组自评		
组间互评		

3 制订工作计划

3.2 制作消声器端面板

成绩：

18. 绘制消声器端面板的示意图。

1）使用游标卡尺测量排气管的直径 D_1 = ______mm。

2）根据消声器的端面形状和尺寸进行下料：测量消声器端面板，按照比例画出消声器端面形状示意图，并将尺寸数据标注在示意图上，在消声器的中心位置画出焊接排气管的图。

19. 写出上图所示的消声器端面板的加工流程。

序号	步骤名称	操作内容及注意事项

20. 对制作消声器端面板的加工流程进行评价。

小组自评		
组间互评		

3 制订工作计划

3.3 焊接消声器和排气管

成绩：

21. 请写出使用二氧化碳气体保护焊设备的安全操作步骤及注意事项。

序号	步骤名称	操作内容及注意事项

22. 对二氧化碳气体保护焊设备操作计划进行评价。

小组自评		
组间互评		

4 实施 4.1 消声器端面板的加工	成绩：

23. 小组间相互观察消声器端面板的加工过程，请在规范操作栏做出相应的文字说明，以便在课堂中进行交流。

操作步骤	规范操作：正确使用量具、工具和设备对消声器端面板进行加工	完成情况	

在薄钢板上划线			
按照划线痕迹切割消声器面板			
用挖孔钻在消声器端面板上打出焊接排气管的孔			
修磨各切割面			

4 实施

4.2 焊接消声器和排气管

成绩：

24. 使用二氧化碳气体保护焊，将消声器端面和排气管焊接在一起，小组内同学间相互观察，观察学生在操作过程中的优点与不足之处，认真进行记录。

姓名		

25. 二氧化碳气体保护焊考核评分表。

序号	考核项目	评分要素	配分	评分标准	检测结果	扣分	得分	备注
1	考核时限	开始时间：______　　结束时间：______ 考核时限 10min，时间一到，停止操作。考评员记录考核时间，以备评分参考。						
2	施焊前准备	1）检查场地周围。 2）打开排风扇。 3）接通电源。 4）打开二氧化碳气罐阀门。	10	每项错误扣2分，扣完为止。				
3	调整设备	5）调整焊接电流。 6）调整送丝速度。 7）调整焊接时间。	25	1）根据焊件的需要将电流、送丝速度及时间调整到合适位置，调整错误或不调整，每项扣5分。 2）操作不熟练，扣5分。				
4	操作方法	8）正确进行焊接。	30	错误操作，每次扣10分，扣完为止。				
5	焊接结果分析	9）焊缝牢固，平整光洁。 10）无假焊、砂眼、气孔。	25	每项不合格，扣10分，扣完为止。				
6	安全文明操作及其他	11）合理使用工具。 12）穿戴齐全（工作服）。 13）文明操作，清理现场。	10	1）未合理使用工具扣3分。 2）未穿工作服扣2分。 3）未清理现场扣5分。				

4 实施

4.3 拆装排气管

成绩：

26. 以小组为单位拆装排气管，要求按照规范操作，小组间相互观察和监督，观察操作过程是否规范，认真进行记录。

姓名		

27. 拆装排气管考核评分表。

序号	考核项目	评分要素	配分	评分标准	检测结果	扣分	得分	备注
1	考核时限	开始时间：________ 结束时间：________ 考核时限 15min，时间一到，停止操作。考评员记录考核时间，以备评分参考。						
2	操作前准备	1）工具、设备准备充分。 2）分工明确。	10	每项错误扣 5 分，扣完为止。				
3	拆卸排气管	3）正确选用工具。 4）操作规范。 5）工具、工件摆放整齐。 6）工具、工件不掉落。	25	1）出现问题，每项扣 5 分。 2）操作不熟练，扣 5 分。				
4	安装排气管	7）正确选用工具。 8）操作规范。 9）工具、工件不许落地。 10）螺栓按规定力矩拧紧。	30	错误操作，每次扣 10 分，扣完为止。				
5	排气管安装结果分析	11）排气尾管安装到位。 12）安装牢固可靠。	25	每项不合格，扣 10 分，扣完为止。				
6	安全文明操作及其他	13）穿戴齐全（工作服）。 14）清理现场。	10	1）未穿工作服扣 5 分。 2）未清理现场扣 5 分。				

5　检查控制	成绩：

28. 维修工作结束后，检查排气装置的密封性，请将检查结果认真记录在表格内。

操作环节	检查过程记录
起动汽车	
举升汽车	
检查排气装置	

6　评定反馈	成绩：

29. 请将自己在整个学习和维修过程中的收获和遗憾记录下来。

序号		
1		
2		
3		
4		
5		
6		
7		
8		
9		

学习单元三

冷却液报警灯点亮

冷却液报警灯点亮学习要求

企业工作任务	
在维护、保养工作期间，确定冷却液不足。	
工作流程	**可能故障原因**
1. 收集车辆与顾客信息。 2. 确定工作委托书。 3. 查明备件需求与费用并对顾客进行情况说明。 4. 学习冷却系统的构造与原理。 5. 确定故障原因。 6. 使用压力检测仪进行密封性的检测。 7. 使用防冻液测试仪检测冷却液的防冻能力。 8. 选择冷却液。 9. 清除旧冷却液（考虑到环保要求）。 10. 清洗冷却系统。 11. 加注防冻液，排出冷却系统中的空气。 12. 重新进行密封性检测。 13. 演示和记录所做的工作。 14. 交付车辆。	1. 散热器不密封。 2. 冷却液软管或接头不密封。

学习目标

1. 通过与顾客沟通，确认故障现象，完成工作委托书的填写，同时掌握与顾客沟通的技巧，注意维护顾客利益的重要性。
2. 掌握冷却系统的构造及各部件的功能，能形象描述冷却系统的工作原理。
3. 通过查找资料，确定冷却液不足引起指示灯闪烁的原因。
4. 能利用维修手册查找维修冷却系统相关的技术规范和规定、标准。
5. 能按照维修技术规范合理制订排除冷却液不足故障的工作计划。
6. 能够正确使用冷却液检测仪检查冷却液。
7. 能够正确使用压力检测仪检测冷却系统的密封性。
8. 能够按照生产商的规定及车辆使用区域正确选择冷却液。
9. 能够遵守环境保护规定，正确存放和处理冷却液。
10. 能够正确使用冷却系统清洗机及清洗剂对冷却系统进行清洗。
11. 能够独立完成冷却液加注以及排出冷却系统中的空气的工作。
12. 能对冷却系统的检测和维修工作进行详细记录，说明工作种类和工作量。
13. 能与顾客、上级和同事进行沟通并对工作情况进行说明，要有一个积极的工作态度，要对整个工作过程负责。
14. 学会测算备件和人员工资的成本。

教学内容

技能类	综合类
1. 起动汽车，观察故障现象。 2. 打开前发动机舱盖的方法。 3. 冷却系统密封性和散热器盖的检测。 4. 冷却液冰点检测。 5. 冷却液的排出。 6. 冷却系统的清洗。 7. 冷却液的选择与加注。 8. 排出冷却系统中的空气。 9. 通用工具的使用（套筒组合工具、呆扳手、梅花扳手、一字螺钉旋具、十字螺钉旋具、钳子）。	1. 机动车的接车与交付。 2. 维修车辆防护。 3. 个人劳动保护。 4. 常用和通用工具的安全使用。 5. 起动汽车的安全。 6. 排放和加注冷却液。 7. 密封性实验。 8. 防止烫伤。 9. 人身安全。 10. 起动汽车时尾气的抽排。 11. 旧冷却液的收集和处理。 12. 工作结果的归档、演示和评价。 13. 与顾客进行沟通、避免冲突的方式。 14. 质量保障。 15. 口头和书面交流。 16. 责任心。

专业理论基础	计算机
1. 按照汽车生产商的规定（维修手册）选择和加注冷却液。 2. 维修企业车间规章制度。 3. 冷却系统密封性检测仪的使用方法。 4. 冰点测试仪的使用方法。 5. 冷却液的收集。 6. 冷却液清洗机的使用。 7. 冷却液加注的方法。 8. 排出冷却系统中的空气。 9. 冷却系统的作用、组成和工作原理。 10. 汽车冷却系统的构造和各总成的功能（水泵、散热器、膨胀水箱等）。 11. 冷却液的认知与选择。 12. 冷却系统的功能示意图。	1. 制订冷却系统密封性和散热器盖检测、冷却液冰点检测的工作计划。 2. 查阅冷却系统各部件的位置、功用及相互联系的资料。 3. 查阅发动机的基本信息。 4. 硬件和软件（概念、车载电脑、计算机、认知电子数据处理系统）。 5. 备件和人员工资的成本测算、消费清单（结算价单）、成本核算（工时、材料）。 6. 文字资料（记录、网络资料、备份客户资料）。
数学	**物理**
备件和人员工资的成本测算、消费清单（结算价单）、成本核算（工时、材料）。	1. 冰点。 2. 密封性试验。
专业英语	**化学**
冷却液的标识。	冷却液的成分。

建议学时

25 学时

教学资源

1. 具有不同故障的两辆汽车。
2. 密封性检测装置（冷却系统检测仪）。
3. 用于冷却液的收集和处理的容器。
4. 冷却液测试仪（冰点测试仪）。
5. 冷却液加注装置。
6. 冷却系统清洗机。

冷却液报警灯点亮工作页

1　接受工作任务 填写工作任务委托书	成绩：

昌职汽车修理厂委托书

日期：________年______月______日

客户名称				业务单号	
地址				车牌号码	
联系电话		联系人		车型	
发动机号		行驶里程		颜色	
VIN 号		存油		预计完工日期	

随车附件　有 ✓　无 ×　损 ○

前照灯		转向灯		制动灯		示宽灯	
牌照灯		车内灯		收录机		天线	
点烟器		烟灰缸		电扇		摇把	
空调器		反光镜		室内镜		门窗玻璃	
刮水器		喇叭		车门拉手		靠垫座套	
地垫		遮阳板		轴头亮盖		千斤顶	
备胎		手工具		前车牌号		后车牌号	
运营牌		徽标		前商标		左后商标	
中后商标		右后商标					

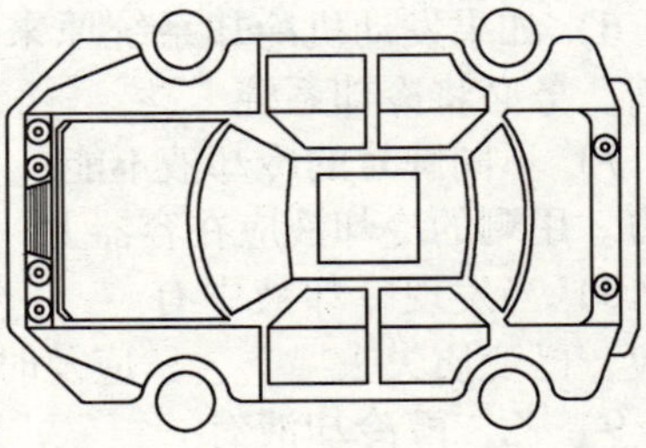

油存 E ｜　｜　｜　｜　｜　｜　｜ F

序号	维修项目
备注	

※零件损坏是否更换　　□是　　□否

本人对以上内容已经确认，并愿意按上述要求进行评估服务和支付相关费用。

本人已将车内票据、现金及贵重物品取走。

经办人：____________　　　　用户签字：____________

2　收集信息

2.1　冷却系统知识

成绩：

1. 冷却液的主要成分是______________，它能降低________。

2. 寒冷季节到来以前，为了防止冷却液______，必须按照规定使用______对汽车的冷却液进行检查。

3. 冷却液的正确使用。

1）要坚持______使用冷却液，要注意冷却液使用的连续性。那种只想在______使用冷却液的观点是______的，因为他们只注重冷却液的防冻功能，而忽视了冷却液的______、______、______等作用。

2）要根据汽车使用地区的气温，选用不同______的冷却液，冷却液的冰点至少要比该地区的最低温度低______℃，以免失去防冻作用。

3）要针对发动机的具体结构特点选用________种类。强化系数高的发动机，应选用高______的冷却液；缸体或散热器用铝合金制造的发动机，应选用含有______类______的冷却液。

4）要购买经国家指定的检测站________的冷却液产品，应向商家索要________、________、________以及使用______等资料，切勿贪图便宜购买劣质品，以免损坏发动机，造成不必要的经济损失。

5）冷却液的膨胀率一般比水______，若无膨胀水箱，冷却液只能加到冷却系统容积的______，以免冷却液溢出。

6）如果发动机冷却系统原来使用的是水或换用另一种冷却液，在加入新的冷却液之前，务必将冷却系统________。

7）不同牌号的冷却液不能________，以免引起______反应，破坏各自的综合______能力。用剩的冷却液应在容器上______，以免______。

8）当发现冷却液中有______物、______物或发______时，证明冷却液已起______反应，已变质失去______，应及时地______冷却系统，并全部______新冷却液。

9）乙二醇冷却液有______，对______有危害，切勿吸入______，______接触后，应立即______清洗干净。另外，乙二醇冷却液中的________具有______性，因此废液不要______，以免污染环境。

10）酒精型冷却液容易______，使用中应注意______。在发动机温度高时，不要打开______，也不要让发动机立即______，以免因冷却液急剧升温而突然______，造成______。如果因酒精挥发使散热器液面下降，可用80%的______加注补充。

4. 冷却系统的作用是将发动机______加热到正常的________并且散发工作时产生的多余的______。

5. 发动机的冷却方式有________和________。

6. 要排出的冷却热量通过零件表面直接散发到周围流动的空气中的冷却方式，属于______冷却。

7. 热量的传递通过冷却液实现。冷却液吸收零件的热量并且通过散热器将其散发到空气中的冷却方式，属于________冷却。

8. 请试着描述液体冷却的优点。

1）____；

2）____；

3）____。

2　收集信息

2.2　冷却系统的工作原理

成绩：

9. 汽车发动机工作时，冷却液的平均温度通常在 80～90℃。请在下图中标出在冷却液温度为 90℃时，发动机各零件的温度。

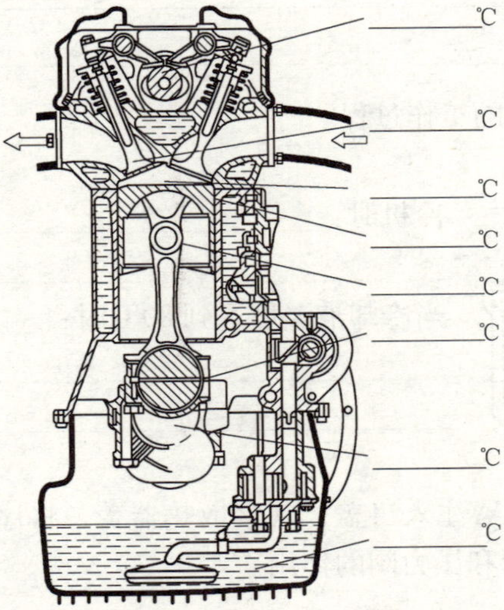

10. 观察冷却系统图，将序号所对应的零部件的名称写在表格内，并在汽车上找到冷却系统的各零部件，找到后在表格中的“自己认知”列划“✓”。

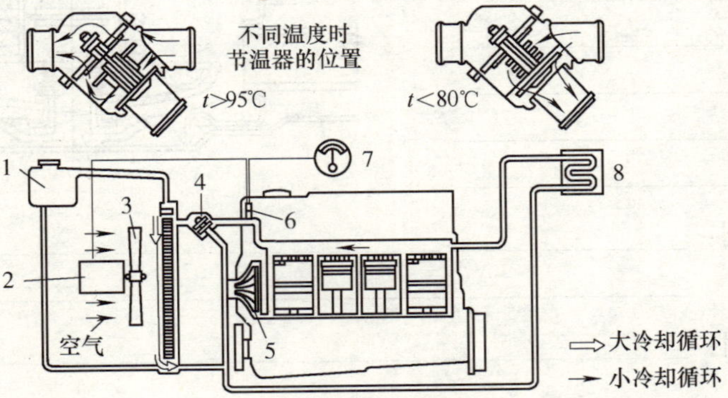

序号	零部件名称	用自己的语言描述零部件的位置	自己认知	教师考核
1				
2				
3				
4				
5				
6				
7				
8				

11. 请根据上图写出冷却系统大循环、混合循环和小循环的路线。

冷却液循环形式	用自己的语言描述循环路线
大循环路线	
混合循环路线	
小循环路线	

12. 根据下图描述节温器的工作过程。

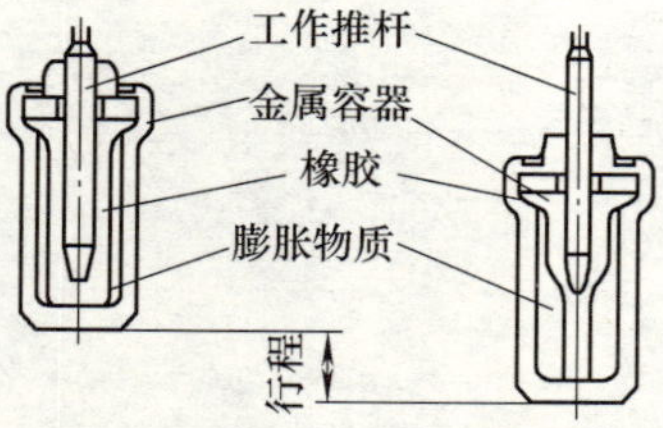

冷机时：______

______

当冷却液温度达到80℃时：______

______

______

13. 请在汽车上找到散热器注入口盖，观察散热器盖，将序号所对应的零部件的名称写在横线上，并写出真空阀和压力阀的作用。

1—______
2—______
3—______
4—______
5—______
6—______
7—______

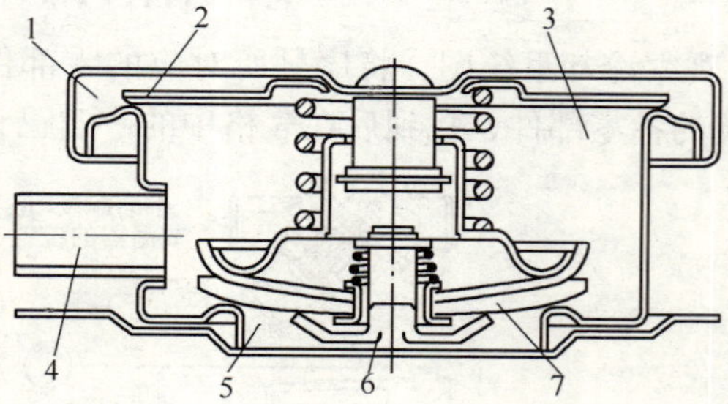

真空阀的作用：______

______

压力阀的作用：______

______

14. 请观察下图的冷却液泵，写出序号所对应部位的名称。

1—______
2—______
3—______

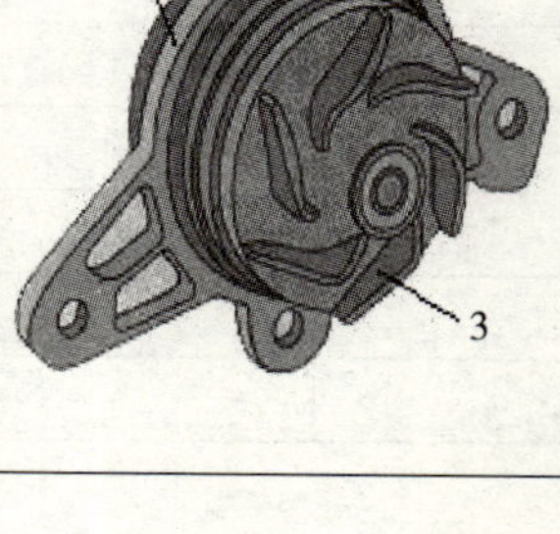

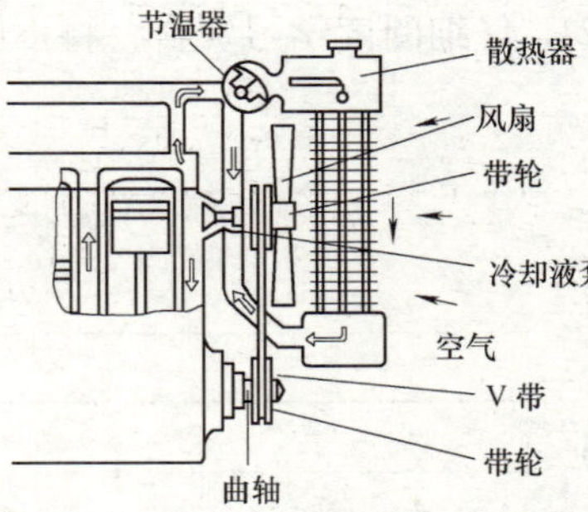

15. 如图所示，风扇的作用是在行车______不够时（例如在慢速行驶或者在汽车静止时），为______和______提供充分流量的冷却空气。

16. 请你阅读冷却液报警灯点亮必备知识后，写出3种冷却风扇的驱动方式：

1）______________________________

2）______________________________

3）______________________________

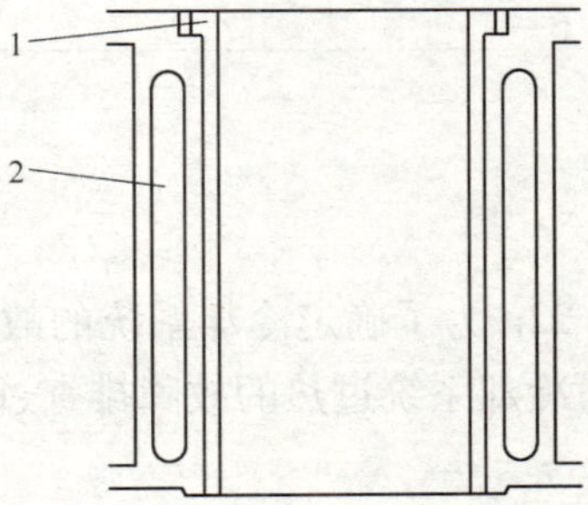

17. 水套：________和________内冷却液流动的空间称为水套。水套的作用是使冷却液流到正确的点，以便______获得最大程度的冷却，右图中1所指为________，2所指为________。

18. 下图中1和2所对应的零件名称分别为________和________，用于散热器的________。厂家为每个风格的发动机配备了特定形状的软管。

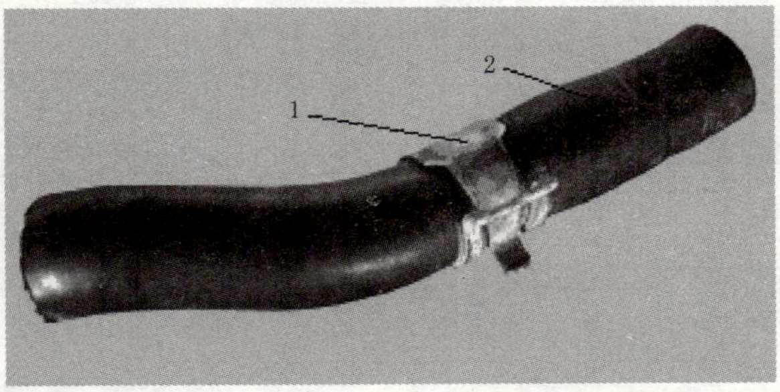

19. 散热器用于将冷却液吸收的________散发到空气中。散热器芯由________、________、________、________组成。散热器分为________和________。

20. 下图为电子控制的节温器，加热电阻根据一些输入值由控制装置起动，使得节温器产生较大的开度，从而降低冷却液的温度。请在图中的框内填写出都有哪些输入值。

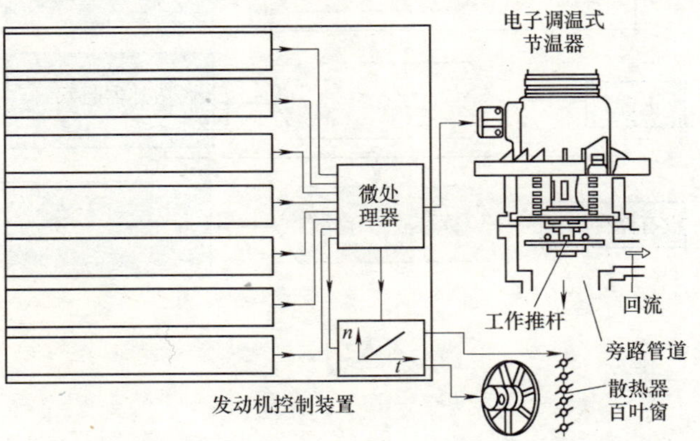

21. 仔细阅读学习资料，将下图中冰点检测仪各部分的名称，填写在横线上。

1—________________________
2—________________________
3—________________________
4—________________________
5—________________________
6—________________________

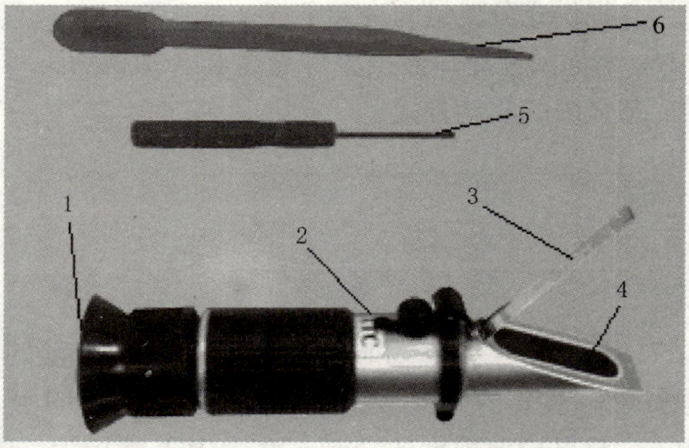

22. 为了确定冷却系统的故障，必须按照以下的故障排查表进行检查。请在框图内填写冷却系统过热的故障排查过程。

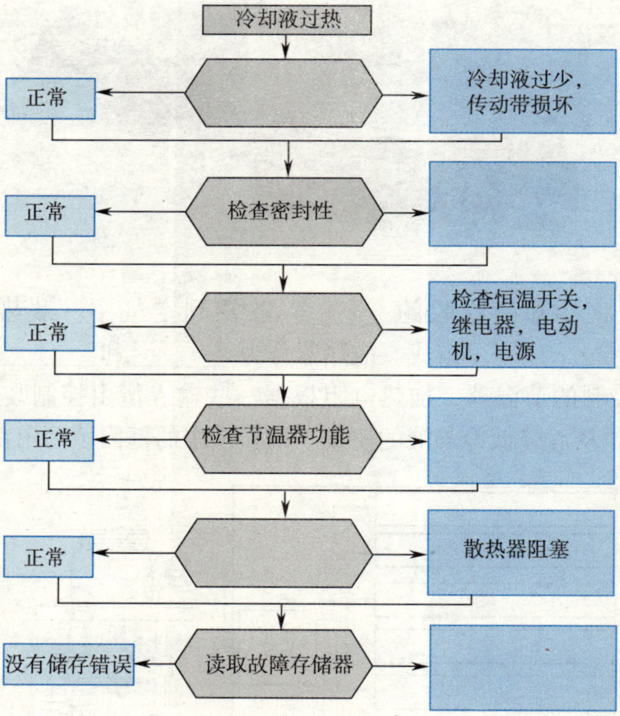

3　制订工作计划　　　　成绩：

23. 检查冷却系统密封性的工作计划。

步骤	内容	设备和工具	操作注意事项	备注
1				
2				
3				
4				
5				
6				
7				
8				
9				
计划展示效果（学生）				
计划审核（教师）				

24. 检查节温器功能的工作计划。

步骤	内容	设备和工具	操作注意事项	备注
1				
2				
3				
4				
5				
6				
7				
8				
9				
计划展示效果（学生）				
计划审核（教师）				

25. 检查冷却液冰点的工作计划。

步骤	内容	设备和工具	操作注意事项	备注
1				
2				
3				
4				
5				
6				
7				
8				
9				
计划展示效果（学生）				
计划审核（教师）				

26. 排放和添加冷却液的工作计划。

步骤	内容	设备和工具	操作注意事项	备注
1				
2				
3				
4				
5				
6				
7				
8				
9				
计划展示效果（学生）				
计划审核（教师）				

4 实施检测及维修工作计划 成绩：

27. 冷却系统密封性的检测记录表。

检测时间	压力值（单位： ）
0 ~ 1min	
1 ~ 2min	
检测中出现的问题	
检测结果分析	压力值分析： 判断冷却系统密封性：
故障原因分析	
反思操作过程及改进措施	
学生操作过程监控（教师）	

28. 检查节温器的功能记录表。

检查前的准备工作		
检查中出现的问题		
检查结果分析	节温器在相应的温度时，是否有动作	
	判断节温器工作是否正常	
故障原因分析		
反思操作过程及改进措施		
学生操作过程监控（教师）		

29. 检测冷却液冰点记录表。

检测前的准备工作		
检测中出现的问题		
检测结果分析	冷却液冰点	________℃
	判断冷却液冰点是否正常	
故障原因分析		
反思操作过程及改进措施		
学生操作过程监控（教师）		

30. 排放和添加冷却液工作记录表。

操作前的准备工作	
排放和添加冷却液工作中出现的问题	
反思操作过程及改进措施	
学生操作过程监控（教师）	

5 评价反馈

成绩：

31. 根据各小组在实训中的表现和参与情况，对本小组和其他小组的操作过程进行评价。

组别		
1		
2		
3		
4		
5		
6		

32. 小组内相互评价，对自己的参与程度和表现进行自评，同时与其他组员进行互评。

序号	姓　名	组内职责	完成情况评价
1			
2			
3			
4			
5			
6			
7			

学习单元四

发动机冷却液温度高(冷却系统的故障)

发动机冷却液温度高学习要求

企业工作任务	
经过长时间行驶之后，发动机温度升高，同时冷却液不足，指示灯闪亮。发动机空载时，怠速不稳。	
工作流程	**可能故障原因**
1. 确定车间维修任务。 2. 确定诊断范围。 3. 把故障确定到机械部分，同时提出可能的故障原因。 4. 制订检测标准。 5. 制订测定压缩压力和压力损失的工作计划。 6. 实施压缩压力和压力损失的检测。 7. 记录结果，并与制造厂规定的数据标准相比较。 8. 正确解释试验和测定结果，并界定故障原因。 9. 拆卸气缸盖。 10. 实施检修措施（修理气缸盖，并更换气缸盖密封垫）。 11. 安装气缸盖。	1. 气缸盖方面的故障（如排气门或进气门方面的故障及气门油封方面的故障）。 2. 气缸盖密封垫故障。 3. 气缸盖有裂缝。

12. 设定发动机配气正时。 13. 性能检测。	

学习目标

1. 学生要制订出发动机气缸盖机械部分的拆卸、检测、维修和安装计划并实施。
2. 利用企业信息系统制订工作计划并实施，并利用该系统控制整个工作流程，特别要会使用电子数据信息系统。
3. 遵守法律和生产商的规定，并能合理使用技术交流平台。
4. 正确使用工具、机械设备、企业所需原料和辅助原料。
5. 在拆装和维修过程中，要检查零部件的再利用性（包括修复后的再利用）。
6. 在拆卸连接件时，特别是螺纹联接时，要注意技术数据和安装规定。
7. 能够对工作成果进行检查、评估、记录和演示。
8. 能够和同事、领导进行沟通。

教学内容

技能类	综合类
1. 发动机气缸盖的拆卸、检测、维修和安装计划。 2. 气缸盖。 3. 发动机轴承。 4. 配气机构。 5. 可变配气正时控制装置。 6. 工作原理图（曲线图）。 7. 发动机种类。 8. 气缸数量、点火顺序、点火正时（间隔）。 9. 机械设备、安装工具和原料。 10. 对半成品的切割、重新定型和安装。 11. 螺栓的转矩和旋转角度。	1. 维修任务委托书。 2. 工作计划。 3. 磨损检查（用设备和相应的工艺方法对表面、规定尺寸、压缩压力和压力损失进行检查、测量）。 4. 机动车验收。 5. 文字记录。 6. 框图、示意图和功能图表。 7. 备件和材料需求表。 8. 生产商技术文件和维修手册。 9. 配件和材料清单（小范围的）。 10. 保质期（法律上应承担的责任及对维修工作的保证）。 11. 环境保护。 12. 企业工作流程。 13. 机修师和员工的沟通，专业交流。 14. 工作安全，事故预防。 15. 垃圾清理和再利用。 16. 工作质量的自我评价。

专业理论基础	计算机
1. 材料的拉伸长度检测（在受力状态下，缸盖螺栓的拉伸长度检测）。 2. 热胀。 3. 重量、密度、重力。 4. 压力计算。 5. 机械功和能。 6. 机械功率。 7. 发动机转矩和功率。 8. 能量的转换效率（效益、功的损失）。 9. 图解法、示意图（简单图表计算）。	1. 企业数据处理（硬件/软件）。 2. 车间信息系统，沟通平台和文件系统。 3. 生产厂商规定。 4. 图解法、示意图（简单图表计算）。 5. 文件汇编软件（word、ppt、excel 等）。

建议学时
45 学时

教学资源
1. 有相应故障的四辆汽车或四台发动机。 2. 企业信息系统。 3. 配有必要的检测指南的厂家资料。 4. 压缩压力和压力损失测定仪器（气缸压力表/直接压力表）。 5. 用于气缸盖的拆卸或安装工作的特殊工具。 6. 扭力扳手。 7. 制造厂商的安装规定。 8. 试验记录表格。 9. 内窥镜。

发动机冷却液温度高工作页

1　接受工作任务	成绩：

1. 接待客户，填写任务委托书。

客户抱怨：经过长时间行驶之后，发动机温度升高，同时冷却液不足，指示灯闪亮。发动机空载时，怠速不稳。

昌职汽车修理厂委托书

日期：＿＿＿＿年＿＿月＿＿日

客户名称				业务单号	
地址				车牌号码	
联系电话		联系人		车型	
发动机号		行驶里程		颜色	
VIN 号		存油		预计完工日期	

随车附件（有 ✓　无 ×　损 ○）

前照灯		转向灯		制动灯		示宽灯	
牌照灯		车内灯		收录机		天线	
点烟器		烟灰缸		电扇		摇把	
空调器		反光镜		室内镜		门窗玻璃	
刮水器		喇叭		车门拉手		靠垫座套	
地垫		遮阳板		轴头亮盖		千斤顶	
备胎		手工具		前车牌号		后车牌号	
运营牌		徽标		前商标		左后商标	
中后商标		右后商标					

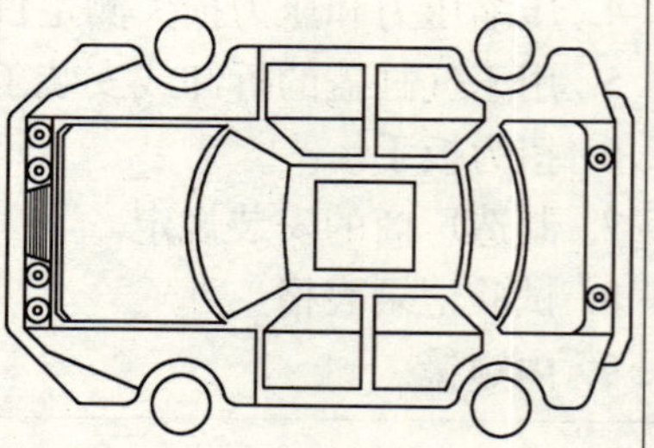

油存E |　|　|　|　|　|　|　|　| F

序号	维修项目
备注	

※零件损坏是否更换　□是　□否

本人对以上内容已经确认，并愿意按上述要求进行评估服务和支付相关费用。

本人已将车内票据、现金及贵重物品取走。

经办人：＿＿＿＿＿＿　　用户签字：＿＿＿＿＿＿

2　收集信息	成绩：

2. 气缸盖的作用：气缸盖从上部封闭了________，它通过螺栓与气缸盖衬垫一起固定在________上。

3. 气缸盖的结构：气缸盖包括________、________、________，多数还包括压缩室。气缸盖中安装了________（对于直喷式发动机还装有________）以及配气机构部件，比如________。________通常也布置在气缸盖上。

4. 气缸盖衬垫的作用：气缸盖衬垫应起到________以防止气体泄漏，并且防止________、________从液体管道中漏出的作用。

5. 气缸盖衬垫密封性好的前提是要使________和________之间的表面平整。

6. 下图为金属—软材料气缸盖衬垫，请标出数字所示部位的名称。

1—________________________

2—________________________

3—________________________

4—________________________

5—________________________

6—________________________

7—________________________

8—________________________

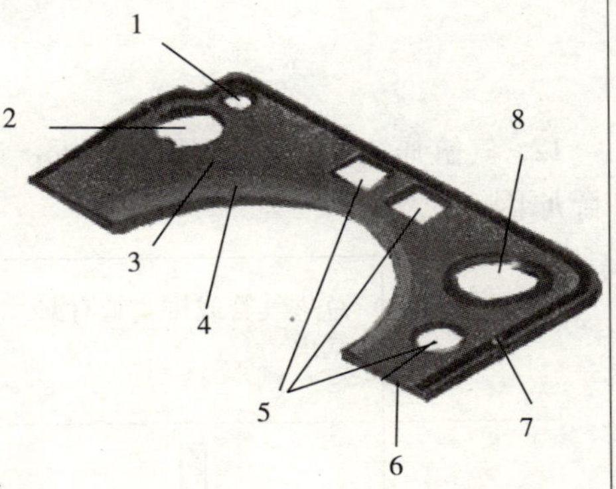

7. 活塞运动到________时，活塞顶部与________之间的空间称为燃烧室。

8. 燃烧室通过________、________、________和________确定。

9. 使用________可以对各个燃烧室的压缩比进行对比测试。

10．对气缸压缩压力检测结果进行分析：

①若所有气缸的压力值都低于________（柴油机）________ → 表示发动机带有________。

②若测出的各个气缸的压缩压力值不同 → 可通过向气缸里喷些________以查明造成气压损失的原因。 → 若再次测量出的压缩压力值：

- 增高 → 则表示________或________处存在磨损。
- 未增高 → 则可能在____、____、____、____、或者____处有损坏。

③若两相邻气缸的压缩压力值相同，但明显比其他气缸的压缩压力值小 → 可能是______有裂缝或是两个气缸之间的______有泄漏。

11. 气缸压力损失测试如下图所示，请在方框中填写上相应部分的名称，并根据图示写出测试气缸压力损失的步骤。

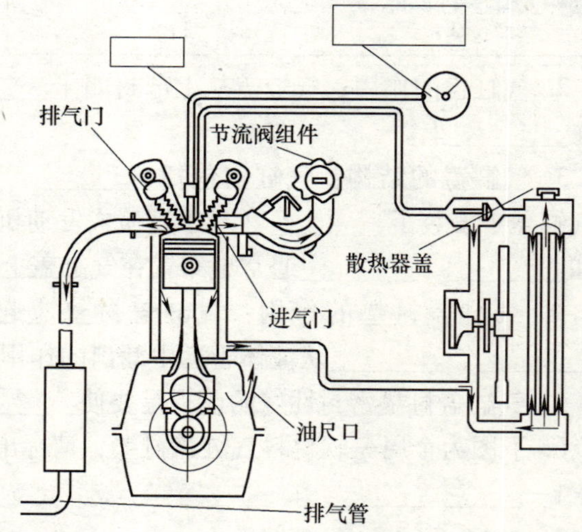

1）________________

2）________________

3）________________

4）________________

5）________________

12. 气缸压力损失故障原因分析：请根据气缸压力损失测试中出现的问题，判断出故障原因。

检测结果	总进气管或排气管有漏气声	加油口接头或油尺口有漏气声	散热器加水口有气泡或相邻的气缸的火花塞口有漏气声
	↓	↓	↓
故障原因			

13. 当气缸盖和气缸体的密封不良时，会导致哪些现象出现？

1）________________；

2）________________；

3）________________；

4）________________。

14. 以下为更换气缸盖衬垫时的操作注意事项，请将其补充完整。

1）松开缸盖螺栓之前，发动机必须________，防止气缸盖发生________。

2）________粘附的气缸盖衬垫残余物。

3）气缸体________和气缸盖________一定要平整，否则必须用平面磨床加工消除平面度误差。

4）气缸盖衬垫的厚度必须和________一致。

5）若气缸盖和气缸体有________，则需换用较厚的气缸盖衬垫，否则________将发生变化。

6）气缸盖衬垫靠近燃烧室边缘的部分________（能／不能）伸入燃烧室。

15. 螺栓的紧固必须按照________________中指定的顺序进行，不按顺序进行会导致气缸盖____________，引起____________。缸盖螺栓的拧紧顺序一般为________________或________________。

16. 发动机配气机构负责控制发动机吸入________和排出________的________和________时间。

17. 配气机构的动力通过曲轴经________、________或齿形带轮传递到________上；凸轮和凸轮轴通过传动机构，如________或________，克服________的弹力打开________；气门在气门________的作用下实现关闭。

18. 气门的布置如下图所示，请在下图中的空格中写出相关零部件的名称，并在图下方写出气门布置的形式。

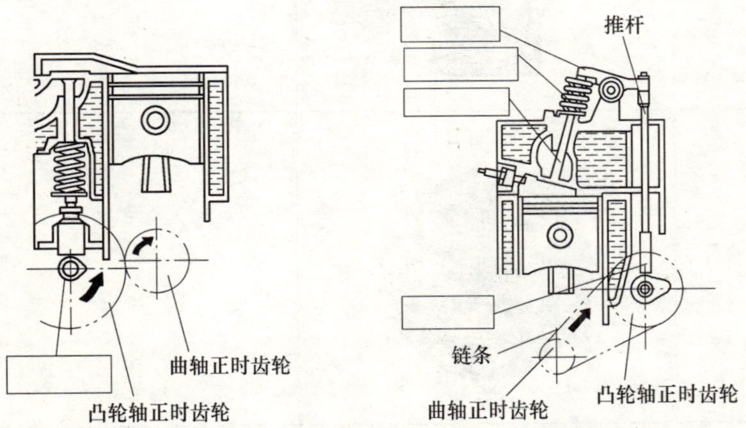

19. 凸轮轴的布置形式如下图所示，请在图下方写出凸轮轴布置的形式。

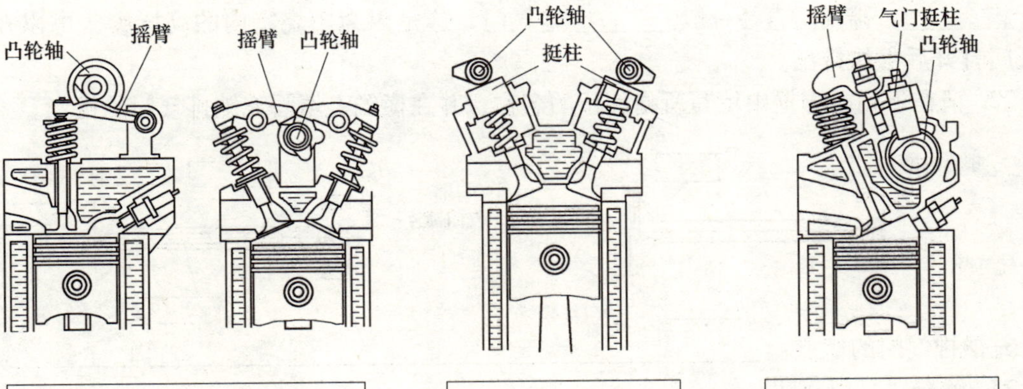

20. 为了提高气缸内的换气效果，发动机可采用两或三个进气门、一或两个排气门的结构，请在下表中分别写出各种气门数的特点。

气门数量	气门分布图	特　点
三气门	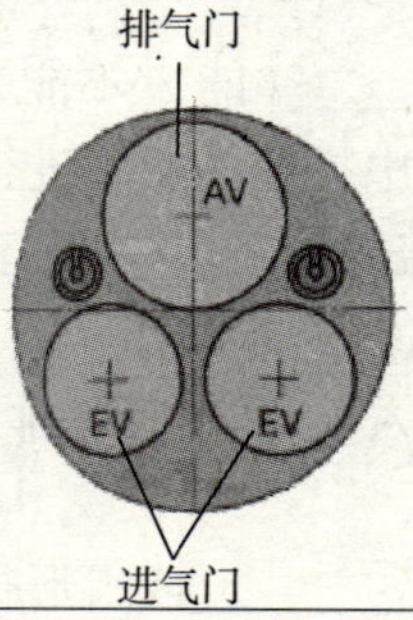	
四气门	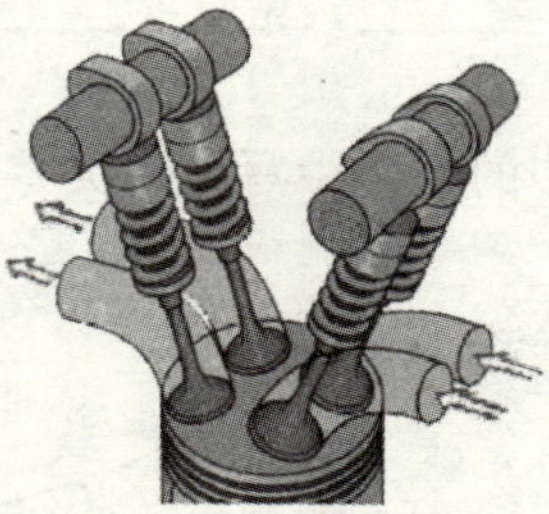	
五气门	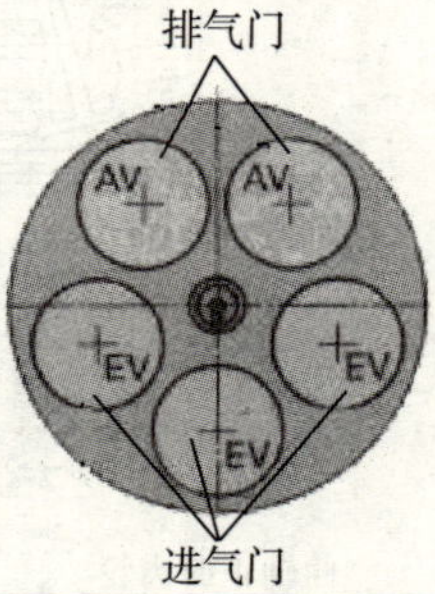	

21. 气门分为________和________。气门的气门顶和气门升程要尽可能大些，以便利于________。排气门直径一般________进气门，这是因为燃烧室内的高压废气可以在排气门打开后很快排出。

22. 请在下图的方框中填写所指部位的名称，并在横线上填写充钠排气门的优点。

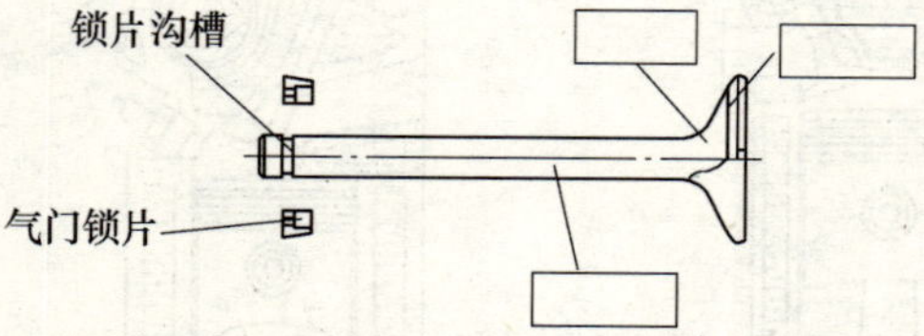

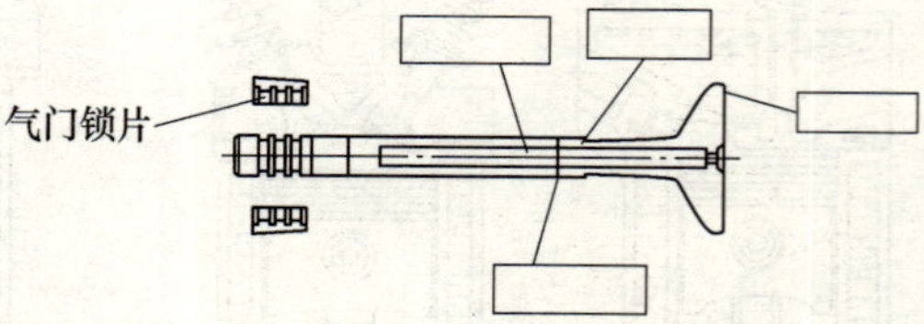

充钠排气门的优点：____。

23. 解释“气门间隙”：____

____。

24. 请在下表中写出气门间隙不当产生的不良后果，并在横线上写出气门间隙的调整方法。

气门间隙状态	产生的不良后果
气门间隙过小	
气门间隙过大	

气门间隙调整方法：

1）____。

2）____。

25. 请在图中的方框内填写相应部位的名称，并在横线上写出液压气门间隙补偿装置的作用。____。

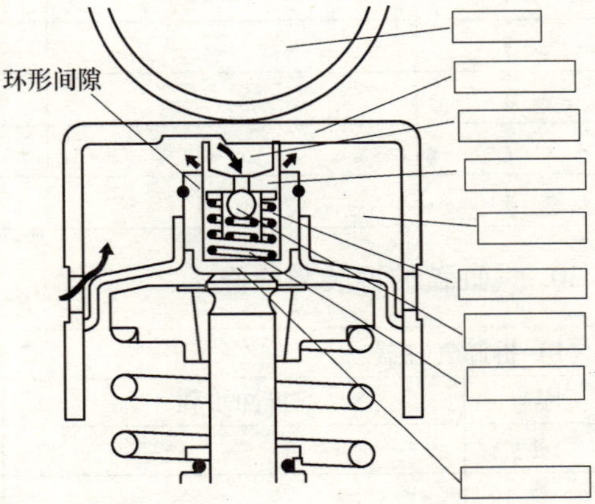

26. 下图所示为气门导管，请在图中的方框内填写相应部位的名称，并回答下面的问题。

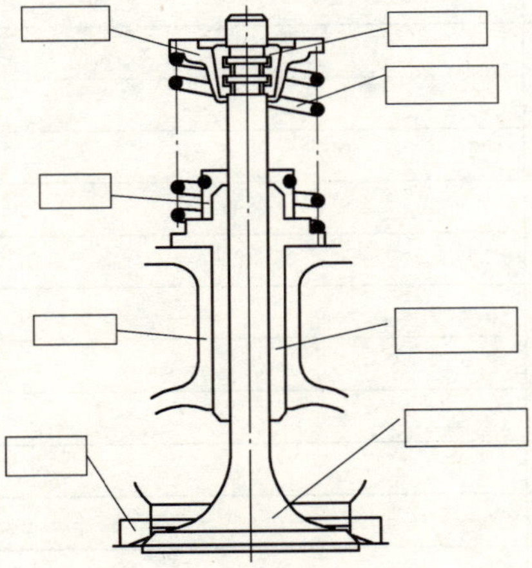

1）气门导管的作用：____。

2）气门导管过度磨损会造成什么影响？____。

27. 请在下图的方框中标出气门相关角度的名称。

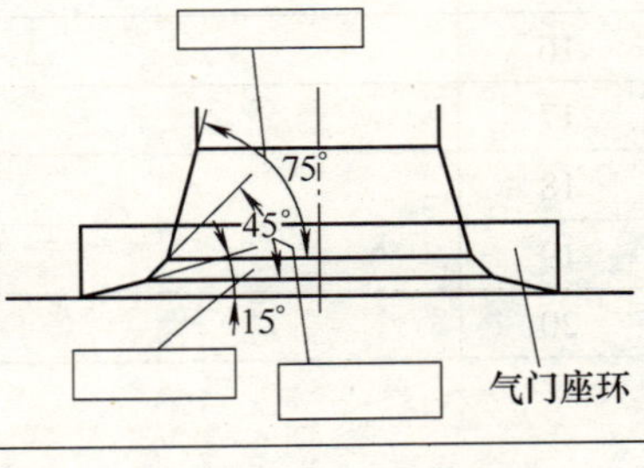

28. 发动机内窥镜技术是采用________，在汽车发动机________的情况下，观察内部，确认________的形式和程度，再采取必要的免解体措施，将发动机和汽车修复，就好像是给发动机做个“B 超体检”。

3 制订检测和维修工作计划 成绩：

29. 检查压缩压力的工作计划。

检测条件			
序号	工作步骤	使用工具	操作注意事项
1			
2			
3			
4			
5			
6			
7			
8			

30. 气缸盖的拆装与检修。

1）拆卸气缸盖。

序号	拆卸步骤	使用工具	操作注意事项
1			
2			
3			
4			
5			
6			
7			
8			
9			
10			
11			
12			
13			
14			
15			
16			
17			
18			
19			
20			

（续）

2）气缸盖、气门、气门座、气门导管的检测与维修。

序号	检测/维修项目	使用量具或工具	检测方法
1	气缸盖平面度的检测		
2	气缸盖密封面的修整		
3	修整气门座		
4	修整进气门		
5	修整排气门		
6	检测气门导管		

3）更新气门杆密封件。

序号	拆卸步骤	使用工具	操作注意事项
1			
2			
3			
4			
5			
6			
7			
8			
9			
10			
11			
12			
13			
14			

（续）

4）气缸盖的安装。

序号	安装步骤	使用工具	操作注意事项
1			
2			
3			
4			
5			
6			
7			
8			
9			
10			
11			
12			
13			
14			
15			
16			

4　实施检测和维修工作　　　　成绩：

31. 气缸压缩压力的检测。

速腾 2006 轿车的维修手册（4 缸电喷发动机、排量 1.6L、滚子摇臂）压缩压力值标准如下：

新的/bar	磨损极限/bar	气缸之间的差别/bar
10.0～13.0	7.0	最大 3.0

气缸压缩压力检测值/bar	第 1 缸	第 2 缸	第 3 缸	第 4 缸
参照压缩压力值标准，分析实测压缩压力值数据，判断气缸工作是否正常				
检测中出现的问题				
经验总结及改进措施				

32. 气缸盖的检修。

1）如图所示，检测气缸盖的变形情况。

实测值			
标准值（查找维修手册）			
检测后分析，判断气缸盖的平面度是否合格			
检测中出现的问题			
经验总结及改进措施			

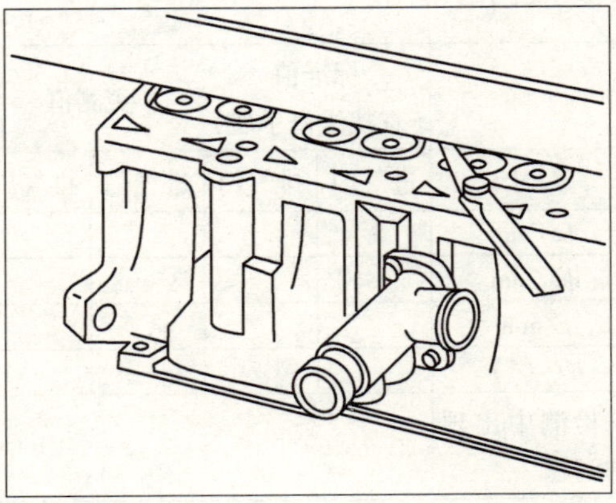

2）气缸盖密封面的修整。

修整方法	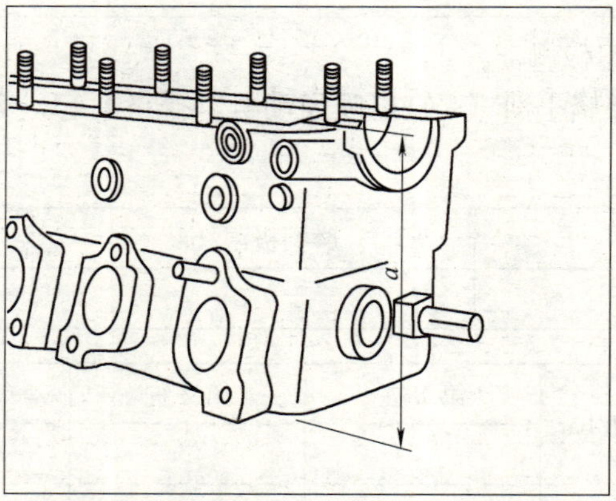	a = ______
修整过程中出现的问题		
经验总结及改进措施		

33. 在下图中标出螺栓的松开和拧紧顺序。

松开顺序

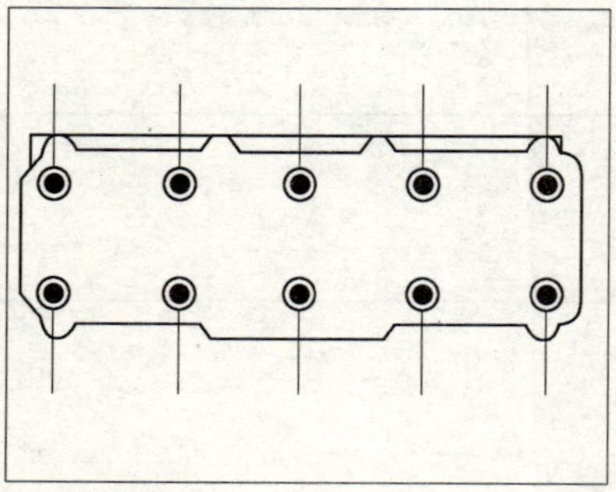

拧紧顺序

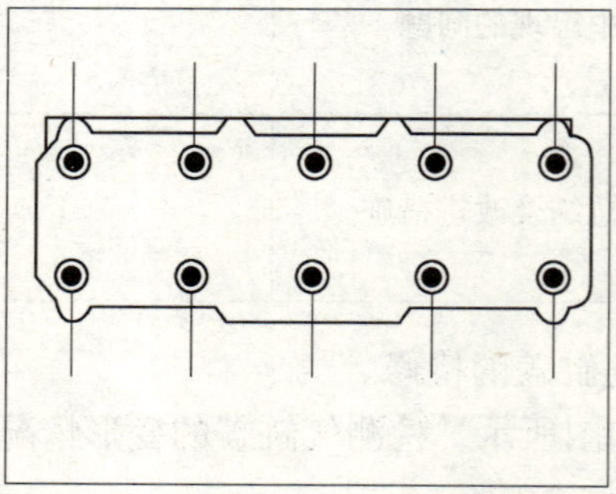

34. 气门的检测。

	标准值（查找维修手册）		实测值	
尺寸	进气门	排气门	进气门	排气门
ϕa/mm				
ϕb/mm				
c/mm				
α/（°）				
检测中出现的问题				
经验总结及改进措施				

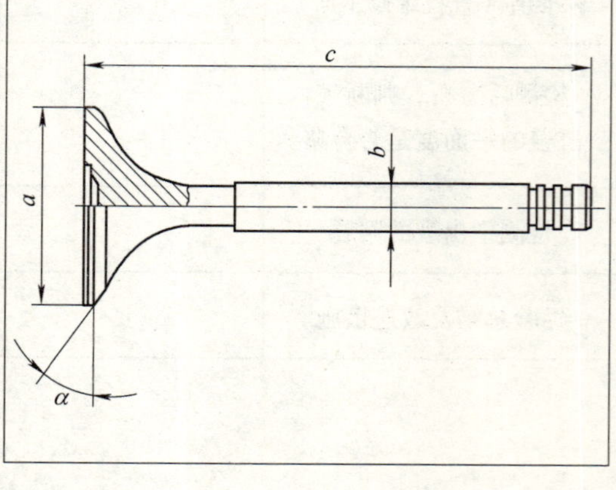

35. 通过检测，填写需更换的备件清单。

序号	备件名称	单位	数量	单价	备注
1					
2					
3					
4					
5					
6					
7					
填写备件清单时，与库房管理员进行沟通的内容					
沟通时需要注意的问题					

36. 发动机气缸盖的拆装与检测。

序号	考核内容	考核要求	评分标准	配分	扣分	得分
1	使用工具、量具、设备	1）能够正确使用工具、量具、设备。	工具使用不当，一次扣2分。	10		
2	气缸和气缸垫的拆卸	2）操作正确合理，检查方法正确。	酌情扣分。	15		
3	气缸盖下平面平面度的检查		检查方法不正确，扣5分。	20		
4	气缸裂纹的检查		检查结果不正确，扣5分。	15		
5	气缸盖和气缸垫的安装	3）操作正确合理，螺栓按规定力矩拧紧，符合规定要求。	酌情扣分。	15		
6	检修技术标准	4）口述修理的方法及技术标准。	技术要求叙述错误，扣10分。	15		
7	文明操作	5）遵守安全规程，工量具摆放整齐，操作现场整洁。	每项扣2分，扣完为止，违反安全规程、出事故记0分。	10		
	安全生产	6）遵守规则，安全作业，无人身、设备事故。	因操作不当发生重大事故，此题按0分计。			
8	合计			100		
考核记录						

5 检查工作效果	成绩：

37. 维修工作结束，由质量检查员进行检查。质量检查员姓名：________

1）气缸压力检测。

操作过程记录：____

____

学生姓名		

2）起动发动机，检查维修质量（是否存在漏气、漏水、漏电、漏油现象）。

操作过程记录：____

____

学生姓名		

6　对维修工作任务进行评价和反馈　　成绩：

38. 学生关键能力自评。

序号	评价要素	低	分值				高
			D	C	B	A	
			1～3	4～6	7～8	9～10	
1	独立工作能力	弱					强
2	团队合作能力	从不					积极主动
3	工作方式	无					多
4	沟通与交流	不清楚					很清晰
5	解决问题的创新性	无					经常
6	对工作环境的态度	从不关注					随时随地关注
7	课堂参与程度	不参与					积极主动
合　计							

39. 小组内相互评价，对自己的参与程度和表现进行自评，同时与其他组员进行互评。

序号	姓　　名	组内职责	完成情况评价
1			
2			
3			
4			
5			
6			
7			

学习单元五

机油压力报警灯闪烁

机油压力报警灯闪烁学习要求

<table>
<tr><td colspan="2">企业工作任务</td></tr>
<tr><td colspan="2">顾客描述——机油压力报警灯闪烁。</td></tr>
<tr><td>工作流程</td><td>可能故障原因</td></tr>
<tr><td>1. 确认车辆和发动机及顾客的相关数据和信息。
2. 确定工作委托书。
3. 查明备件需求与费用。
4. 通过专业书籍学习润滑系统的知识。
5. 为诊断和确定故障原因制订工作计划。
6. 测量机油压力。
7. 将理论值和实测值进行比较。
8. 检查油压开关电路连接接头。
9. 更换有故障的油压开关或机油滤清器。
10. 文字记录，工作演示。</td><td>1. 机油过滤器堵塞。
2. 油压开关故障。</td></tr>
<tr><td colspan="2">学习目标</td></tr>
<tr><td colspan="2">1. 通过与顾客沟通，确认故障现象，完成工作委托书的填写，同时掌握与顾客沟通的技巧，注意维护顾客利益。
2. 能够认知润滑系统的构造及各部件总成的功能。学会分析、描述车辆润滑系统的功能，能形象描述润滑系统的工作原理。
3. 通过查找资料，确定机油压力报警灯闪烁的原因。
4. 能利用维修手册查找维修润滑系统的相关技术规范和规定、标准。</td></tr>
</table>

5. 能按照维修技术规范合理制订排除机油压力报警灯闪烁故障的工作计划 。

6. 学会对润滑系统进行检测，在维修服务中培养安全和质量意识，起动汽车时如实地履行工作安全和环境保护的规定。

7. 能够按照生产商的规定及车辆使用区域正确选择润滑油液。

8. 能够遵守环境保护规定，正确存放和处理旧机油。

9. 能对润滑系统的检测和维修工作进行详细记录，说明工作种类和工作量。

10. 能与顾客、上级和同事进行沟通，并对工作情况进行说明，要有积极的工作态度，要对整个工作过程负责。

11. 学会测算备件和人员工资的成本。

教学内容

技能类	综合类
1. 安全正确地起动汽车。 2. 正确使用机油压力测试仪测量机油压力。 3. 检查油压开关电路连接接头。 4. 更换有故障的油压开关或机油滤清器。 5. 排放和加注机油。 6. 正确选择发动机机油标号。	1. 维修车辆的保护。 2. 个人劳动保护。 3. 起动汽车的安全。 4. 防止烫伤。 5. 人身安全。 6. 汽车运行时尾气的抽排。 7. 旧机油的收集与处理。 8. 工作结果的归档、演示和评价。 9. 与顾客进行沟通，避免冲突。 10. 质量保障。 11. 口头和书面交流。 12. 责任心。
专业理论基础	**计算机**
1. 物理：压力。 2. 化学：机油的成分。 3. 材料：润滑油。 4. 数学：备件和人员工资的成本测算、消费清单（结算价单）、成本核算（工时、材料）。 5. 机械：润滑系统相关知识。 6. 识图：机油压力报警灯电路。	1. 汽车维修厂家的信息系统。 2. 维修服务的方案和工作计划。 3. 备件列表和材料清单。

建议学时

25 学时

教学资源

1. 两辆汽车。

2. 4 台装有维修用的信息系统的电脑。

3. 机油压力测试仪。

机油压力报警灯闪烁工作页

1 接受工作任务	成绩：

1. 接待客户，填写任务委托书。

1）顾客描述——机油压力报警灯闪烁。

2）维修工作人员接待客户，初检车辆，填写维修任务委托书。

昌职汽车修理厂委托书

日期：________年______月______日

客户名称				业务单号	
地址				车牌号码	
联系电话		联系人		车型	
发动机号		行驶里程		颜色	
VIN 号		存油		预计完工日期	

随车附件　　有 ✓　　无 ×　　损 ○

前照灯		转向灯		制动灯		示宽灯	
牌照灯		车内灯		收录机		天线	
点烟器		烟灰缸		电扇		摇把	
空调器		反光镜		室内镜		门窗玻璃	
刮水器		喇叭		车门拉手		靠垫座套	
地垫		遮阳板		轴头亮盖		千斤顶	
备胎		手工具		前车牌号		后车牌号	
运营牌		徽标		前商标		左后商标	
中后商标		右后商标					

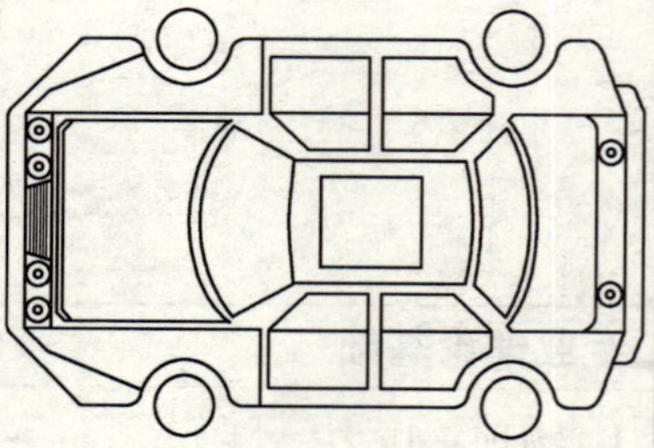

油存 E | | | | | F

序号	维修项目
备注	

※零件损坏是否更换　　□是　　□否

本人对以上内容已经确认，并愿意按上述要求进行评估服务和支付相关费用。

本人已将车内票据、现金及贵重物品取走。

经办人：____________　　　　用户签字：____________

2　收集信息 润滑系统知识	成绩：

2. 润滑剂可以________相对滑动的物体，减少其________的摩擦。另外，润滑剂还用于________、________、________、________、________、________。

3. 根据润滑的状态，可分为________、________和________。请在下表中分别填写三种润滑的名称并描述三种润滑。

润滑种类	润滑示意图	用语言描述润滑
	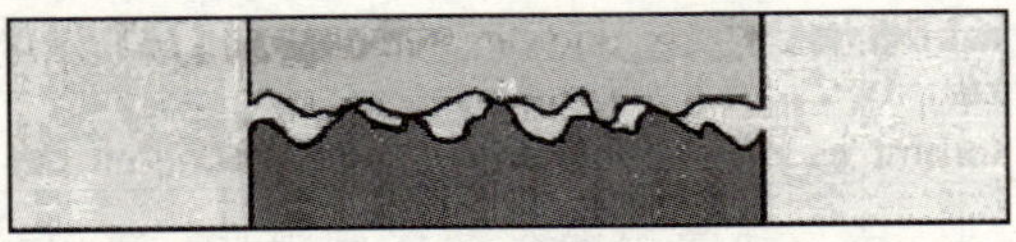	
	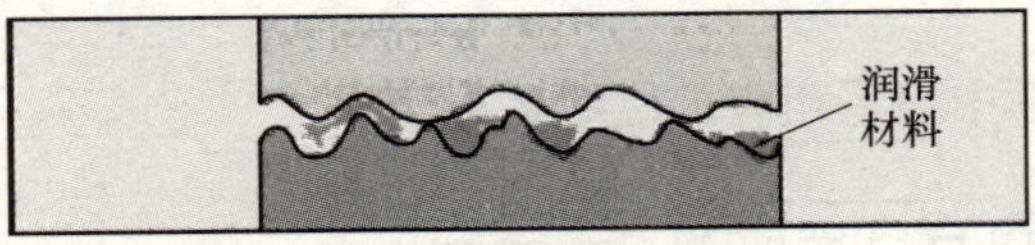	
	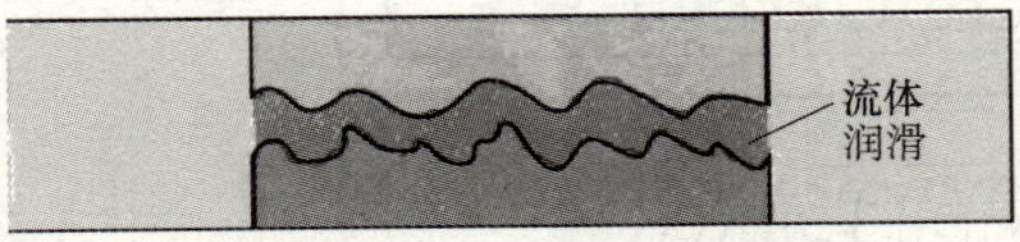	

4. 在汽车上使用的润滑剂可以是________润滑剂、________润滑剂和________润滑剂。

5. ________润滑剂是添加有合金的矿物油或者人工合成油。当润滑油在滑动的物体表面停留时，会在物体表面产生一层________。工作时，润滑油产生一个三角楔形，从而使滑动物体的表面相互________，但三角楔形润滑油能否形成，要取决于物体的相对滑动速度。

6. 国外的汽油机油用字母________表示，档次________为：SA、SB、SC、SD、SE 和 SF。我国的汽油机油分为________、________、________、________和________五级，分别相当于国外的 SB、SC、SD、SE 和 SF 级机油。国产的 10 号、15 号汽油机油相当于国外的________级，国内的 QB 级。

7. 目前，我国机油采用国际 SAE 粘度分级，分别设置了__________、__________、__________、__________和 20、30、40、50 等级别，其中字母“W”表示冬用机油（稠化机油），其后数字越__________，粘度越__________。

8. 在 SAE 粘度分级中，只符合高温（夏用）或低温（冬用）粘度要求的机油，称为________________，如 15W、50 等；若高低温兼顾，即既能冬用又能夏用的机油，称为________________。

9. 请解释“SAE15W/40”：____。

10. 使用机油时的注意事项：

1）不同品牌的汽油机机油和柴油机油，一般________。

2）机油中有水混入后，会________，不能再使用。

3）机油使用后颜色变深，此为________。

4）为了延长机油的使用时间，换油时应将________。

11. 阅读必备知识，并将下表补充完整。

序号	润滑脂种类	润滑脂的特点及用途
1	钙基润滑脂	
2		耐高温、粘附性强，适用于低速、高负荷的汽车轴承
3	钙钠基润滑脂	
4		是一种常用的多效能润滑脂，适用的工作温度为 -30 ~ 120℃

12. 请在润滑系统组成图的方框中填写相应部位的名称。

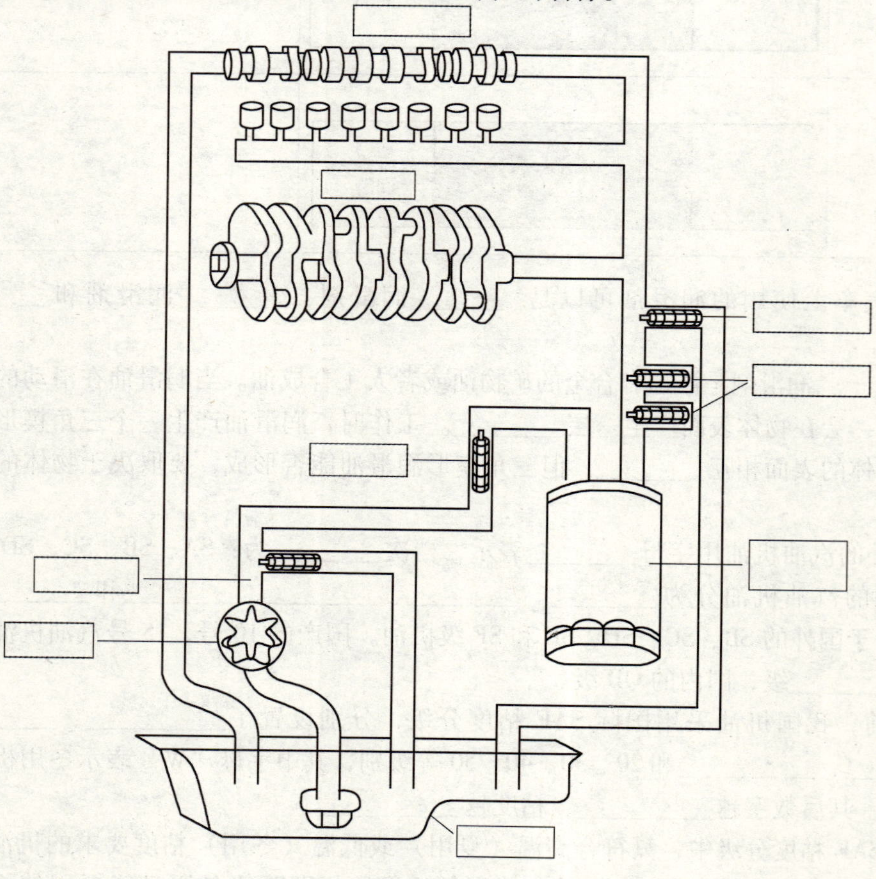

13. 请在下表中的空白位置写上相应零部件的名称或作用，并结合润滑系统实物，认知零部件，认识后在学生认知一栏划“✓”，教师考核合格后，在教师考核一栏划“✓”。

序号	零部件名称	安装位置和作用	学生认知	教师考核
1		为发动机储备机油		
2	两体式曲轴箱			
3	机油泵			
4	限压阀			
5		滤除污染机油的杂质，包括金属碎屑、积炭和灰尘等。		
6	机油传感器			

14. 请在图中的方框内填写所指部位的名称，并在图下方的横线上写出图示机油泵的类型。

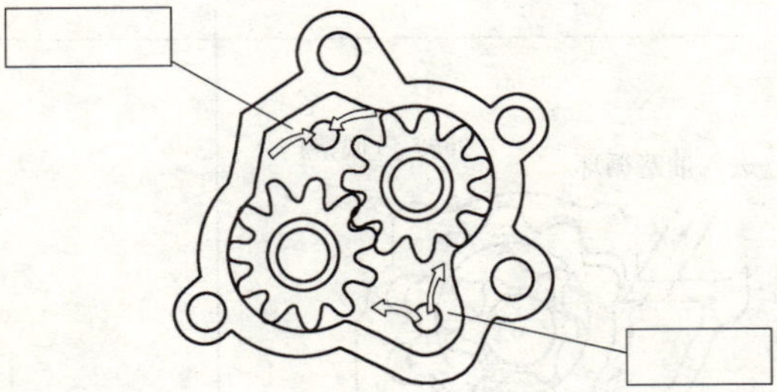

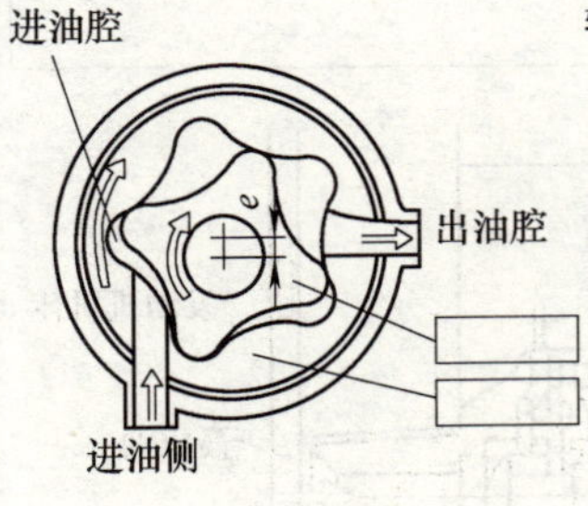

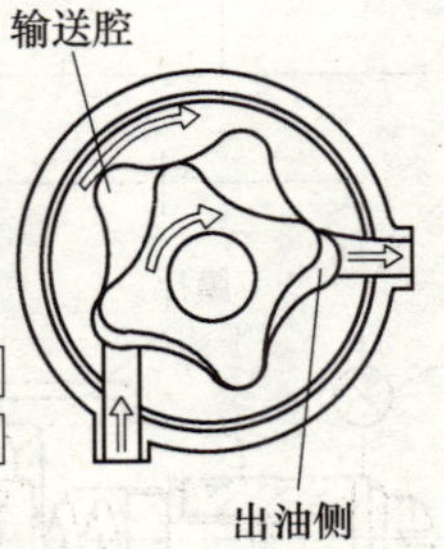

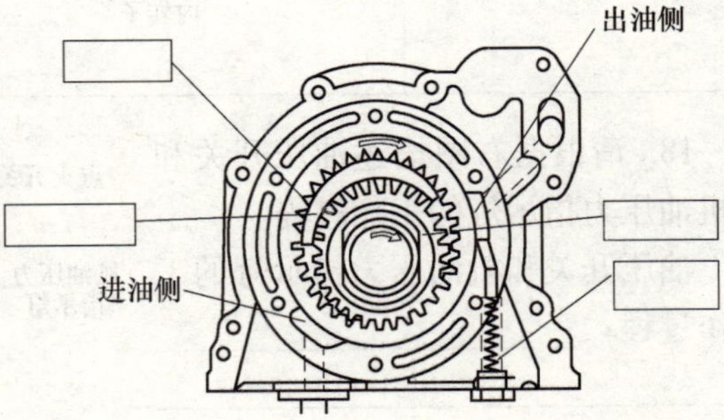

15. 两体式曲轴箱的曲轴箱以下直到油底壳部分是________的，这样在活塞以下的部分就产生了________的、通过特殊的机油回流口和油底壳中的机油连在一起的________空间。

16. 请将“两体式曲轴箱的优点”补充完整。

1）曲轴箱________。通过封闭式油底壳和发动机机体的结合，提高了发动机的________，这对于进一步减轻________有好处。

2）减轻了活塞________的现象。活塞以下的曲轴封闭空间在活塞下行时产生________，该压力在活塞上行时得到释放并使活塞________。

3）减少了因机油由________而生成气泡的现象。

17. 请在下表中写出有调节作用的转子式机油泵的工作过程。

油压	工作原理图	工作过程
油压低于 3. 5bar	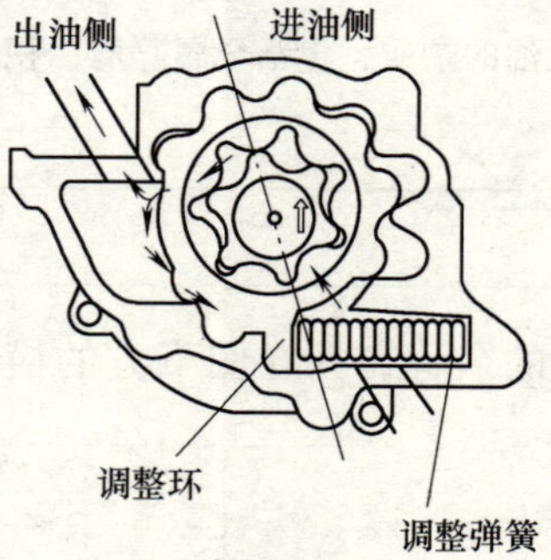	
油压高于 3. 5bar	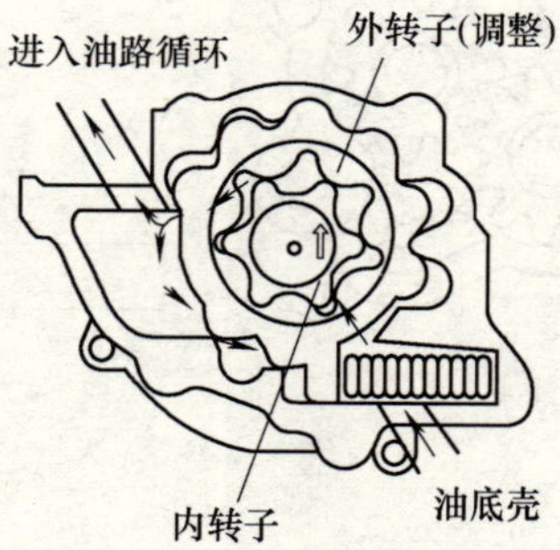	

18. 请根据右图描述油压开关和机油压力指示灯的工作过程。

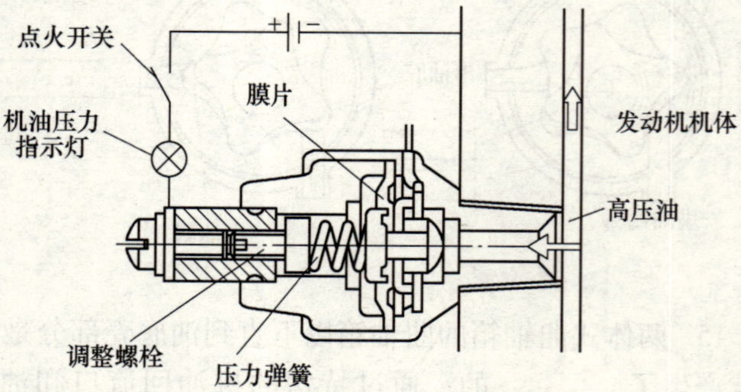

油压开关和机油压力指示灯的工作过程：____。

19. 机油滤清器根据流量不同可分为________机油滤清器和________机油滤清器。

20. 全流式机油滤清器旁通阀的作用是：当滤清器发生________时，机油则通过旁通阀________地直接从滤清器的旁路流向润滑部件。

21. 全流式机油滤清器的单向阀可以加装在滤清器的________和________通道中，用以避免发动机________时全流式机油滤清器内的机油流空。

22. 为精确掌握发动机机油的________、________和状态，可于油底壳内加装一个机油传感器。机油传感器由两个相叠放置的气缸电容器组成，其下半部分用于________，上半部分用于________。为测量机油温度，需在机油传感器中集成一个________。

23. 定期更换机油的原因有________、________、________、________和________。

24. 检查机油油位需处于机油________和________之间，且汽车必须________停靠。

25. 汽车行驶里程数达到________ km 时，正常的机油消耗量不超过________ L。新车处于磨合期时，机油消耗量较高。

26. 机油油位过低时，必须________，但要注意油量不能超过机油油尺的________。轿车机油油尺的最大刻度线和最小刻度线之间的油量差一般为________。

27. 油位过高的情况下需要在汽车________行驶之后，发动机还是________时候测量机油油位。若再次测量的油位仍然________，则必须________多余的机油。

28. 请试分析机油消耗量增加的原因：

序号	故障原因	故障现象
1		
2		
3		

3 制订工作计划　　　　成绩：

29. 制订机油压力检测的工作计划。

检测条件

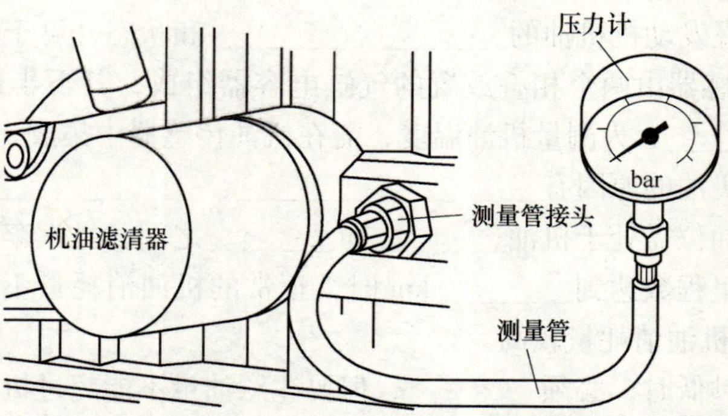

序号	检测步骤名称	使用工具和设备	安全注意事项	负责人	修改内容
1					
2					
3					
4					
5	如发光二极管点亮				
6	如发光二极管不亮 在转速为2000r/min且机油温度为80℃时 如机油压力小于标准值，应检查 如高于标准值				

30. 制订检查机油油位的工作计划。

实训车辆停放要求——					
序号	步骤名称	使用工具和设备	安全注意事项	负责人	修改内容
1					
2					
3					
4					
5					
6					
7					
8					

31. 制订更换机油和机油滤清器的工作计划。

序号	步骤名称	使用工具和设备	安全注意事项	负责人	修改内容
1					
2					
3					
4					
5					
6					
7					
8					
9					
10					
11					
12					
13					

4 实施检测维修工作	成绩：

32. 通过检测，填写需更换的备件清单。

序号	备件名称	单位	数量	单价	备注
1					
2					
3					
4					
5					
6					
7					
8					
9					
10					

填写备件清单时，与库房管理员进行沟通（内容）	
与客户沟通更换备件及其质量和价格	
沟通结果记录	
以上两项沟通时需要注意的问题	

33. 检查机油油位：请在图中用彩笔标出你所检查汽车的机油油位。

根据检查结果，判断机油油位是否合适	
检查机油油位操作中出现的问题	
小组讨论出解决问题的办法	

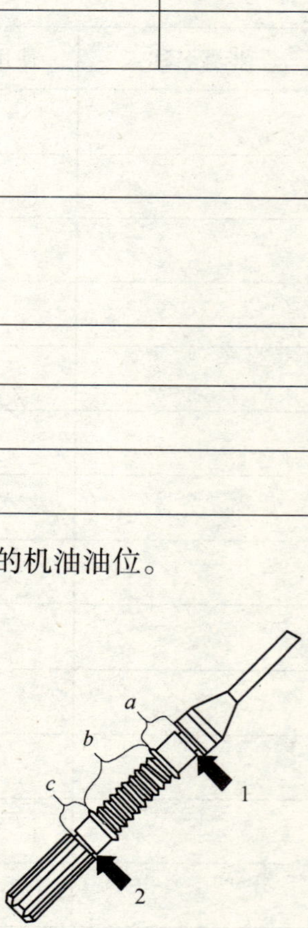

34. 请将更换机油和机油滤清器的工作情况记录在下表中。

记录更换机油和机油滤清器工作中的成功之处	
更换机油和机油滤清器工作中出现的问题	
经验总结及改进措施	

35. 检测机油压力，并记录在下表中（根据实训车维修手册查找标准值数据）。

	标准值（速腾数据）			实测值		
发动机转速	2000r/min以下	2000r/min且机油温度为80℃	2000r/min以上	2000r/min以下	2000r/min且机油温度为80℃	2000r/min以上
压力值	1.2～1.6bar	2.7～4.5bar	不允许超过7.0bar			
将实测值与标准值对比，判断机油压力是否正常						
检测机油压力工作过程中出现的问题						
经验总结及改进措施						

36. 机油压力检测考核记录及评分标准。

序号	考核项目	评分要素	配分	评分标准	检测结果	扣分	得分	备注
1	考核时限	开始时间： 考核时限20min，时间一到，停止操作。考评员记录考核时间，以备评分参考。		结束时间：				
2	工具准备	正确选用所需工具。	5	未备齐一项扣1分。				
3	机油压力表的使用	1）要求正确选择机油压力表的接口。 2）正确拆装机油压力开关。 3）正确连接机油压力表。	35	1）选择机油压力表的接口不正确，扣10分。 2）拆装机油压力开关不正确，扣10分。 3）将机油压力表连接到机油压力开关接口时操作错误，扣10分。 4）操作不熟练，扣5分。				
4	润滑系统机油压力检测	4）正确起动发动机。 5）升高发动机转速暖机。 6）在相应转速时，读取机油压力表的数值并记录。	40	1）起动发动机不正确，扣5分。 2）不暖机，扣10分。 3）读数时转速不正确，扣20分。 4）记录错误，扣5分。				
5	测量结果与结果分析	7）将实测值与标准值相比较，判断润滑系统机油压力是否正常。	10	判断错误，扣10分。				
6	安全文明操作及其他	8）合理使用工具。 9）穿戴齐全（工作服）。 10）文明操作，清理现场。	10	1）未合理使用工具扣3分。 2）未穿工作服扣2分。 3）未清理现场扣5分。				

考评员：________　　核分员：________　　______年____月____日

5 检查维修工作效果　　成绩：

37. 检测维修任务结束后，由维修质量检查员检查维修工作效果。质检员姓名：________

检查项目	操作过程记录	检查结果记录
机油油位		
机油加注口是否盖好		
油压开关电路连接接头		
油压开关接口是否漏油		
机油滤清器接口是否漏油		
油底壳放油螺塞是否漏油		
车辆防护是否收好		
车辆是否清洁		
质检综合印象		

38. 观察学生质检员的操作过程，记录操作中的成功之处和不足之处。

检查项目		
机油油位		
机油加注口是否盖好		
油压开关电路连接接头		
油压开关接口是否漏油		
机油滤清器接口是否漏油		
油底壳放油螺塞是否漏油		
车辆防护是否收好		
车辆是否清洁		

6 评价反馈

成绩：

39. 学生关键能力自评。

序号	评价要素	低	分值 D 1~3	C 4~6	B 7~8	A 9~10	高
1	独立工作能力	弱					强
2	团队合作能力	从不					积极主动
3	工作方式	无					多
4	沟通与交流	不清楚					很清晰
5	解决问题的创新性	无					经常
6	对工作环境的态度	从不关注					随时随地关注
7	课堂参与程度	不参与					积极主动
合计							

40. 小组内相互评价，对自己的参与程度和表现进行自评，同时与其他组员进行互评。

序号	姓　名	组内职责	完成情况评价
1			
2			
3			
4			
5			
6			
7			

学习单元六
发动机异响

发动机异响学习要求

企业工作任务	
高机油消耗量和敲击噪声。	
工作流程	**可能的故障原因**
1. 拆卸发动机以查明故障，查看磨损情况并进行检修。 2. 学习发动机机械部分的系统知识。 3. 制订拆卸发动机的工作计划。 4. 按照厂家的维修指南拆卸发动机。 5. 依照法律规定处理发动机工作原料。 6. 对发动机的重要结构件进行拆卸、检测和评估（活塞、曲柄连杆机构、气缸曲轴箱）。 7. 记录试验和测定结果，并与制造厂商规定的技术数据相比较。 8. 编制备件和原材料的需求清单。 9. 依据制造厂商的规定数据检修发动机。 10. 将发动机装到车上。 11. 验车。 12. 进行密封性和工作性能的检测。	1. 活塞磨损或损坏。 2. 曲柄连杆机构磨损或损坏。 3. 轴承和气缸工作表面磨损或损坏。

学习目标

1. 学会与上级、同事进行沟通、协作，对工作要有一个积极的工作态度，要对整个工作过程负责，注意维护顾客利益。

2. 能够作出对发动机的拆卸、检测、维修和安装的工作计划。

3. 学会使用维修手册，学会自己收集相关资料，学会计算机和文字资料系统的使用。

4. 掌握维修发动机系统的相关技术规范和规定、标准。

5. 确保各部门之间的沟通顺利。

6. 在服务中注意培养安全和质量意识，学会对发动机系统进行检测，起动汽车时如实地履行工作安全和环境保护的规定。

7. 对发动机系统的检测和维修工作进行详细记录。

教学内容

技能类	综合类
1. 发动机系统的拆卸、检测、维修和安装。 2. 气缸和曲轴箱。 3. 曲柄连杆机构（活塞、活塞环、活塞销、曲轴传动装置）。 4. 发动机轴承。 5. 发动机的种类。 6. 气缸数量、点火顺序、点火正时（间隔）。 7. 机械设备、安装工具和原料。	1. 企业工作流程。 2. 机修师和员工的沟通，专业交流。 3. 工作安全，事故预防。 4. 垃圾清理和再利用。 5. 工作质量的自我评价。 6. 专业外语。
专业理论基础	**计算机**
1. 材料的拉伸长度检测（在受力状态下，缸盖螺栓的拉伸长度检测）。 2. 热胀。 3. 曲轴角度、角的弧度（角度制、弧度制）。 4. 质量、密度、重力。 5. 压力计算。 6. 活塞受力计算。 7. 曲轴的受力分析。 8. 动力、动力拆分（活塞、连杆的受力分析）。 9. 曲轴连杆的受力分析。 10. 活塞速度（活塞往返次数/秒）。	1. 企业数据处理（硬件/软件）。 2. 车间信息系统，沟通平台和文件系统。 3. 生产商的规定。 4. 图解法、示意图（简单的图表计算）。 5. 文件汇编软件（word、ppt、excel等）。

11. 机械功和能。
12. 机械功率。
13. 发动机转矩和功率。
14. 能量的转换效率（效益、功的损失）。
15. 图解法、示意图（简单的图表计算）。

建议学时

45 学时

教学资源

1. 有相应发动机损伤的四辆汽车（或者是单独的车用发动机）。
2. 用于拆卸发动机的起重设备。
3. 发动机装配台（翻转架）。
4. 零部件清洗机。
5. 游标卡尺。
6. 金属直尺。
7. 百分表。
8. 磁性表架。
9. 塞尺。
10. 曲轴径向间隙测量工具。

发动机异响工作页

1 接受工作任务	成绩：

1. 接待客户，填写任务委托书。

1）顾客描述——机油消耗量高，并且有敲击噪声。

2）维修工作人员接待客户，初检车辆，填写维修任务委托书。

昌职汽车修理厂委托书

日期：________年____月____日

客户名称				业务单号	
地址				车牌号码	
联系电话		联系人		车型	
发动机号		行驶里程		颜色	
VIN 号		存油		预计完工日期	

随车附件	有 ✓ 无 × 损 ○							
	前照灯		转向灯		制动灯		示宽灯	
	牌照灯		车内灯		收录机		天线	
	点烟器		烟灰缸		电扇		摇把	
	空调器		反光镜		室内镜		门窗玻璃	
	刮水器		喇叭		车门拉手		靠垫座套	
	地垫		遮阳板		轴头亮盖		千斤顶	
	备胎		手工具		前车牌号		后车牌号	
	运营牌		徽标		前商标		左后商标	
	中后商标		右后商标					

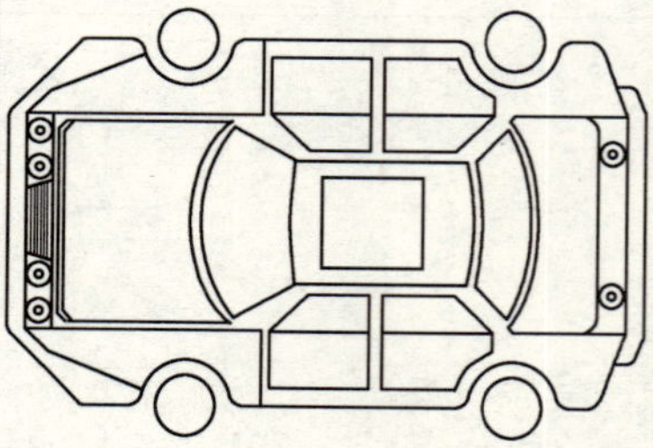

油存E | | | | | | | | F

序号	维修项目
备注	

※零件损坏是否更换　　□是　　□否

本人对以上内容已经确认，并愿意按上述要求进行评估服务和支付相关费用。

本人已将车内票据、现金及贵重物品取走。

经办人：__________　　　　用户签字：__________

2　收集信息 2.1　气缸体	成绩：

2. 气缸体的作用：

1）______________________；

2）______________________。

3. 气缸体的工作条件：

1）______________________；

2）因温度迅速变化而引起的__________；

3）由摩擦和燃烧残余物引起的工作面的________；

4）冷起动时________增大；

5）未汽化的燃料易破坏气缸壁上的________。

4. 气缸体材料的特性：________、________、________、________、________。

5. 水冷型发动机按结构分可分为{ ________——在发动机缸体与气缸盖接触的密封面上以及气缸周围都是封闭的，只有用于输送冷却液的管道存在。 ________——气缸周围的水套对气缸盖敞开。

6. 气缸套分为________和________两种。请在下图中的方框内写出所指部位的名称，并在图下方的直线上标出图示为哪种形式的缸套。

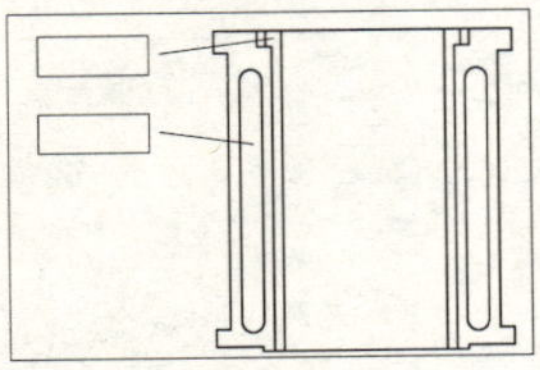

____

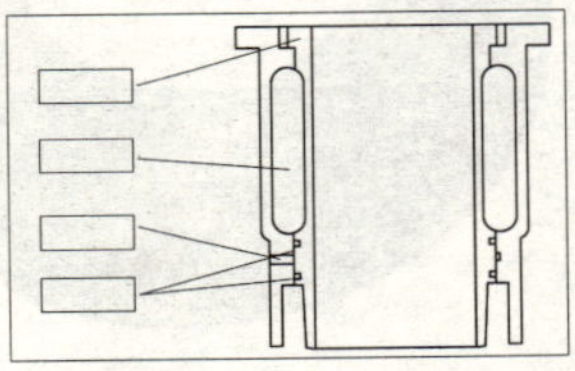

____

7. 风冷型气缸体设有散热片以______________，从而增强________。

8. 请根据下图判断哪个图属于正常磨损，哪个图为不正常磨损。

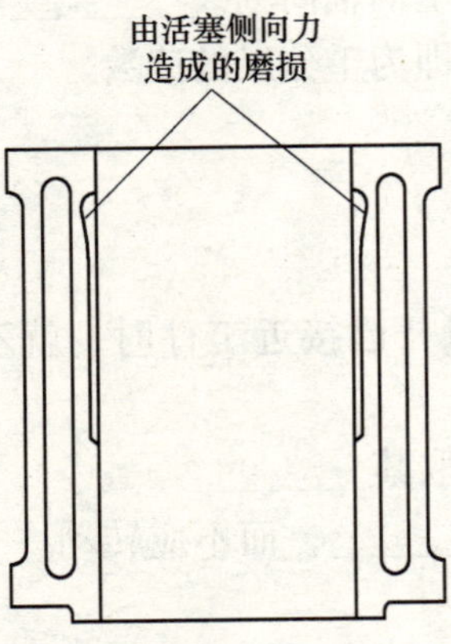

（　　　）

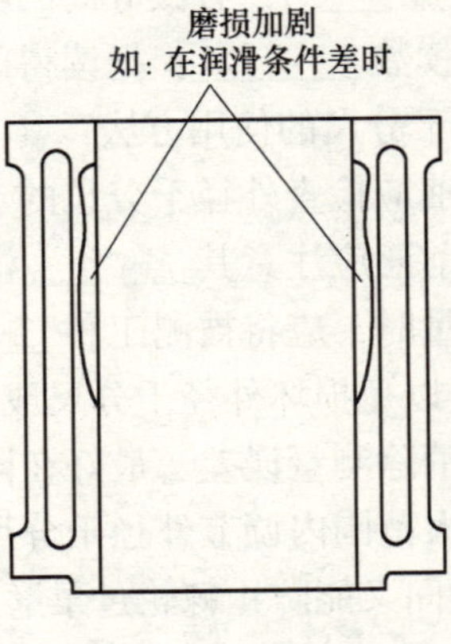

（　　　）

2　收集信息 2.2　气缸的检测	成绩：

9. 气缸工作面磨损的分析：新发动机的气缸工作面是完好的________，但随着使用时间的增加，磨损情况开始出现。气缸的磨损会使活塞环的________变差从而无法完全密闭燃烧室，进而导致机油窜入________（燃油消耗增加）或燃油漏入________（稀释机油）。密封性能变差后，________也要下降，燃油消耗量也会________，同时由于活塞敲击气缸壁，发动机的________也会增加。

10. 正常磨损——________________________________；
非正常磨损——________________________________
________________________________。

11. 请在下图所示外径千分尺的相应位置标出其名称。

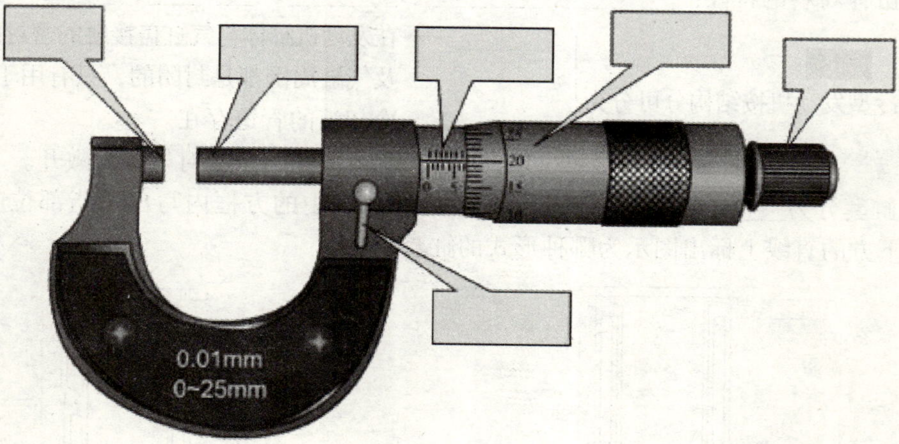

12. 外径千分尺的读数：

1）先读________：看微分筒左边固定套筒上露出的刻线是多少（注意看________毫米的刻线是否露出来，否则就会________毫米）。

2）再读________：看微分筒的哪条刻线与固定套管上的轴向刻线________。

3）两次读数________：把读得的两个读数________即为千分尺的读数。

13. 外径千分尺的使用方法：

1）使用前应检查外径千分尺的________是否正确。

2）使用前还应注意其________。

3）在测量时，应将被测工件________，当两个测量杆已接近工件时，就不要再转动________，以免损坏外径千分尺或影响________。

4）为了消除测量误差，最好在同一位置________，取其________。

5）在较大范围内调节外径千分尺时，起初应转动________，而不应转动________，这样既节省时间又能防止棘轮过早磨损。

14. 外径千分尺的保管注意事项：

1）注意________。

2）禁止用外径千分尺测量________机件。

3）外径千分尺只用于测量________零件，决不能用它来测量毛坯等________表面。

4）________或________要保持完好无损。当必须拆卸保养时，应特别注意其螺纹，以防碰伤。使用时，不可用力拧紧________。

5）严禁将外径千分尺当________用，或当________敲击其他物体等。

15. 请在下图的横线上写出图示外径千分尺的读数。

（1）

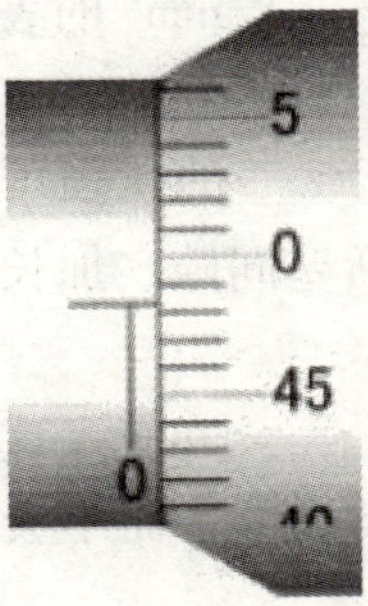

____

（2）

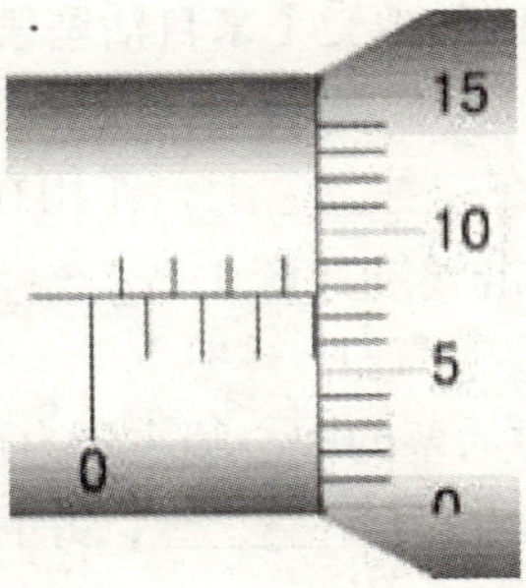

____

（3）

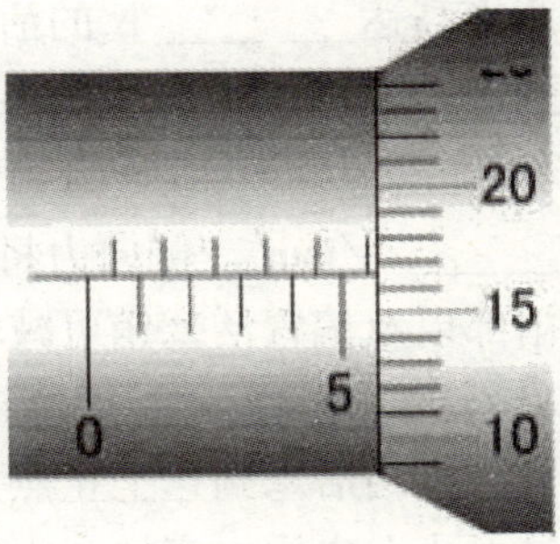

____

（4）

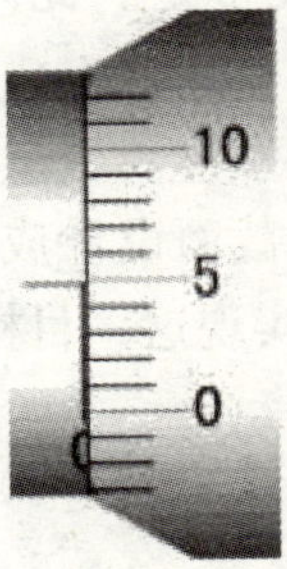

____

（5）

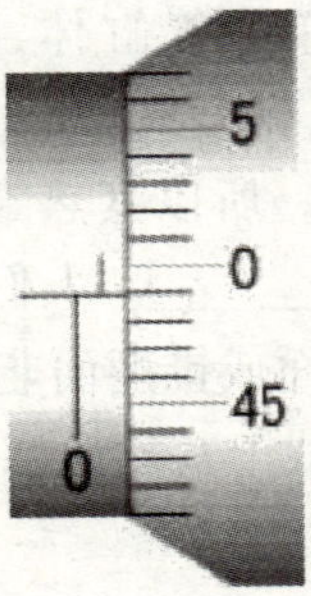

____

（6）

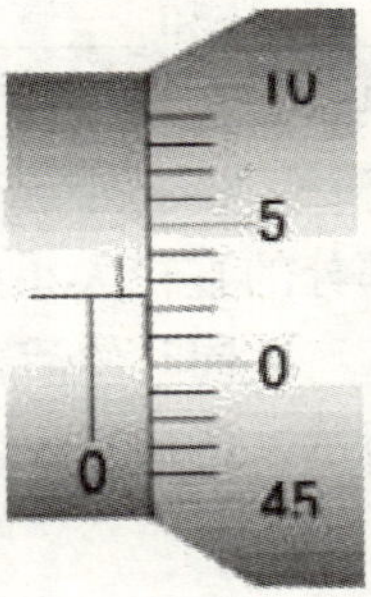

____

（7）

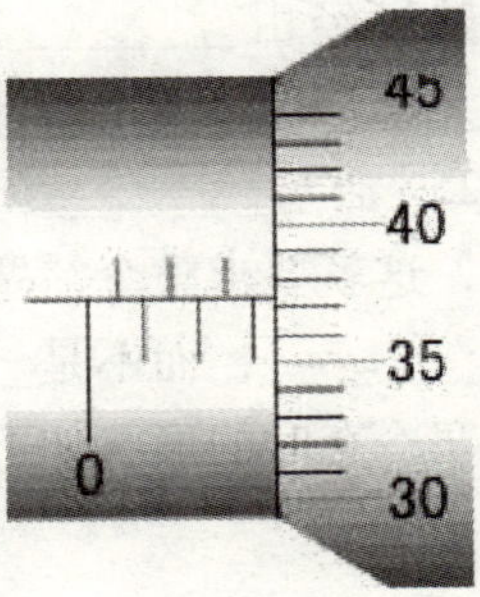

____

16. 内径百分表由________、________、________、________等组成。当活动量杆每移动________ mm，大指针摆动________；每移动________ mm，大指针转动________（________格），小指针摆动________。

17. 用内径百分表进行气缸测量的内容主要是测气缸的________和________。

18. 内径百分表的保养注意事项：

1）用完后，分别取下________和________并________，在测头上涂抹________，清查附件后一并放入木盒内。

2）勿让灰尘、油污和水等进入________。

3）测量时，应将________、________和________擦干净。

2 收集信息 2.3 活塞	成绩：

19. 活塞的作用：

1）把________与________隔离的移动密封件；

2）承受燃烧时所产生的________并通过连杆把力以转矩的形式传递给________；

3）将燃烧气体的________传递给________；

4）在二冲程发动机中还有控制________的作用。

20. 活塞力——作用于汽油机________的压强高达60bar，在直径为80mm的活塞表面将产生高达________N的活塞力。活塞销毂承受了来自活塞销的________N/mm^2的表面压强。

21. 侧向力——活塞两侧会被交替压在________上，作用在活塞________的压强可达________N/mm^2。侧向力将导致活塞撞击气缸并产生________。减小活塞间隙、加长活塞裙部以及偏置活塞销可减轻活塞________气缸。

22. 活塞销偏置——活塞销的轴心相对活塞的中心朝主压力面偏移________布置。这样布置后，当活塞到达上止点之前就已经改变了________，并且压力逐渐建立，而不会在越过上止点之后由突然产生的燃烧压力推向一边。

23. 摩擦力——________、________和________均要承受摩擦负荷。通过选取合适的材料、悉心加工滑移面和良好的________可以减小摩擦和磨损。

24. 热量——通过空气燃油混合气的燃烧，气缸内的温度可达到________。大部分多余的热量经由________、________和________传递给气缸体，并由冷却液带走。此外，________也可带走一部分热量。

25. 活塞________和活塞________处于高温区，所以其热膨胀量也比活塞________更大，这就要求整个活塞各部分的直径大小必须________。人们通过把活塞截面设计成一个________，而不是________，同时使活塞带弧面或锥度而非________来实现这一目标。活塞冷态时的形状如下图所示，请在图旁边的横线上写出活塞冷态的形状。

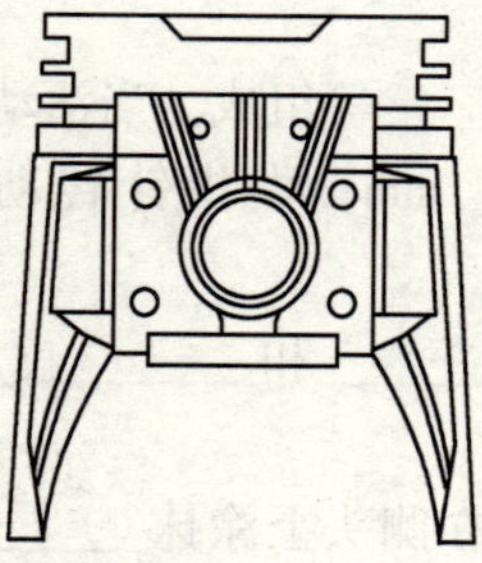

____

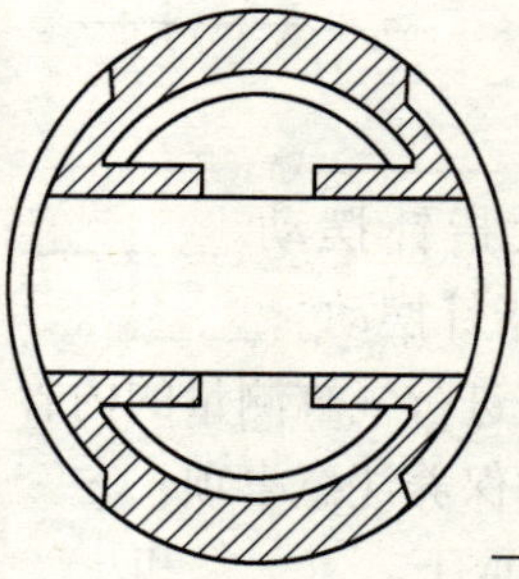

____

26. 活塞的结构如下图所示，请在图中的方框内填写所指部位的名称。

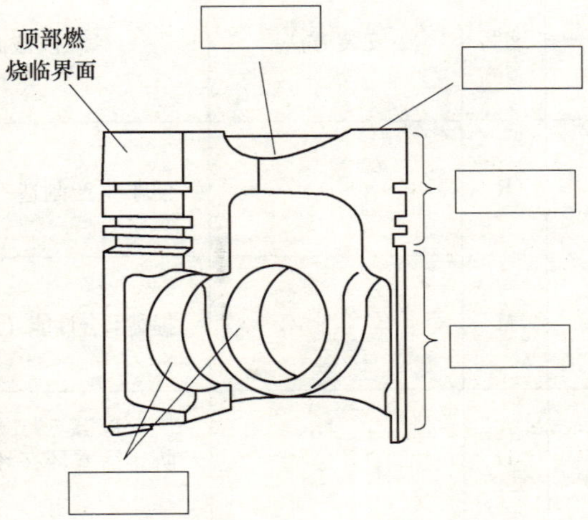

27. 下图所示为活塞的主要尺寸，请在图中的方框中填写所指部位的尺寸。

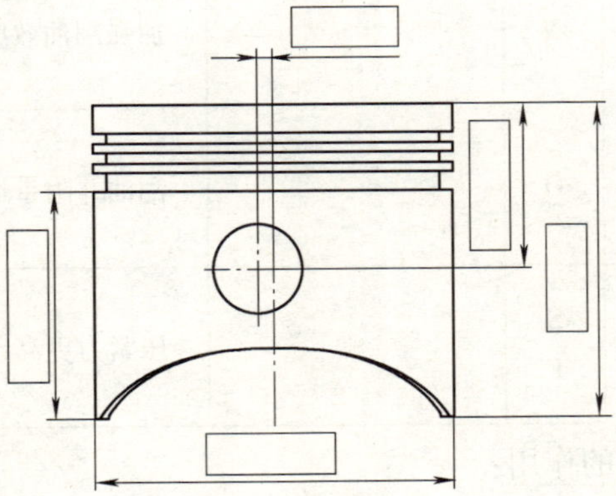

28. 热调节活塞是在轻金属内部镶铸________，比如环形钢片、钢条或弓形钢片。当活塞________时，这些钢片能阻碍________或将热量导入一个确定的方向（________效应）。这种活塞对________与________的适应性较好，因而能在保证较小的装入间隙的同时达到较好的________和保持较低的________。

29. 活塞环分为________（密封环）和________。

30. 气环的作用是：

1）实现气缸中的________对曲轴箱的________；

2）在________与________之间进行热量传递。

31. 油环的作用是________气缸壁上多余的________，将这些________送回________。

32. 请填写下表中活塞环形状的名称和安装方法。

活塞环的形状		缩写	安装方法	该截面形状的优点
截面	名称			
		R		便于生产制造
		M		提高磨合性能（通常装在最上部的环槽内）
		Tr		防止活塞环在环槽内卡死
		L R		借助燃烧气体增加压紧力
		N		加强刮油效应
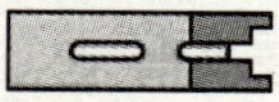		O		刮油并附带通向活塞内部的泄油通道
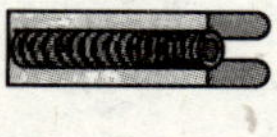		S F		压紧力更高，刮油效应更好

33. 请写出活塞环镀层的作用：

磷酸盐或锌______________________________；

钼______________________________；

镀铬环______________________________。

34. 活塞销连接______和______。由于它和活塞一起作往复运动，故应尽量选用______的活塞销。为了减小惯性力，活塞销应做成______的。

2 收集信息

2.4 连杆

成绩：

35. 在________式活塞销中，活塞销卡环可防止因活塞销在销座中的________而刮伤气缸壁。

36. 连杆的作用：

1）连接________和________；

2）将活塞的________转化成曲轴的________；

3）将________传递到曲轴上并形成________。

37. 右图所示为连杆组件，请在图中的方框中写出所指部位的名称。

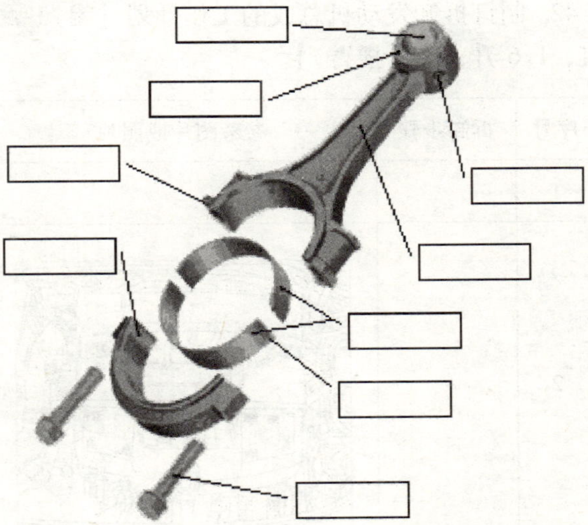

38. 在更换连杆组件和活塞时，必须注意的是，配件的________必须与原来的元件保持一致，以免因________不平衡而影响发动机的工作过程。

39. 曲轴的作用：

1）把从连杆组件传递来的力转变成________和________；

2）将一部分转矩通过________继续传递给________；

3）用剩余转矩驱动________的辅助装置和总成。

40. 在发动机工作的每个冲程中，________和________都会被曲轴加速一次然后再减速一次，于是就产生了非常大的________。此外，曲轴还要承受很大的________。这些力会使得曲轴承受拉伸、弯曲和扭转载荷，并加剧________处的磨损。

41. 下图所示为曲轴的结构，请在图中的方框中写出所指部位的名称。

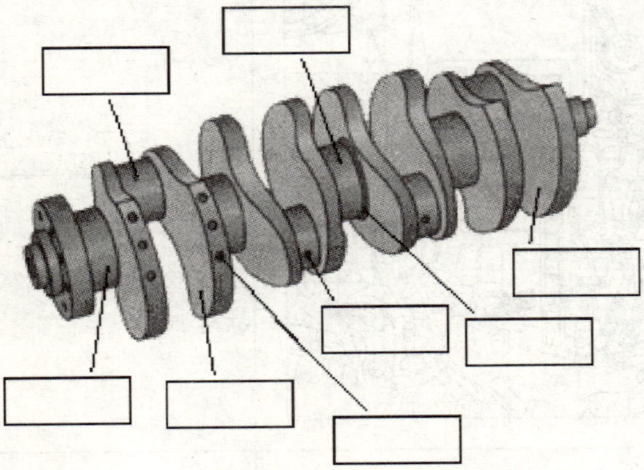

3 制订工作计划

3.1 拆卸发动机

成绩：

42. 制订拆卸发动机总成的工作计划【参照速腾 2006 轿车维修手册（4 缸电喷发动机，1.6 升，滚子摇臂）】。

序号	拆卸步骤	参考图片或照片	使用的工具和设备	安全注意事项
1				
2		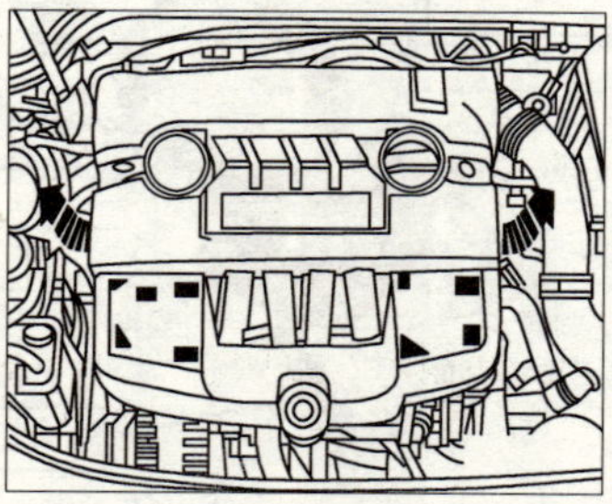		
3		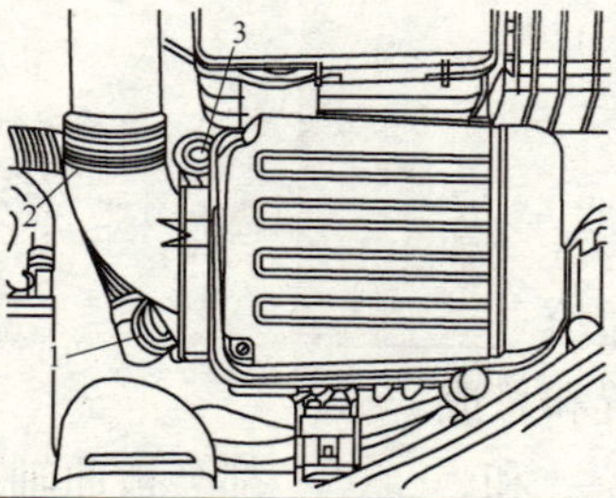		
4				
5				
6		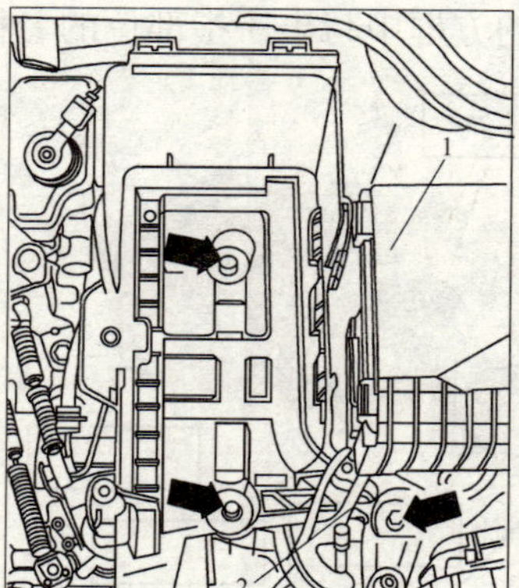		
7				
8				
9				

（续）

序号	拆卸步骤	参考图片或照片	使用的工具和设备	安全注意事项
10		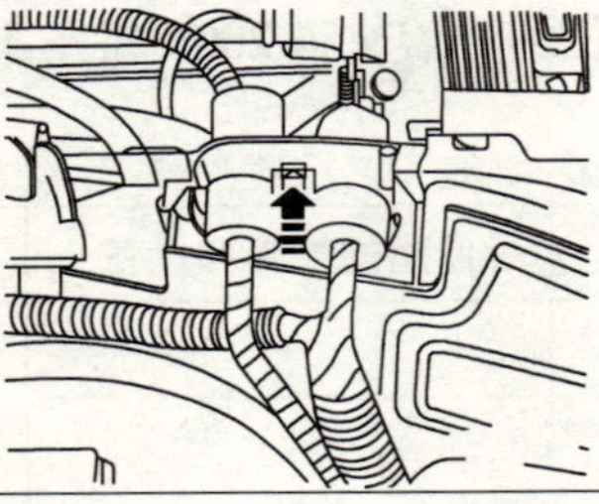		
11				
12				
13		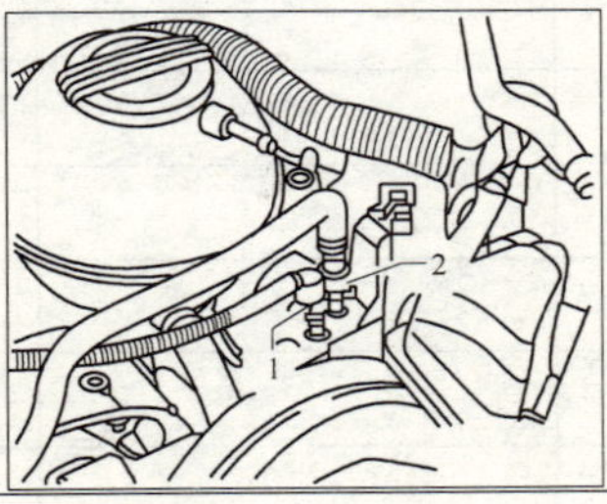		
14				
15				
16				
17				
18				
19				
20				
21		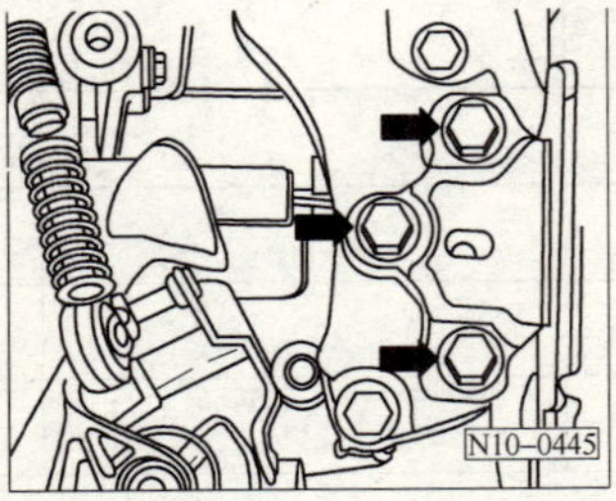		

3 制订工作计划

3.2 分解和组装发动机

成绩：

43. 制订分解和组装发动机的工作计划【参照速腾2006轿车维修手册（4缸电喷发动机，1.6升，滚子摇臂）】。

序号	拆卸步骤	使用的工具和设备	安全注意事项
1			
2			
3			
4			
5			
6			
7			
8			
9			
10			
11			
12			
13			
14			
15			
16			
17			
18			
19			
20			
21			
22			
23			
24			
25			
26			
27			

（续）

序号	拆卸步骤	使用的工具和设备	安全注意事项
28			
29			
30			
31			
32			
33			
34			
35			
36			
37			
38			
39			
40			
41			
42			
43			
44			
45			
46			
47			
48			
49			
50			
51			
52			
53			
54			
55			
56			
57			

3 制订工作计划 3.3 发动机内部检查	成绩：

44. 制订发动机内部检查的工作计划【参照 速腾 2006 轿车维修手册（4 缸电喷发动机，1.6 升，滚子摇臂）和丰田 TEAM21 技术操作】。

序号	拆装和检测方法	使用的工具和设备	安全注意事项
1	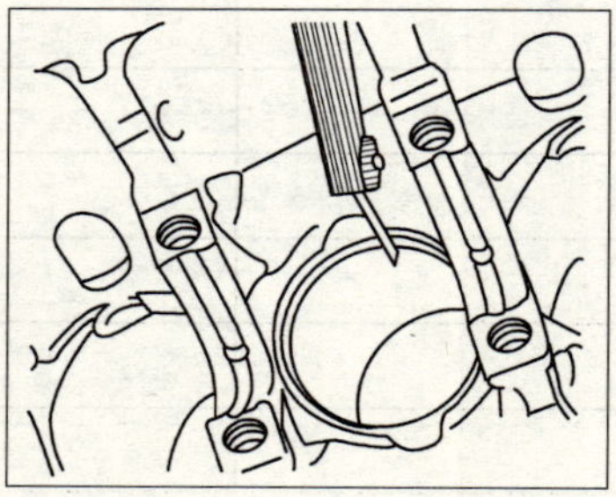 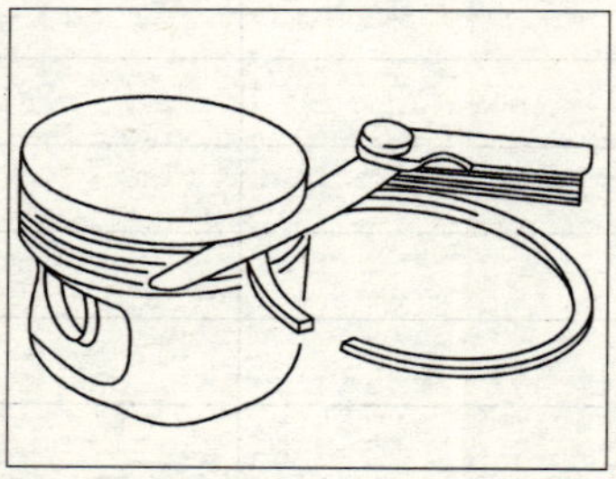		
2	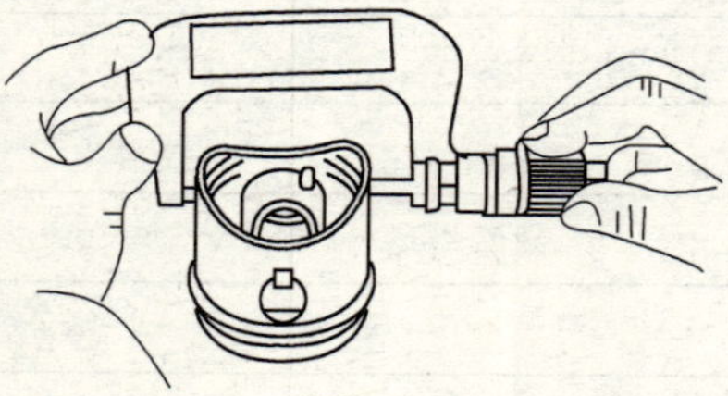		
3	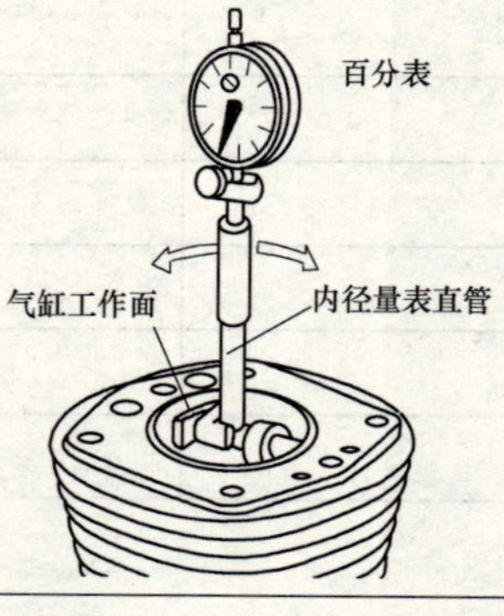		

（续）

序号	拆装和检测方法	使用的工具和设备	安全注意事项
4	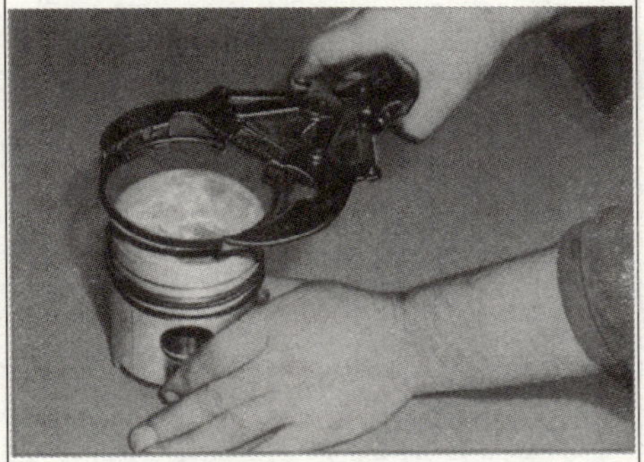		
5			
6	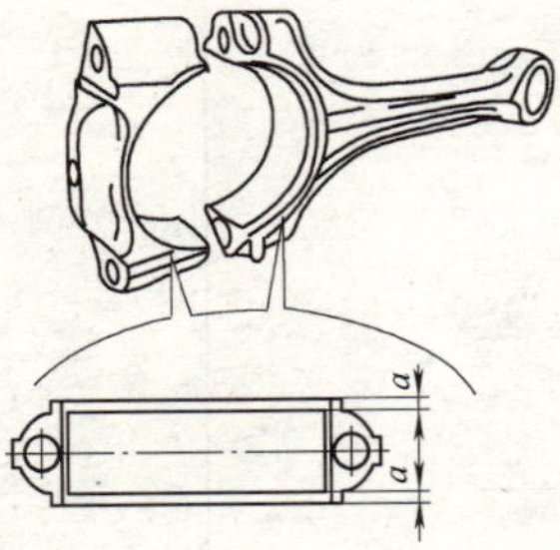		
7	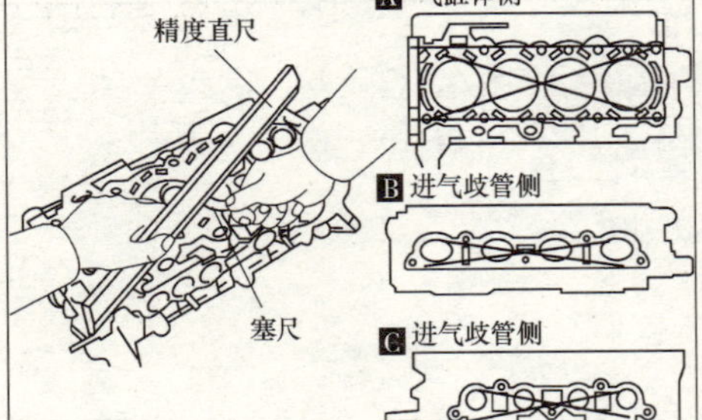		

（续）

序号	拆装和检测方法	使用的工具和设备	安全注意事项
8	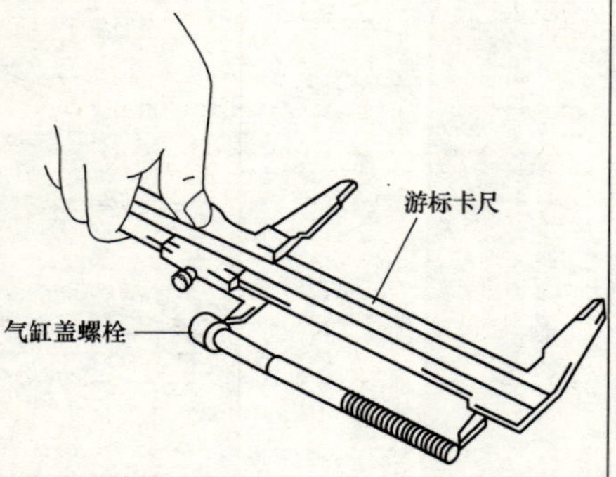		
9	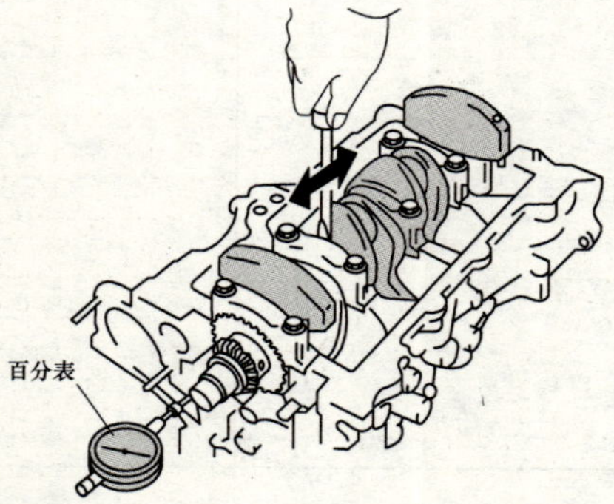		
10	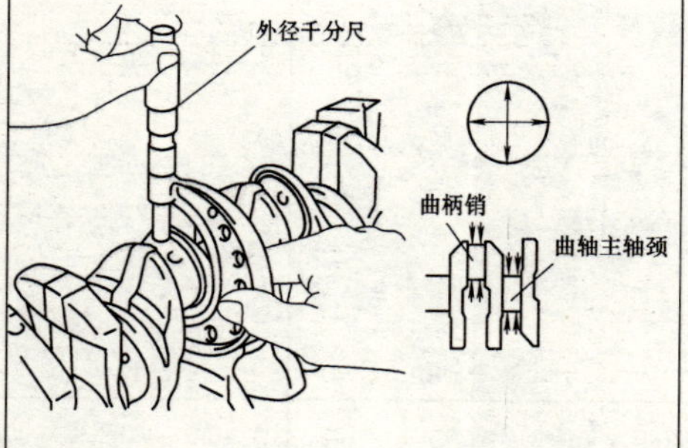		

3　制订工作计划 3.4　安装发动机总成	成绩：

45. 制订发动机总成安装的工作计划【参照速腾 2006 轿车维修手册（4 缸电喷发动机，1.6 升，滚子摇臂）】。

序号	安装步骤	使用的工具和设备	安全注意事项
1			
2			
3			
4			
5			
6			
7			
8			
9			
10			
11			
12			
13			
14			
15			
16			
17			

4　实施检测和维修工作

4.1　曲轴的检测

成绩：

46. 按照标准步骤进行曲轴测量，并按要求认真记录测量数据，进行圆度和圆柱度误差的计算。

步骤	名称	记录（______段______轴颈）	
第 1 步	外径千分尺校准	误差 =	
第 2 步	确定测量位置	$D_{前A}$ =	$D_{后A}$ =
		$D_{前B}$ =	$D_{后B}$ =
第 3 步	计算圆度偏差	圆度偏差 1 = 圆度偏差 2 = 该段轴颈的圆度偏差 =	
第 4 步	判断圆度偏差是否在标准值范围内		
第 5 步	计算圆柱度偏差	圆柱度偏差 =	
第 6 步	判断圆柱度偏差是否在标准值范围内		

47. 小组内部操作评价表（10 分为满分，请同学根据操作情况进行打分）。

姓名	自评	说明	他评	说明

48. 曲轴轴颈检测考核记录及评分标准。

序号	考核项目	评分要素	配分	评分标准	检测结果	扣分	得分	备注
1	考核时限	开始时间：________ 结束时间：________ 考核时限为20min，时间一到，停止操作。考评员记录考核时间，以备评分参考。						
2	工具准备	1）选用所需工具。	5	未备齐一项扣1分。				
3	量具使用	2）要求正确使用外径千分尺。	20	不会使用外径千分尺不得分。				
4	曲轴磨损检验	3）清洁轴颈。 4）测量曲轴轴颈两个截面的最大和最小磨损量。	35	未清洁轴颈，扣5分。 测量部位不正确，扣10分。 测量方法不正确，扣10分。 操作不熟练，扣5分。 读数不正确，扣5分。				
5	测量结果与结果分析	5）算出圆度误差。 6）算出圆柱度误差。 7）判断是否需对曲轴轴颈进行修复。	30	圆度误差不正确，扣10分。 圆柱度误差不正确，扣10分。 对曲轴轴颈是否需修复判断错误，扣10分。				
6	安全文明操作及其他	8）合理使用工具。 9）穿戴齐全（工作服）。 10）文明操作，清理现场。	10	未合理使用工具扣3分。 未穿工作服扣2分。 未清理现场扣5分。				

考评员：____________ 核分员：____________ ________年____月____日

4 实施检测维修工作 4.2 气缸的检测	成绩：

49. 气缸工作表面检测记录表。

截面	纵向 A	横向 B	截面圆度
上部 $S1$			
中部 $S2$			
下部 $S3$			
气缸圆度误差			
判断气缸圆度误差是否合格			
气缸圆柱度误差			
判断气缸圆柱度误差是否合格			

50. 小组内部操作评价表（10 分为满分，请同学根据操作情况进行打分）。

姓名	自评	说明	他评	说明

51. 气缸磨损检验考核记录及评分标准。

序号	考核项目	评分要素	配分	评分标准	检测结果	扣分	得分	备注
1	考核时限	开始时间：________　结束时间：________ 考核时限为20min，时间一到，停止操作。考评员记录考核时间，以备评分参考。						
2	工具准备	1）选用所需工具。	5	未备齐一项扣1分。				
3	仪器安装	2）安装内径百分表，根据气缸直径选择与之相应的接杆，然后把表头安装在接杆座上。 3）校正仪表。	30	安装不正确，扣7分。 接杆选错，扣7分。 不能在外径千分尺上调出气缸标准直径的尺寸，扣8分。 不能在表盘上按标准直径的尺寸调零，扣8分。				
4	气缸磨损检验	4）清洁气缸。 5）测量气缸上、中、下三个位置的最大和最小磨损量。	35	未清洁气缸，扣5分。 百分表使用不正确，扣10分。 测量部位不正确，扣10分。 操作不熟练，扣5分。 读数不正确，扣5分。				
5	测量结果与结果分析	6）算出圆度误差。 7）算出圆柱度误差。 8）判断是否需对曲轴轴颈进行修复。	20	圆度误差不正确，扣7分。 圆柱度误差不正确，扣7分。 对气缸体是否需修复判断错误，扣6分。				
6	安全文明操作及其他	9）合理使用工具。 10）穿戴齐全（工作服）。 11）文明操作，清理现场。	10	未合理使用工具扣3分。 未穿工作服扣2分。 未清理现场扣5分。				

考评员：____________　核分员：____________　________年____月____日

52. 活塞环检查记录。

1. 检测活塞环切口间隙				
活塞环	标准值/mm		实测值/mm	判断活塞环是否可以使用
	新的活塞环	磨损极限		
压缩环	0.20～0.40	0.80		
挡油环	0.25～0.50	0.80		
2. 检测活塞环高度间隙				
活塞环	标准值/mm		实测值/mm	判断活塞环是否可以使用
	新的活塞环	磨损极限		
压缩环	0.06～0.09	0.20		
挡油环	0.03～0.06	0.15		
检测过程中出现的问题				
经验总结及改进措施				

53. 活塞检查记录。

研磨尺寸	活塞标准值/mm	实测值/mm
基本尺寸	80.965	
将实测值与标准值对比分析，判断活塞是否可以使用		
检查过程中出现的问题		
经验总结及改进措施		

54. 气缸体平面度的检测记录。

	气缸体平面度标准/mm	实测值/mm
气缸体变形情况	允许最大变形：0.05	
将实测值与标准值对比分析，判断气缸体是否合乎标准		
检测过程中出现的问题		
经验总结及改进措施		

5　检查维修工作	成绩：

55. 起动汽车，进行维修质量检查。质检员姓名：________

检查项目	操作过程记录	检查结果记录
机油油位		
机油加注口是否盖好		
机油滤清器接口是否漏油		
油底壳放油螺塞是否漏油		
发动机是否有机油泄漏		
发动机是否有冷却液泄漏		
检查各仪表是否工作正常		
车辆防护是否收好		
车辆是否清洁		
质检综合印象		

56. 观察学生质检员的操作过程，记录操作中的成功之处和不足之处。

检查项目		
机油油位		
机油加注口是否盖好		
机油滤清器接口是否漏油		
油底壳放油螺塞是否漏油		
发动机是否有机油泄漏		
发动机是否有冷却液泄漏		
检查各仪表是否工作正常		
车辆防护是否收好		
车辆是否清洁		

6 评价反馈　　　　成绩：

57. 学生关键能力自评。

序号	评价要素	低	分值				高
			D 1~3	C 4~6	B 7~8	A 9~10	
1	独立工作能力	弱					强
2	团队合作能力	从不					积极主动
3	工作方式	无					多
4	沟通与交流	不清楚					很清晰
5	解决问题的创新性	无					经常
6	对工作环境的态度	从不关注					随时随地关注
7	课堂参与程度	不参与					积极主动
合　计							

58. 小组内相互评价，对自己的参与程度和表现进行自评，同时与其他组员进行互评。

序号	姓　名	组内职责	完成情况评价
1			
2			
3			
4			
5			
6			
7			

附录　关键能力评价标准

主要从以下 7 个方面对关键能力进行综合评价。

序号	评价要素	评价标准
1	独立工作能力	能够注重工作细节，了解整个工作流程，并能有始有终地完成工作。能够认知到工作必需的知识、技能，能有针对性、有计划、系统地提高自己的知识、技能和能力
2	团队合作能力	能够积极主动关注小组工作的整体进度和小组内部情况，能够与小组成员沟通，有效完成本小组工作
3	工作方式	有许多做事的方式和方法，有计划、系统性较强
4	沟通与交流	能够清晰地表述自己的观点和想法
5	解决问题的创新性	能够创造性地对学习任务提出意见，对工作实施有创造性价值
6	对工作环境的态度	爱护工作场所环境，工具摆放有序，能够主动做好 5S 工作
7	课堂参与程度	能够积极主动参与课堂学习和工作

参考文献

[1] 北京市环境保护局，北京市质量技术监督局．DB11/122—2010 在用汽油车稳态加载污染物排放限值及测量方法［S］.

[2] 北京市环境保护局，北京市质量技术监督局发布．北京市地方标准 DB11/121—2010 在用柴油车加载减速烟度排放限值及测量方法［S］.

职业教育汽车运用与维修专业工作过程系统化课程系列教材

发动机及其组件的拆装与检测必备知识

组　编　北京市昌平职业学校
主　编　谭红霞
副主编　尹志平　王　亮
参　编　时景来　张晶磊　何　旭

机 械 工 业 出 版 社

目 录

学习单元一 来自发动机的尾气噪声

1 接受工作任务

1.1 接待客户

客户：汽车在行驶中，出现很严重的噪声。

维修顾问：针对顾客的陈述，检测车辆的排气装置并对其进行维护。在接车检查时，确定排气弯管和排气管之间不密封。

1. 汽车起动时的安全

1）起动前应拉紧驻车制动，先检查挡位。

① 自动变速器车的变速杆应在 P 挡。P 挡位置时停车、起动发动机或取下钥匙，齿轮将被锁定。起动时，请先踩下制动踏板，再起动发动机。

② 手动挡的车变速杆应在空挡。

2）观察四周，确认车辆周边无任何引发事故的物体。

3）将点火开关打到 ON 挡，下降车窗玻璃。此时，仪表灯应点亮，检查各仪表（燃油表、机油压力表、冷却液温度表、发动机故障灯、充电系统灯等）是否工作正常。

4）接好尾气排放装置。

5）起动汽车。

2. 举升汽车时的安全

1）使用举升机前应清除举升机附近妨碍作业的器具及杂物，并检查操作手柄或按钮是否正常。

2）检查举升机气压。

3）待举升车辆驶入后，应将举升机的支撑块调整移动到对正该车型规定的举升点的位置。

4）举升汽车时，先把汽车初步提升到轮胎稍微离开地面的高度，确认车辆是否牢固地支撑在举升机上。举升汽车时，人员应离开车辆；举升到需要高度时，必须插入保险锁销，并确保安全可靠才可开始车底作业。千万不要试图摇晃车辆，因为这样可能导致车辆跌落，造成严重伤害。

5）举升汽车时举升要稳，降落要慢。

6）有人在车下作业时，严禁升降举升机。

7）发现举升机操纵机构不灵敏、电动机不同步、托架不平或液压部分漏油，应及时报修，不得带病操作。

8）作业完毕后，应清除杂物，打扫举升机周围以保持场地整洁。

3. 检查汽车排气系统工作时的安全

1）检查汽车排气系统时，因为排气管温度非常高，建议戴上手套，防止烫伤。

2）对排气装置进行检测时，如出现炭烟，则表示排气装置气密性不好或者有损坏。

1.2 填写维修工作任务委托书

1）向客户索取汽车行驶证和车钥匙。

2）索取客户个人信息。

3）对车辆进行环视检查。

2 收集信息

2.1 排气系统

2.1.1 排气系统的功能

排气系统的功能有如下几点：

1）降低在强烈冲击下（发出爆炸声）从燃烧室中排出的废气的噪声，使之不超过规定的噪声级。

2）将废气安全导出，阻止其渗入发动机的内部空间。

3）使废气中污染物的含量在通过（废气）催化转化器后小于规定的极限值。

4）使废气在消声过程中引起的发动机的功率损失尽可能小。

5）使车辆产生相应的声响噪声（声响设计）。

2.1.2 噪声等级

排气门打开后，气缸中的废气仍旧有 3～5Pa 的剩余压力。在没有消声器的情况下，废气排到空气中时会伴随有很大的响声。噪声强度的一个计量单位是噪声级，其测量单位为分贝（A）=dB。人类的听觉界限从噪声级值 0 开始，噪声级每增加 3dB，会使得主观感觉的响度增加一倍。超过 120dB 的噪声会使人耳感到疼痛，超过 130dB 的持续噪声可使人丧命。噪声级见表 1-1。

表 1-1 噪声级

气动压力机	130dB（A）
痛阈极限	120dB（A）
迪斯科舞厅	110dB（A）
不带消声器的发动机	100dB（A）

（续）

车间	90dB（A）
交通繁忙的街道	80dB（A）
轿车的噪声允许值	74dB（A）
聊天对话	70dB（A）
客厅	50dB（A）
卧室	30dB（A）
很轻的树叶“沙沙”声	10dB（A）
听觉界限	0dB（A）

2.1.3　车辆行驶噪声

一辆汽车的行驶噪声主要由排气噪声形成，还有诸如动力传动部分噪声、滚动噪声、车身及通风噪声。车辆行驶噪声不允许超过规定值。在 StVZO（车辆登记技术要求条例）中，规定了单个车辆的行驶噪声扩展的极限值，见表 1-2，这些极限值在过去的几年中下降了好几倍。

表 1-2　车辆的行驶噪声扩展的极限值

轻骑	70dB（A）
轻型摩托，杠杆式轻骑车	72dB（A）
轻便摩托	75dB（A）
排量在 80mL 以下的摩托车 排量在 175mL 以下的摩托车 排量在 175mL 以上的摩托车	75dB（A） 77dB（A） 80dB（A）
汽油或者柴油发动机轿车 柴油直接喷射系统的柴油机轿车	74dB（A） 75dB（A）
公共汽车、3.5t 以下的载货车 柴油直接喷射系统的柴油机公共汽车、载货车	76dB（A） 77dB（A）
功率在 75kW 以下的载货车	77dB（A）
公共汽车、功率在 150kW 以下的载货车 功率在 150kW 以上的载货车	78dB（A） 80dB（A）

2.2　螺纹联接

2.2.1　螺纹

1. 螺纹的基础知识

结构件经常使用拧紧外螺纹和内螺纹的方法联接在一起。

（1）螺旋线　如果将斜面卷绕在圆柱面上，如图 1-1 所示，就形成螺旋线，斜面的高度即是螺旋线的导程 P，圆周与螺旋线的夹角为螺旋角 α。

（2）螺纹的分类　螺纹分类的依据有螺纹的断面形状和线数等。

1）螺纹的断面形状。按螺纹断面形状不同，螺纹有三角形螺纹、梯形螺纹、锯齿形

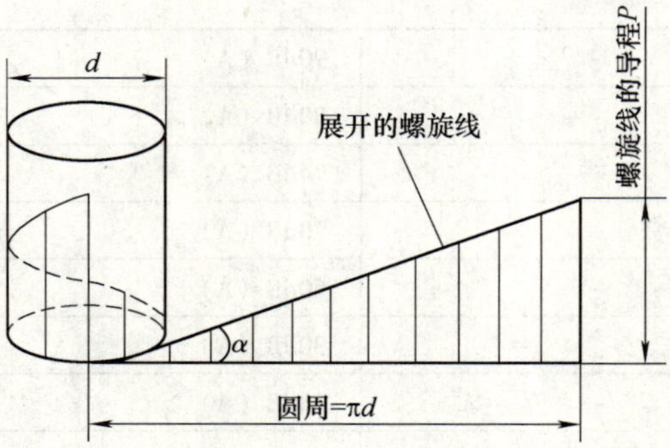

图 1-1 螺旋线

螺纹和圆螺纹，如图 1-2 所示。自攻螺钉和木螺钉有其特殊的形状。紧固螺纹最主要的形状是三角形螺纹。三角形螺纹轮廓侧面上的摩擦力使螺纹能够自锁，也就是说，当螺旋角小于 15° 时，螺纹紧固件不会自行松开。主要的传动丝杠螺纹有三角形螺纹、梯形螺纹和圆螺纹。传动丝杠螺纹可以将旋转运动转变为直线运动（例如转向器传动机构），也可以将直线运动转变为旋转运动。

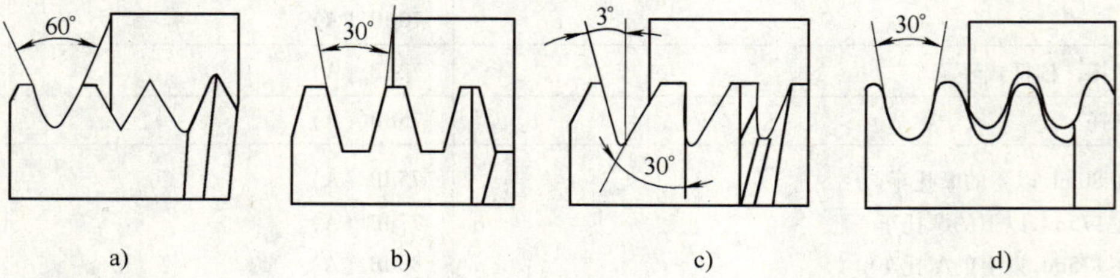

图 1-2 螺纹的形状

a）三角形螺纹 b）梯形螺纹 c）锯齿形螺纹 d）圆螺纹

2）螺纹的线数。螺纹的线数表示有多少个螺距（螺旋线）通过圆柱面。螺纹的线数由螺纹开始位置的螺距数量确定。依据螺纹的线数，螺纹可分为单头螺纹和多头螺纹，如图 1-3 所示。多头螺纹的导程大，当需要承载能力高时，对较大的轴向运动只以较少的转数即可实现。

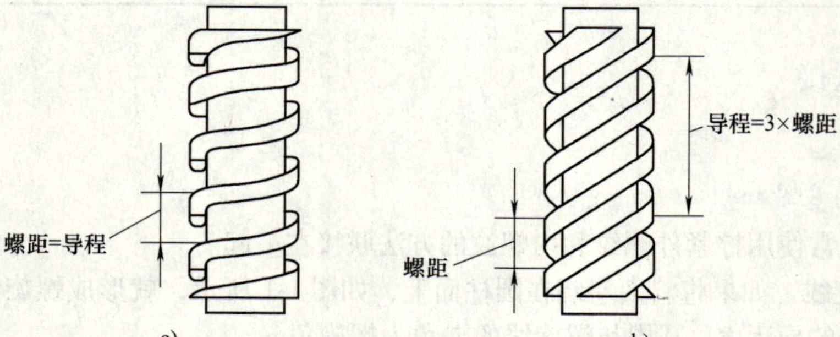

图 1-3 单头螺纹和多头螺纹

a）单头螺纹 b）多头螺纹

(3) 螺纹的结构要素　螺纹的结构要素有以下几个，如图 1-4 所示。

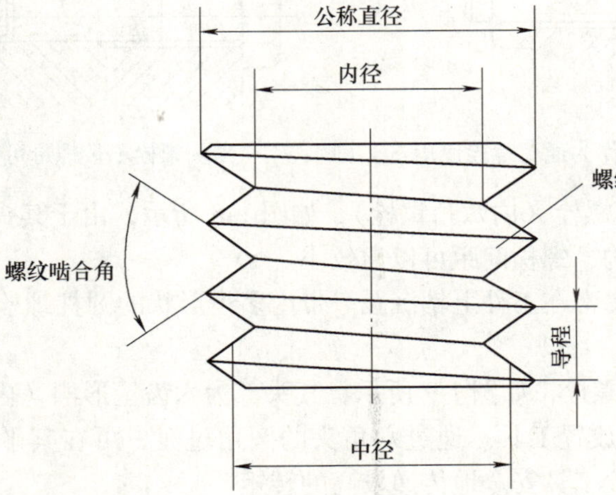

图 1-4　螺纹的结构要素

1）公称直径。
2）螺纹啮合角。
3）螺纹内径。
4）导程。
5）螺纹中径。
6）倒圆（截去螺纹顶端）。

(4) 公制 ISO 螺纹　即标准螺纹，如图 1-5 所示，其螺纹啮合角为 60°，其标注方法如 M42（M——公制 ISO 螺纹，42——螺纹公称直径为 42mm）。

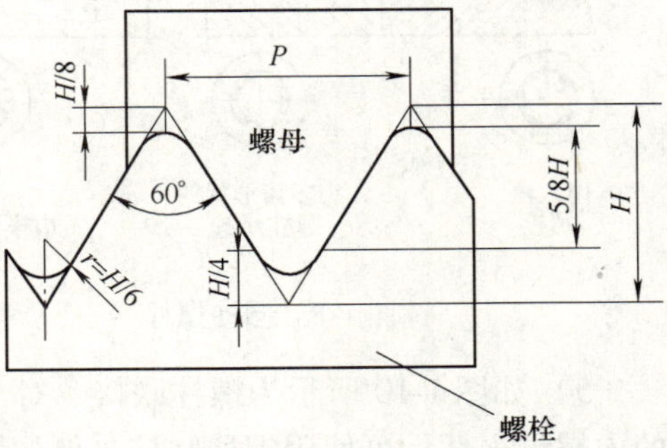

图 1-5　公制 ISO 螺纹

(5) 公制 ISO 细螺纹　当螺纹啮合角与标准螺纹相等时，公制 ISO 细螺纹的螺纹深度更小。由于导程小，当拧紧力矩相等时，该螺纹的预紧力大于标准螺纹。其标注方法如 M16 × 1.5（M——公制 ISO 细螺纹，16——螺纹公称直径为 16mm，1.5——螺距为 1.5mm）。

和标准螺纹相比较，细螺纹有以下优点：

1）密封效果好。

2）预紧力大，当拧紧力矩相等时，自锁能力强。

2. 螺栓联接

螺栓联接通常用于可拆解的力配合联接，很少用于形状配合联接。

为了使螺纹能保证足够的力传递，必须考虑最小螺纹长度。

1）如果工件设计了通孔，则六角头螺栓带螺母可作为通孔螺栓使用，如图 1-6 所示。

2）如果在工件上攻制了内螺纹，则六角头螺栓可作为不带螺母的单个螺栓使用，如图 1-7 所示。

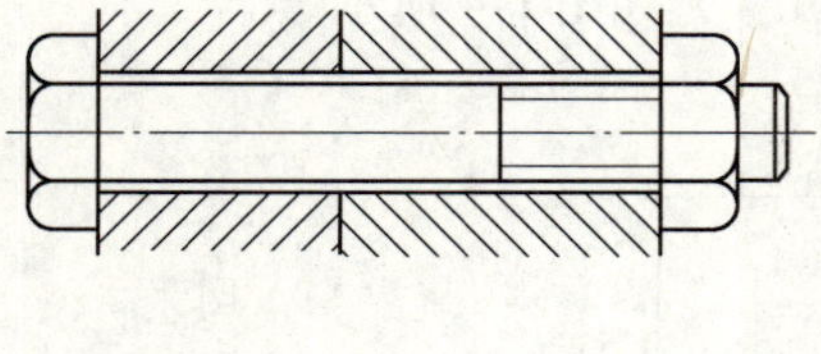

图 1-6　六角头螺栓带螺母作为通孔螺栓使用

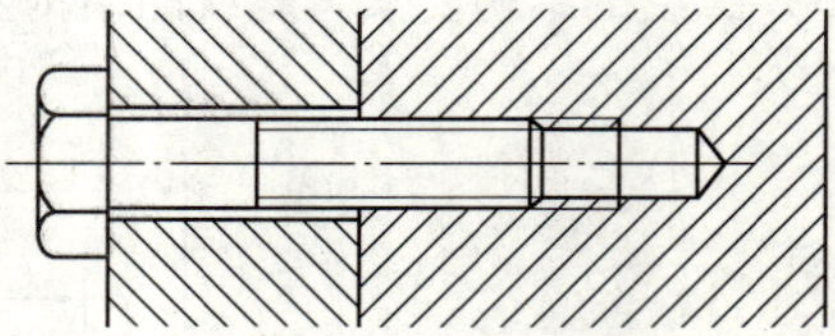

图 1-7　六角头螺栓不带螺母可作为单个螺栓使用

3）带内六角头的圆柱螺栓（内六角螺栓），如图 1-8 所示，由于其头部是内六角，故所占空间小。采用这种结构，螺栓间距可以比较小。

采用内六角螺栓联接常常在工件上钻沉孔。带内多齿形状的圆柱螺栓也作为特殊结构形式的螺栓使用。

4）TORX 星形内六角螺栓，如图 1-9 所示，其头部为六齿星形槽（内 TORX）或相应的盖帽（外 TORX），用于放置工具。通过六角头的圆角过渡，可在其平面上放置拧螺栓工具，通过螺栓头和拧螺栓工具安全地传递较高的转矩。

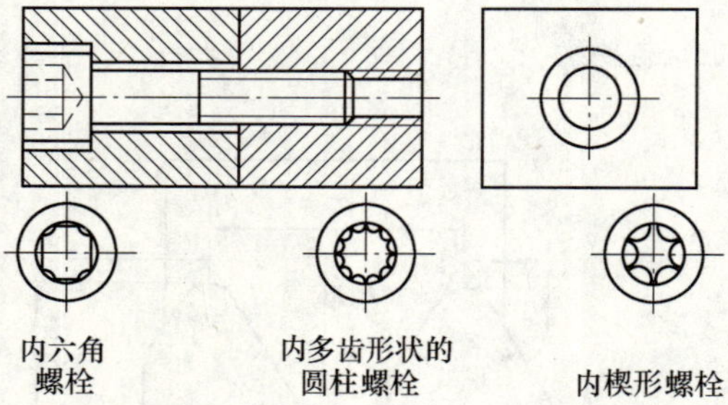

图 1-8　圆柱螺栓

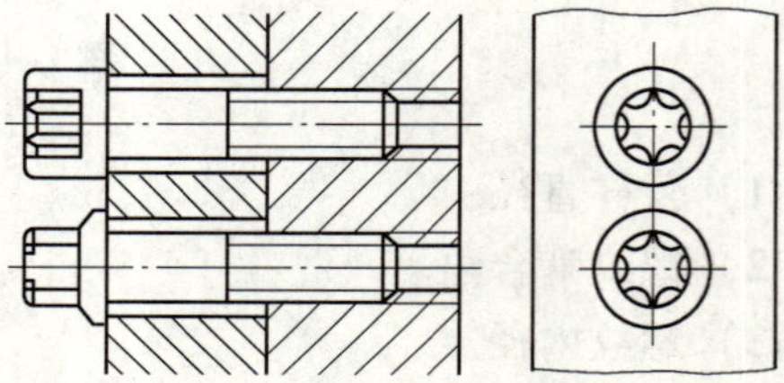

图 1-9　TORX 星形内六角螺栓

5）如图 1-10 所示为螺柱联接。对于需要经常进行拆卸的螺纹联接，容易导致工件上的内螺纹损坏，可使用螺柱联接，例如轻金属组件中使用的圆柱头螺柱，与内螺纹相配的螺柱的螺尾较短，在一般情况下不再拧松。松开螺柱联接时，只需将六角螺母拧松即可。

6）如图 1-11 所示为密配螺栓，它是把经过磨光的螺栓杆（其直径略大于螺纹直径）压入工件上铰制的孔中，通过螺栓杆可以向工件传递较大的横向力。此外，使用密配螺栓可以在工件的接合面上传递较大的摩擦力，还可保证工件之间的精确位置。

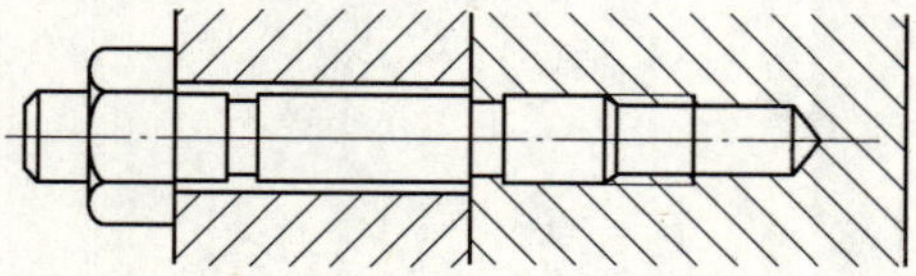

图 1-10　螺柱联接

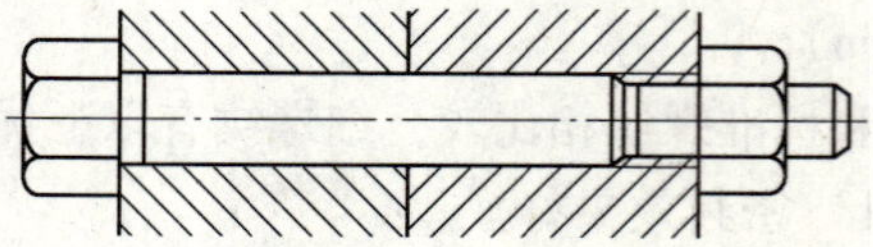

图 1-11　密配螺栓

7）如图 1-12 所示为密配膨胀螺栓。如果在工作中使用的螺纹联接要承受交变载荷（例如连杆大头上使用的螺栓），则需使用密配膨胀螺栓。常规的圆柱形螺栓在承受交变载荷时，经过一段时间就会由于疲劳而松动或折断，使用密配膨胀螺栓就可以避免这种现象的发生。

密配膨胀螺栓除了和孔接触的部分以外，螺栓轴的直径仅为螺纹直径的 90%。由于直径较细的轴的作用，密配膨胀螺栓会产生弹性变形。当使用扭力扳手拧紧膨胀螺栓（即蠕变螺栓）时，会产生超出材料弹性极限的预紧力，使膨胀螺栓产生塑性变形，因此膨胀螺栓不能重复使用。

由于膨胀螺栓自身可产生预紧力，因此不需要使用锁紧螺母。

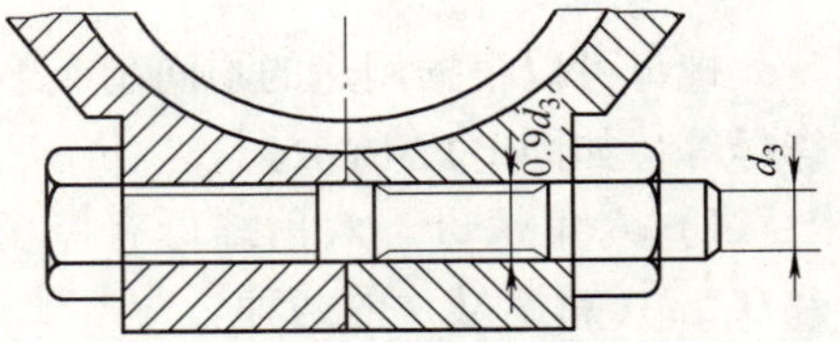

图 1-12　密配膨胀螺栓

3. 螺钉

1）带一字槽螺钉和带十字形槽螺钉。带一字槽螺钉和带十字形槽螺钉可以作为带槽的圆柱头螺钉、沉头螺钉、半圆头螺钉或半圆头沉头螺钉使用，如图 1-13 所示。带十字形槽的螺钉头改善了使用螺钉旋具的对中性能，可以使用十字螺钉旋具将螺钉拧紧。

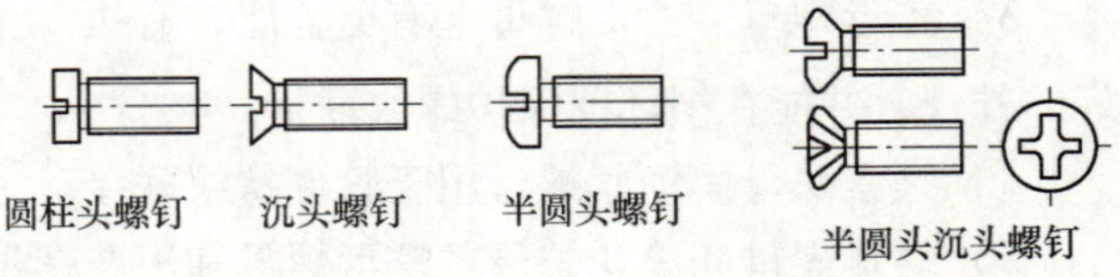

图 1-13　带槽螺钉

2）螺纹销钉。螺纹销钉为全长螺纹的螺钉。根据螺纹销钉的使用情况不同，它具有各种各样的头部，例如带槽的、有圆柱端的和有内六角的，如图 1-14 所示。螺纹销钉可用于扣紧或稳固轴承和轮毂。

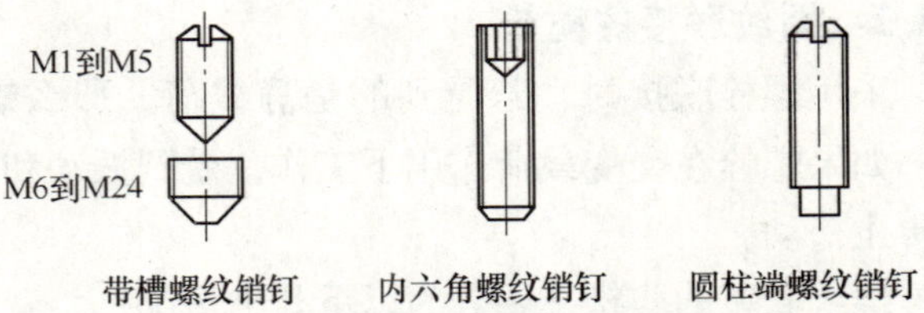

图 1-14　螺纹销钉

3）自攻螺钉。自攻螺钉用于和金属板之间的联接，如图 1-15 所示。自攻螺钉可以制成带槽螺钉、带十字形槽螺钉或六角螺钉。自攻螺钉可以自攻内螺纹，预钻的孔径应大致等于螺钉心部的直径。

如果必须在软材料上攻制内螺纹，而且螺纹联接又需要反复拆卸，那么在工件上制作的内螺纹则容易损坏。在工件上的内螺纹损坏的情况下，需要使用螺纹接头（见图 1-16），如轻合金气缸盖上的火花塞螺纹，此螺纹接头设计了内外螺纹，并经过淬硬。螺纹接头有可旋入的切制的槽或孔，利用工件上的螺纹自动切制螺纹接头。还有一种形式的螺纹接头由菱形钢丝制成，钢丝卷制成弹性螺旋丝套，由内螺纹和外螺纹组成，加工时，在工件的底孔内用专用的丝锥攻制螺纹，并使用专用工具将螺纹接头在预压力的作用下旋入。

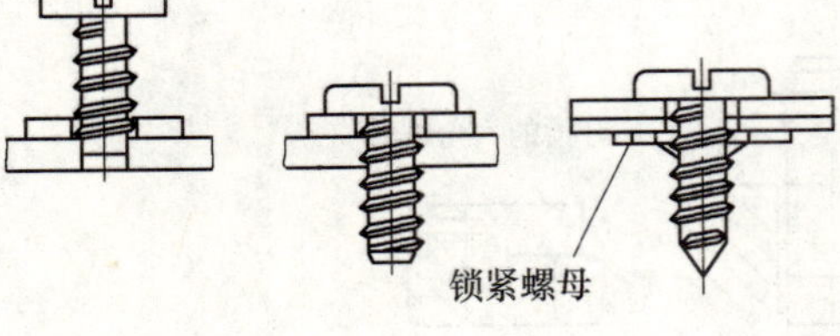

图 1-15　自攻螺钉

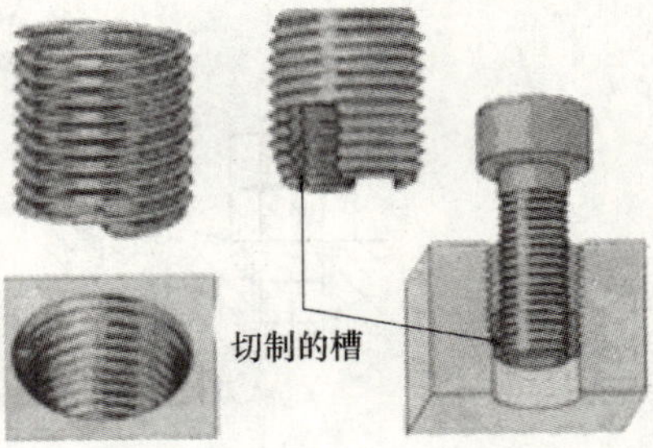

图 1-16　螺纹接头

4. 螺母

螺母可以根据用途的不同制成不同的类型，其常用类型有六角螺母、开槽螺母和锁紧螺母等，如图 1-17 所示。

1）六角螺母。六角螺母有厚度为约 $0.8d$ 和 $0.5d$（扁螺母）的两种。

2）开槽螺母。开槽螺母有 6～10 个槽，如果要保证安全，则需使用开口销。

3）盖形螺母。盖形螺母上有覆盖层，有很好的外观，并能在损坏前保护螺纹联接。

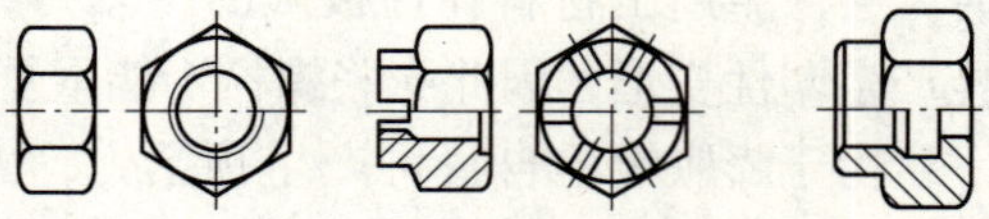

图 1-17　螺母的类型

4）锁紧螺母。锁紧螺母用于管件螺纹联接。

5）蝶形螺母和滚花螺母。蝶形螺母和滚花螺母可不需要工具，用手旋入。

6）开槽螺母。开槽螺母可用于滚动轴承在轴上的紧固。

2.2.2　螺纹联接的防松

采用螺栓联接时，若受到的是静载荷，那么螺栓有足够的自锁作用使螺纹防松。然而，如果螺栓在交变载荷作用下工作，受到振动和冲击，则螺纹联接会产生交变应力，必须防止松动。

螺纹联接的防松主要分为以下几种情况：

1）力配合的螺纹防松。

2）形状配合的螺纹防松。

3）基于材料的螺纹防松。

1. 力配合的螺纹防松

力配合的螺纹防松是将螺栓（螺母）作为弹性元件装配，使螺栓和螺母之间有足够的弹性作用，也可看做是加大螺纹摩擦。

可作为弹性元件使用的有弹簧垫圈、弹簧垫片、齿形垫圈和平垫圈，如图 1-18 所示。

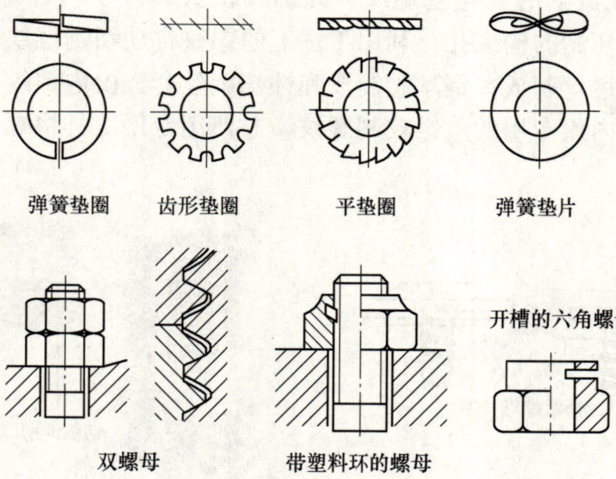

图 1-18　力配合的螺纹防松

弹性元件的作用等于降低了螺栓和螺母的预紧力。产生螺纹自行松动的原因可能有：螺纹的弹性变形、单位面积压力过大时材料的蠕变、选择粗糙表面或放置嵌入的垫片。

为了加大螺纹摩擦，常常使用双螺母（锁紧螺母）互相并紧、螺母内嵌入塑料环或选用开槽的六角螺母的方法，如图 1-18 所示。加大的螺纹摩擦起防松的安全垫圈的作用，但要注意的是嵌入塑料环的螺母只能使用一次。

2. 形状配合的螺纹防松

形状配合的螺纹防松是通过互相配合的几何形状来实现防松的。这种防松使用的元件有薄金属片、止动垫圈、锁齿式螺钉或螺母和带钢丝安全环的开槽螺母等，如图 1-19 所示。

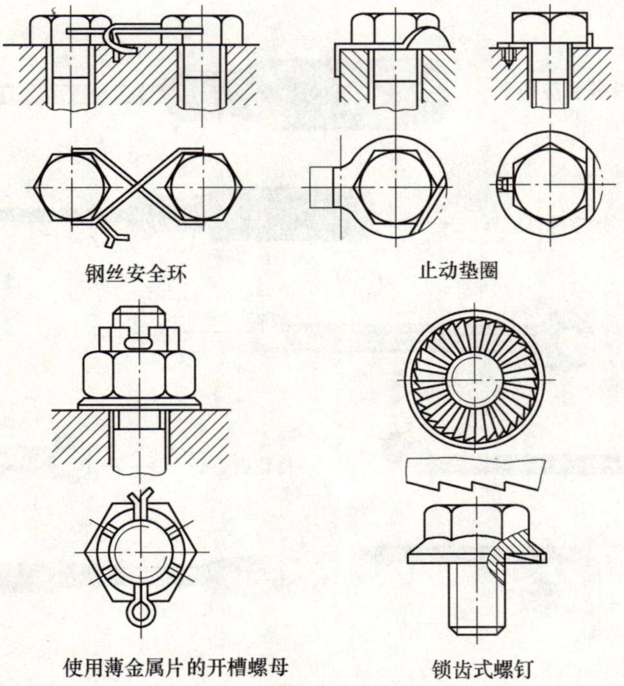

图 1-19　形状配合的螺纹防松

3. 基于材料的螺纹防松

基于材料的螺纹防松方法一般是将当螺纹粘合在一起时使用，如图 1-20 所示。这种螺纹防松方法可以将两种不同类型的材料粘合在一起。

粘合螺纹防松有两种情况：第一种情况，在螺纹上涂上过量的液态的粘结剂，随后形成螺纹联接；第二种情况，制造商已经在螺栓上涂上粘结剂基底材料，包含称为微充填的材料，在旋紧位置，基底材料浸在微充填材料上。上述两种情况下，当金属互相接触时，粘结剂在气体密封的状态下硬化，从而达到螺栓联接防松的目的。

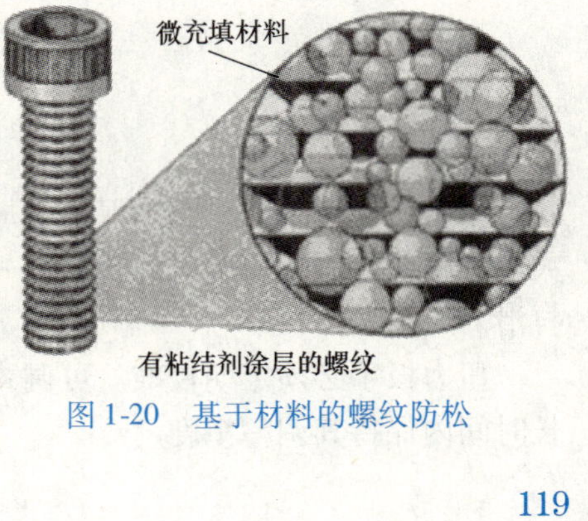

图 1-20　基于材料的螺纹防松

2.2.3 拆装螺栓的工具

拆装螺栓的工具如图 1-21 所示。螺母扳手必须和螺纹紧固件的螺栓头相配，拧紧力矩必须遵循相应制造商的产品技术规范要求。拧紧时，螺栓和螺母不能拧得太紧，以免损坏螺栓和螺母；反之，也不能太松，太松则不足以拧紧螺栓和螺母。

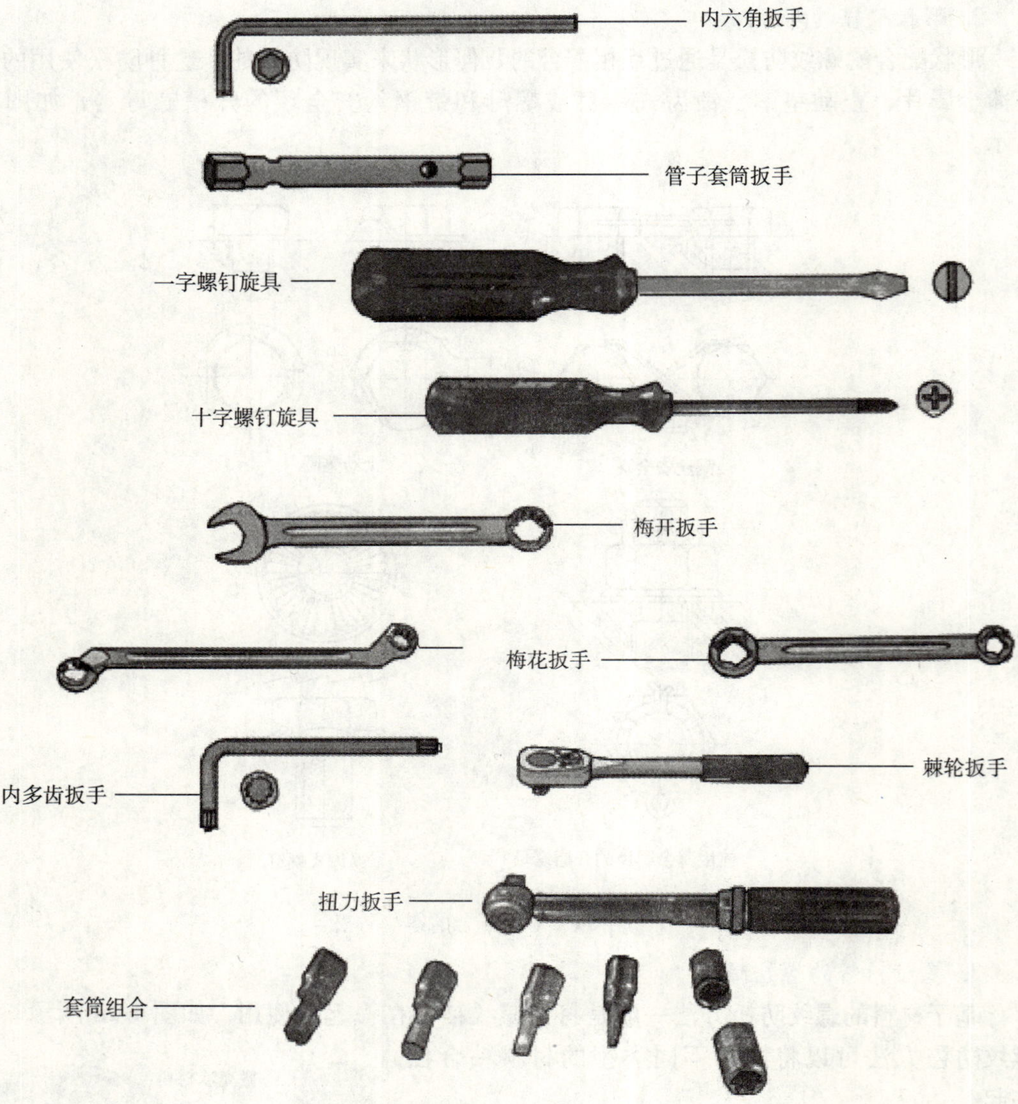

图 1-21　拆装螺栓的工具

使用扭力扳手时，必须保证施加正确的预紧力。扭力扳手可设定并用刻度指示转矩的大小，因此可调整为确定的转矩，一旦拧紧到这一转矩，就可以听到声音并感觉到扳手在打滑。

扭力扳手必须定期校准。可调式扭力扳手可根据需要调整很小的转矩，因此要保证在长时间内保持其调整精度。

2.3　加工螺纹必备的知识

2.3.1　金属直尺

金属直尺是用薄不锈钢板制成的，主要用来测量平面的长度和宽度，也可用它进行划线工作，有时还把它的立边看作近似的水平基准来测量某些平面的平面度等。

2.3.2　游标卡尺

1. 游标卡尺的构造

游标卡尺由带刻度的尺身、可以移动的游标、固定量爪（卡脚）、内外测量爪、深度尺和固定螺钉等组成，如图1-22所示。

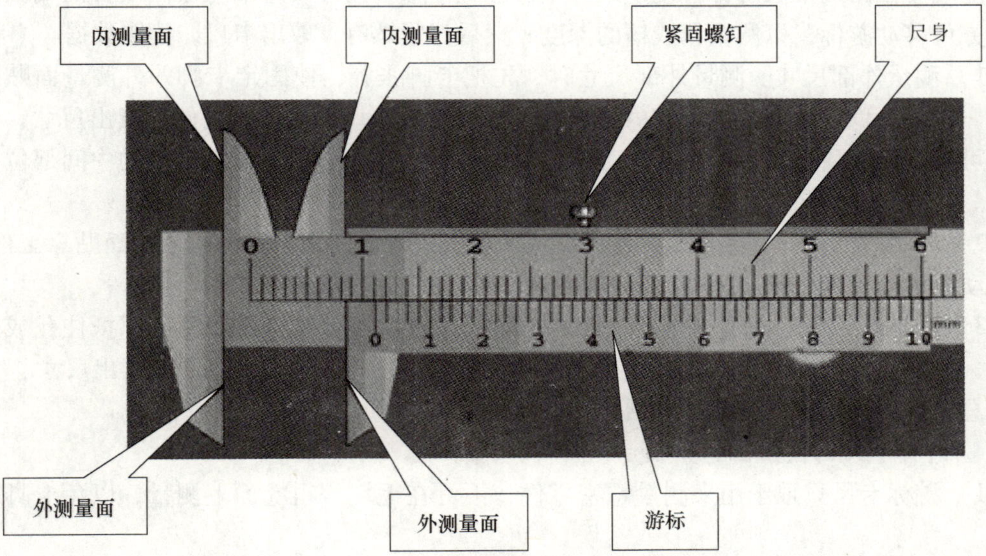

图1-22　游标卡尺

2. 游标卡尺的刻度原理与读数方法

（1）十分度游标卡尺的刻度原理与读数方法　如图1-23所示，十分度游标卡尺的测量精度为1/10mm，即0.10mm，尺身的刻度每格为1mm。取尺身上9mm分成10等份刻成游标，游标每格长度为0.9mm。那么，尺身每格长度与游标每格差为0.1mm（1－0.9＝0.1）。当尺身与游标零线后的第一条刻线对齐时，两卡脚间的距离（即游标第一条刻线与尺身第一条刻线间的距离）为0.1mm；第二条刻线对齐时，则为0.2mm，依此类推。

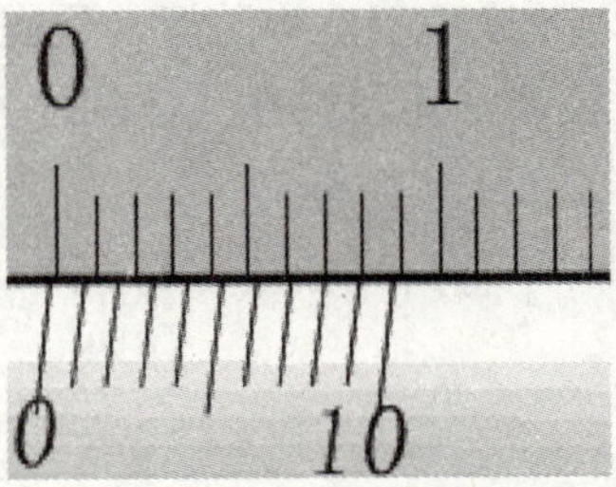

图1-23　十分度游标卡尺

十分度游标卡尺为了读数清晰，将游标刻度的每格加宽1mm，故有的十分度游标卡尺的游标每格为1.9mm。具体的读数方法：第一步从尺身上查看整数，即找出游标零线前尺身上的整数；第二步从游标上查看小数，即找出游标零线后第几条刻线与尺身上任一刻线对齐，即得出完整的读数。

（2）二十分度游标卡尺的刻度原理与读数方法　二十分度游标卡尺的测量精度为1/20mm，即0.05mm。尺身上的刻度同十分度游标卡尺相同，取尺身上的19mm分成20等份，刻成游标，则游标每格长度为19/20mm，即0.95mm。那么，尺身每格长度与游标每格长度差为0.05mm（1－0.95＝0.05）。当尺身与游标零线后第一条刻线对齐时，两脚间的距离（即游标第一条刻线与尺身第一条刻线间的距离）为0.05mm；第二条刻线对齐时，则为0.10mm，依此类推。为了计算方便，游标从零线开始每隔5格标有25、50、75和100的数字。

二十分度游标卡尺为了读数清晰，将游标刻度每格加宽1mm，故有的二十分度游标卡尺的游标每格为1.95mm。它的读数方法与十分度游标卡尺相同。

3. 游标卡尺的正确使用

使用游标卡尺测量前，应检查上下零线是否对齐，再看左右量爪是否严密贴合。测量时，要缓慢拉出或推入游标，使量爪与零件轻轻接触。当卡尺尾端与被测零件的端面垂直时，方可移动游标，以测量孔或槽的深度，然后拧紧螺钉，取出卡尺，读取数据。

1）测量外部尺寸。测量外部尺寸时，先把卡脚张开，使固定卡脚的外测量面贴靠工件后，再轻而稳地移动游标，使内外测量爪的外测量面垂直地接触工件，读出尺寸。测量时不可使内外测量爪的量面先接触工件，卡脚不得歪斜，应用卡脚测量面的中间部位夹住工件。

2）测量内部尺寸。测量工件的槽宽或内径时，先使固定卡脚的内测量面贴靠工件后，再移动游标，使内外测量爪的内测量面垂直地接触工件，读出尺寸。

3）测量孔或槽的深度。测量工件的不通孔和槽的深度时，使尺身端部抵住孔或槽的表面，并使尺身与孔或槽的轴线平行，移动游标使深度尺慢慢接触底面，读出尺寸。

总结：游标卡尺的使用可概括为——“轻、平、稳、准”。

4. 游标卡尺的使用注意事项

1）游标卡尺只限于用来测量精密零件，不可在毛坯等粗糙面上测量，以免卡脚摩擦损坏。

2）不准用游标卡尺测量高温及正在旋转的零件。

3）游标卡尺用完后要擦干净，并松开固定螺钉，在两卡脚的测量面上涂一层薄薄的润滑油，以防生锈。

4）注意卡脚测量面的光滑无损，两卡脚合拢或分开时，用力不可太大。

5）不准将游标卡尺同其他工具放在一起，以免碰伤，应将其存放在清洁、干燥、无振动和无腐蚀性气体的地方。

2.3.3 直角尺

直角尺如图1-24所示，其两边成准确的90°角，用来检测工件的垂直度。当直角尺的

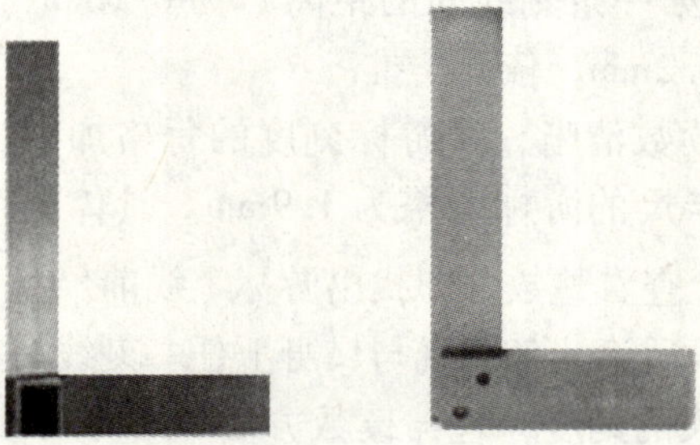

图1-24　直角尺

一边与工件的一面贴紧，而工件的另一面与直角尺的另一边之间露出缝隙时，用塞尺即可测量出两平面的垂直度误差值。

2.4　划线

2.4.1　划线的作用

划线是根据图样要求，在毛坯或半成品上划出加工界线的一种操作。划好的线作为加工工件或安装工件的依据。在单件和小批量生产中，借划线来检查毛坯的形状和尺寸，并合理确定各加工表面的余量。

划线分为平面划线和立体划线。平面划线是在工件的一个平面上划线，如图 1-25a 所示。立体划线是在工件的几个表面上划线，即在长、宽、高三个方向上划线，如图 1-25b 所示。

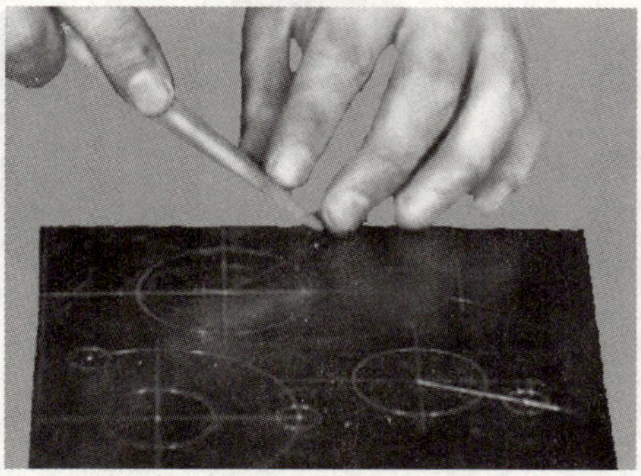

a)　　b)

图 1-25　平面划线和立体划线

a) 平面划线　b) 立体划线

2.4.2　划线工具及其用法

1. 划线平板

划线的基准工具是划线平板，如图 1-26 所示。它由铸铁制成，其上平面是划线用的基准平面，所以要求非常平直和光洁。划线平板安放要牢固，上平面应保持水平，以便稳定地支承工件。不准碰撞和用锤子敲击划线平板，以免使其精度降低。划线平板若长期不用时，应涂润滑油防锈并用木板护盖。

图 1-26　划线平板

2. 千斤顶

千斤顶用于在平板上支承较大的或不规则的工件，其高度可以调整，以便找正工件。通常用三个千斤顶支承工件，如图 1-27 所示。

3. V 形铁

V 形铁用于支承圆柱形工件，以使工件轴线与划线平板平行，如图 1-28 所示。

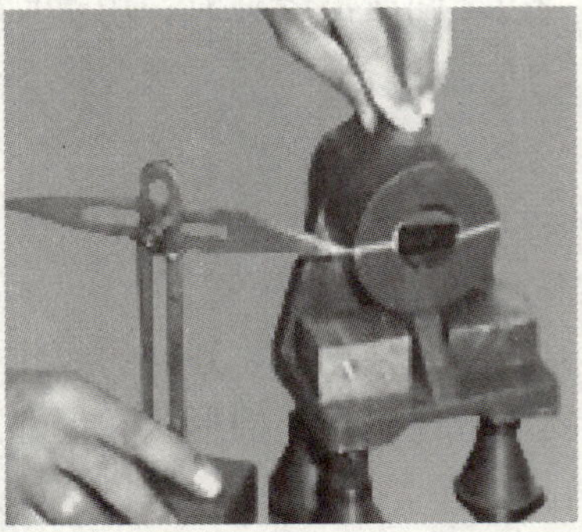

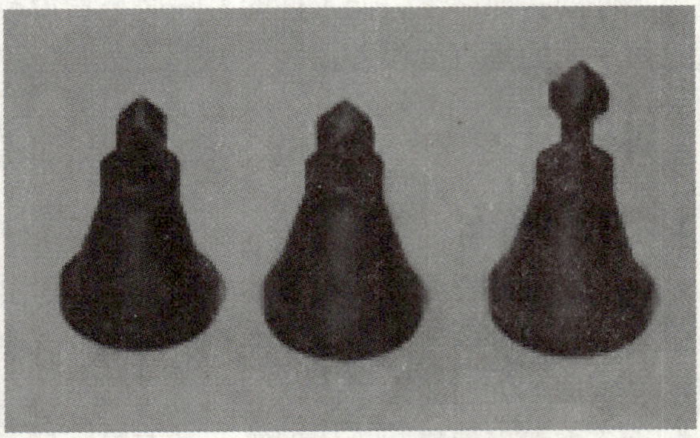

图 1-27　千斤顶及其应用

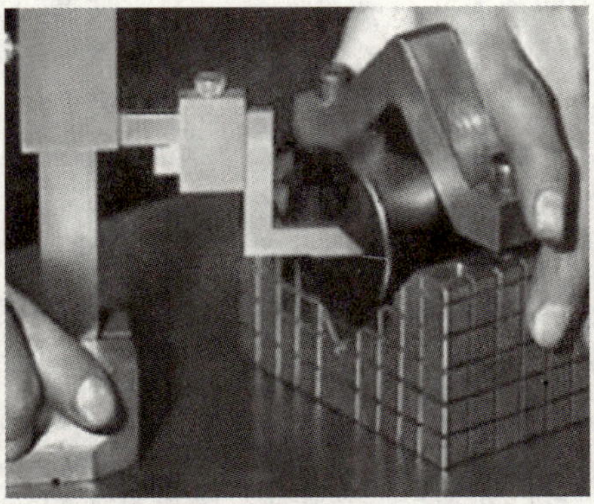

图 1-28　V 形铁及其使用

4. 方箱

方箱用于夹持较小的工件，如图 1-29 所示。方箱上各相邻的两面均互相垂直，通过翻转方箱，便可以在工件表面上划出相互垂直的线来。

5. 划针

划针是用来在工件表面上划线的，划针的用法如图 1-30 所示。

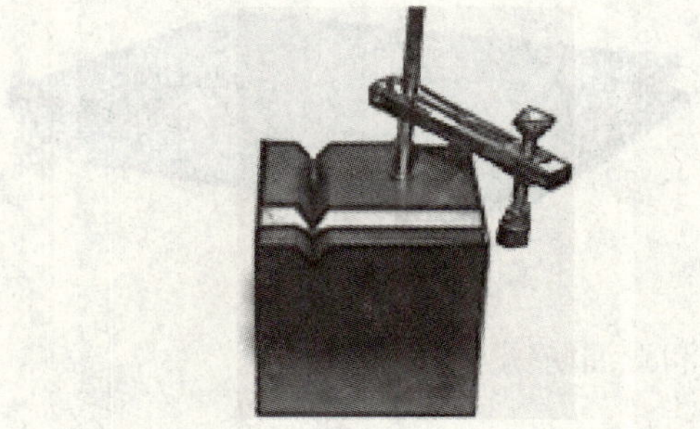

图 1-29　用方箱夹紧工件

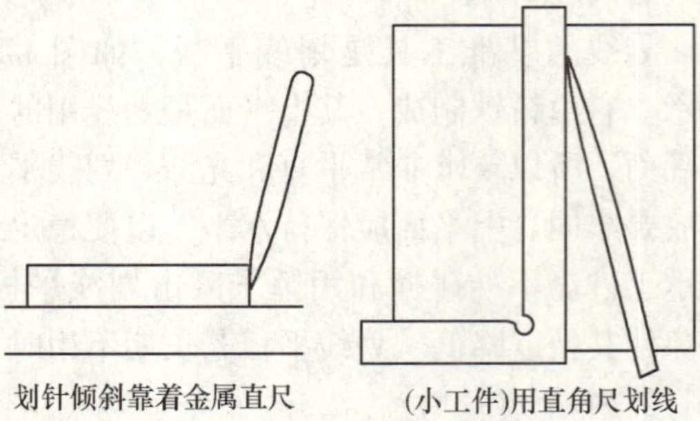

图 1-30　划针的用法

6. 划规

划规主要是用来确定轴和孔的中心位置的，如图 1-31 所示。划规是平面划线作图的主要工具，如图 1-32 所示。

7. 划线盘

划线盘是用于立体划线的主要工具，如图 1-33 所示。

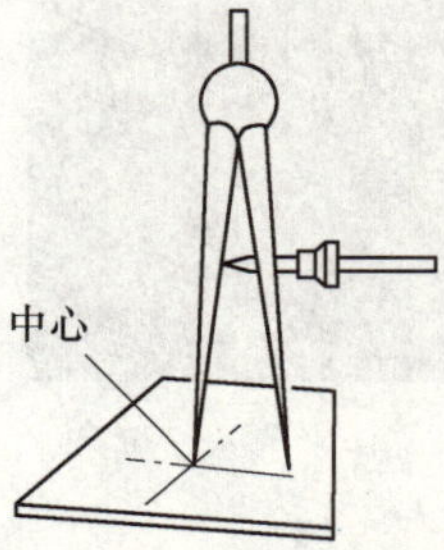

图 1-31　用划规定中心

图 1-32　划规的形式

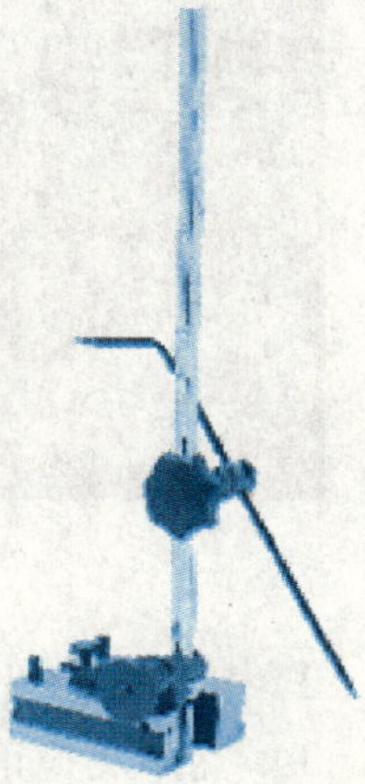

图 1-33　划线盘

8. 样冲

样冲是用来在工件划好的线上打出样冲眼，以备所划的线模糊后，仍能找到原线位置。在划圆及钻孔前，也应在其中心打定中心样冲眼。样冲及其用法如图 1-34 所示。

9. 高度游标卡尺

高度游标卡尺是由高度尺和划线盘所组成的，如图 1-35 所示。

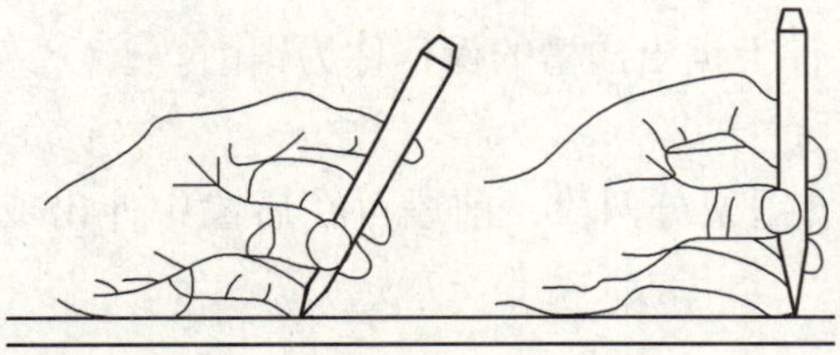

图 1-34　样冲及其用法

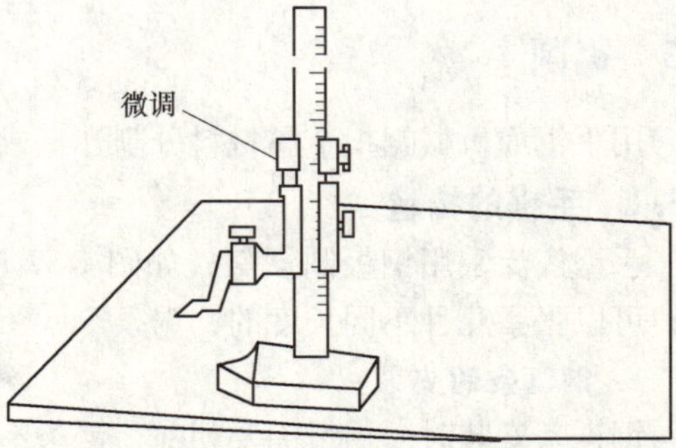

图 1-35　高度游标卡尺

2.4.3　划线基准

用划线盘划各水平线时，应选定某一基准作为依据，并以此来调节划针的高度，这个基准称为划线基准。

一般选重要孔的中心线为划线基准，或选零件图上尺寸标注的基准线为划线基准。若工件上个别平面已加工过，则应以加工过的平面为划线基准。

2.4.4　立体划线的步骤

立体划线的操作示例如图 1-36 所示。

1）依据图样，确定划线基准，检查毛坯是否合格。

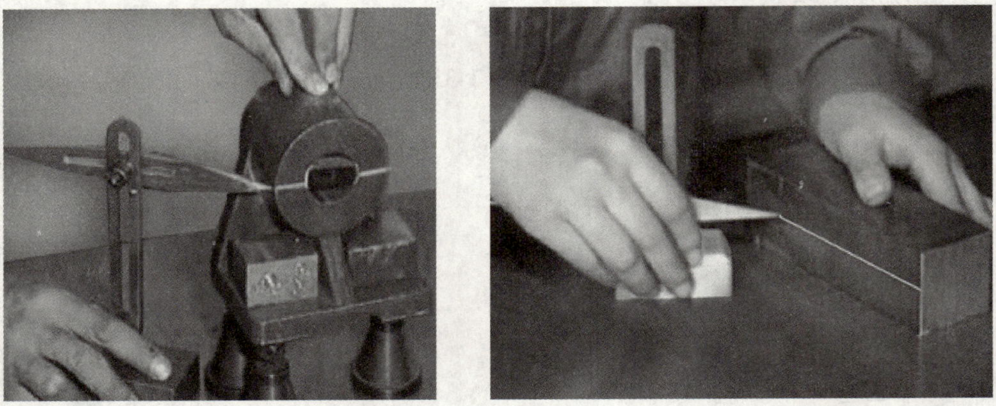

图 1-36　立体划线操作示例

2）清理毛坯上的疤痕和飞边等。

3）支撑及找正工件。

4）划出划线基准，再划出其他水平线。

5）翻转工件，找正，划出相互垂直的线。

6）检查划出的线是否正确，最后打样冲眼。

2.4.5　划线操作时应注意的事项

1）工件支撑要稳妥，以防滑倒或移动。

2）在一次支撑中，应把需要划出的平行线划全，以免再次支撑补划，造成误差。

3）应正确使用划针、划线盘、高度游标卡尺以及直角尺等划线工具，以免产生误差。

2.5　锯削

用手锯或机械锯把金属材料分割开，或在工件上锯出沟槽的操作称为锯削。

2.5.1　手锯的构造

手锯广泛采用钢板制锯架，如图 1-37 所示。锯架分两段，前段可在后段中伸出或缩进，可以张紧几种不同长度的钢锯条。

1. 钢锯条的安装

钢锯条安装时，锯齿尖要朝前，锯条不可歪斜，如图 1-38 所示。这样安装的钢锯条，操作时用力方便，锯缝直且工作平稳。锯条不能装得过紧，不然会失去应有的弹性，使锯条易折断；锯条也不能装得过松，松动会使锯条扭曲，也易折断。

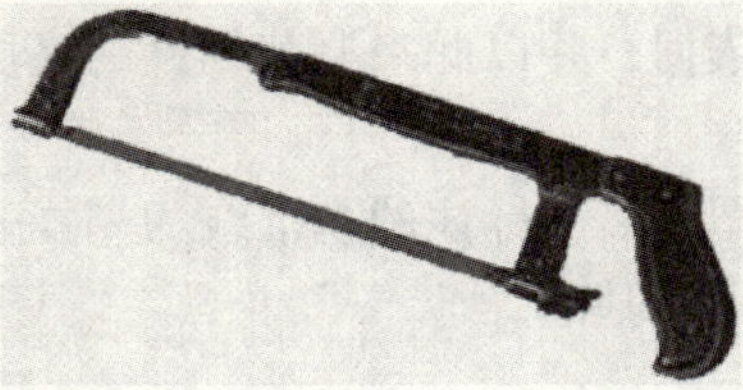

图 1-37　钢板制锯架（调节式）

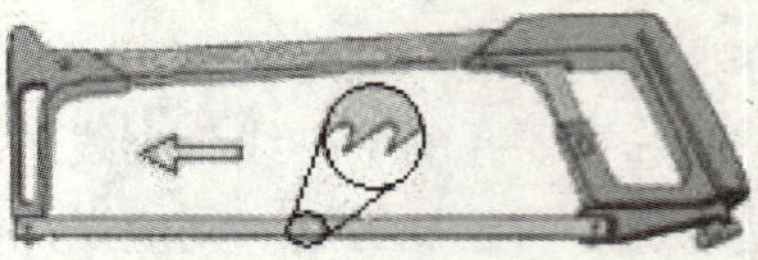

图 1-38　钢锯条的安装方向

2. 钢锯条的选择

钢锯条的锯齿分粗齿、中齿和细齿（齿距分别是 1.8mm、1.4mm 和 1.1mm）三种。锯削硬金属工件、薄板和薄壁管件时，宜用细齿锯条，因为细齿锯条同时参加切削的锯齿多，不易磨损，也不易被薄板或薄壁钩着锯齿；锯削软金属工件时，宜用粗齿锯条，因为粗齿具有较大的容屑空间。

注意：在锯削截面上至少要有三个以上的锯齿同时参加锯削。

2.5.2　手锯的正确使用

锯削时，用右手握稳手柄，用左手握住锯架前端，站立姿势。推进手锯时，身体上部稍向前倾，双手随着压向手锯的同时，左手上翘，右手下压；回程时，右手上抬，左手自然跟回。锯削往复的行程，应不小于钢锯条长度的四分之三，因为行程过短，将集中地磨损局部的锯齿。

起锯时，使锯条与工件表面成 15°左右的倾斜角，如图 1-39 所示。角度太大，锯齿会钩住工件的棱边，使锯齿崩裂，如垂直于工件表面起锯，锯齿不能立即切入而左右打滑，甚至拉损工件表面。操作时，左手拇指靠住钢锯条确定起锯位置，右手握稳锯柄，使钢锯条能正确地处在所锯削的位置上，并以较小的压力、较短的行程，锯削出深为 2～3mm 的引导槽即可。

锯削速度是指单位时间内手锯往复的次数，以每分钟 20～40 次为适宜。锯削较硬材料时，速度应稍慢些，压力应大些；锯削较软材料时，速度可稍快些，压力应小些，否则会使锯齿切入过深而产生“咬住”的现象。

2.5.3　不同工件的锯削

1. 薄板料的锯削

锯削薄板料时，可用两块木板把板料夹在中间，以增强薄板料的刚性，又可防止薄板直接落入钢锯条的齿槽中，妨碍锯削，如图 1-40 所示。

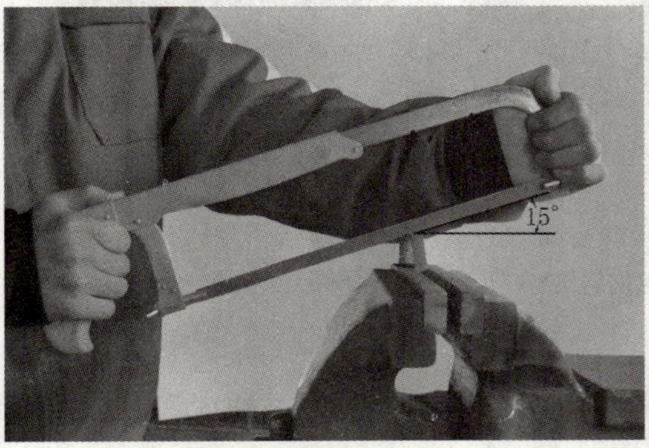

图 1-39　起锯角约为 15°左右

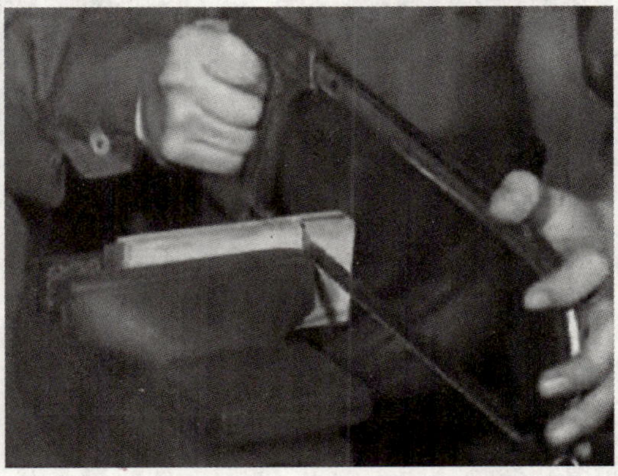

图 1-40　薄板的锯削

2. 锯削管件

锯削管件不能在一个方向上一次锯断，而应多次转动管件沿不同的方向锯削，每次只需锯透管壁即可，如图 1-41 所示。

图 1-41　管件的锯削

3. 锯削扁钢、型钢

锯削扁钢应在宽面下锯，以减少锯缝深度，而且锯条也不易被卡住，锯口断面也整齐。

锯削型钢如槽钢、角钢等，亦应由宽面下锯。当一个宽面锯断后，应改变型钢的夹持方向而锯另一个面，直到锯断。

4. 深缝锯削

当锯缝的深度超过钢锯架的高度时，应将锯条转过 90°重新安装，如图 1-42b 所示，使钢锯架转到工件的一侧，手握锯柄再进行锯削。当锯架改变方向后，工件与锯架相碰而不能锯削时，可将锯架反向向锯内进行锯削，如图 1-42c 所示。

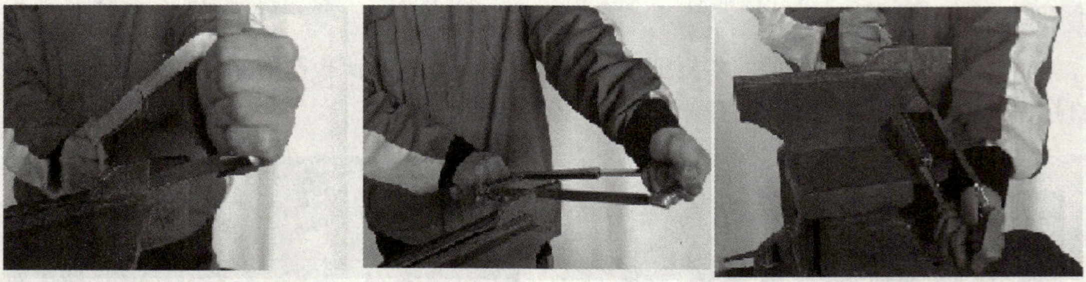

a）　　b）　　c）

图 1-42　深缝锯削

a）锯缝深度未超过钢锯架高度　b）锯缝深度超过钢锯架高度，将锯条转过 90°　c）将锯架反向

2.5.4　减小锯齿磨损和损坏的方法

1）工件装夹要稳固，锯缝要尽量靠近钳口左侧外缘，锯削时，可加少许润滑油予以润滑和冷却。

2）更换锯条时，应在新部位重新起锯或将原锯缝锯宽，如勉强把新锯条压入原锯缝，则锯条易折断。

3）锯缝歪斜不要纠偏，应在新的部位重新起锯。

4）当被锯下的部分将要锯断时，应用手扶持，否则掉下来会砸伤脚。此外，工件将被锯断时，所加压力不能过大，以免锯条折断而弹出伤人。

2.6　锉削

锉削是用锉刀对工件表面进行加工的操作，多用于锯削或錾削之后。锉削所加工出的表面粗糙度可达 $Ra1.6 \sim 0.8\mu m$。

2.6.1　锉刀及其使用方法

1. 锉刀的构造及种类

锉刀的各组成部分如图 1-43 所示，其大小以工作部分的长度来表示。锉刀的锉齿多是在剁锉机上剁出的。

锉刀的锉纹多制成双纹，以便锉削时省力，不易堵塞锉面。

根据形状不同，锉刀可分为平锉（亦称扁锉）、方锉、圆锉、半圆锉、三角锉等，如图 1-44 所示。

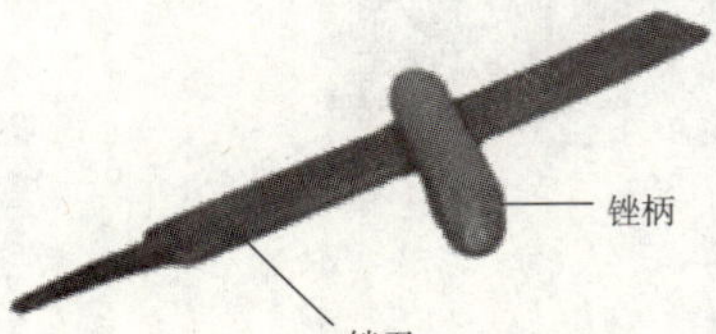

图 1-43　锉刀的构造

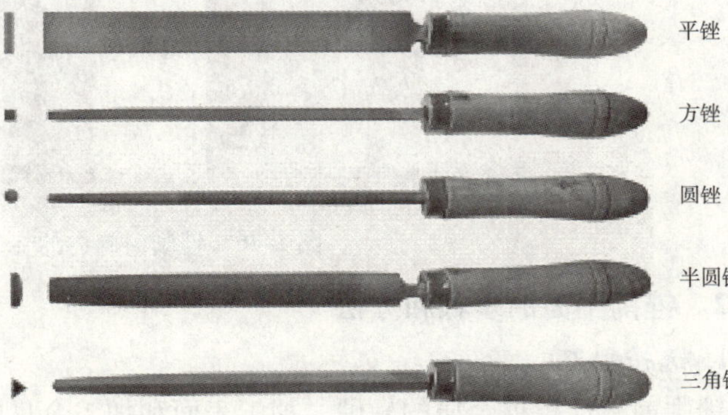

图 1-44　锉刀的种类

锉刀的粗细，以每 10mm 的锉面上锉齿的齿数来划分。粗锉刀（4～12 齿），齿间大，不易堵塞，适于粗加工或锉削铜和铝等软金属；细锉刀（13～24 齿），适于锉削钢和铸铁等；光锉刀（30～40 齿），又称为油光锉，只用于修光表面。

2. 锉刀的使用方法

使用大的平锉时，应右手握锉柄，左手压在锉端，使锉刀保持水平，如图 1-45a 所示；使用中型平锉时，应用力较小，左手的大拇指和食指捏着锉端，引导锉刀水平移动，

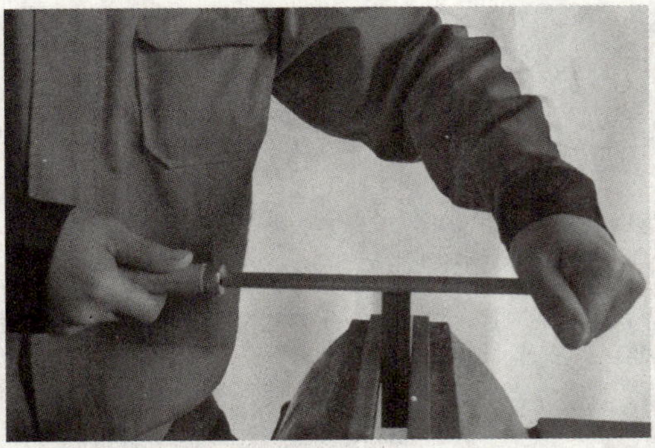
a）

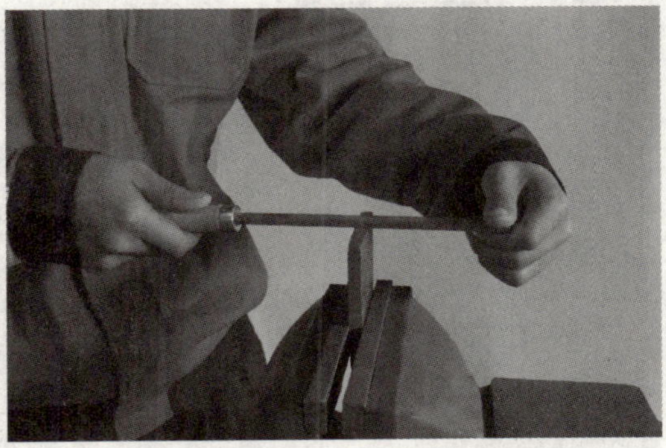
b）

图 1-45　锉刀的使用方法

如图1-45b所示。

锉削时施力的变化，如图1-46所示，锉刀前推时加压，并保持水平；返回时，不易紧压工件，以免磨钝锉齿和损伤已加工面。

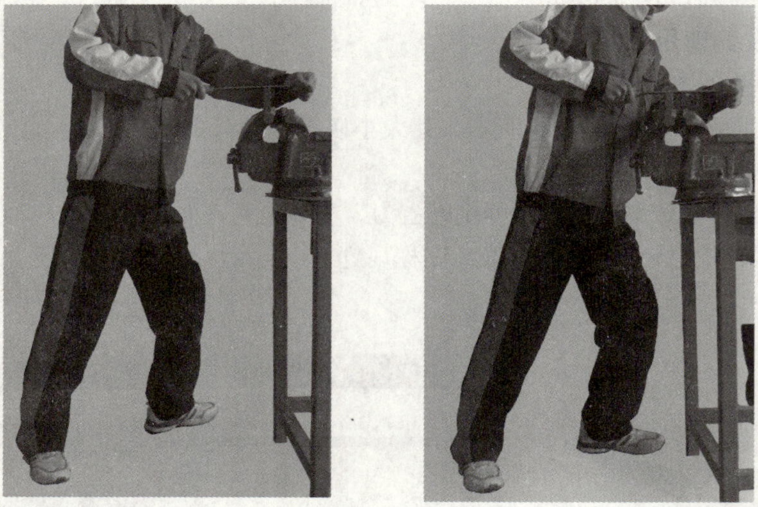

图1-46 锉削时施力的变化

2.6.2 锉削平面的步骤和方法

1. 选择锉刀

锉削前，应根据金属的软硬、加工表面和加工余量的大小、工件的表面粗糙度要求等来选择锉刀。加工余量小于0.2mm时，宜用细锉。

2. 装夹工件

工件必须牢固地夹在台虎钳钳口的中部，并略高于钳口。夹持已加工表面时，应在钳口与工件间垫上铜片或铝片。

3. 锉削平面的方法

对平面进行粗锉时，可用交叉锉法，如图1-47所示，这样不仅锉得快而且可利用锉痕判断加工部分是否锉到所需尺寸。平面基本锉平后，可用顺锉法（见图1-48）进行锉

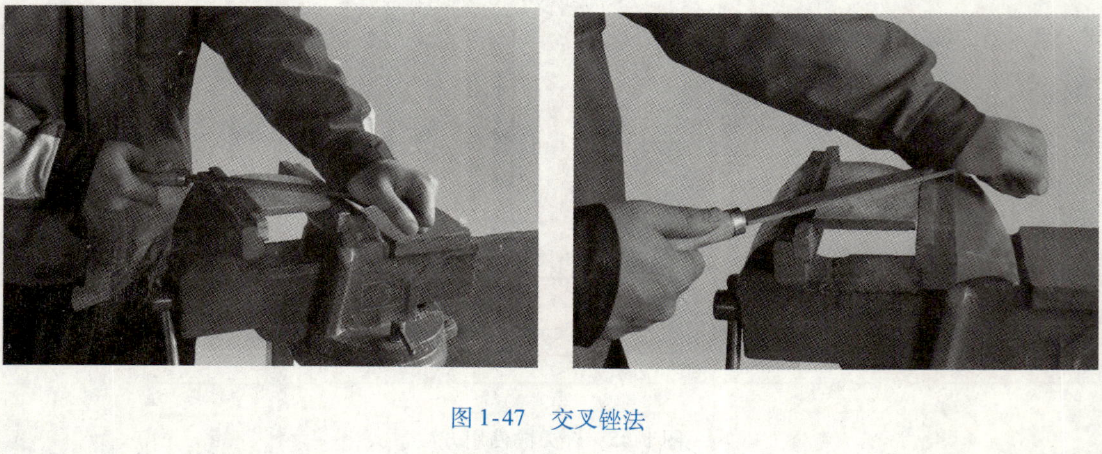

图1-47 交叉锉法

削，以降低工件的表面粗糙度，并获得正直的锉纹。最后，可用细锉刀或光锉刀以推锉法（见图 1-49）修光。

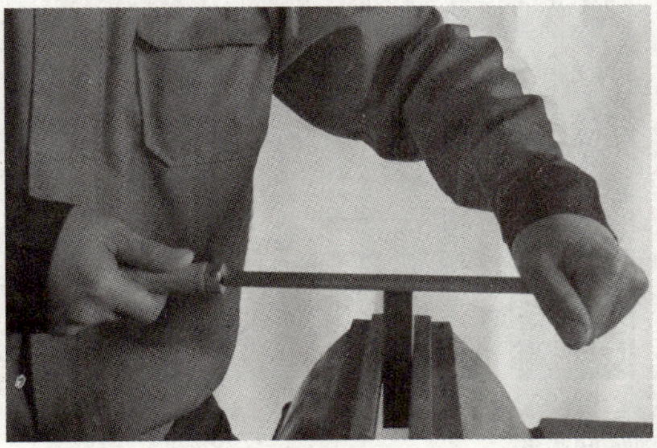

图 1-48　顺锉法

图 1-49　推锉法

4. 锉倒角的方法

首先，将划好线的工件水平装夹在台虎钳上，然后选用平锉，使锉刀与被锉棱成 45°夹角进行锉削。

5. 锉削后的检验

锉削时，工件的尺寸可用金属直尺和游标卡尺测量；工件的平面度及直角可用直角尺根据是否能透过光线来检查，如图 1-50 所示。

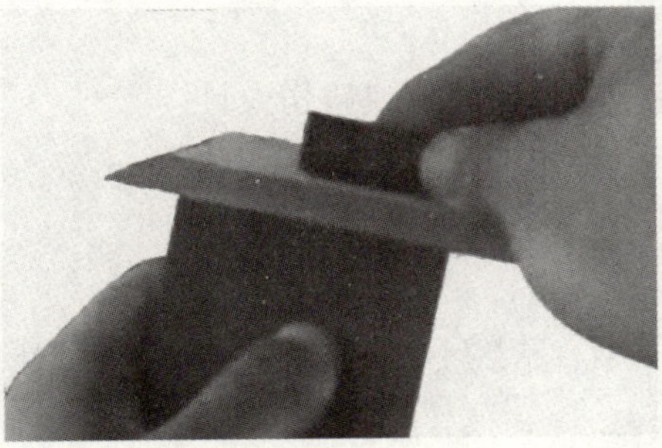

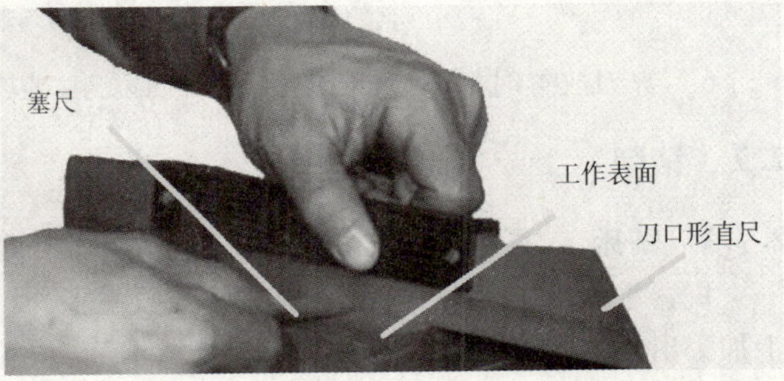

图 1-50　检查平面度

6. 圆弧面的锉法

圆弧面的锉削采用滚锉法，锉削外圆弧面时，如图 1-51 所示，锉刀除向前运动外，同时还要沿被加工圆弧面摆动；锉削内圆弧面时，如图 1-52 所示，锉刀除向前运动外，锉刀本身同时还要做一定的旋转和向左或向右的移动。

7. 锉削操作时的注意事项

1）锉刀必须装柄使用，以免刺伤手心。

2）不要用新锉刀锉硬金属、白口铸铁和已淬火的钢。

3）铸件上的硬皮或粘砂，应先用砂轮磨去或用錾子錾去，然后再锉削。

4）锉削时不要用手摸工件表面，以免再锉时打滑。

5）锉刀被切屑堵塞后，用钢丝刷顺着锉纹方向刷去切屑。

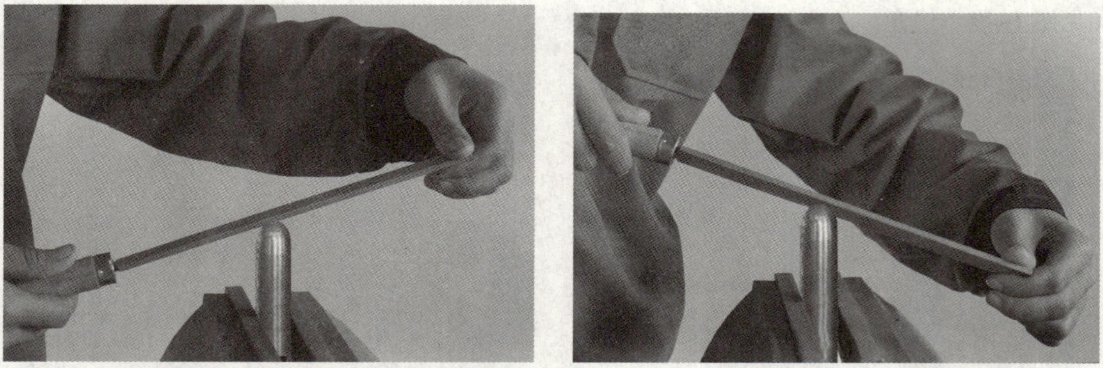

图 1-51　锉削外圆弧面

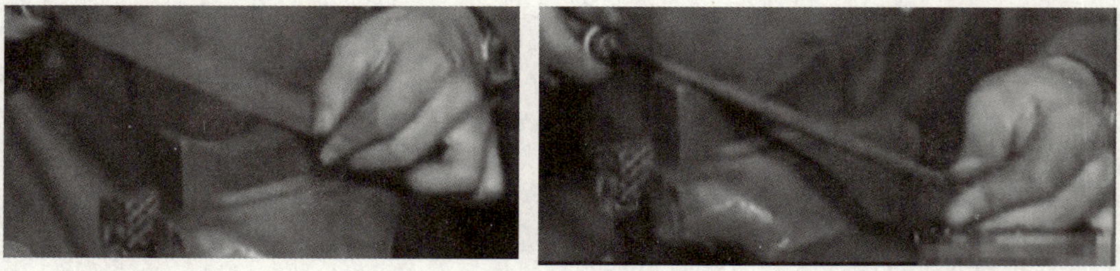

图 1-52　锉削内圆弧面

6）锉刀放置时，不应伸出工作台台面以外，以免碰落摔断锉刀或碰伤人员。

2.7　钻削

2.7.1　钻床

机器零件上分布着很多孔，其中那些数量多、直径小、精度不很高的孔，都是在钻床上加工出来的。

钻床上可以完成的工作很多，如钻孔、扩孔、铰孔、锪端面、攻螺纹等，如图 1-53 所示。

钻床的种类很多，常用的有台式钻床、立式钻床和摇臂钻床等。

1. 台式钻床

台式钻床简称台钻，如图 1-54 所示。台式钻床的钻孔直径一般在 12mm 以下，最小可以加工直径小于 1mm 的孔。台钻的主轴转速一般较高，最高的转速接近每分钟上万转。主轴的转速可用改变 V 带在带轮上的位置来调节。台钻主轴的进给是手动的。

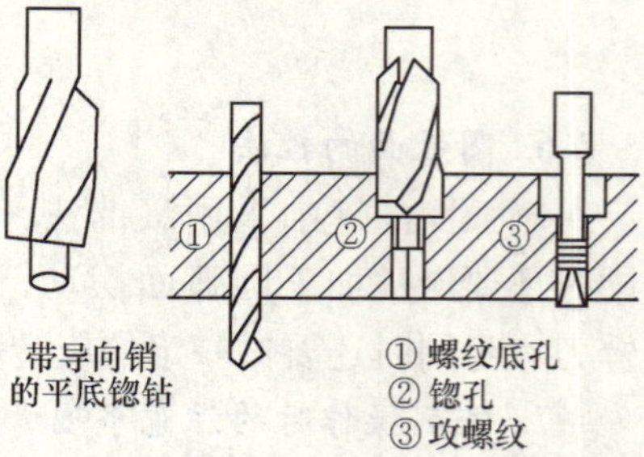

图 1-53　钻床上进行的主要工作

台钻小巧灵活，使用方便，主要用于加工小型零件上的各种小孔，在仪表制造、钳工和装配中用得最多。

2. 立式钻床

立式钻床简称立钻，如图1-55所示。立式钻床的最大钻孔直径有25mm、35mm、40mm和50mm等几种，其规格用最大钻孔直径来表示。

立钻主要由主轴、主轴变速箱、进给箱、立柱、工作台和机座组成。用立钻钻小孔时，转速要高些，钻大孔时转速应低些。立钻主轴向下进给既可手动也可自动。立钻用于加工中小型工件。

3. 摇臂钻床

如图1-56所示为摇臂钻床的外形，其特点是操作时能很方便地调整刀具的位置，以对准被加工孔的中心，而不需移动工件来进行加工，适用于在一些笨重的大工件以及多孔的工件上加工，广泛地应用于单件和成批生产中。

图1-54　台式钻床

图1-55　立式钻床

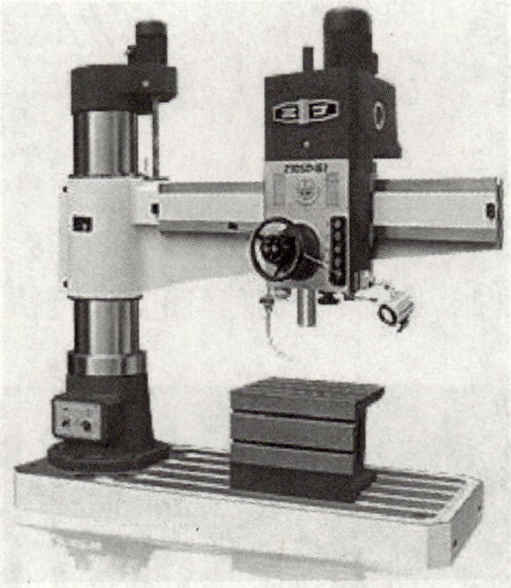

图1-56　摇臂钻床

2.7.2　钻孔

在钻床上钻孔时，工件固定不动，钻头旋转并做轴向移动，如图1-57所示。钻头在结构上存在着一些缺点（主要是刚性差），影响了其加工质量。钻削加工的公差等级一般为IT12左右，表面粗糙度为$Ra12.5\mu m$左右。

1. 麻花钻头

麻花钻的组成如图1-58所示，其前端为切削部分（见图1-59），有两个对称的主切削

图1-57　钻削时的运动

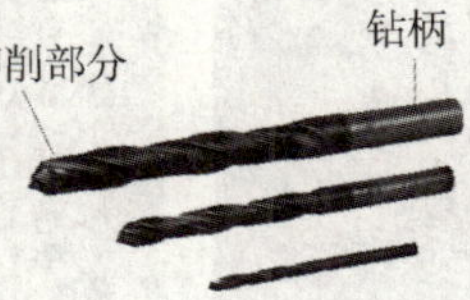

图1-58　麻花钻的组成

刃，两刃之间的夹角通常为 $2\psi=116°\sim118°$，称为锋角；钻头顶部有横刃，即两主后刀面的交线，它的存在使钻削时的轴向力增加，所以常采取修磨横刃的办法，缩短横刃；导向部分上有两条刃带和螺旋槽，刃带的作用是引导钻头，螺旋槽的作用是向孔外排屑。

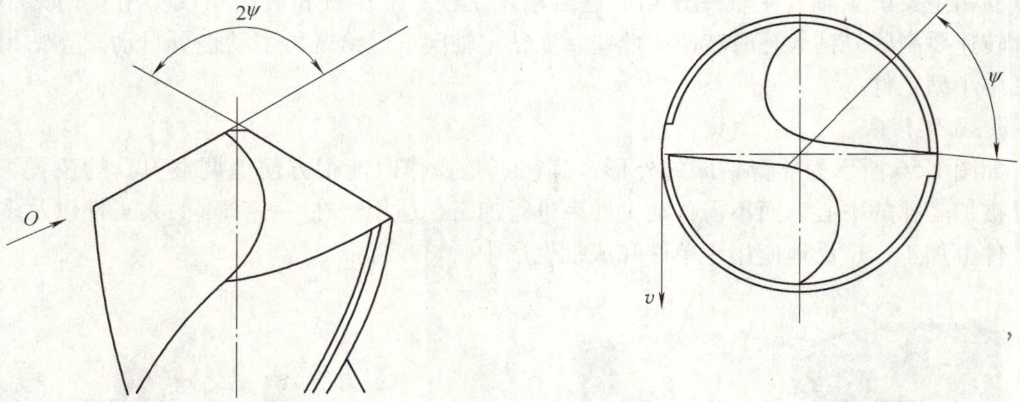

图 1-59　麻花钻的切削部分

2. 钻孔用附件

1）钻头。锥柄钻头可以直接装入机床主轴的锥孔内。当钻头的锥柄小于机床主轴的锥孔时，则需用过渡套筒安装与拆卸钻头，如图 1-60 所示。柱柄钻头通常用钻夹头（见

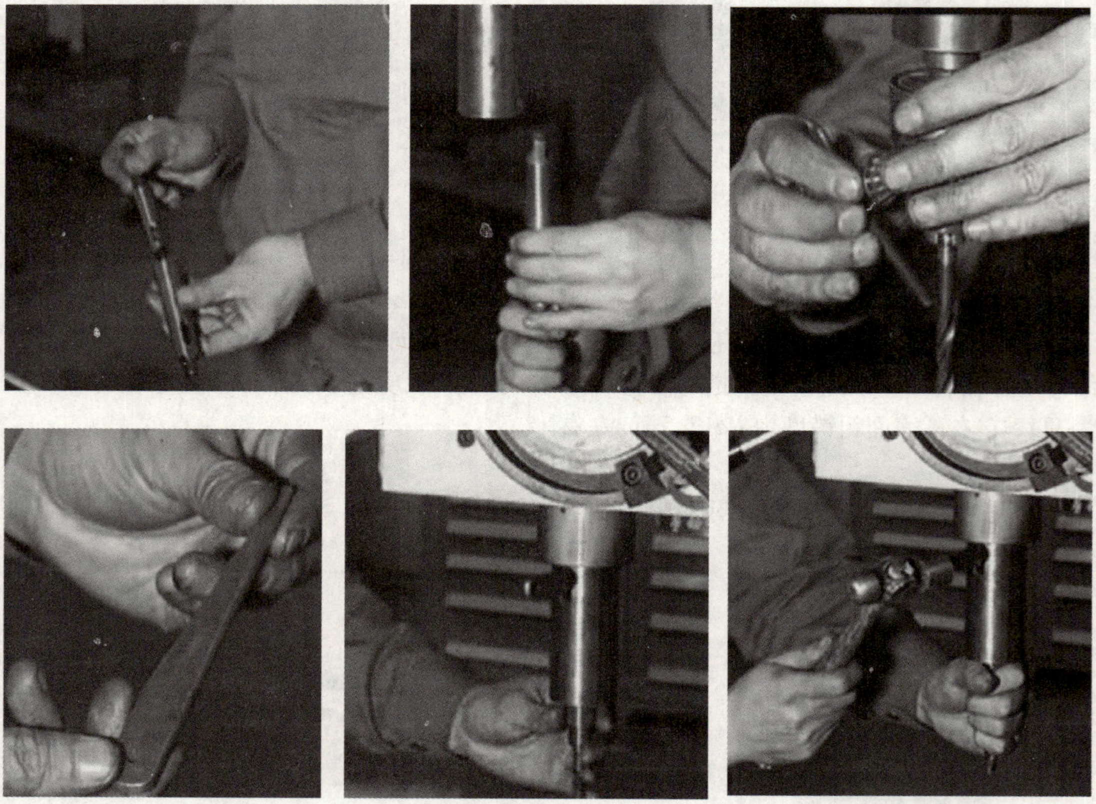

图 1-60　用过渡套筒安装与拆卸钻头

图 1-61）安装。

2）安装工件用的附件。在立钻或台钻上钻孔时，工件通常用平口钳安装，如图 1-62 所示。有时把工件直接安装在工作台上，用压板和螺栓夹紧，如图 1-63 所示，夹紧前先按划线标志的孔位进行找正。

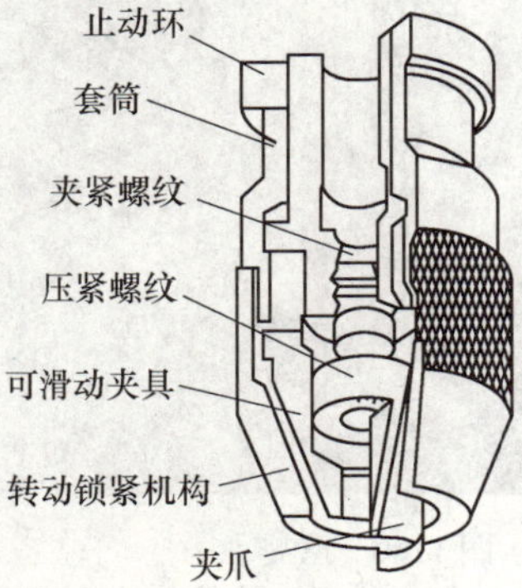

图 1-61　钻夹头

图 1-62　用平口钳安装工件

3）成批和大量生产中，钻孔时广泛应用钻模夹具。

3. 钻孔的方法

钻孔前应在孔中心处打好样冲眼，划出检查圆，以便找正中心，便于引钻，然后钻一浅坑，检查判断是否对中。若偏得较多，可用样冲在应钻掉的位置錾出几条槽，以把钻偏的中心纠正过来，如图 1-64 所示。

图 1-63　用压板、螺栓夹紧工件

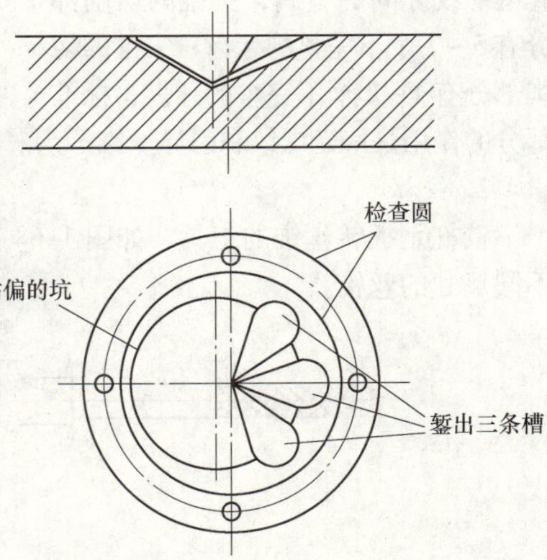

图 1-64　纠正钻偏的中心

直径大于 30mm 的孔，由于有较大的轴向抗力，很难一次钻出，这时可先钻出一个直径较小的孔，然后用第二把相应尺寸的钻头将孔扩大到所要求的孔径。

2.8 攻螺纹和套螺纹

用丝锥加工内螺纹的方法叫攻螺纹，如图 1-65 所示；用板牙加工外螺纹的方法叫套螺纹，如图 1-66 所示。

图 1-65 攻螺纹

图 1-66 套螺纹

2.8.1 攻螺纹

1. 丝锥

丝锥是专门用来攻螺纹的刀具。M3 ~ M20 手用丝锥多为两支一组，分别称为头锥和二锥，如图 1-67 所示。每个丝锥的工作部分都是由切削部分和校准部分组成的，切削部分是切削螺纹的主要部分，其作用是切去孔内螺纹牙间的金属，头锥的切削部分有 5 ~7 个不完整的牙齿，二锥的切削部分有 1 ~2 个不完整的牙齿；标准部分的作用是修光螺纹和引导丝锥。

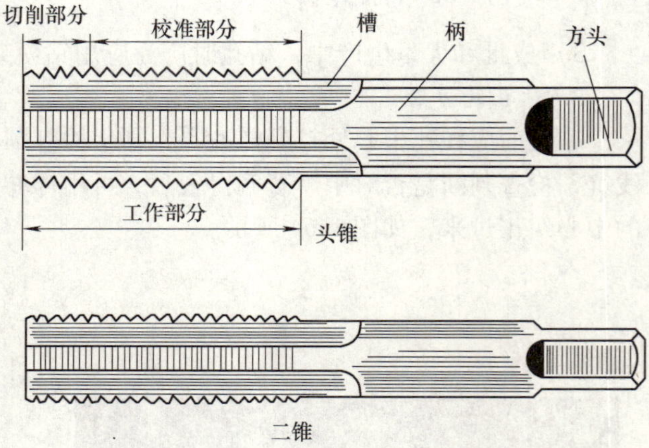

图 1-67 丝锥

2. 铰杠

铰杠是扳转丝锥的工具，如图 1-68 所示。常用的铰杠是可调节式的，以便夹持各种不同尺寸的丝锥。

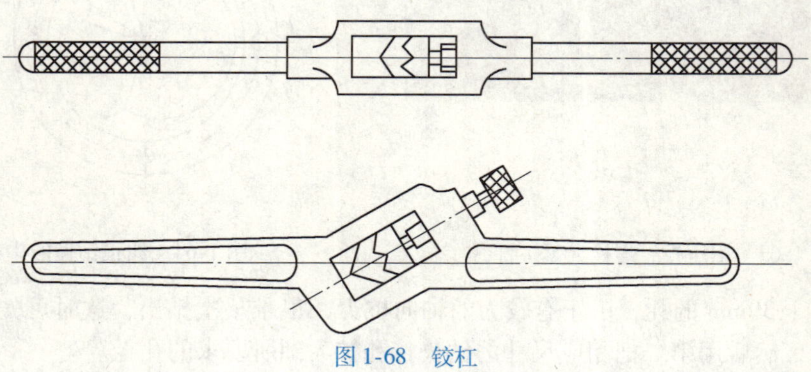

图 1-68 铰杠

3. 攻螺纹的操作方法

1）钻螺纹底孔，如图1-69所示。底孔的直径可查手册或按下面的经验公式计算：

脆性材料（铸铁、青铜等）的钻孔直径 $d_0 = d$（螺纹大径）$-1.1P$（螺距）；

韧性材料（钢、紫铜等）的钻孔直径 $d_0 = d$（螺纹大径）$-P$（螺距）；

钻孔深度 = 要求的螺纹长度 $+0.7d$（螺纹大径）。

图1-69　钻螺纹底孔

2）用头锥攻螺纹，如图1-70所示。

开始时，要将丝锥垂直放在工件的孔内，然后用铰杠轻压入1~2周，用目测或直角尺在两个相互垂直的方向上检查丝锥与工件的垂直度，如图1-71所示，并及时纠正丝锥，使其与工件端面保持垂直。当丝锥切入3~4周后，即可只转动，不加压，而且每转1~2周后，应反转1/4周，以使切屑断落。攻钢件螺纹时应加润滑油润滑，如图1-72所示；攻铸铁件螺纹时可加煤油润滑，如图1-73所示；攻通孔螺纹时，只用头锥攻穿即可。

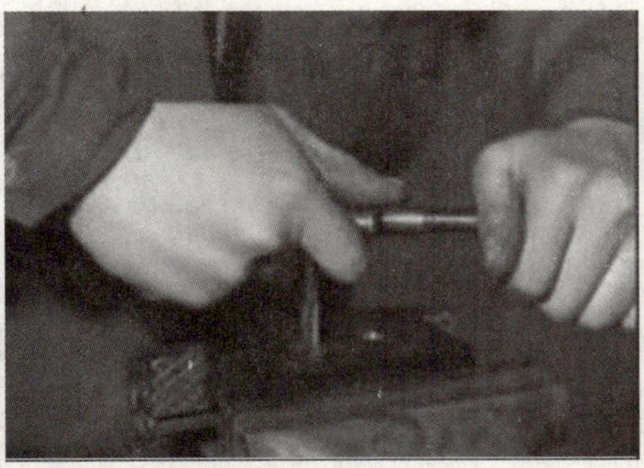

图1-70　用头锥攻螺纹

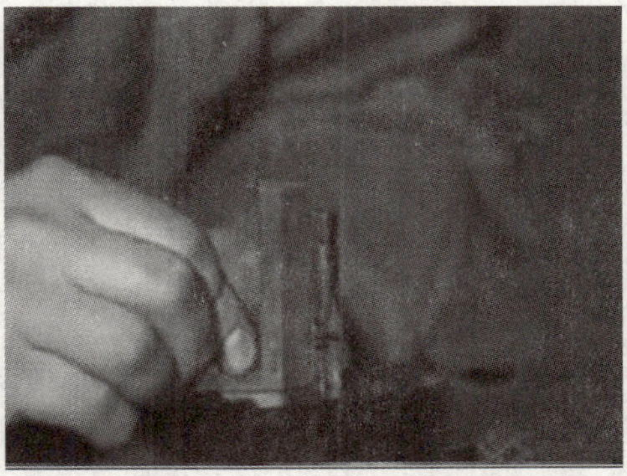

图1-71　用直角尺检查丝锥与工件的垂直度

图1-72　钢件加润滑油润滑

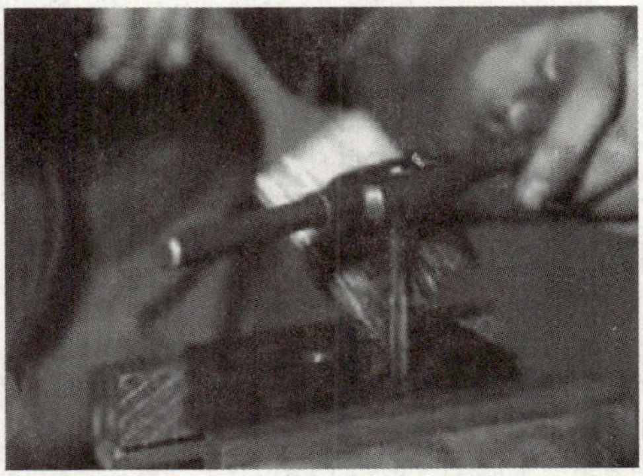

图1-73　铸铁件加煤油润滑

3）用二锥攻螺纹。

先将丝锥放入孔内，用手旋入几周后，再用铰杠转动。旋转铰杠时不需加压。攻盲孔螺纹时，需依次使用头锥、二锥，才能攻到需要的深度。

2.8.2 套螺纹

1. 板牙和板牙架

板牙有固定式和开封式两种，如图 1-74 所示为常用的固定式圆板牙。套螺纹用的板牙架如图 1-75 所示。

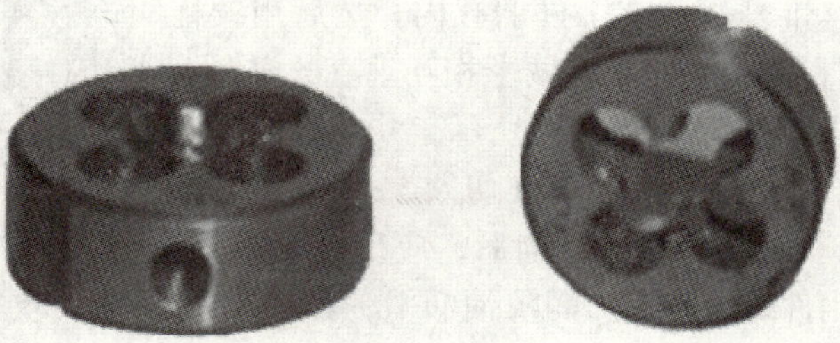

图 1-74　固定式圆板牙

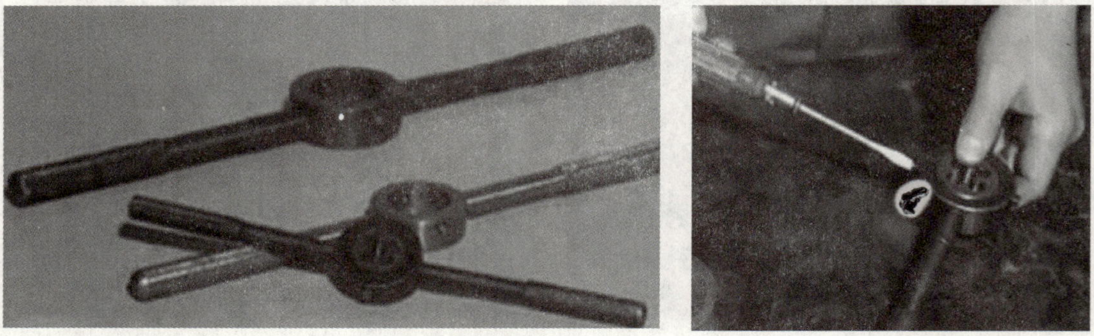

图 1-75　板牙架

2. 套螺纹的操作方法

套螺纹前应检查圆柱杆的直径，直径太大则难以套入，直径太小则套出的螺纹牙齿不完整。圆柱杆的直径可用经验公式计算：圆柱杆直径 = d（螺纹大径）$-0.2P$（螺距）。

3. 套螺纹时应注意的问题

1）要套螺纹的圆柱杆必须有合适的倒角，如图 1-76 所示。

图 1-76　要套螺纹的圆柱杆必须有合适的倒角

2）套螺纹时，板牙端面与圆柱杆应严格地保持垂直。

3）开始转动板牙架时，要稍加压力；套入几扣后，即可只转动，不加压；要时常倒转，以便断屑，并应加润滑油润滑。

3　拆装排气系统的必备知识

3.1　拆装螺栓的方法

螺栓的拆卸和装配方法通常与螺栓联接的形式、损坏和锈死程度等因素有关。下面着重介绍双头螺柱的拆装、锈死螺栓螺母的拆卸以及断头螺栓的拆卸方法。

3.1.1　双头螺柱的拆装方法

当要拆卸双头螺柱时，用上、下两把扳手分别对上、下螺母施力。上扳手将上螺母拧紧在下螺母上，下扳手用力将下螺母向逆时针方向转动，螺柱就会被拧出。如果双头螺柱为反扣（左旋），则用上扳手拧紧上螺母，下扳手用力将下螺母向顺时针方向拧出螺柱。

当要把双头螺柱装配到阀件上时，应用下扳手压紧下螺母，上扳手向顺时针方向用力转动上螺母，就可将双头螺柱拧紧在阀体上。如果双头螺柱为反扣，则用下扳手压紧下螺母，上扳手向逆时针方向旋转上螺母，就可拧紧双头螺柱。

另一种拧紧双头螺柱的方法是用特制的螺帽，其上面有一只螺钉，起并紧双头螺柱的作用，螺帽内的螺纹与双头螺柱的螺纹为同一规格。使用时，将双头螺柱旋入螺母中并紧螺钉，然后拧转螺帽，就可拧紧双头螺柱。

3.1.2　锈死或腐蚀的螺栓螺母的拆卸方法

锈死或腐蚀的螺栓和螺母拆卸前，应先用煤油浸透，并弄清其螺旋方向，然后慢慢地拧松1/4左右，再退回原来位置，这样反复进退几次，就可逐渐拧出螺栓，也可用锤子敲击螺栓及螺母四周，将螺纹振松，然后再拧松螺栓螺母（注意：在敲击的过程中，不要敲坏螺纹）。

用敲击法难以拆卸的螺母，可用喷灯或氧乙炔焰加热，使螺母受热膨胀，然后迅速将螺母拧出。

对难以拆卸的双头螺柱，用煤油浸透后，可用管子钳卡在中间光杆的位置上将其拧出。

3.1.3　断头螺栓的拆卸方法

螺栓折断在螺孔中，是拆卸中让人感到麻烦的事。如图1-77所示为几种断头螺栓的拧出方法。

1）锉方榫拧出法和管子钳拧出法适用于螺栓在螺孔外有5mm以上高度的断头螺栓。

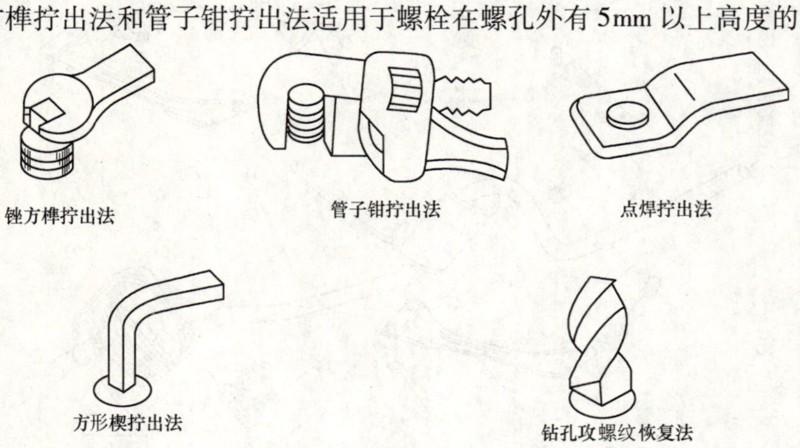

图1-77　断头螺栓的拧出方法

2）点焊拧出法适用于断头螺栓在螺孔外或断头螺栓与螺孔相平的条件下，在扁钢上钻出比螺孔小的孔，采用点焊法填满扁钢上的孔后，将螺栓拧出。

3）方形楔拧出法适用于拆卸断在螺孔内的螺栓。此方法是先将螺栓中间钻一小孔，再用方孔锥具敲入小孔中，然后拧出螺栓。

4）钻孔攻螺纹恢复法适用于无法取出螺栓的情况。它是先将螺栓断面整平，打样冲后，用比螺纹内径稍小的钻头钻孔，最后按原螺纹攻螺纹而成。

断头螺栓在采用以上拧出方法之前，应采取一些常规的措施，如用煤油浸透、清除表面油污锈迹（这点特别对点焊拧出法更重要，否则焊不牢），必要时，还可将螺栓周围加热，在热膨胀的条件下将螺栓拧出。断头螺栓在拧出时，还可以采用化学腐蚀的方法，即适当清洗锈死和腐蚀的螺栓、螺孔，这样会加快断头螺栓的拧出（拧出螺栓后，应用水冲洗螺孔，以免残存的化学药剂腐蚀阀件）。

3.2 拆卸和安装排气系统

拆装排气系统的操作注意事项如下：

1）排气系统不要安装过紧并要与车身有足够的距离。如有必要松开卡箍，校准消声器和排气管，使其与车身都有足够的距离，并且使悬架装置负载均匀。

2）更新密封件和自锁螺母。

如图 1-78 所示为速腾轿车 1.6L 四缸汽油发动机排气系统的组成。

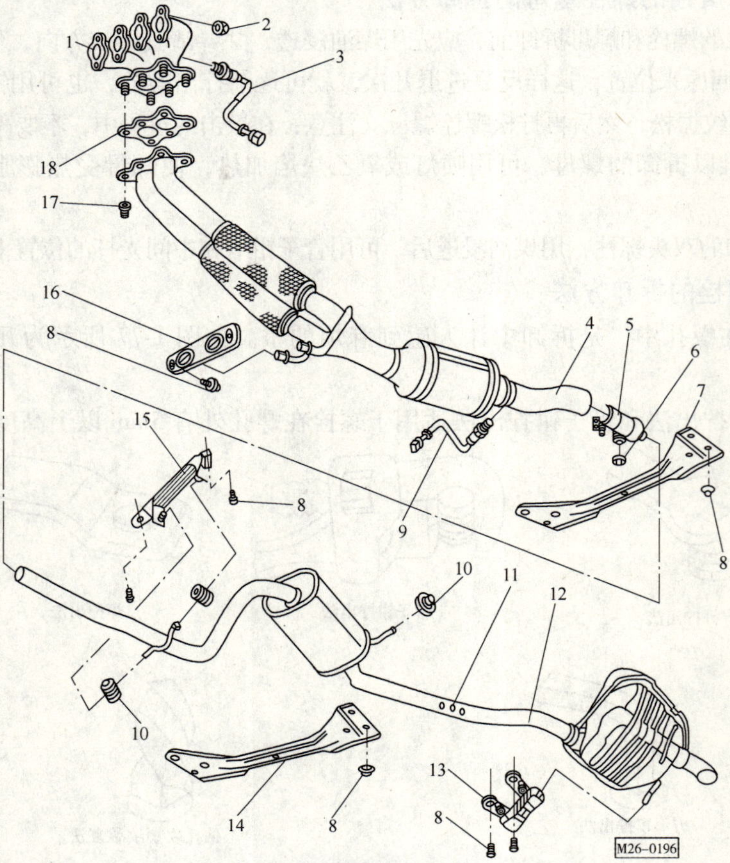

图 1-78　速腾轿车的排气系统

速腾轿车排气系统的零部件名称和拆装注意事项见表 1-3。

表 1-3　速腾轿车排气系统的零部件名称和拆装注意事项

序号	零部件名称	拆装注意事项
1	排气歧管	
2	排气歧管固定螺母	需更新，拧紧力矩为 25N · m
3	尾气催化净化器前的氧传感器 G39	拧紧力矩为 55N · m，只能用热螺栓膏——G 052 112 A3 涂抹；热螺栓膏可能涂不到凹槽中
4	排气前管	1）带有尾气催化净化器 2）防碰撞和冲击负荷 3）带分离元件，分离元件弯折不得超过 10°，否则有损坏危险 4）可将排气装置调节到无应力
5	卡箍	在拉紧之前将排气装置调节到无应力的安装位置，均匀地拧紧螺栓联接
6	卡箍紧固螺母	拧紧力矩为 25N · m
7	前横梁	
8	横梁紧固螺母	拧紧力矩为 25N · m
9	尾气催化净化器后的氧传感器 G130	拧紧力矩为 55 N · m，只能用热螺栓膏——G 052 112 A3 涂抹；热螺栓膏可能涂不到凹槽中，插头连接位于右侧汽车底板饰板的下面
10	固定环	损坏时更换
11	切割位置	用于维修排气系统。批量生产时，排气管和后消声器作为一个部件安装。修理时，分开提供前消声器和后消声器，由排气管圆周上的三个压印标记处进行切割，使用夹紧卡箍的连接脱开前消声器和后消声器
12	脱开前消声器和后消声器	脱开的前消声器和后消声器在维修情况下可单独更新，并将排气装置调节到无应力
13	悬架装置	带固定环，损坏时更换
14	后横梁	
15	悬架装置	损坏时更换
16	悬架装置	损坏时更换
17	排气歧管与排气管紧固螺母	需更新，拧紧力矩为 25N · m，用热螺栓膏——G 052 112 A3 涂抹排气歧管的双头螺柱。注意拧紧顺序
18	密封条	更新

学习单元二
排气管的维修

1　接受工作任务

在车辆年检的过程中，应对车辆的技术状况进行检测。检测时确认出消声器的尾管已断裂。

1.1　车辆年检的规定

车辆年检也就是我们平时所说的验车。《道路交通安全法实施条例》第十六条规定，机动车应当从注册登记之日起，按照下列期限进行安全技术检验：

1）营运载客汽车5年以内每年检验1次；超过5年的，每6个月检验1次。

2）载货汽车和大型、中型非营运载客汽车，10年以内每年检验1次；超过10年的，每6个月检验1次。

3）小型、微型非营运载客汽车，6年以内每两年检验1次；超过6年的，每年检验1次；超过15年的，每6个月检验1次。

4）摩托车4年以内每两年检验1次；超过4年的，每年检验1次。

5）拖拉机和其他机动车每年检验1次。营运机动车在规定的检验期限内，经安全技术检验合格的，不再重复进行安全技术检验。

6）超过报废年限的车辆不可以再过户（买卖），但可以继续使用。如果想买卖，可以先到车管所办理该车的报废单（注销该车的档案），然后再买卖。

1. 机动车的初次年检

机动车辆为了申领行驶牌照而进行的检验称为初次年检。初次年检的目的在于审核机动车是否具备申领牌证的条件，初次年检的内容为：

1）是否有车辆使用说明书和合格证（进口车辆的商检证明），车体上的出厂检验标记是否齐备。

2）对机动车内外轮廓尺寸及轮距、轴距进行测量。测量的具体项目是车长、车宽、车高、车厢栏板高度及面积、轮距、轴距等。

3）按技术检验标准逐项进行。检验合格后，填写“机动车初检异动登记表”，并按原厂规定填写空车质量、装载质量、乘载人数和驾驶室乘坐人数。

2. 机动车的定期年检

(1) 定期年检的内容

1) 检查发动机、底盘、车身及其附属设备是否清洁、齐全、有效，漆面是否均匀美观，各主要总成是否更换，与初检记录是否相符。

2) 检验车辆的制动性、转向操纵性、灯光、排气及其他安全性能是否符合“机动车安全运行技术条件”的要求。

3) 检验车辆是否经过改装、改型、改造；行驶证、号牌、车辆档案所有登记是否与现在车况相符，有无变化，是否办理了审批和移动、变更手续。

4) 号牌、行驶证及车上喷印的号牌放大字样有无损坏、涂改、字迹不清等情况，是否需要更换。

5) 大型汽车是否按照规定在车门两边用汉字仿宋体喷写单位名称或车辆所在地街道、乡、镇名称和驾驶室准乘人数；货车后栏板（包括挂车后栏板）外侧是否按规定喷写放大2~3倍的车号，个体或联营户的汽车，门的两侧是否喷写有“个体”字样。喷写字迹要求清晰，不得喷写单位代号或其他图案（特殊情况需经车管所批准）。

(2) 定期年检的条件　具有下列情况之一的车辆，必须按照有关规定办理后，方予检验。

1) 车辆状况与行驶证、档案记载不符者。

2) 号牌、行驶证破损不全、字迹不清或自行仿制号牌者。

3) 车辆改装、改型、技术改造未办理审批和变更手续者。

4) 未按照规定喷写单位名称和号牌放大字样者。

5) 不按照规定安装警报器、标志灯具者。

6) 未按照规定上保险者。

(3) 定期年检的手续

1) 车辆单位或车主需填写“机动车年度检验表”，并按照当地车管所规定的日期，送达指定地点进行年检。车辆检验合格后，车辆管理机关在行驶证和“机动车年度检验表”上加盖（＊＊年＊＊车管所检验合格）印章。

2) 长期在外地执行任务不能按期参加检验的车辆，由车主提出申请，报经原籍车管所委托驻地车管所代为检验。检验后，将检验结果通知原籍车管所。

3) 因特殊情况不能按期参加年检的车辆，应事先向当地车管所申请延期。

(4) 其他规定

1) 年检不合格的车辆，应限期修复，逾期仍不合格的，车管所应收缴其行车号牌，不准其再继续行驶。

2) 无故不参加年检或年检不合格的车辆，不准在道路上行驶，也不准转籍。

3) 符合报废条件或使用超过规定年限的车辆，不予检验，并收回号牌，注销档案，予以报废。

3. 验车手续

(1) 私户的验车手续

1) 机动车行驶证。

2）机动车保险单。

3）委托书。

（2）公户的验车手续

1）机动车行驶证。

2）机动车保险单。

3）单位法人代表证书原件或复印件。

4）单位申请书（加盖公章）。

5）委托书。

4. 车辆年检的具体流程

1）第一步，尾气检测。

先排好队，到收费窗口交检测费，等候上检测线。检测前会有工作人员对车辆进行初检，主要是核对发动机号与行驶证是否一致，再简单看看外观、车况等，然后填写尾气检测表。检测时，由检测员开车上检测线，一般新车都很容易过关。拿到合格的尾气检测表就可以到窗口交钱领尾气合格标。如果尾气检测不合格，需要到汽修厂调试后重新上检测线，当然要再交一次检测费。

2）第二步，查违章。

在查询窗口领取并填写“机动车定期检验登记表”，此表可凭行驶证领取。填好表中事项后，交工作人员查询有无违章记录，没问题的表上会加盖“已核对，可验车”章。有违章的，拿着违章告知单尽快处理违章。

3）第三步，交押金。

在押金窗口交押金，拿好押金条，领取并填写外观检验单。

4）第四步，外观检验。

持外观检验单到外观工位，先查相关手续，核验第三者保险（强制性保险）是否在有效期内。手续查完之后才开始外观检验，这项检验主要查看灯光是否正常、车身外观是否符合原样、悬架有无变动，同时还检查天窗、轮胎等的情况。

5）第五步，上线检测。

如果外观检验没问题，就可以排队等候上线检测。检测线负责制动、前照灯（远光）和底盘等内容的检测，大概需要 5 ~ 10min，车开下检测线就可以领到一张计算机打印的表，大致有制动、灯光、喇叭等项目。在表中，合格的项目打印“O”，不合格的项目打印“X”。不合格的项目一般都是灯光和制动，不过不要紧，检测场都有调整灯光和制动的项目。制动调整后，要重新上检测线，灯光则不用，调完以后盖个章即可。

6）第六步，总检审核。

所有项目都合格以后，准备一张身份证复印件，到大厅总检处签字盖章。

7）第七步，交费，领标。

到各窗口交相关费用，退回押金，交工本费领取“机动车检验合格标志”，在标后和行驶证副证上均打印有有效期。绿标背后会写上有效期，就是下一次检验的月份。检字会打孔，有孔的月份就是下次检验的月份。

5. 机动车辆年检前的准备工作

1）检查保单是否有误，特别是新车第一次年检，保险单上的信息与实际情况不符的，要到保险公司更正。

2）如果您需要更换环保标志，可提前到环保局的汽修厂检测尾气，以节省时间。

3）到交通队清违章。

4）年检一定要赶前别赶后，每月初的时候，验车会很快。

5）注意事项：灭火器、停车牌要齐备。

1.2 机动车污染物排放标准

为了控制汽车排放污染物对生态环境的危害，世界各国政府相继制定了汽车排放污染物的限制标准。北京市也制定了地方排放标准 DB11/122—2010《在用汽油车稳态加载污染物排放限值及测量方法》和 DB11/121—2010《在用柴油车加载减速烟度排放限值及测量方法》。

1.2.1 在用汽油车稳态加载污染物排放限值及测量方法

1. 适用范围

排放标准 DB11/122—2010 规定了在用车稳态加载试验排气污染物的排放限值、判定方法和测量方法，该方法适用于装用以汽油、液化石油气（LPG）和天然气（NG）为燃料的点燃式发动机，最大设计车速大于或等于 50km/h 的 M 类和 N 类在用车。

2. 术语和定义

（1）稳态加载试验　稳态加载试验是由排放控制装置外观检查、BASM 工况实验、怠速工况试验、λ 检测和 OBD 检查组成的北京市在用车排放检测方法，其中 BASM 工况是指 BASM5024 工况和 BASM2540 工况。

（2）在用车　在用车是已经登记注册并取得号牌的汽车。

（3）最大总质量　最大总质量是指汽车制造厂提出的技术上允许的最大质量。

（4）轻型车　轻型车是指最大总质量不超过 3 500kg 的 M_1、M_2 和 N_1 类汽车。

（5）重型车　重型车是指最大总质量超过 3 500kg 的 M 和 N 类汽车。

（6）基准质量（RM）　基准质量是指汽车的整备质量加上 100kg。

（7）气体污染物　气体污染物是指排气中的一氧化碳（CO）、碳氢化合物（HC）和氮氧化物（NO_x），其中碳氢化合物以正已烷当量表示，氮氧化物仅指一氧化氮（NO）。

（8）车载诊断（OBD）系统　排放控制用车载诊断（OBD）系统应具有识别可能存在故障的区域的功能，并以故障代码的方式将该信息储存在电控单元的存储器内。

（9）过量空气系数（λ）　过量空气系数是指燃烧 1kg 燃料的实际空气量与理论上所需空气量之质量比。

（10）M 和 N 类汽车　按 GB/T 15089—2001 规定：

M 类汽车指至少有四个车轮并且用于载客的机动车辆，N 类汽车指至少有四个车轮并且用于载货的机动车辆。M_1 类车指包括驾驶员座位在内，座位数不超过九座的载客汽车；M_2 类车指包括驾驶员座位在内，座位数不超过九座，且最大设计总质量不超过 5 000kg 的载客汽车；N_1 类车指最大设计总质量不超过 3 500kg 的载货汽车。

（11）第一类车　第一类车是指包括驾驶员座位在内，座位数不超过六座，最大质量不超过 2 500kg 的 M_1 类汽车。

（12）第二类车　第二类车是指本标准适用范围内除第一类车以外的其他所有轻型

汽车。

（13）怠速工况　怠速工况是指发动机无负载运转状态，即离合器处于接合位置、变速器处于空挡位置（对于自动变速器的车应处于“停车”或“P”挡位）；采用化油器供油系统的车，阻风门应处于全开位置；油门踏板处于完全松开位置。

3. 在用车稳态加载试验项目

1）在用车稳态加载试验项目见表2-1。

表2-1　在用车稳态加载试验项目

试验类型	车辆类型	
	装用化油器（含化油器改造）发动机的车辆	装用电控燃油喷射发动机的车辆
排放控制装置外观检查 BASM5024、BASM2540工况	进行	进行
λ检测[a]	进行	进行
OBD系统检查	不进行	进行
怠速工况	不进行	进行[b]

[a] 为推荐性要求

[b] 满足GB 18352.3—2005要求，且装有OBD系统的车辆进行此项检查

2）装用化油器（含化油器改造）发动机的车辆需进行排放控制装置的外观检查、BASM5024、BASM2540和怠速工况试验。

3）装用电控燃油喷射发动机的车辆需进行排放控制装置的外观检查、BASM5024、BASM2540工况试验和λ检测以及OBD系统检查（如适用）。

4. 排放限值及要求

（1）轻型车　轻型车的排放限值及要求按如下规定执行：

1）1999年1月1日以前登记注册并取得号牌的第一类车和2000年1月1日以前登记注册并取得号牌的第二类车执行表2-2中的Ⅰ类限值，但经过排放改造且领取绿色环保标志的车辆执行表2-2中的Ⅱ类限值。

2）1999年1月1日至2005年12月30日期间登记注册并取得号牌的第一类车和2000年1月1日至2005年12月30日期间登记注册并取得号牌的第二类车执行表2-2中的Ⅲ类限值。

3）2005年12月31日至2008年2月29日期间登记注册并取得号牌的第二类车执行表2-2中的Ⅳ类限值。

4）2008年3月1日以后登记注册并取得号牌的第二类车执行表2-2中的Ⅴ类限值。

（2）重型车　重型车的排放限值及要求按如下规定执行：

1）2000年1月1日以前登记注册并取得号牌的车辆执行表2-2中的Ⅰ类限值。

2）2000年1月1日至2004年8月31日期间登记注册并取得号牌的车辆执行表2-2中的Ⅱ类限值，但装用闭环电控发动机和三效催化器并领取绿色环保标志的车辆执行表2-2中的Ⅲ类限值。

表 2-2　在用车稳态加载试验排放限值及要求

类别	最大总质量（GVM）/kg	车辆基准质量（RM）/kg	BASM5024					BASM2540					怠速	
			CO/（%）	HC[c]/10^{-6}	NO/10^{-6}	OBD[b]	λ[a]	CO/（%）	HC[c]/10^{-6}	NO/10^{-6}	OBD[b]	λ[a]	CO/（%）	HC[c]/10^{-6}
Ⅰ	GVM≤3 500	RM≤1 250	1.5	290	2 350	—	—	1.6	280	2 300	—	—	4.5	900
		1 250＜RM≤1 700	2.0	190	2 300			2.1	180	2 250				
		1 700＜RM	1.8	170	2 350			1.9	165	2 300				
	3 500＜GVM	全部	2.5	230	2 400			2.4	225	2 350			4.5	1 200
Ⅱ	GVM≤3 500	RM≤1 250	1.1	125	1 200	—	—	1.0	120	1 100	—	—	1.0	200
		1 250＜RM≤1 700	1.0	120	1 150			0.9	110	1 100				
		1 700＜RM	0.9	105	1 100			0.9	100	1 050				
	3 500＜GVM	全部	1.3	140	1 350			1.2	130	1 250			1.5	250
Ⅲ	GVM≤3 500	RM≤1 250	0.7	95	850	—	制造厂规定的范围（或1±0.03）以内	0.6	90	800	—	制造厂规定的范围（或1±0.03）以内	—	—
		1 250＜RM≤1 700	0.6	90	800			0.5	85	750				
		1 700＜RM	0.5	75	700			0.4	70	690				
	3 500＜GVM	全部	0.7	110	1 100			0.6	105	1 000				
Ⅳ	GVM≤3 500	RM≤1 305	0.50	67	600	不能发现与排放控制装置相关的故障码		0.42	63	560	不能发现与排放控制装置相关的故障码		—	—
		1 305＜RM≤1 760	0.42	63	560			0.35	60	530				
		1 760＜RM	0.35	53	490			0.28	50	480				
Ⅴ	GVM≤3 500	RM≤1 305	0.35	47	420			0.30	44	390				
		1 305＜RM≤1 760	0.30	44	390			0.25	42	370				
		1 760＜RM	0.25	37	340			0.20	35	330				

[a] 为推荐性要求

[b] 满足 GB 18352.3—2005 排放要求，且装有 OBD 系统的车辆进行此项检查

[c] 对于装用以天然气为燃料的点燃式发动机车辆，该项目为推荐性要求

3）2004 年 9 月 1 日以后登记注册并取得号牌的车辆执行表 2-2 中的Ⅲ类限值。

5. 判定方法

（1）排放控制装置外观检查　如果检查结果与登记信息相符，则判定该车辆排放控制装置外观检查合格，继续进行下述试验；否则直接判定该车辆排放检测不合格。

（2）BASM5024 工况试验　若车辆同时满足下面 1）和 2）项的要求，则判定该车辆通过 BASM5024 工况检测；如不满足 2）项要求，则直接判定该车辆排放检测不合格，否则需继续进行 BASM5024 工况试验。

1）三项污染物的试验结果均低于或等于表 2-2 中的相应限值；

2）排放试验前或试验过程中，OBD 故障指示灯应工作正常且保持熄灭状态，对车辆 OBD 系统故障码的读取，未发现与排放控制装置相关的故障码。

注：2）仅适用于满足 GB 18352. 3—2005 排放标准且带有 OBD 系统的车辆。

（3）BASM2540 工况试验　若车辆同时满足（2）条中 1）和 2）项的要求，则判定该车辆通过 BASM2540 工况检测；若其中任意一条不能满足，则判定该车辆排放检测不合格。

（4）怠速工况试验　若两项污染物的试验结果均低于或等于表 2-2 中的相应限值，则判定该车辆通过怠速工况检测；若其中至少有一种污染物的试验结果高于表 2-2 中的相应限值，则判定该车辆未通过怠速工况检测。

（5）装用化油器发动机（含化油器改造）的车辆试验结果的判定　BASM5024 或 BASM2540 工况和怠速工况试验结果均为通过时，才判定该车辆排放检测合格；若其中任意一种工况的试验结果为不通过，都判定该车辆排放检测不合格。

（6）装用电控燃油喷射发动机的车辆试验结果的判定　通过 BASM5024 或 BASM2540 工况检测，便可判定该车辆排放检测合格；否则，判定该车辆排放检测不合格。

（7）排放试验结果判定流程　排放试验结果的判定流程如图 2-1 所示。

1.2.2　柴油车加载减速烟度排放限值及测量方法

1. 适用范围

本方法适用于装用柴油机、最大总质量大于 400kg、最大设计烟度大于或等于 50km/h 的在用汽车。

2. 术语与定义

（1）最大总质量　最大总质量是汽车制造厂规定的技术上允许的最大质量。

（2）轻型汽车　轻型汽车是指最大总质量小于或等于 3 500kg 的汽车。

（3）重型汽车　重型汽车是指最大总质量大于 3 500kg 的汽车。

（4）轮边功率　轮边功率是汽车在底盘测功机上运转时，在驱动力上测量得到的功率。

（5）发动机名义最大转速　发动机名义最大转速是在进行本标准规定的测量中，加速踏板处于全开位置时测量得到的发动机最大转速。

（6）最大轮边功率时转鼓线速度　最大轮边功率时转鼓线速度是在进行本标准规定的功率扫描实验中，测量得到的实际最大轮边功率点的转鼓线速度。

（7）光吸收系数　光吸收系数表示光束被单位长度的排烟衰减的一个系数，它是单位容积的微粒数、微粒的平均投影面积和微粒的消光系数三者的乘积。

（8）在用柴油车　在用柴油车是已经注册登记并取得号牌的柴油车（以下简称柴油车）。

（9）林格曼黑度　林格曼黑度共分 0 至 5 级，是将烟色与林格曼浓度图对照而测量出来的一种烟尘浓度表示法。林格曼图有 6 种，对应 6 级，0 级为全白，1 级黑度为 20%，2 级为 40%，3 级为 60%，4 级为 80%，5 级为全黑。

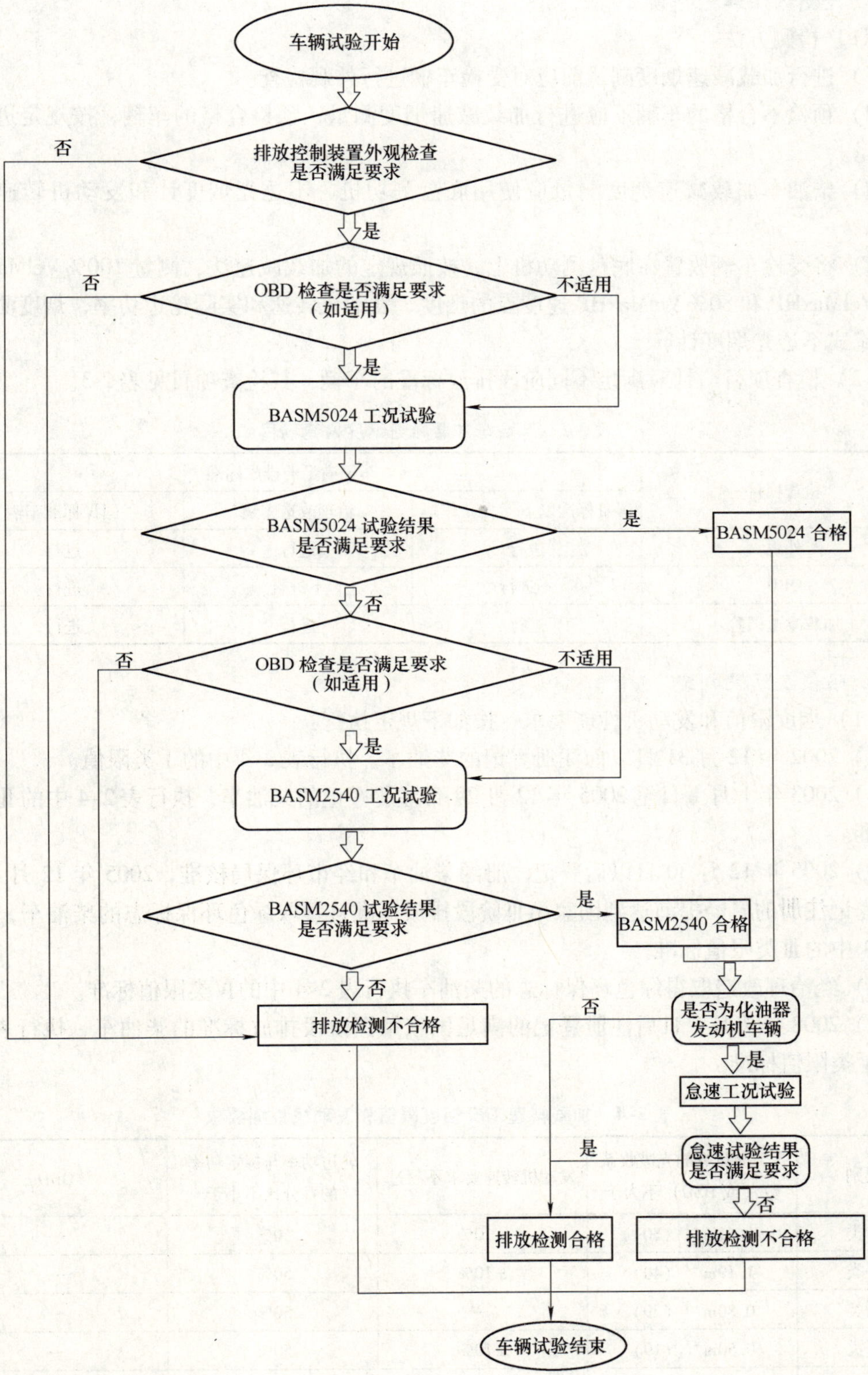

图 2-1 排放试验结果的判定流程

3. 检测方法和检查项目

（1）检测方法

1）进行加载减速烟度测量前应对受检车辆进行外观检查。

2）预检不合格的车辆不应进行加载减速烟度测量；预检合格的车辆，按规定进行烟度测量。

3）柴油车加载减速烟度测量应使用底盘测功机、不透光烟度计和发动机转速计等设备。

4）将受检车辆放置在底盘测功机上，按照规定的加载减速法，测量100% VelMaxHP、90% VelMaxHP和80% VelMaxHP速度点的烟度、发动机转速和实际轮边功率，烟度测量采用分流式不透光烟度计。

（2）检查项目　针对满足不同阶段排放标准的车辆，其检查项目见表2-3。

表2-3　柴油车加载减速烟度检查项目

检查项目	车辆满足的排放标准		
	国Ⅲ标准以下（含）车辆	治理改造车辆	国Ⅳ标准车辆
外观	进行	进行	进行
OBD	不进行	不进行	进行
加载减速试验	进行	进行	进行

4. 限值及结果判定

（1）烟度限值和发动机性能要求　按如下规定执行：

1）2002年12月31日以前注册登记的柴油车，执行表2-4中的Ⅰ类限值。

2）2003年1月1日至2005年12月29日注册登记的柴油车，执行表2-4中的Ⅱ类限值标准。

3）2005年12月30日以后登记注册的柴油车和经市环保局核准，2005年12月29日之前登记注册的已经提前达到国家第Ⅲ阶段排放标准且领取绿色环保标志的柴油车，执行表2-4中的Ⅲ类限值标准。

4）经治理改造取得绿色环保标志的柴油车执行表2-4中的Ⅳ类限值标准。

5）2008年7月1日后注册登记的满足国家第Ⅳ阶段排放标准的柴油车，执行表2-4中的Ⅴ类限值标准。

表2-4　加载减速工况烟度限值和发动机性能要求

类别	3个测量点的光吸收系数（或HSU）不大于	发动机转速要求不超过	轮边功率与标定功率的百分比不小于	OBD
Ⅰ类	$1.61m^{-1}$（50）	±10%	50%	—
Ⅱ类	$1.19m^{-1}$（40）	±10%	50%	—
Ⅲ类	$0.80m^{-1}$（29）	—	50%	—
Ⅳ类	$0.50m^{-1}$（19）	±10%	50%	—
Ⅴ类	$0.50m^{-1}$（19）	—	50%	不能发现与排放控制装置相关的故障码

（2）结果判定

1）所有测试车辆在实验前首先必须进行排放控制外观检查。如果检查结果与登记信息相符，则判定车辆排放控制装置外观检查合格，可以继续进行加载减速烟度测试，否则直接判定车辆排放检测结果不合格。

2）排放试验前或试验过程中，OBD 故障指示灯应工作正常且保持熄灭状态，且对车辆 OBD 系统故障码的读取，未发现与排放控制装置相关的故障码，否则判定该车的排放检测结果不合格（此条款仅适用于满足国Ⅳ以上（含）排放标准，且带有 OBD 系统的车辆）。

3）经环境保护行政主管部门培训合格的检测人员，可采用目测法测量，烟度值超过林格曼 1 级，则判定排放检测结果不合格。

4）在测量过程中受检车辆的发动机出现故障，使检验被迫终止，则判定该车排放检测结果不合格。

5）车辆的测量结果不能同时满足表 2-4 关于发动机烟度和性能的要求，则判定该车排放检测不合格。

2 收集信息

2.1 排气装置

2.1.1 排气装置的基本知识

1. 对排气装置的要求

1）排气装置的前部应能承受高温及巨大的温度变化。排气装置应能抵抗大气的影响和冬季撒融雪剂对排气装置全段造成的外部腐蚀。

2）能抵抗可燃气体液化（水、亚硫酸）造成的内部腐蚀，尤其是在后部的低温部件上的腐蚀。

3）能抵抗碎石的击打、车身的运动及发动机的振动对排气装置造成的强大的机械负荷。

排气装置的各个部分必须由不同的材料制造以满足这些要求。排气装置前部的工作温度较高，因此主要由防锈、耐热性好、抗氧化能力强的优质钢制成，同时它又能抵抗热腐蚀。消声器大多数是以双层壁式的夹层方式制造的。为了防止可燃气体液化造成的腐蚀，内部的钢板外壳由防锈的优质钢制成，外部的钢板外壳由非合金钢制成，同时为了防止外部腐蚀还镀有一层铝。排气装置后部的排气管同样也镀有一层铝。

2. 排气装置的组成

排气装置由排气管、催化器及一个或者几个消声器（例如中部消声器和尾部消声器）组成，如图 2-2 所示。前部排气管与排气歧管用法兰相连接，并接入催化器，催化器通过连接管路与消声器相连接，废气经过以上的管路，再流经尾管后，被排到大气中。

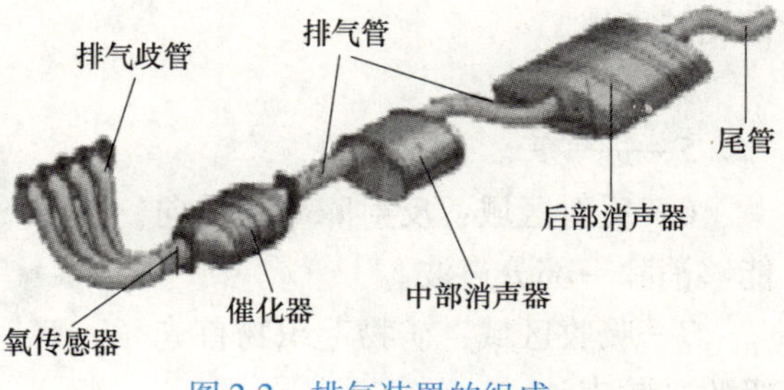

图 2-2 排气装置的组成

3. 消声器的原理和类型

整个排气装置必须气密性良好，以防止可燃性气体渗到汽车的内部空间中。同时，制造商需格外注意消声器的类型和布置以及连接管道的长度和横截面，应使之相互协调，这样才能使可燃气体的噪声小于规定值。

排气噪声是在气体被排出气缸时产生的脉冲中形成的，它的声能可通过反射和吸收进行消除。

（1）反射　在反射过程中，消声器内部的声能传播路径上会生成声能的障碍物，借此使声波返回或转向。通过这种方式，声能逐渐自我抵消，有点类似于一个衰减的回声声波。同时，气体导管和空气中横截面突然的变化也会造成反射。

（2）反射式消声器　反射式消声器，如图 2-3 所示。在相对较大的空间通过错位放置、两端连通的管子相互连接，这样就能迫使其留在消声器中发生转向。也可以在管道上打上小孔，通过一个大规模的横截面积的变化，使声波形成反射并得到消耗。反射式消声器尤其适用于消除中频和低频的噪声。

（3）共振效应　在不同的横截面中，声波的传播路径变得非常密集，并形成共振，如图 2-4 所示。形成共振后，根据共振发生在主管路中或者是支路中，人们将其称为直列式共振器或者分线式共振器，此类共振器能使一定频率的声波大大减少。

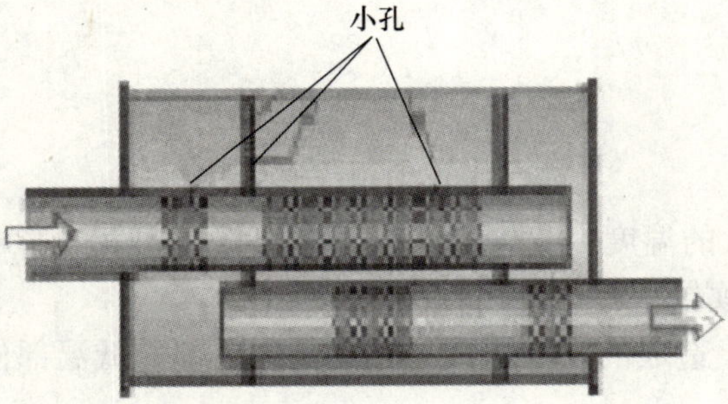

图 2-3　反射式消声器

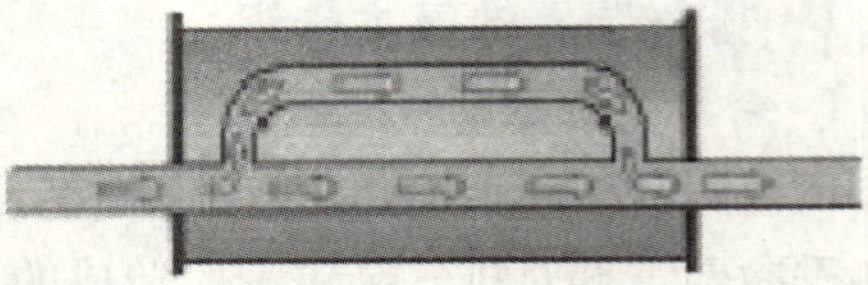

图 2-4　共振效应

（4）干涉效应　首先，在消声器中将废气气流分成几个部分，然后声波最终沿不同长度的路径聚合在一起。在聚合时，部分声波就会由于相互作用而被消耗掉，如图 2-5 所示，图中各部分的名称和功能如下：

1—分线式共振器：通过共振来吸收噪声。

2—相应长度的管道能够减少中低频噪声。

3—干涉效应：一部分声波由于传播路径的长度不同而相互叠加从而相互抵消。

4—尾管。

5—进气管。

6—反射区域：反射障碍和转向能够消除一部分声波。

7—吸收区域：矿物毛织物首先吸收高频声波。

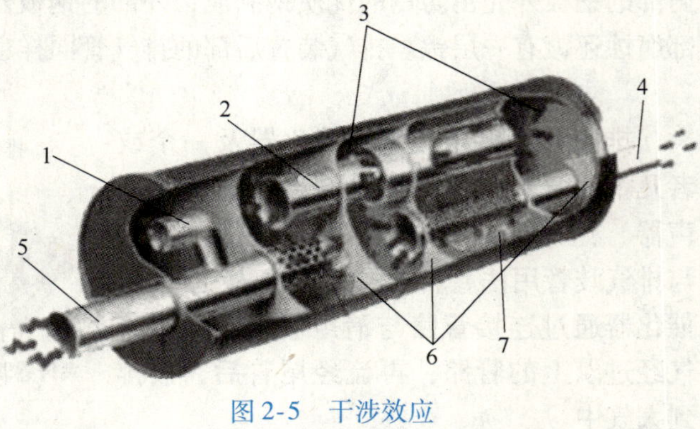

图 2-5　干涉效应

（5）吸收　消声器中的声波将被导向带孔的材料中并吸收。声能通过摩擦作用被转化为热能，实际就像被“吸收”了一样。

1）吸收式消声器。由单个或者几个室组成，室中装填有岩棉或者玻璃纤维作为声音吸收材料，如图2-6所示。废气气流被导向流经带孔管，整个气流几乎可以毫无阻碍地通过。然后声波会渗入矿物毛织物的小孔中，高频的声波会被吸收。吸收式消声器大多数情况下被作为后消声器来使用。

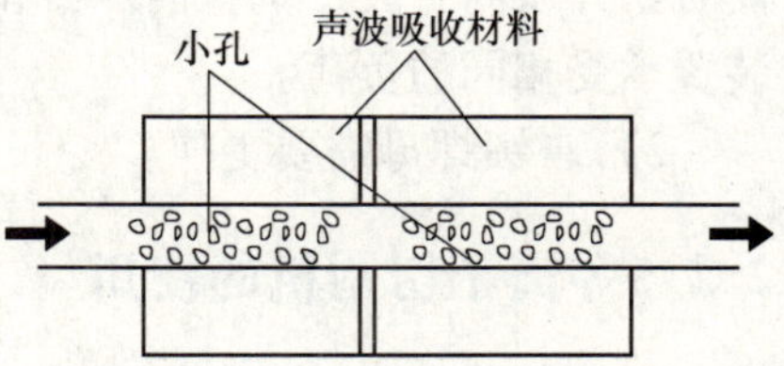

图2-6　吸收式消声器

2）复合式反射—吸收消声器。反射式消声器能够较好地吸收低频的声波，吸收式消声器首先在高频区域发挥作用。大多数情况下会同时使用两种消声方式，通过安装带有两种消声方式的独立消声器实现。

排气装置的所有部分是相互固定的，不允许进行改动。安装未经认证的部件时，需得到制造商许可。

4. 检查汽车排气装置

1）通过每次气密性检查，对排气装置进行检测，如出现炭烟，则表示气密性不好或者有损坏。

2）检查隔热板。

3）更换锈穿的部件。

4）检查排气装置的固定装置。

2.1.2　捷达车排气装置

如图2-7和图2-8所示为捷达车的排气装置。

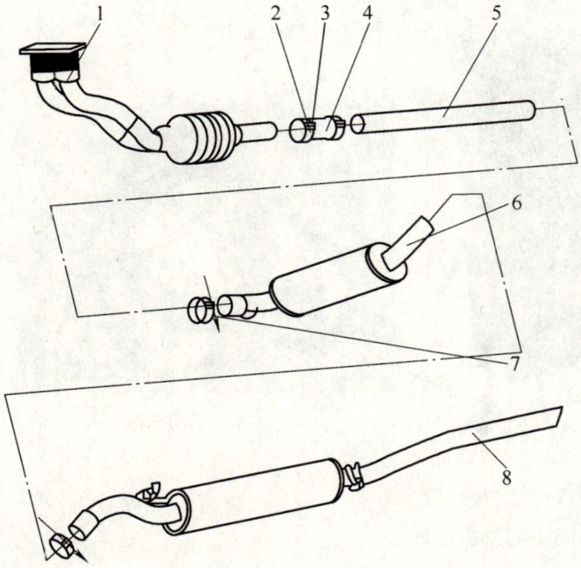

图2-7　捷达车排气装置（一）

1—前消声器　2—圆头螺钉　3—40N·m
4—双向管夹　5—中间管　6—中间消声器
7—单向管夹　8—后消声器

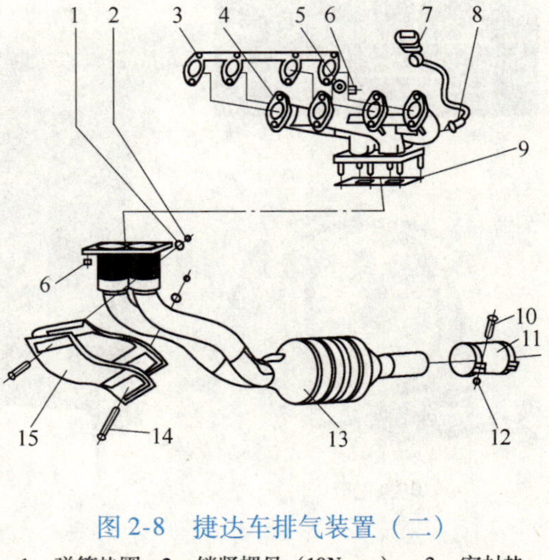

图2-8　捷达车排气装置（二）

1—弹簧垫圈　2—锁紧螺母（10N·m）　3—密封垫
4—排气歧管　5—垫片　6—锁紧螺母（25N·m）
7—四孔连接插头　8—氧传感器　9—密封垫
10—圆头螺钉　11—接中间消声器
12—双向管夹　13—带三元催化转化器的前消声器
14—10N·m　15—隔垫板

排气装置零件的拆卸和安装说明。

1）排气设备装配好后，要注意排气设备不要弯曲，并且有足够的距离进行安装，必要时松开双向管夹，调整消声器和排气管，使所有部位都有足够的距离进行安装，使固定装置承受相同的负荷。

2）自锁螺母需要更换。

2.2 等离子切割机的使用

2.2.1 等离子弧切割设备简述

如图 2-9 和图 2-10 所示为等离子切割机。等离子切割机目前已广泛运用于汽车、机车、压力容器、航空航天、核工业、造船、钢结构等各行各业，等离子切割机由于切割范围广（可以切割不锈钢、铝、铜、钛、普通碳钢等各类金属），在某些特定的领域甚至已经可以完全取代火焰切割的方式。

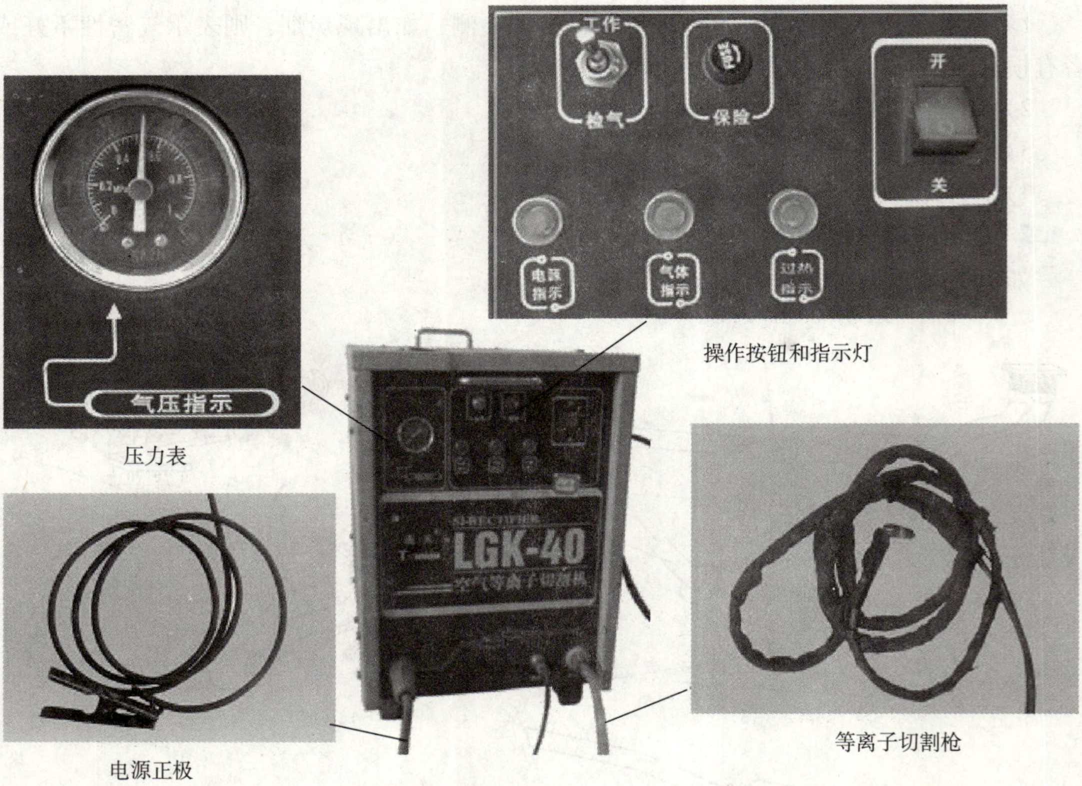

图 2-9　等离子切割机正面

1. 等离子切割技术

等离子弧是利用等离子炬将阴极（如铪电极）和阳极之间的自由电弧压缩成高温、高电离度、高能量密度及高焰流速度的电弧，可用于切割、焊接、喷涂和堆焊等。在此只介

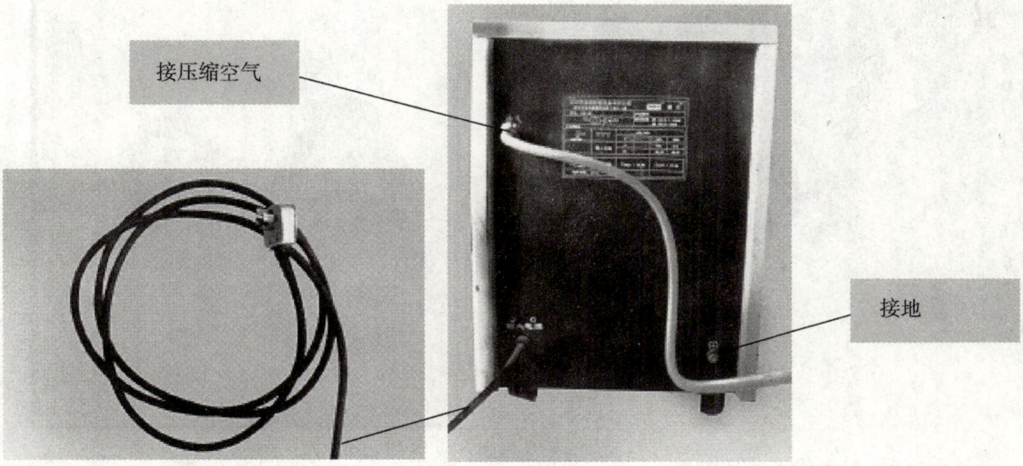

图 2-10 等离子切割机背面

绍等离子弧切割。等离子弧切割炬的关键部件是电极和压缩喷嘴，主要尺寸是电极和喷嘴之间的距离、电极和喷嘴之间的配合、喷嘴的孔径和孔道长度。电极和喷嘴之间形成的空间称为增压室，从增压室通过的气体为离子气。中性的离子气在室内被电离后经喷嘴流出时，受到喷嘴孔径的限制，使弧柱截面变小，该压缩称为机械压缩。冷却的喷嘴内壁形成的沿内壁表面的一层冷气膜，使喷嘴和弧柱绝缘，同时也对弧柱进行有效的压缩，也叫热收缩。弧柱电流形成的磁场对弧柱的压缩叫磁收缩。这样在电流不变的情况下，等离子弧柱的电场强度及弧压降都随电流密度增加而增加。所以等离子弧的电弧功率及温度明显高于自由电弧，温度高达 18 000K。由于电离后的离子气仍具有流体性质，受到压缩从喷嘴孔径喷射的电弧的带电粒子的运动速度明显提高（可达 300m/s），所以等离子弧具有较小的扩散度和较大的电弧挺度，这也是等离子弧最突出的优点。

等离子切割机采用直流正接（工件接“ + ”极，电极接“ - ”极），而火焰气体切割通过燃烧高温切割，或者通过氧化切割金属。因此，其应用的范围受很大局限，如铝合金及不锈钢等有色金属的切割可以通过等离子切割机来实现，而传统的火焰气体切割不可能处理这一类材料。不同种类的气体都能被用在等离子切割，目前大都使用压缩空气来进行等离子切割。在大多城市都可以买到空气压缩机，因此，等离子切割不需要可燃气体和压缩氧气等气体作为操作气体。等离子切割在一些方面的应用非常出色，例如切割金属薄板，其切割效率高、变形小、热影响区小，是火焰气体切割工艺不可能达到的效果。

2. 等离子切割机起弧

高频、高压击穿离子气产生电弧或接触起弧（电极和喷嘴的碰撞起弧）。

3. 电极、喷嘴及等离子切割炬

等离子切割炬（等离子割枪），如图 2-11 所示，是等离子弧切割质量的关键，因此等离子割枪的结构非常重要，有多种割枪供选择。电极和喷嘴（见图 2-12）也对切割质量有一定的影响。

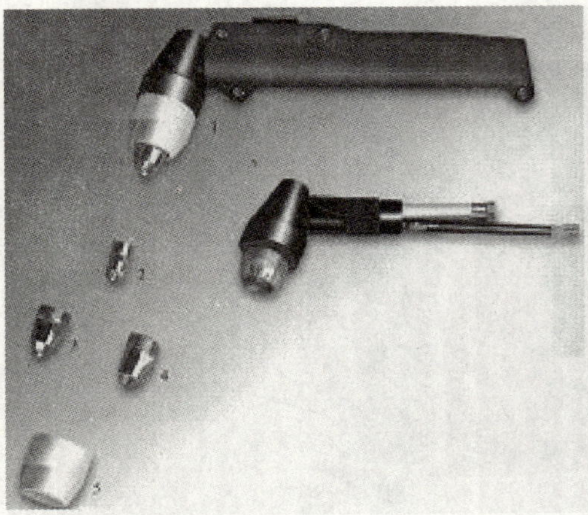

图 2-11　等离子切割炬

图 2-12　喷嘴

2.2.2　等离子弧切割设备使用安全注意事项

等离子切割设备在使用（包括压缩气体在内）以前，操作、维护或监督设备的每一个人一定要遵守安全规定。

1. 预防烧伤

等离子切割机系热切割设备，在工作时，会发出很强的光和热以及飞溅出火花，为保证安全生产，必须注意劳动防护。

（1）眼睛的防护　必须戴好防护眼镜，如果直流电流大于160A，则应戴好电焊面罩，以防止紫外光火花引起的灼伤。遮光罩或眼镜镜片的选择见表2-5。

表 2-5　遮光罩或眼镜镜片选择表

电弧电流（直流）/A	镜片/号
小于 100	8
100～200	10
200～400	12
400 以上	14

（2）身体的防护　为了防止皮肤及身体裸露部位被紫外光、火花和高温金属所伤害，必须做好以下防护工作：

1）穿戴好长筒防护手套。

2）穿上能遮蔽所有裸露部位的阻燃服装。

3）穿上裤边无翻边的裤子，以防火花或熔渣进入。

4）割炬引弧时，不要触及割炬的前部；切割后，让割炬前部能充分冷却。

2. 有害烟雾的预防

为了防止在切割过程中产生的有害烟雾对身体的影响，必须注意如下事项：

1）保持切割场地的良好通风。

2）如果是切割旧的容器或板材，要去除残留的氯化物和其他化学残留物，以防在切割时产生有害气体。

3）当切割镀锌金属时，要特别注意通风，有条件的要使用呼吸面罩。

4）如果切割含有锌、铅、镉或铍的金属或涂漆金属，一定要戴好呼吸设备，并保证良好的通风。

3. 防火

等离子切割机切割时能产生火花和熔渣，必须采取下面预防火灾的措施：

1）切割现场应备有灭火装置。

2）切割部位10m距离之内不得存放可燃性材料，特别是用氩气、氢气或氧气作载流气体时。

3）刚切割下来的热金属材料，未经冷却，不得搬运。

4）不得切割沾有可能引起爆炸或燃烧的物质的金属材料或容器。

4. 防止触电

等离子切割机使用高压电（直流250V以上），当操作时，必须采取下列措施：

1）保持身体和服装干燥。

2）避免直接接触工件的任何表面潮湿，戴上绝缘手套并穿上绝缘鞋。

3）遵守用电法规，选择足够大的电力线直径以及合适的型号，正确连接好供电线路，特别应注意可靠地接通安全的接地线。

4）经常检查电力线和割炬引线是否损坏或绝缘老化，如有异常，应及时更换。

5）严禁带电维修设备或更换易耗零件。

6）严禁拆除或短接保险装置。

5. 防止爆炸

1）正确使用压力调节器，保持所有压力调节器处于正确的工作状态，有问题的压力调节器不得使用，决不使用过分的渗漏或已经损坏的压力调节器。

2）定期检修气管，不得出现泄漏、磨损、松动等现象。

3）使气管保持最短的长度，减小压力降低和防止限流过大。

6. 接地

1）务必接好设备外壳上的安全接地线，以防发生人身安全事故。

2）切割工作台和工件必须接好安全接地线。

2.3　角磨机

角磨机适合用来切割、研磨及刷磨金属与石材，作业时不可使用水。用角磨机切割石材时，必须使用导引板。

2.3.1　角磨机的组成

角磨机由起停开关、辅助把手、心轴锁定键、心轴、防护罩、法兰片M10、磨片/切片、锁紧螺母、护手片、橡胶磨盘、砂纸、圆螺母、杯形钢丝刷和钻石锯片等组成，如图2-13所示。

（1）防护罩　使用磨片与切片作业时，务必安装防护罩。防护罩安装在主轴颈上。根据工作需要调整好防护罩的位置，并以螺钉固定好防护罩，防护罩的封闭面必须朝向操作者。

（2）辅助把手　为了更简便地操控机器，可在机器上加装辅助把手。根据工作需要，

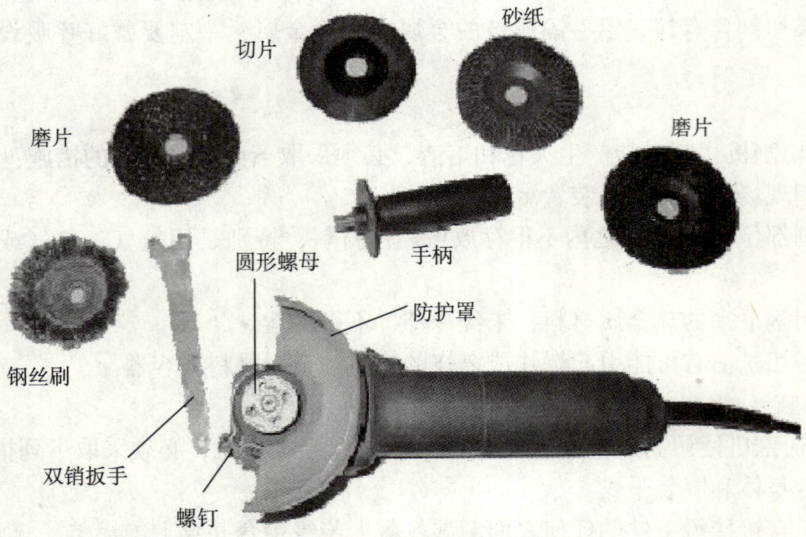

图 2-13　角磨机的组成

将辅助把手安装在机头的左侧或右侧。

(3) 护手片　如果使用橡胶磨盘或杯形钢丝刷，必须安装护手片，以辅助手柄夹牢护手片。

(4) 磨片/切片　注意磨片和切片的规格。磨片和切片的内孔直径必须与法兰片完全吻合，不可使用异径圈或转接头。使用钻石锯片时，注意钻石锯片上的箭头方向，必须与机器的转向一致。

(5) 橡胶磨盘　拆下防护罩并以辅助把手固定护手片，安装橡胶磨盘和砂纸，转入圆螺母并用双销扳手将其拧紧，如图 2-14 所示。

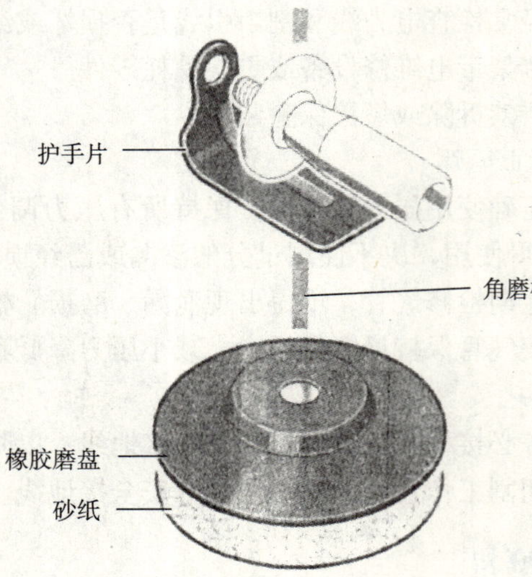

图 2-14　角磨机使用砂纸时需装橡胶磨盘

(6) 杯形钢丝刷　取下防护罩并且装上护手片，将磨具转入主轴中，钢丝刷需紧靠在主轴法兰片上，把钢丝刷转入至主轴螺纹的尽端，并用呆扳手固定好钢丝刷。

2.3.2　角磨机的工作安全

1）如果电源电线在工作中受损或断裂，勿触摸电线，应马上切断电源。不要使用电线受损的机器。

2）请戴好护目镜及耳罩。

3）角磨机工作时产生的废尘有碍健康，也可能引起燃烧或导致爆炸，因此作业时必须按照规定采取必要的保护措施。

4）轻金属尘易着火或引起爆炸，工作场地必须经常保持清洁，因为不同的工作尘混合后容易产生化学反应，十分危险。

5）操作时戴上工作手套并穿着坚固的鞋，如果必要的话，也需穿上工作围裙。

6）在户外使用机器时，请用有最大 30mA 释放电流的剩余电流操作装置，只使用户外用的防水延长线。

7）工作时必须以双手握紧机器，并确保加工的稳定性。

8）工作时请将电线放置于机器的后端。

9）必须确定机器已经关闭，才可将插头插入插座中。

10）如果在工作中突然停电，或不小心拔出电源插头，必须马上解开起停开关上的锁定装置，并将开关设定在关闭位置。这样可防止电源接通后，机器意外起动。

11）使用磨片与切片作业时，必须安装防护罩。如果使用橡胶磨盘或杯形钢丝刷，必须安装护手片。

12）加工石材时，必须使用合格的石尘吸尘装置。切割石材时，必须使用引导板。

2.3.3 角磨机的使用

1）安装磨具（配件）：对机器作任何换修工作之前，一定要先拔出插头。安装及拆卸磨具时，必须先以转轴固定键固定主轴，待主轴停止转动后，才可使用转轴固定键。磨片/切片在工作中会变得非常灼热，未冷却之前不可触摸。

2）开动：将起停开关向前推。

3）关闭：放开起停开关。

4）锁定：将起停开关向前推，并按下开关前端让开关卡紧。

5）关闭：按下起停开关后端，开关便会跳回关闭的位置。

6）试机：开动机器之前，先检查磨具是否安装正确，转动时会不会产生摩擦，而且必须在无负载的状态下进行试转测试，测试时间至少 30s。不要使用受损、变形或转动时会振动的配件。

7）粗磨：粗磨时，如果让磨片与被研磨面之间保持 30°~40°的角度，则可达到最好的粗磨效果。轻压机器，并来回地移动机器。如此一来，加工材料不会太热，不会变色，材料上也不会产生凹纹。勿使用切片进行粗磨。

8）切割：切割时勿重压，勿倾斜，勿摇晃。根据切割材料的材质适度地控制推进的力度。不可以用侧压的方式来制止仍继续转动的切片。操作机器时，必须注意切割的方向。推动机器的方向必须与机器的转向相反；切勿顺着机器的转向来推动机器！因为这样会无法控制机器，且机器容易由切缝中滑出。切割有轮廓的材料与方管时，应该由横截面最小之处开始切割。

9）切割石材：最好使用钻石锯片。为了防止切割时发生偏斜的现象，最好使用有特殊引导板的吸尘防护罩。开动机器，并将导引板的前端置于材料之上。根据切割材料的材质，适度地施力推进机器。

切割极硬的材料（如碎石含量很高的水泥）时，钻石锯片会因过热而受损。切割时，如果在锯片的周围出现火花环，则代表切割材料过硬，锯片处于超荷状态。此时，必须停止切割，并让钻石锯片在无负载的状态下空转片刻，以降低锯片温度。

如果锯片的切割效率明显降低，且切割时会出现火花环，则代表钻石锯片已变钝，此时可将钻石锯片在研磨材料上来回切割数次，以磨利钻石锯片。

2.4 二氧化碳气体保护焊

2.4.1 二氧化碳气体保护焊的原理

惰性气体保护焊使用一根焊丝，焊丝以一定的速度自动进给，在母材和焊丝之间出现短弧，短弧产生的热量使焊丝熔化，将母材焊接起来，实现半自动电弧焊接。在焊接过程中，惰性气体对焊位实施保护，以免母材被空气氧化，所以焊接使用的惰性气体的种类由所需要焊接的母材而定。大多数钢材都采用二氧化碳进行气体保护焊；铝材则采用氩气或氩、氮混合气作为气体进行保护焊。

气体保护焊的工作过程可概括如下：

1）焊丝在焊接部位经过短路——燃弧——短路——燃弧……过程，每一次短路，电弧都从焊丝端部将微小的熔滴转移到母材的熔池之中。

2）在焊丝周围有一层惰性气体保护层，以免焊缝被氧化。

3）焊丝采用自动进给，连续焊接。

4）在整个焊接过程中，母材受热量小，变形小，不致影响钣金件的整体几何形状。

2.4.2 二氧化碳气体保护焊的工艺参数

1. 焊丝直径

焊丝选用 H08Mn2Si 或 H08Mn2SiA 合金钢丝制成。汽车车身钣金件厚度为 1.5 ~ 2.5mm，焊丝直径在 0.4 ~ 0.8mm。焊丝直径根据焊件厚度、焊接位置来选择。焊丝直径的适用范围，见表 2-6。

表 2-6 焊丝直径的适用范围

焊丝直径/mm	熔丝过渡形式	板厚/mm	焊丝位置
0.8	短路 颗粒	1.5 ~ 2.5 2.5 ~ 4	全位置 水平
1.0 ~ 1.2	短路 颗粒	2 ~ 8 2 ~ 12	全位置 水平
≥1.6	短路 颗粒	3 ~ 12 26	全位置 水平

2. 焊接电流与电弧电压

焊接电流与电弧电压，见表 2-7。

表 2-7 焊接电流与电弧电压

焊丝直径/mm	短路过渡		颗粒过渡	
	电流/A	电压/V	电流/A	电压/V
0.6	40 ~ 70	17 ~ 19		
0.8	60 ~ 100	18 ~ 19		
1.0	80 ~ 120	18 ~ 21		
1.2	100 ~ 150	19 ~ 23	160 ~ 400	25 ~ 38
1.6	140 ~ 200	20 ~ 24	200 ~ 500	26 ~ 40

焊接电流的大小会影响母材的焊缝熔深、焊丝熔化速度、电弧的稳定性、焊接溅出物的数量。随着电流增加，熔深、剩余金属的高度和焊缝宽度也会增大，如图 2-15 所示。

电弧电压决定了电弧的长度。电弧电压调整到适当数值时，在焊接部位将连续发出轻微的“嗞嗞”声。电弧电压过高，电弧长度增加，焊缝熔深小，焊缝呈扁平状；电弧电压过低，电弧长度减小，焊缝熔深增加，焊缝呈狭窄凸起状，如图 2-16 所示。

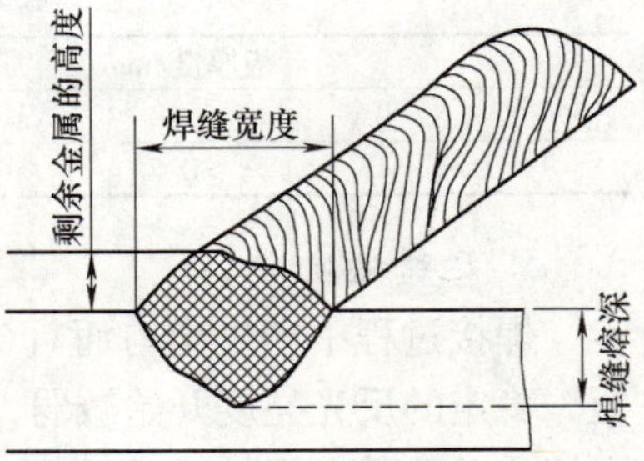

图 2-15　焊缝熔深、剩余金属的高度和焊缝宽度

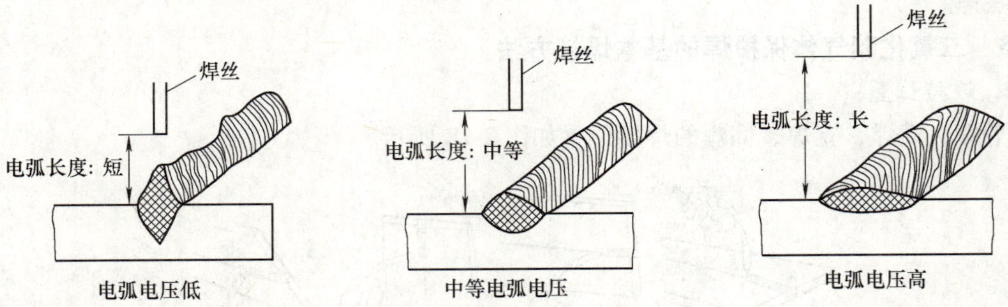

图 2-16　电弧电压和焊缝的形状

3. 导电嘴到母材的距离

导电嘴到母材的标准距离为 6～16mm，如图 2-17 所示，距离过大，保护气体所起的保护作用减小，同时焊丝外伸过长反而加快了焊丝熔化的速度，影响焊接质量；但距离过小，焊接难以进行。

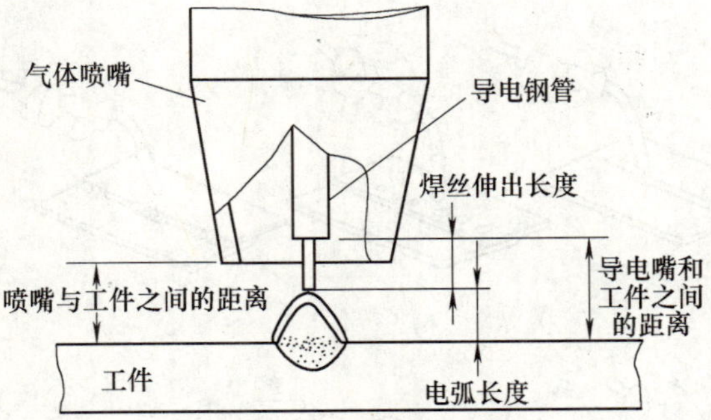

图 2-17　导电嘴到母材的距离

4. 焊接速度

焊接速度快，焊缝熔深和焊缝宽度都会减少，焊缝会变成圆拱形；焊接速度过快，还会出现咬边现象；焊接速度过慢，则会产生许多烧穿孔。焊接速度与母材板厚度的关系，见表 2-8。

表 2-8　焊接速度与母材板厚度的关系

板厚度/mm	焊接速度/（mm/min）
0.8	1070
>0.8	<990

5. 送丝速度

焊接过程中产生均匀而且尖锐的噪声即表示焊丝与热量比率正常。若随着电弧的缩短，稳定的反光亮度开始减弱，此时送丝速度合适。如果送丝速度太慢，随着焊丝在熔池内熔化并熔敷在焊接部位，可以听到“啪哒”声，此时反光亮度增强；如果送丝速度太快，将堵塞电弧，此时熔敷速度大于熔池吸收速度，产生飞溅现象，并伴有频闪弧光。

将电压调至24V，电流在45~50A，每秒钟发生200~230次短路熔敷时，即会形成尖锐的噪声。

2.4.3　二氧化碳气体保护焊的基本焊接方法

1. 焊接位置

平焊、横焊、立焊、仰焊的焊接位置如图2-18所示。

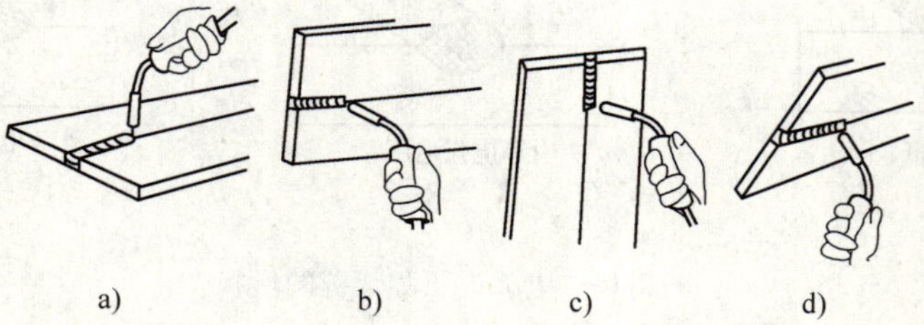

图 2-18　几种典型焊接方法的焊接位置

a）平焊　b）横焊　c）立焊　d）仰焊

2. 焊接形式

二氧化碳气体保护焊的焊接形式有六种，如图2-19所示。

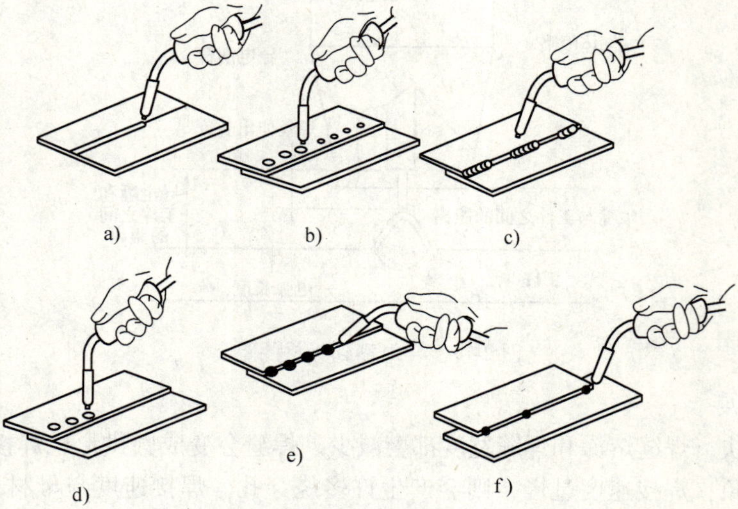

图 2-19　二氧化碳气体保护焊的焊接形式

a）连续焊　b）塞焊　c）连续点焊　d）点焊　e）搭接点焊　f）定位焊

（1）定位焊　定位焊各焊点之间的距离与母材有关，大致是厚度的 15 ~ 30 倍，如图 2-20 所示。

（2）连续焊　焊炬连续、稳定地沿焊缝移动，形成连续焊缝，如图 2-21 所示。

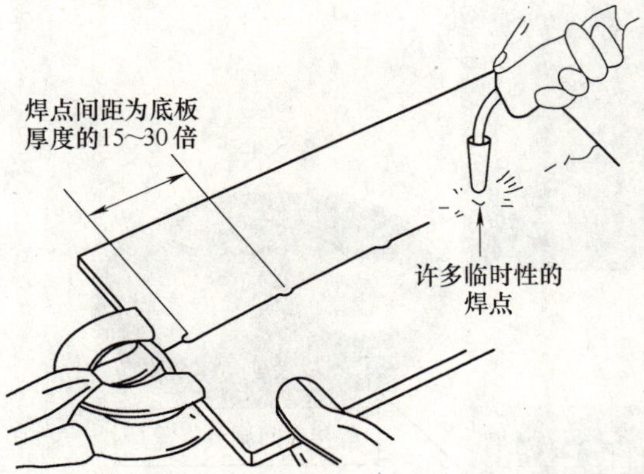

图 2-20　定位焊

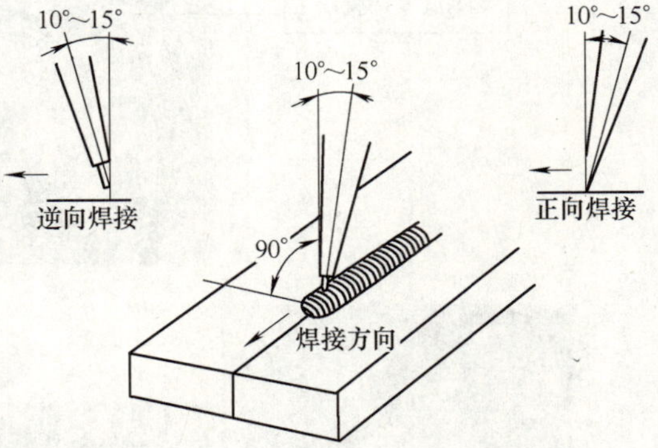

图 2-21　连续焊

（3）塞焊　两块金属板叠在一起，在其中一块板上钻有通孔，将电弧穿过此孔并被熔化金属所填满而形成的焊点称为塞焊。

（4）点焊　送丝定时脉冲被触发时，将电弧引入被焊的两块金属板，使其局部熔化的焊接方法。

2.4.4　二氧化碳气体保护焊机的应用

1. 开机前检查

如图 2-22 所示为二氧化碳气体保护焊机。在开机前，检查三相 380V 电压是否正确，地线连接应当牢固可靠，检查焊接电源、送丝机、焊枪、控制盒、气瓶、减压流量计的连接是否正确。

闭合焊机电源开关，指示灯亮，机内的冷却风扇转动。

2. 检查气体流量

先将流量计开关调整下降至松动位置，再打开 CO_2 气瓶顶部的气阀（反之会造成流量损失），将焊接电源前面板上的气体检查开关转到“检查”位置，调整气体流量开关至合适位置，此时，则有气体由焊枪端部出口处喷出。

3. 手动送丝

将送丝机上的送丝开关扳到手动送丝位置，即可实现手动送丝，调节遥控盒焊接电流旋钮，可改变送丝速度的快慢，当焊枪导电嘴处焊丝伸出 10 ~ 15mm 时，立即将送丝开关扳到自动位置，送丝停止。

2.4.5　焊接操作

在焊接操作开始前的工作。

1）焊接方式开关置于“ON”位置。

2）气体保护开关置于焊接位置。

3）控制盒电流调节旋钮，电压调节旋钮旋至一定刻度。

4）按下焊枪开关，引弧后调节遥控盒上的电压调节和电流调节旋钮，使电弧燃烧稳

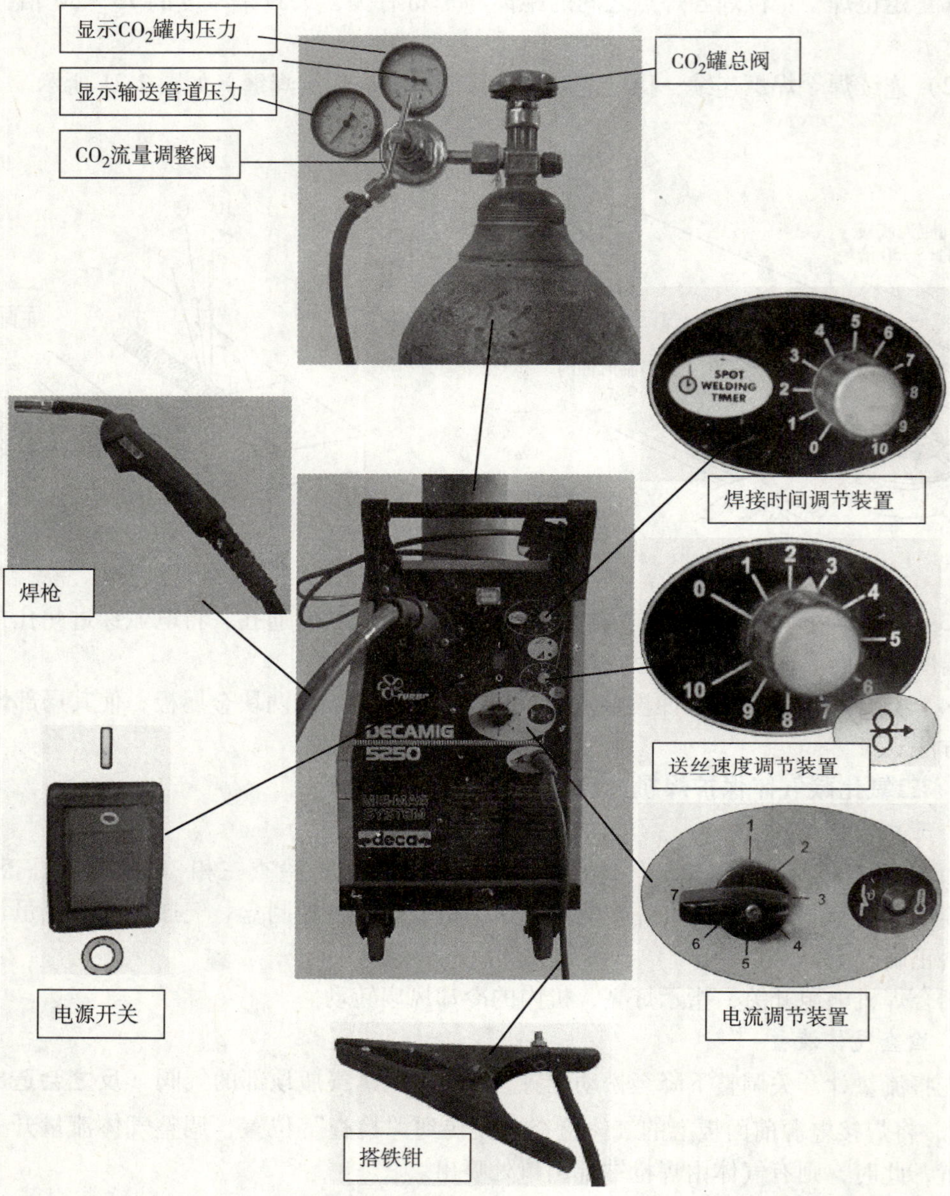

图 2-22　二氧化碳气体保护焊机

定、柔和。

2.4.6 焊机关机操作

焊接操作结束后，按下列过程关闭焊机。

1）关闭气瓶总开关。

2）关闭焊机电源开关。

3）断开焊机外接的电源开关。

2.4.7 安全注意事项

1）防电安全。

2）防火安全。

3）防辐射安全。

4）防毒安全。

5）人身防护。

2.4.8 二氧化碳气体保护焊操作注意事项

1）施焊前清理焊件表面和焊丝表面的油污和锈迹，以防焊接时产生气孔。

2）瓶装液态二氧化碳灌气后应将钢瓶倒置1～2h，然后每隔30min打开瓶口气阀放水，这样才能保证输出的二氧化碳气体的纯度。使用前，打开瓶口气阀2～3s，排出瓶顶低纯度的二氧化碳气体，然后接入焊枪使用。焊接过程中，瓶内气压低于900kPa时，应停止使用，更换新气源。

3）引弧前，调好焊丝伸出长度，一般应等于焊丝直径的10倍（如8mm）。焊丝头部如有粗大的球形头，应当剪去。

4）引弧点应在距离焊缝2～4mm处，引弧后再移向端头开始施焊。焊丝端头与焊件的距离保持在2～3mm。焊接时，应掌握好速度，防止熔化不良或焊波过高等缺陷。熄弧后，待金属熔池完全凝固，方可抬起焊枪。

2.5 弯曲设备（折弯机）的使用

2.5.1 钢管弯曲概述

弯管在制冷、机械、化工等行业中的应用十分广泛，薄壁钢管弯管的批量生产，一般是在弯管机上冷弯成形。由于薄壁钢管管壁支撑失稳临界力较低，弯曲部位常出现瘪皱等变形缺陷，这些缺陷不但削弱了钢管的强度，降低其承载能力，而且容易造成管内流动介质速度不均、产生涡流和弯曲部位积聚污垢等问题，影响弯管的正常使用。因此，消除弯管缺陷成了弯管生产过程中最大的难点，必须高度重视。

薄壁钢管弯曲时，管子在外力作用下弯曲变形，其弯曲部分的外缘在拉应力的作用下管壁变薄，而管子内缘在压应力的作用下管壁增厚。由于在管子弯曲过程中，外缘拉应力和内缘压应力的合力都向中部作用，导致管子弯曲部位在水平面上的直径变大，垂直面上的直径减小，出现椭圆形。同时，如果弯曲模具弧槽参数选择不当，不能起到强化弯曲部位管壁的作用，则管子内缘在压应力作用下，因管壁失稳临界力较低而产生波浪形褶皱。由以上分析可知：薄壁钢管弯曲时极易产生瘪皱缺陷。因此设计薄壁钢管弯曲模具时，必须合理确定其结构参数，以便钢管弯曲时，在模具作用下使管子产生一预加反应力，以抵消薄壁钢管弯曲时产生的椭圆变形，对弯曲部位的瘪皱缺陷进行合理控制。

2.5.2 折弯机的使用方法及安全注意事项

1）学生进入实习（训练）场地要听从指导教师安排，穿好工作服，扎紧袖口，戴好工作帽，认真听讲，仔细观察，严禁嬉戏打闹，保持场地干净整洁。

2）学生必须在掌握相关设备和工具的正确使用方法后，才能进行操作。

3）折弯机需润滑部位要定期润滑。

4）折弯前空转运行检查设备无异常后，方可进行操作。

5）安装折弯模具时，禁止开机。

6）正确选择弯模具，上、下模紧固位置要正确，安装上、下模操作时，防止造成外伤。

7）折弯时不准在上、下模之间堆放杂物和工量具。

8）多人操作时，要确认主操作者，并由主操作者控制脚踏开关的使用，其他人员不得使用。

9）大型制件折弯时，要防止板料上扬面伤人。

10）正确选择折弯压力，偏载时压力应小于最大压力的1/2。

11）最大折弯压力折弯制件长度不得小于工作台长度的1/3。

12）折弯机发生异常，立即切断电源，停止操作，通知有关人员及时排除故障。

13）完工后，切断电源，清理工作场地。

学习单元三 冷却液报警灯点亮

1 接受工作任务

车辆在进行维护、保养工作期间，维修技术人员确定冷却液不足。

2 收集信息

2.1 冷却液

2.1.1 冷却液概述

冷却液的主要成分是乙烯基—乙二醇，它能降低冻结温度。冷却液中应该不含杂质，因为钙、杂质和油脂会降低导热能力，在某些情况下还可能堵塞管道。

寒冷季节到来以前，为了防止冷却液结冰，必须按规定使用冰点检测仪对汽车的冷却液进行检查，冰点检测仪如图 3-1 所示。

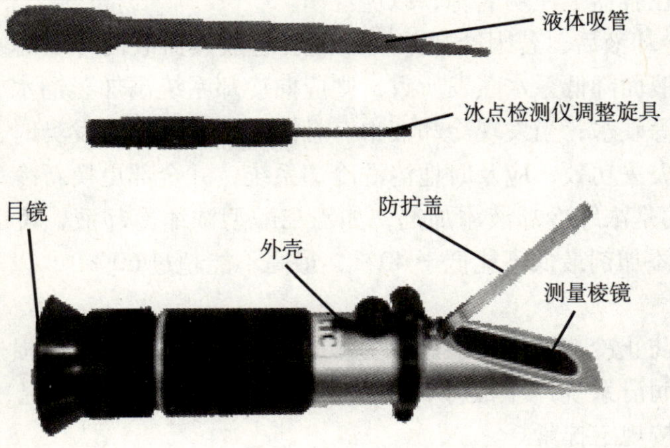

图 3-1　冰点检测仪

为了保护发动机和冷却设备，建议只能使用汽车生产商要求的冷却液。

2.1.2 冷却液的正确使用

冷却液要按照制造商规定的时间定期进行更换。冷却液的收集、丢弃需要遵照环境保护条例。

正确使用冷却液，可起到防腐蚀、防穴蚀渗漏、防散热器沸腾、防水垢和防冻结等作用，能够使冷却系统始终处于最佳的工作状态，保持发动机的正常工作温度，从而使发动机具有良好的技术状态，否则，将会对冷却系统造成伤害，严重影响发动机的性能和使用寿命。因此，在使用冷却液时，应特别加以注意。

1）要坚持常年使用冷却液，要注意冷却液使用的连续性。那种只想在冬季使用冷却液的观点是错误的，因为他们只注重冷却液的防冻功能，而忽视了冷却液的防腐、防沸、防垢等作用。

2）要根据汽车使用地区的气温，选用不同冰点的冷却液。冷却液的冰点至少要比该地区的最低温度低10℃，以免失去防冻作用。

3）要针对发动机的具体结构特点选用冷却液种类。强化系数高的发动机，应选用高沸点的冷却液；缸体或散热器用铝合金制造的发动机，应选用含有硅酸盐类添加剂的冷却液。另外，有一些高档汽车还为其发动机规定专用的冷却液，例如，上海桑塔纳轿车的发动机就要求使用大众公司特制的G11冷却液（如力达牌冷却液）。因此，在选用冷却液时，要严格按照发动机使用说明书中的要求来做。

4）要购买经国家指定的检测站检测合格的冷却液产品，应向商家索要检测报告、质量保证书、保险以及使用说明书等资料，切勿贪图便宜购买劣质品，以免损坏发动机，造成不必要的经济损失。

5）冷却液的膨胀率一般比水大，若无膨胀水箱，冷却液只能加到冷却系统容积的95%，以免冷却液溢出。

6）如果发动机冷却系统原来使用的是水或换用另一种冷却液，在加入新的冷却液之前，务必将冷却系统冲洗干净。

7）不同牌号的冷却液不能混装混用，以免引起化学反应，破坏各自的综合防腐能力。用剩的冷却液应在容器上注明名称，以免混淆。

8）在使用冷却液后，若因冷却系统渗漏引起散热器液面降低时，应及时补充同一品牌的冷却液；若液面降低系水蒸发所致，则应向冷却系统添加蒸馏水或去离子水，切勿加入井水、自来水等硬水；当发现冷却液中有悬浮物、沉淀物或发臭时，证明冷却液已起化学反应，已变质失去功效，应及时地清洗冷却系统，并全部更换新冷却液。

9）若购买的是浓缩冷却液添加剂，如乙二醇型浓缩冷却液，可以按比例添加适量的蒸馏水（冷却液添加剂最低不能低于40%，最高不能超过60%），以配制出适合本地区气温的冷却液。

10）要注意防止冷却液的渗漏，因为渗漏不但会造成冷却液的损失，而且严重的渗漏会稀释机油，使润滑系统产生故障；要定期检查气缸盖的接合情况，保证气缸垫密封良好，缸盖螺栓要按规定拧紧。

11）乙二醇冷却液有毒，对肝脏有危害，切勿吸入口中，皮肤接触后，应立即用水清洗干净。另外，乙二醇冷却液中的亚硝酸盐防腐添加剂具有致癌性，因此废液不要乱倒，以免污染环境。

12）酒精型冷却液容易挥发，使用中应注意防火。在发动机温度高时，不要打开散热器盖，也不要让发动机立即熄火，以免因冷却液急剧升温而突然喷出，造成失火。如果因酒精挥发使散热器液面下降，可用80%的乙醇加注补充。

2.2　冷却系统的作用

1. 冷却系统在内燃机中的功用

冷却系统使发动机迅速达到正常的工作温度并且散发工作时产生的多余的热量。

发动机工作时，燃料燃烧时产生的热能有三分之一左右被一些零件如活塞、气门、气缸、气缸盖、废气涡轮增压器以及发动机润滑油吸收，并且由于零件和润滑油的耐热性有限，必须将其散发出去。也就是说，即使是经济型的直喷柴油机和汽油机，最多也只能将燃料所储存能量的43%用于驱动，剩余部分的能量将以热能的形式流失。热能不仅通过气缸内燃料的燃烧产生，发动机和传动系统内部运动零件的摩擦也会将获得的机械能的一部分重新转化为热能，而此部分能量将不能再用作驱动。

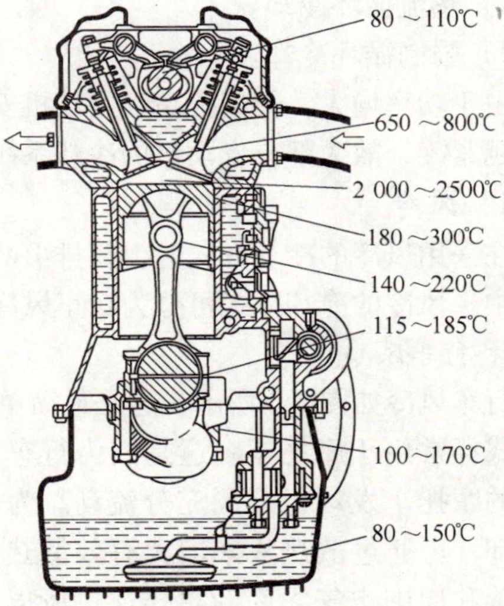

图3-2　在冷却液温度为90℃时各零件的温度

2. 发动机工作温度分析

汽车发动机在冷起动时，只有在发动机和发动机零件达到一个合适的温度的情况下，才可能形成较好的混合气。该温度的上限（最高温度）取决于发动机机油和发动机零件材料的热承受能力。汽车发动机工作时，冷却液平均温度通常在80～90℃的范围内，在冷却液温度为90℃时各零件的温度如图3-2所示。

按照发动机综合特性曲线控制的新型冷却系统，允许发动机的工作温度达到约120℃，这样可以降低燃油消耗量，因为高温使各部分的摩擦减小并改善了混合气的形成条件。

2.3　对冷却系统的要求

1. 对发动机冷却系统的要求有以下几点

1）充分的冷却作用。

2）快速达到正常的工作温度。

3）重量较轻。

4）零件的冷却均匀以避免热膨胀。

5）用于驱动冷却系统的能量需求不能太高。

2. 一个正常的冷却系统可以实现以下几点

1）改善气缸充气。

2）在汽油机中降低爆燃趋势。

3）高压缩比。

4）燃料消耗较低，同时实现较高的功率。

5）工作温度稳定。

2.4 冷却方式

发动机的冷却方式有以下几种。

1. 风冷

1）行车风冷。

2）风扇风冷。

2. 液体冷却

1）热流循环冷却。

2）强制循环冷却。

由于功率增大，转速提高，发动机安装在一个相对封闭的空间，且发动机的外形尺寸越来越紧凑，故大部分发动机的冷却系统都采用强制循环冷却方式。

2.4.1 风冷

在采用风冷的冷却方式时，要排出的冷却热量将通过零件表面直接散发到周围流动的空气中。风冷的冷却方式可分为行车风冷和风扇风冷。

1. 行车风冷

行车风冷如图 3-3 所示，这是最简单的风冷方式。这种方式经常用于摩托车，这是因为行车气流可以在没有加罩的摩托车发动机周围充分流动。为了最大程度地进行冷却，可通过散热片来增大有效散热面积，从而发动机改善和周围空气之间的热传递，所以，风冷发动机的气缸、气缸盖甚至曲轴箱都安装了散热片。

图 3-3 带有散热片的风冷发动机

2. 风扇风冷

风扇风冷可以对周围没有很好的流动气流的发动机进行充分的冷却。风扇可以通过 V 带由发动机驱动，并且借助于导风板完成其冷却作用。风扇风冷适用于冷却空气对各气缸单独进行均匀的冷却，主要应用于小型摩托车。

3. 风冷冷却方式的特点

（1）风冷的优点

1）结构简单。

2）功率质量比低。

3）不需要使用含有防冻剂的冷却液。

4）几乎无需维护。

（2）风冷的缺点

1）工作温度波动较大。

2）风扇的功率需求相对较大（大约占发动机功率的 3% ~4%）。

3）没有水套，风扇产生的噪声较大。

4）汽车内部空间的加热极其缓慢并且不均匀。

5）散热片和空气之间的热传递较差。

6）风冷的强度不可调节。

2.4.2　液体冷却

采用液体冷却方式时，热量的传递通过冷却液实现。冷却液吸收零件的热量并且通过散热器将其散发到空气中。

气缸体和气缸盖在采用液体冷却方式时需采用双壁结构，其中加工有贯穿的冷却水套。冷却液在冷却水套中循环流动并吸收要导出的热量，然后通过冷却水套和导管流向散热器。在散热器的表面，从发动机中吸收的多余热量被散发到周围的空气中，经过散热器冷却的冷却液将重新流回发动机，再次吸收热量。

仅通过改变冷却液密度来实现冷却液循环流动的冷却方式被称为自然循环冷却或温差环流冷却。这种冷却方式的特点是，在发动机停机后，还可以继续进行冷却过程。其原理在于，热的冷却液的密度比冷的冷却液的密度小，在密度差的作用下，冷却液继续流动。此时，冷却液的循环可以不用泵来实现。自然循环冷却方式并不适用于目前的发动机，当前只采用带有泵的冷却系统，即所谓的强制循环冷却，其冷却液通过泵进行循环。

1. 液体冷却的特点

（1）液体冷却的优点

1）冷却作用均匀 。

2）由于水套的存在，对燃烧噪声有较好的衰减作用。

3）可以实现较好地对车辆内部空间进行加热。

（2）液体冷却的缺点

1）发动机整体质量相对较大。

2）维护要求较高。

3）发动机达到正常工作温度的加热过程较长。

强制循环冷却系统借助于节温器，可以实现冷却液大冷却循环或小冷却循环，其循环路线如图 3-4 所示。

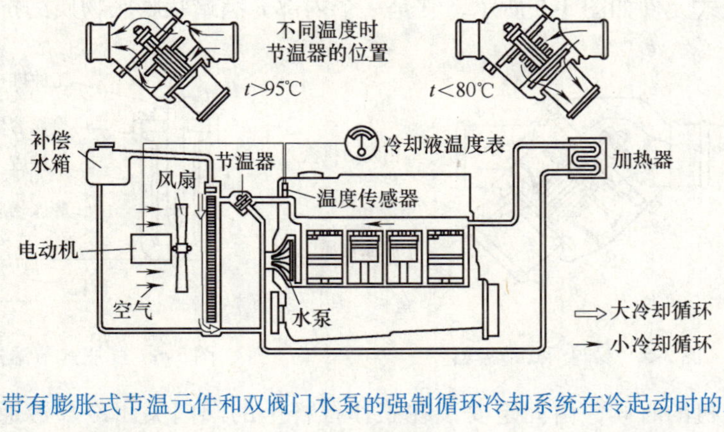

图 3-4　带有膨胀式节温元件和双阀门水泵的强制循环冷却系统在冷起动时的工作情况

在冷机时，冷却液泵将冷却液输送到气缸体周围的水套，冷却液在其中流动并且通过贯通孔流向气缸盖的水套，从这里经过关闭的节温器流回水泵，称为小冷却循环。

当发动机达到工作温度时，节温器打开，冷却液通过散热器的循环称为大冷却循环。

补偿水箱可以使冷却系统中的液位保持不变。

在节温器未完全打开时，冷却液部分流经大冷却循环，部分流经小冷却循环，此时即为混合循环。

冷却液的工作温度根据车辆的工作状况和生产商的要求而有所不同，一般情况下，轿车的冷却液温度大约为100～120℃，载货车的冷却液温度大约为90～95℃。

目前，冷却系统中允许的最大剩余压力轿车为大约1.3～2.0bar⊖，载货车为大约0.5～1.1bar。

冷却系统中较高的压力可使冷却液的沸点升高，因此可提高与冷却液相接触的发动机的温度，从而提高发动机功率并降低燃油消耗和排放。但是在汽油机中，温度的提高会受到爆燃趋势增加的限制。

通常冷却液是软水和防冻剂的混合物，此外还添加有与对应车型相适应的防腐剂。

冷却循环中加入的冷却液大约为发动机工作容积的4～6倍，且每分钟大约循环10～15次。根据发动机的功率不同，在轿车中每循环泵入的冷却液大约为4 000～18 000L/h，载货车为8 000～32 000L/h。这样可以在及时散发热量的前提下，使得冷却液进入和流出发动机的温度仅相差5～7℃，从而防止了在发动机中产生热压力。

2. 强制循环冷却系统的组成

（1）冷却液节温器　节温器用于在小循环和大循环中进行无级调节，从而使发动机迅速达到工作温度并且在工作时保持该温度，将温度波动减到最小。

节温器的调节主要影响到发动机的以下性能：

1）燃油消耗。

2）废气组成。

3）磨损。

节温器不仅可以安装在发动机的一个冷却液接管上，也可以安装在进水或者出水管道上。

双阀门式，节温器如图3-5所示。在温度增高时，这种节温器将冷却液的流动由小循环转换到通过散热器的大循环，同时关闭通向冷却液泵的旁路管道。

目前普遍使用的是膨胀式节温器，它常利用一个膨胀式元件打开或者关闭阀门。膨胀式节温器的膨胀式元件如图3-6所示，它是一个内部充满蜡状膨胀物质的抗压金属容器。

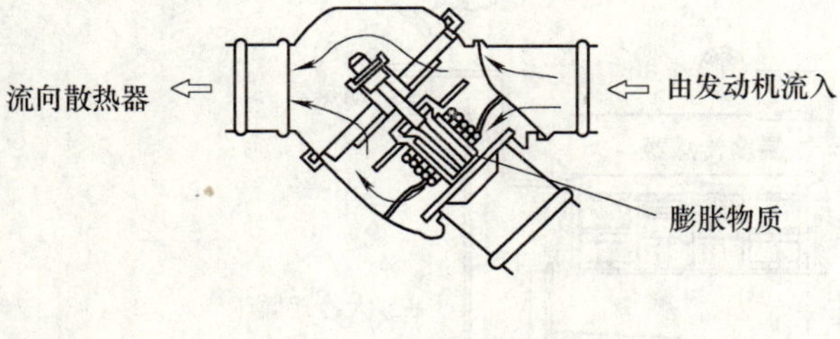

图3-5　双阀门式节温器

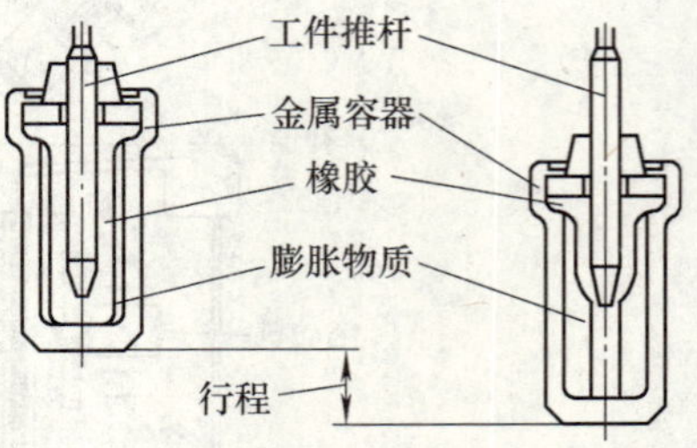

图3-6　膨胀式节温器的膨胀式元件

在发动机冷机的时候，由固定安装在工作推杆上的阀门关闭冷却液通向散热器的通道。当冷却液的温度达到80℃时，膨胀式元件内部的膨胀填充物开始熔化，使得膨胀物质

⊖ 1bar = 10^5Pa。

的体积迅速增大，这导致固定的工作推杆上的金属容器开始移动，从而打开控制冷却液进入散热器的阀门，同时关闭旁路管道中的阀门。在冷却液的温度达到95℃时，通向散热器的阀门将完全打开。当冷却液的温度再次下降时，工作推杆将在弹簧的作用下将金属容器压回并且关闭通向散热器的阀门，同时旁路管道的阀门重新打开。

阀门不断地在开启和关闭之间转换，冷却液的温度便能稳定在一个很小的范围内，从而使发动机的温度尽可能地保持不变。膨胀式元件的工作在很大程度上与冷却系统的压力无关，它能够施加较大的用于使阀门运动的调整力。

（2）冷却液泵　冷却液泵如图3-7所示。冷却液泵大部分都采用离心式泵（径流式泵，叶片泵），工作时，叶轮在充满冷却液的泵壳内高速旋转，其中心（吸入侧）吸入液体并将其压向外部（压力侧），然后，经冷却后的冷却液从散热器或节温器不断地流向叶轮的中心。

冷却液泵一般通过V带由曲轴驱动，还可以由电动机来驱动。冷却液泵所需的输入功率较低，从而可以降低燃油消耗和排放。

（3）风扇　风扇的作用是在行车气流不够（例如在慢速行驶或在汽车静止）时，为散热器和发动机舱提供充分流量的冷却空气。

1）固定式风扇驱动。风扇可以通过凸缘连接在冷却液泵的轴上或通过V带与冷却液泵或者其他附件一起由曲轴驱动，如图3-8所示。

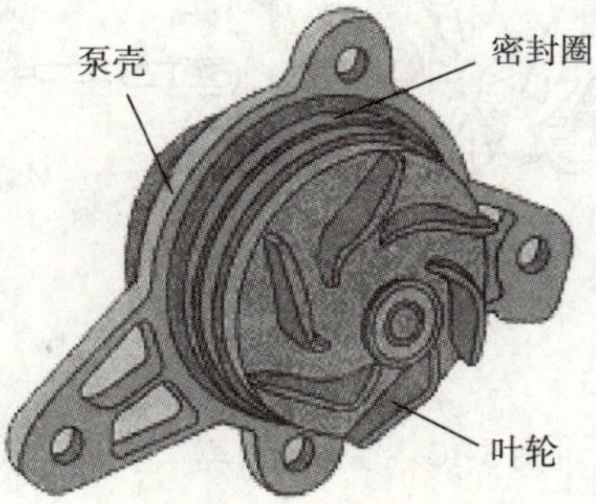

图3-7　冷却液泵

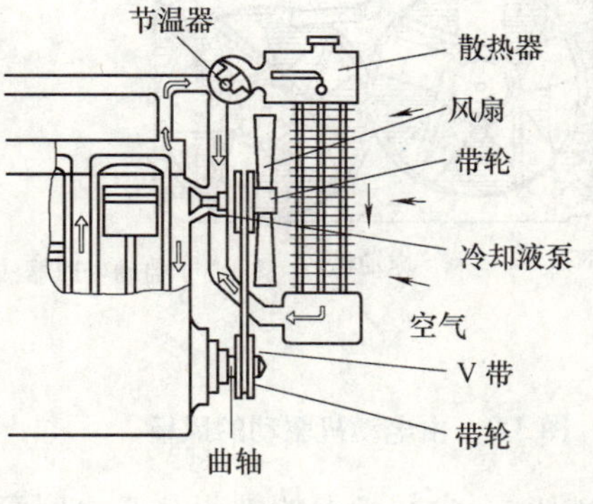

图3-8　固定式的风扇驱动

2）可变风扇驱动。可变风扇驱动是考虑到行驶速度和发动机的工作状况不同时，冷却所需的气流速度也有很大的不同。因此，在许多发动机上都采用可切换的风扇或者转速可调的风扇以节省能量。

3）风扇的可变驱动方式有以下几种。

① 由温度或行驶速度控制的电动机驱动。

② 由带有根据温度工作的离合器的V带驱动。例如摩擦离合器、电磁离合器、粘性耦合器。

③ 由液力驱动。

4）使用可变驱动方式的风扇的优点。

① 燃油消耗降低。

② 可用的驱动功率提高。

③ 风扇的噪声降低。

④ 发动机能够快速达到工作温度。

⑤ 发动机能保持工作温度恒定。

5）由电动机驱动的风扇如图 3-9 所示，此时，风扇安装在电动机的驱动轴上。电动机由恒温开关控制，其速度可以根据发动机的温度进行多级换挡或者无级调节。

6）电动机驱动的风扇的其他优点。

① 在发动机关闭后，风扇的冷却空气流仍可以保持，从而避免了由于发动机关闭而引起的过热。

② 散热器的安装可以不依赖于发动机的位置而更加灵活。

7）如图 3-10 所示为粘性耦合器，它是另一种广泛应用的可变风扇驱动的结构形式。在这种形式中，风扇与耦合器用螺栓联接。在粘性耦合器的风扇毂上有通过一个中间盘分开的工作室和储备室，与驱动轴（由 V 带带动）相连的驱动盘在工作室内转动。粘性耦合器用硅油来进行功率的传递，并由用双金属材料控制的阀门来实现储备室和工作室之间硅油的交换。安装在中间盘上的泵体用于确保液体自工作室到储备室的循环。

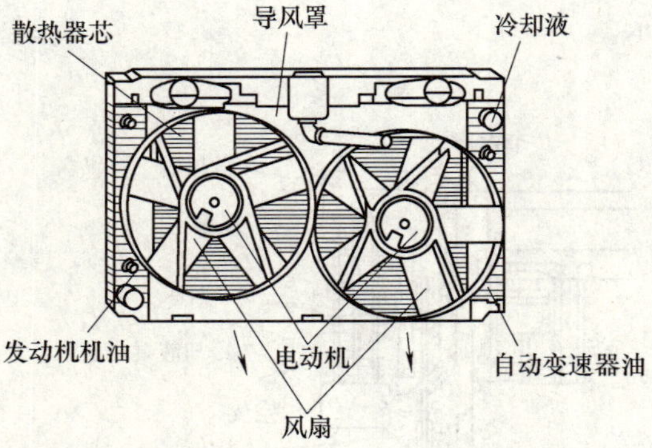

图 3-9　由电动机驱动的风扇

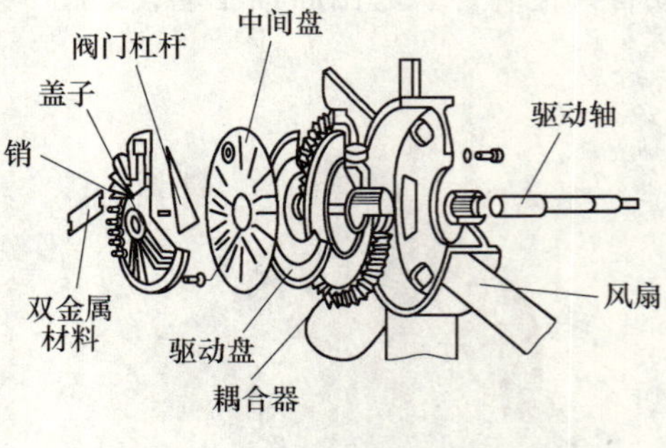

图 3-10　粘性耦合器

在冷机时，中间盘上的阀门开口由用双金属材料控制的阀门关闭，并且阻止储备室和工作室之间的循环，如图 3-11 所示。此时，硅油通过泵体从工作室输送到储备室。在储备室中，其填充高度在仍存在离心力的情况下不断增加，这使得驱动盘不再与风扇毂连接，风扇被分离。它们只是在内部摩擦的作用下仍然同步转动。

在流过散热器的空气（行车气流）被不断加热的情况下，粘性耦合器前面的双金属材料阀门被加热并且打开中间盘上的阀门开口。此时两个室的填充高度互相对齐，通过驱动盘和风扇毂之间硅油不断增大的摩擦，驱动风扇的能量也不断增加。

由于驱动盘与耦合器体的转速不同，中间盘上的泵体便使硅油产生循环。

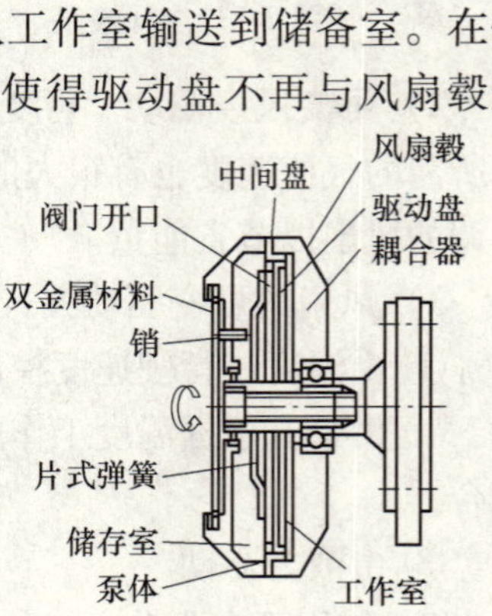

图 3-11　冷机时中间盘的状态

8）液压驱动的风扇。

风扇由液压马达驱动的情况如图 3-12 所示，它通常用与转向辅助系统串联的液压泵来产生油压，其中一个泵产生用于驱动风扇的压力，另一个泵产生用于转向助力的压力。调节阀可以根据发动机的温度和汽车的速度控制进入风扇液压马达的油量，从而使风扇的转速可以通过控制装置进行全面的调节。

（4）水套　缸盖和缸体内冷却液流动的空间称为水套，如图 3-13 所示。水套的作用是使冷却液流到正确的点，以便气缸周围获得最大程度的冷却。

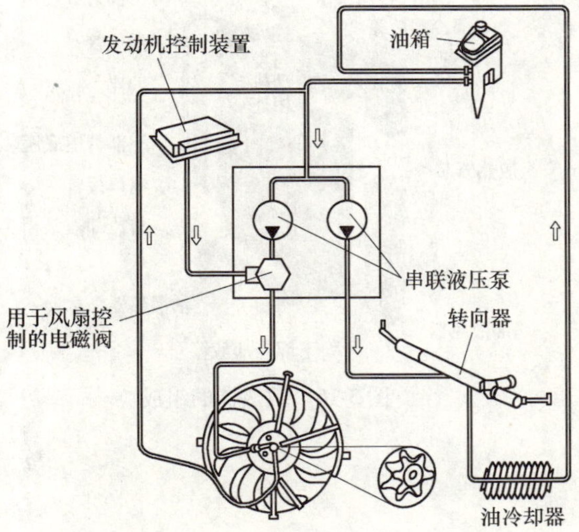

图 3-12　液压马达驱动的风扇

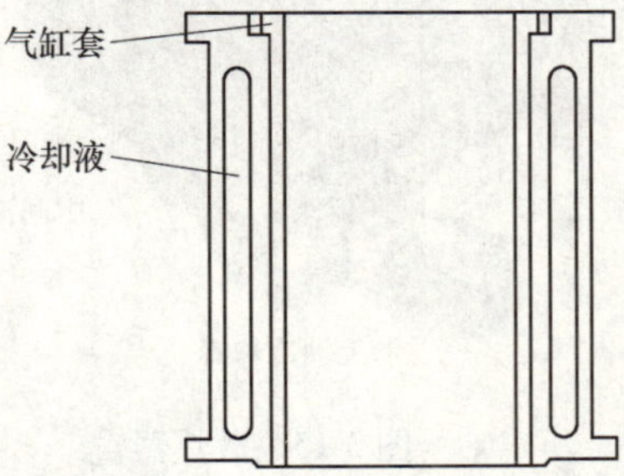

图 3-13　水套

（5）软管和卡箍　软管和卡箍用于散热器的上下接头，如图 3-14 所示。厂家为每个风格的发动机配备了特定形状的软管。

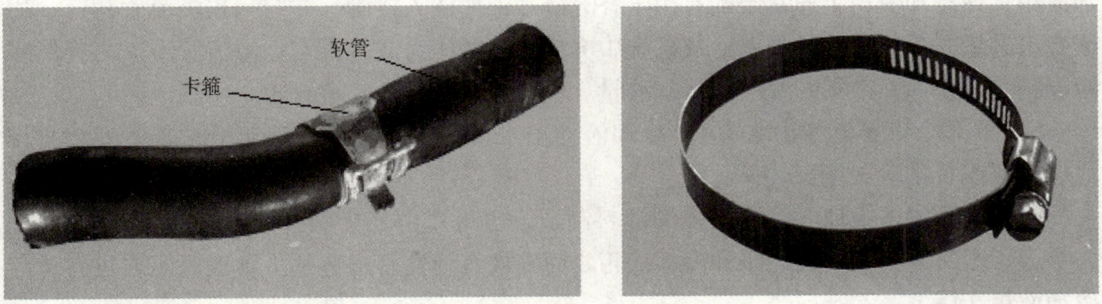

图 3-14　软管和卡箍

冷却系统的软管在使用中会产生磨损，而且在长期使用中，软管经常变得很软，这表示软管已经老化，应更换软管且应检查所有的软管是否有软点、细微的泄漏和磨损的迹象。如有，必须进行更换。

（6）散热器　散热器如图 3-15 所示，它用于将冷却液吸收的热量散发到空气中。

1）散热器有以下几种类型。

① 发动机散热器。

② 中间冷却器。

③ 空调散热器。

④ 燃油散热器。

⑤ 油冷却器。

2）散热器的组成。如图 3-16 所示，散热器由一个上部冷却液箱和一个下部冷却液箱组成，在两者之间安装有带有散热器芯的散热器组。

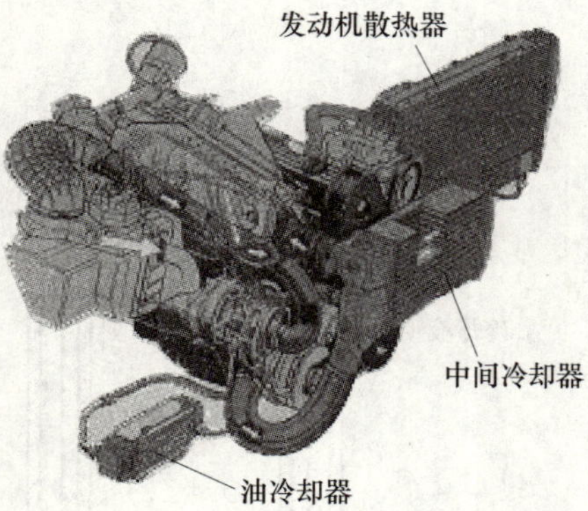

图 3-15　散热器

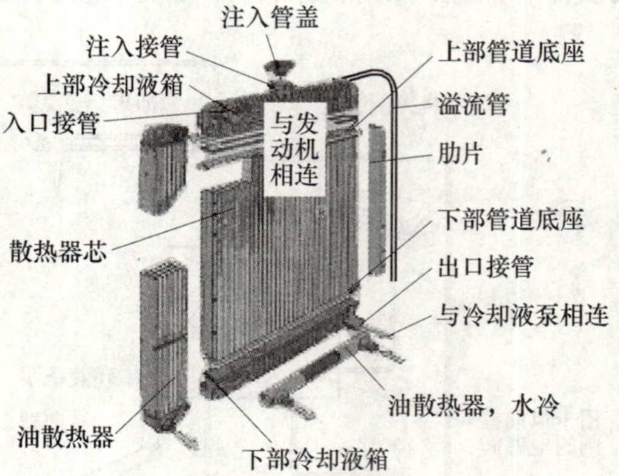

图 3-16　散热器的组成

3）散热器芯的组成。

① 冷却液管道。

② 波纹状散热片。

③ 管道底座。

④ 肋片。

4）上部冷却液箱（进水室）。从发动机流出的冷却液进入散热器的接管位于上部冷却液箱，该冷却液箱上通常装配有用于补充冷却液的注入接管，并与一根溢流管相连，用于导出过量的冷却液并且平衡冷却系统中突然产生的压力或者真空。溢流管可以与补偿水箱连接，从而保证冷却系统中的冷却液量。注入接管由注入管盖封闭。

5）下部冷却液箱（出水室）。冷却液的出水接管在下部冷却液箱上，其上安装有排泄口螺塞或者排泄旋塞。

冷却液箱大多由玻璃纤维加强的塑料制造，也可以由轻金属合金或者铜锌合金制造。为了进行密封，会在管道底座和冷却液箱之间安放有弹性密封垫片。管道底座通过卷边与冷却液箱连接。

6）散热器芯。散热器组中的散热器芯通过由散热管道和薄板组成的系统形成了尽可能大的散热面积，使得冷空气可以从冷却液中带走更多的热量。在采用自动变速器的汽车中，通常在下部冷却液箱上安装一个用于冷却变速器油的油散热器，有时还另外安装一个发动机机油散热器，例如将其作为肋片安装。

7）散热器管道。散热器通过带有纤维填充物的耐热散热器管道与发动机弹性连接。当距离较远时（例如连接后置发动机与汽车前部的散热器），也可使用金属或者塑料管。

8）散热器悬挂装置。散热器安装在汽车上时应避免撞击和振动，因此需通过橡胶—

金属连接件将其固定在底盘或者车身上。

9）横流式散热器。横流式散热器是目前经常采用的一种散热器的结构形式，在这种结构中，冷却液箱安装在散热器组的侧面。在横流式散热器中，冷却液水平地从一侧流向另一侧，如图 3-17 所示。

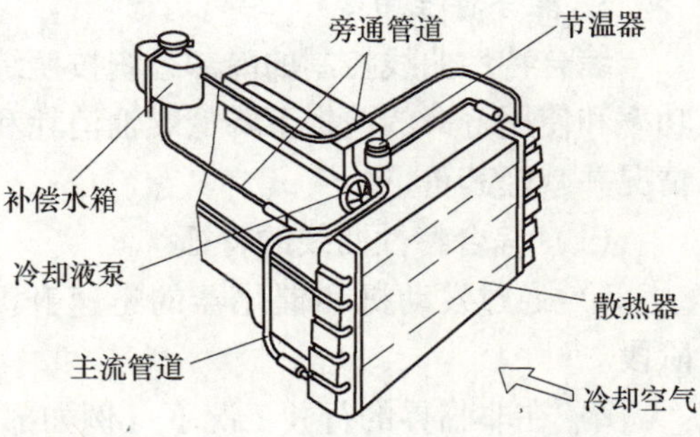

图 3-17 使用横流式散热器的冷却装置

10）带有高温和低温部分的横流式散热器。若横流式散热器的入口和出口在同一侧，那么这一侧的冷却液箱需要被分割，如图 3-18 所示，冷却液在散热器的上部向右流动，而在下部向左流动。

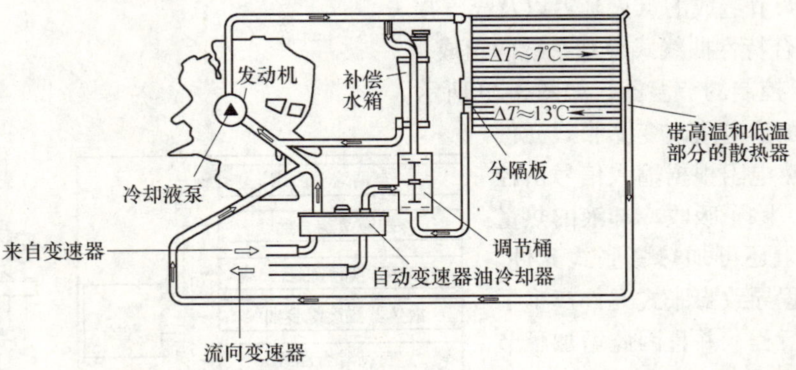

图 3-18 带有高温和低温部分的横流式散热器

由于冷却液要两次以横向流经散热器，因此改善了冷却作用。另外，这种散热器的安装高度也较低。

通过安装在不同高度的出水口以及分隔板，形成了两个不同的温度区域。在散热器上部可以形成一个用于发动机冷却、温度下降大约 7℃ 的高温区域；在散热器的下部，通过一个额外的热交换器可以实现大约 20℃ 的温度下降，从而提供一个用于变速器油强冷的低温区域。适当的节温器控制使得变速器油被流经补偿水箱的小冷却循环所吸收的冷却液的热量迅速加热。当达到工作温度时，流经散热器低温部分的冷却液又保证了对变速器油的充分冷却。

（7）注入管盖 注入管盖上安装有一个压力阀和一个真空阀，如图 3-19 所示。

1）压力阀。冷却系统通过压力阀来实现密封。

根据生产商的设计，压力阀在冷却系统中的压力超过规定压力大约 0.5～2bar 时打开。由于设置了压力阀，冷却液的温度可以达到 120℃ 而不沸腾。

2）真空阀。在使用液体冷却方式时，冷却液体积的变化使得在冷却系统中出现真空度。通过自行打开的真空阀，可以平衡此真空度，从而避免散热器的凹陷和冷却管道的收缩。

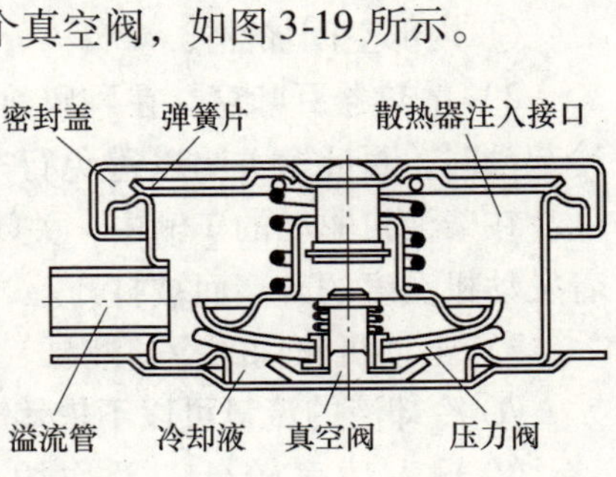

图 3-19 注入管盖

3. 综合特性曲线

综合特性曲线控制的冷却系统按照综合特性曲线进行的温度调节可以在不损耗发动机功率和使用寿命的前提下降低燃油消耗和排放，同时改善发动机冷却系统内部空间的加热情况并减轻其重量。

（1）综合特性曲线的特征

1）通过发动机和催化器的迅速升温，可以缩短对燃油消耗和排放不利的冷态运转阶段。

2）在非临界的行驶工况下（例如部分负荷时），发动机的温度被提高到120℃，以通过改变发动机机油的粘度来减少摩擦，并且明显改善混合气的形成条件。

3）在临界的行驶工况下（例如全负荷时），发动机温度下降以避免发动机零件过热和由于爆燃调节造成的点火延迟以及充气损失。

（2）综合特性曲线式冷却系统的组成

1）电子控制的节温器，如图3-20所示。

用一个加热电阻改变膨胀式元件的温度。加热电阻根据输入信号由控制装置起动。除了吸收冷却液的热量外，加热电阻还可加热膨胀式元件。这一加热过程导致膨胀式元件产生了一个较大的行程，并且因此增加了节温器的开度，从而降低了冷却液的温度。

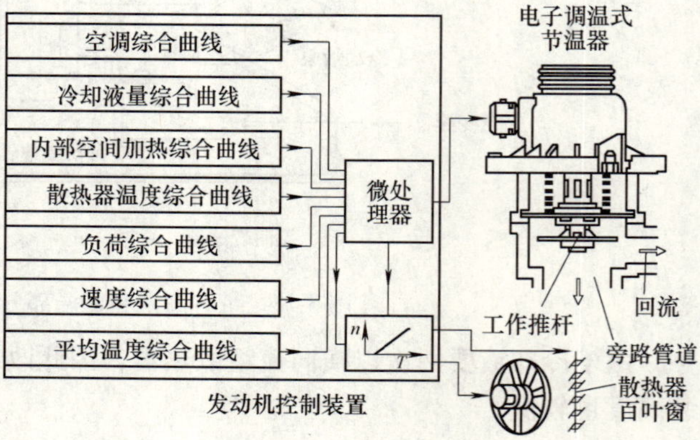

图3-20　电子控制的节温器

可以将以下输入信号用于控制加热电阻。

① 负荷。

② 空气温度。

③ 冷却液的体积。

④ 空调控制面板上的温度调节装置的开度。

⑤ 车速。

⑥ 冷却液的温度。

⑦ 内部空间加热。

2）散热器百叶窗。在风扇前面有一个百叶窗，它由电气装置或膨胀式元件控制。在冷起动时，百叶窗关闭以避免行车气流对发动机进行冷却，因此发动机迅速达到工作温度。在柴油机驱动的车辆中，关闭的百叶窗还可以衰减冷起动时的燃烧噪声。百叶窗将随着发动机温度的升高而被打开。

3）电动机驱动的冷却液泵。相对于V带驱动的冷却液泵，它具有下列优点：

① 冷却液的流量可以不依赖于发动机的负荷和发动机的转速而进行独立调节。

② 输入功率较低，平均约为200W（相对于持续驱动式冷却液泵2kW的功率而言）。

3　冷却系统的维修

3.1　冷却液过热

冷却液过热的原因可能是密封性不好引起的冷却液流失，如在散热器、管道或冷却液泵处的冷却液泄漏。V 带存在缺陷或没有充分拉紧也可以导致冷却液泵输送的冷却液量不足或者不输送冷却液。此外，节温器故障、散热器阻塞以及风扇故障都可能导致冷却液的温度过高。

为了确定冷却液过热的故障点，必须按照故障排查表 3-1 进行检查。

表 3-1　冷却系统故障排查表

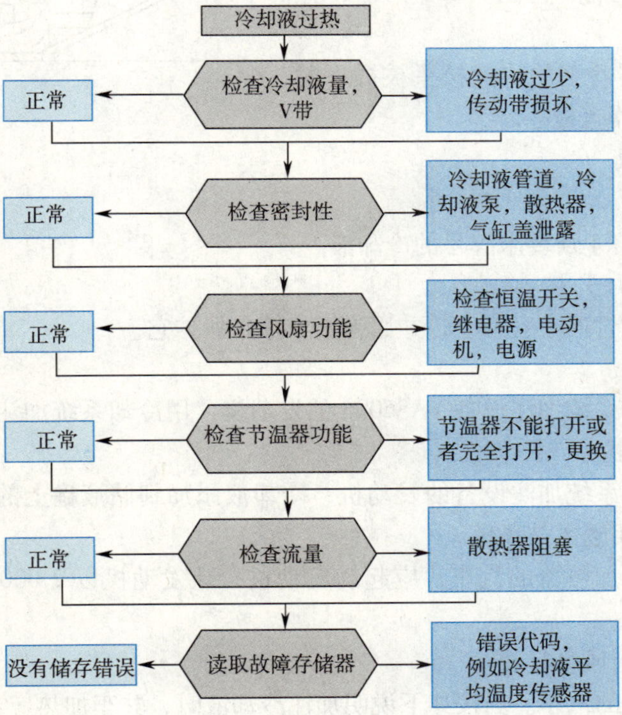

3.2　散热器未密封好

散热器未密封好应及时密封好，否则会扩大损伤面积而使得冷却液的损失增加。如散热器为铝制并且缝隙较小时，可以在冷却液中加入密封物质。细小的密封物质颗粒将由冷却液流带往泄漏处并固定在那里。散热器修好后，冷却液应能够上升到工作温度。

3.3　补充冷却液

补充冷却液时应当注意，只有在发动机运转的时候，才允许将冷的冷却液加到热的发动机中。冷的冷却液必须慢慢地注入，以避免在发动机体和在气缸盖中产生有危害的应力。

3.3.1 排放冷却液

1. 注意事项

1）为了方便冷却液的回收处理或再利用，必须把排出的冷却液收集到一个干净的容器中。

2）请遵守废弃物处理规定。

3）在打开补偿水箱时，可能有热的蒸汽溢出，应戴好防护眼镜并穿上防护服，以免伤害眼睛和烫伤身体，并用抹布盖住密封盖小心地打开。

2. 排放冷却液的步骤

1）打开冷却液补偿水箱的密封盖。

2）拆下隔音垫。

3）打开弹簧卡箍（见图 3-21 箭头），并拆下冷却液软管。

4）当在散热器管上的快速接头被拆下时，会有冷却液流到减振器盖板上。

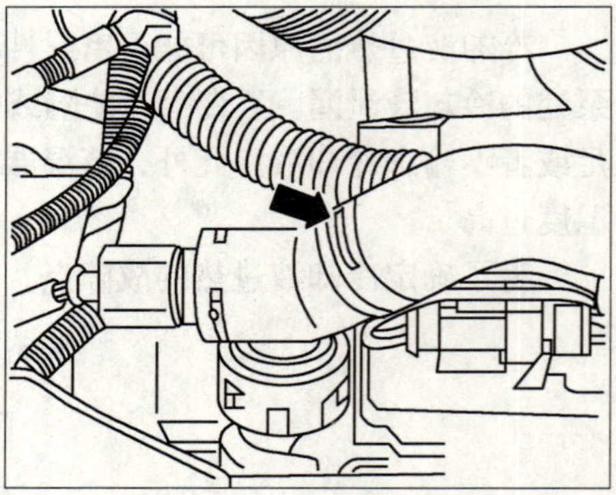

图 3-21 弹簧卡箍

3.3.2 添加冷却液

1. 注意事项

要选用车辆维修手册要求牌号的冷却液。

2. 添加冷却液的步骤

1）将冷却液软管插在套管上，并用弹簧卡箍来保护它。

2）安装隔音垫。

3）对于带冷却系统加注设备 VAS6096 的发动机，用冷却系统加注设备对冷却系统管路进行冷却液的加注。

4）对不带冷却系统加注设备的发动机，冷却液添加到储液罐上的最大标记处，然后密封补偿水箱，关闭暖风鼓风机。

5）对不带辅助加热器的汽车，应起动发动机，让发动机以 2 000r/min 的转速运转，并保持 3min。

使发动机运转至风扇起动。

6）带驻车加热的汽车。当按如下说明加注冷却液时，驻车加热应首先打开。

① 将车辆诊断、测量以及信息系统的诊断导线 2 的插头 VAS 5051 或车辆诊断和保养信息系统 VAS 5052—1 的诊断导线的插头连接到驾驶员脚部空间的诊断接口上，如图 3-22 所示。

② 起动发动机，让发动机以 2 000r/min 的转速运转，并保持 3min。

③ 让发动机以这一转速继续转 1min，同时在这 1min 内将加热器的冷却液截止阀的调整元件的诊断导入 N279（冷却液流经截止阀）。

④ 使发动机运转至风扇起动。

7）检查补偿水箱关闭时冷却液的液位，适用于带驻车加热和不带驻车加热的车辆。

发动机暖机时，冷却液液位必须位于最大标记处，而冷机时，则必须位于最小和最大标记之间，如图 3-23 所示。

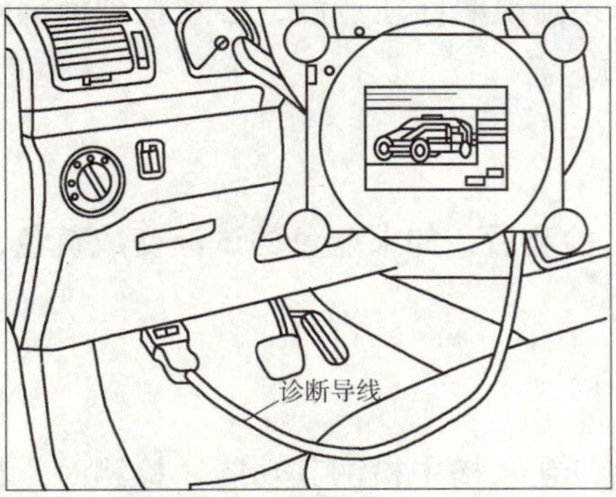

图 3-22 带驻车加热的汽车加注冷却液时的插头连接

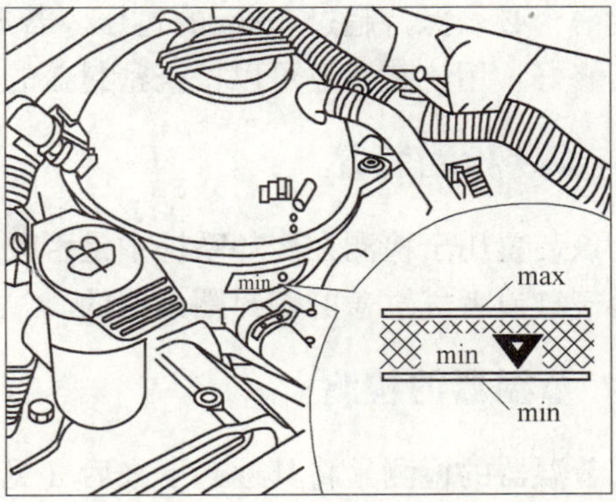

图 3-23 冷却液液位

3.4 检查冷却液的冰点

可使用冰点检测仪检查冷却液的冰点，其极值应该在 -25℃以下。

3.5 冷却系统密封性的检查

冷却系统密封性的检查包括用肉眼检查密封性，检查管道是否有孔、脆性如何以及是否有其他损伤，还包括用压力检查装置进行密封性检查。用压力检查装置进行密封性检查时，如图 3-24 所示，发动机必须处于正常的运转温度下，因为只有这样才可以查出由于热膨胀而产生的小的泄漏。

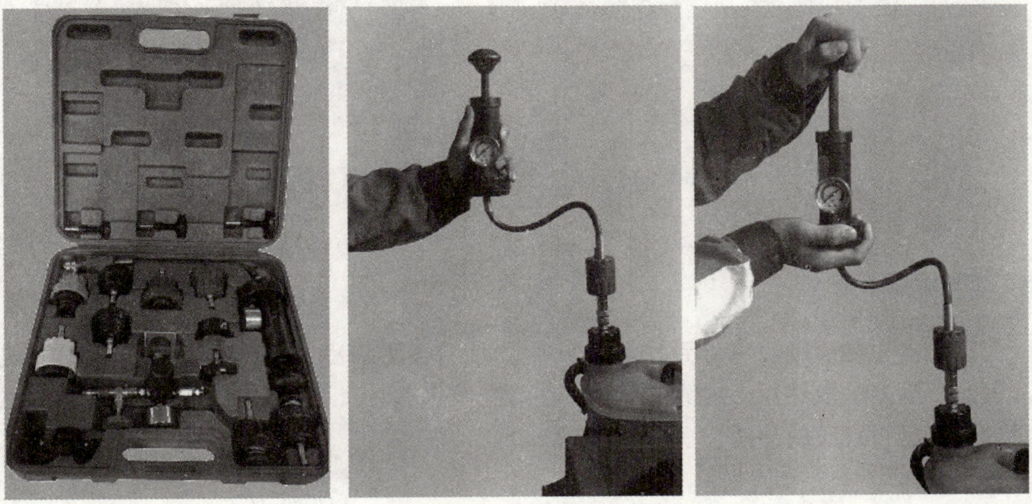

图 3-24 冷却系统的压力检查装置

用压力检查装置检查密封性时，用检查装置替代密封盖，在其位置拧紧，通过手动泵产生一个必须保持超过2min的过压。若压力下降，则说明存在泄漏，必须找到泄漏点并将其修好。用该装置还可以检查密封盖的开启压力。

3.6 CO检测装置

该装置用于检测在冷却系统中是否吸入空气。检测后，如果蓝色的试液变成黄色，则说明气缸或者气缸盖的密封圈是漏的。

3.7 节温器的检测

节温器的检测是将其拆卸下来后（见图3-25），在水槽中检测其功能。检测时，将水慢慢加热，用温度计检测节温器的开启温度，如图3-26所示。每种车型的节温器都有标准的开启温度。

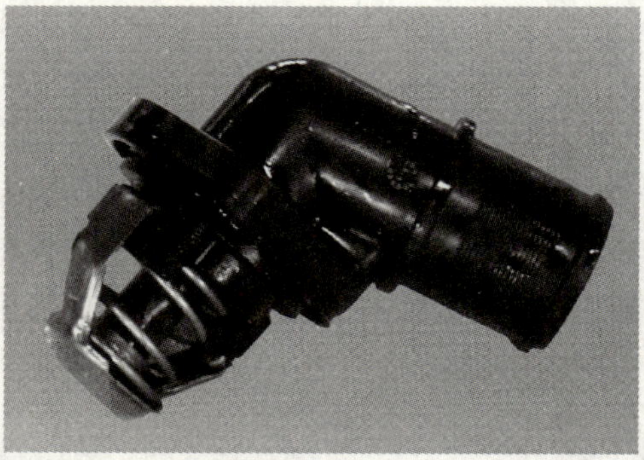

图3-25 拆下来的节温器

图3-26 节温器的检测

3.8 散热器阻塞

在散热器中使用硬水将导致水垢的产生，水垢会阻滞冷却液的流动并且阻碍散热作用。因此，阻塞的散热器必须清洗干净。在清洗散热器时，通常先使用化学清洗剂，然后再对散热器进行彻底的冲洗。

4 确定维修工作量

通过学习汽车维修企业管理系统以及和维修师傅沟通，确定维修工作量。

5 速腾2006轿车[㊀]冷却系统的维修

5.1 拆卸和安装冷却液泵

1. 拆卸步骤

1）放出冷却液。

2）拆下多楔带。

3）拆下防护板2（见图3-27）。

4）拆卸多楔带的张紧装置1（见图3-27）。

5）拆下上部同步带护罩。

6）松开同步带的张紧轮并将同步带从凸轮轴正时齿轮上取下。

7）拆下同步带中部护罩（见图3-28箭头）。

提示：

传动带盘和同步带下部护罩可以不拆卸。

同步带保持挂在曲轴正时带轮上。

在拆下冷却液泵之前，为防止冷却液洒到同步带上，请用一块抹布将其盖上。

8）旋出冷却液泵的紧固螺栓1，并将冷却液泵2拆下（见图3-29）。

9）取下O形环3（见图3-29）。

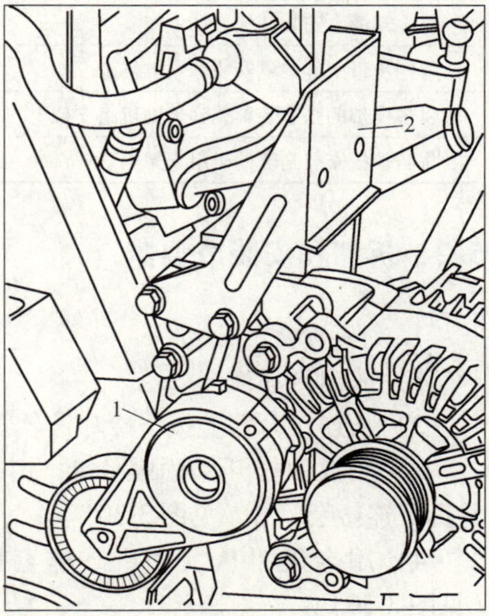

图3-27 防护板和张紧装置

1—多楔带的张紧装置 2—防护板

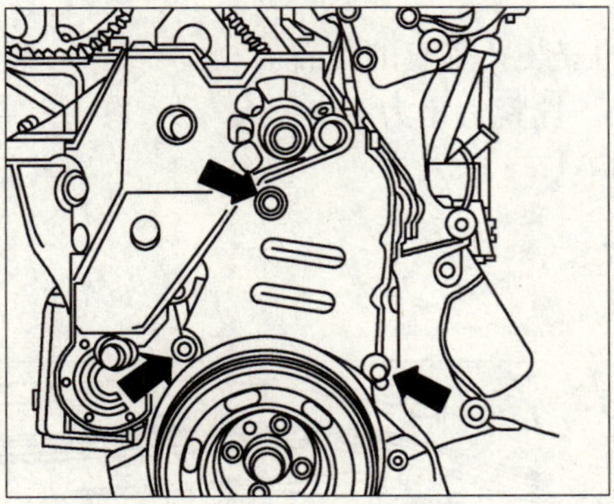

图3-28 拆下同步带中部护罩

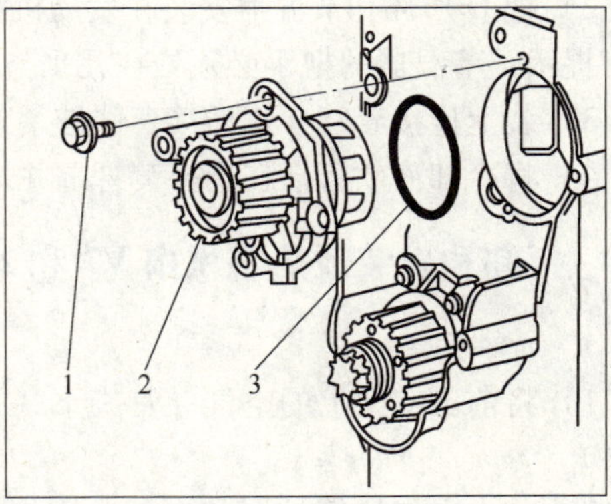

图3-29 取下O形环

1—紧固螺栓 2—冷却液泵 3—O形环

2. 安装步骤

按与拆卸相反的顺序进行安装，安装过程中要注意以下几点：

1）清洁O形环的密封面，并使其变得平滑。

㊀ 4缸电喷发动机，排量1.6L，滚子摇臂。

2）用冷却液浸润O形环。

3）冷却液泵的安装位置：外壳中的封盖朝下。

4）安装完毕后，加注冷却液。

安装时，各部件的拧紧力矩见表3-2。

表3-2 各部件的拧紧力矩

部　　件	拧紧力矩/N·m
将冷却液泵安装到气缸体上	15
将同步带中部护罩安装到气缸体上	10（用防松剂涂抹后装入）
将多楔带的张紧装置装到辅助机组支架上	23
将防护板安装到辅助机组支架上	23

5.2 拆卸和安装节温器

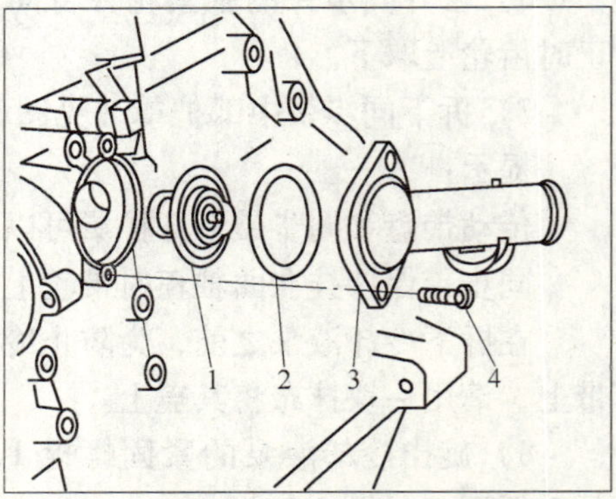

图3-30 拆卸节温器

1—节温器 2—O形环

3—连接套管 4—紧固螺栓

1. 拆卸步骤

1）放出冷却液。

2）从连接套管上拔下冷却液软管。

3）用扳手松开紧固螺栓4，用插接套件旋出并拆下连接套管3（见图3-30）。

4）用老虎钳从发动机缸体上拆卸节温器1（见图3-30）。

2. 安装步骤

1）用冷却液浸润新O形环。

2）把O形环和节温器安装在发动机缸体上。

提示：节温器的把手必须处在几乎与缸体上的安装孔垂直的位置。

3）装上连接套管并用插接套件拧紧紧固螺栓，拧紧力矩为15N·m。

4）将冷却液软管插在连接套管上并加注冷却液。

5.3 拆卸和安装散热器风扇V7和2－V177

1. 拆卸步骤

1）将前围支架上的空气导管旋下（见图3-31箭头）。

2）旋出空气导管护罩的上部紧固螺栓，如图3-32箭头所示。

3）拆下隔音垫。

4）从空气导管护罩的支架中夹出下部冷却液软管。

5）拆下下面的空气导流软管，如图3-33箭头所示，用弹簧卡箍钳拆下弹簧卡箍。

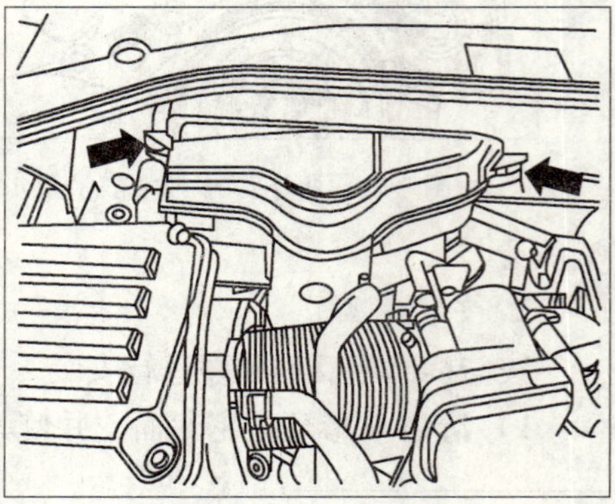

图3-31 旋下空气导管

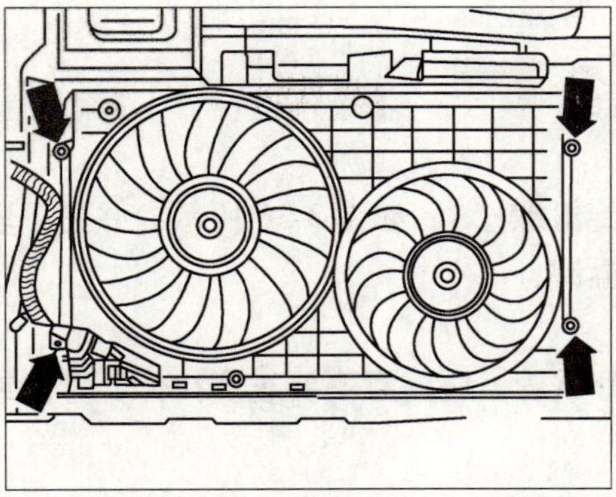

图 3-32 旋出空气导管护罩的紧固螺栓

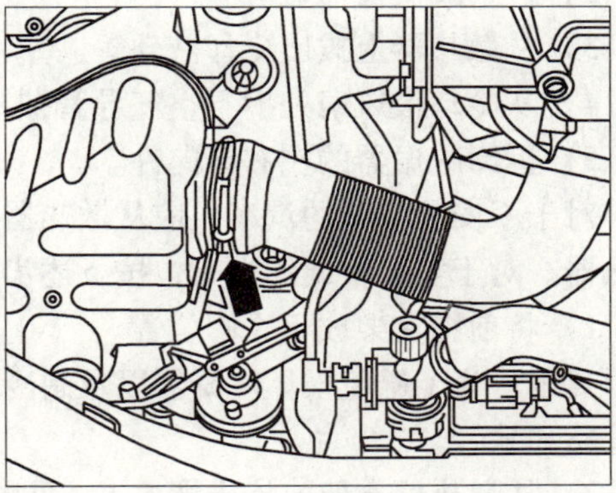

图 3-33 拆下空气导流软管

6）旋下支架上的空气导管并将其拆下。

7）脱开插头连接并旋出空气导管护罩的紧固螺栓，如图 3-34 所示。

8）拆下空气导管护罩。

9）脱开插头连接并将导线露出。

10）拧出螺母，如图 3-35 箭头所示，并拆下风扇。

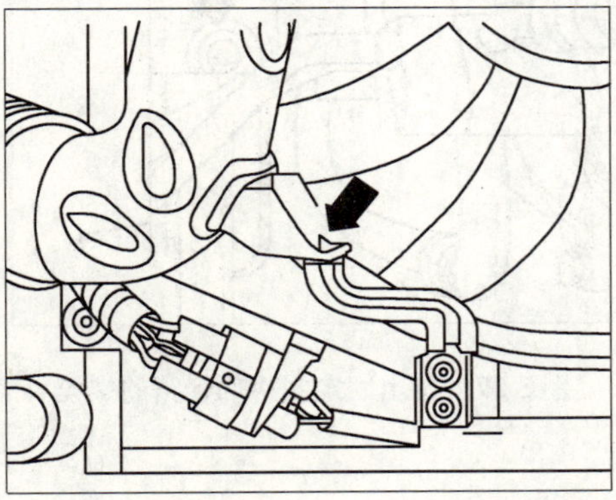

图 3-34 脱开插头连接

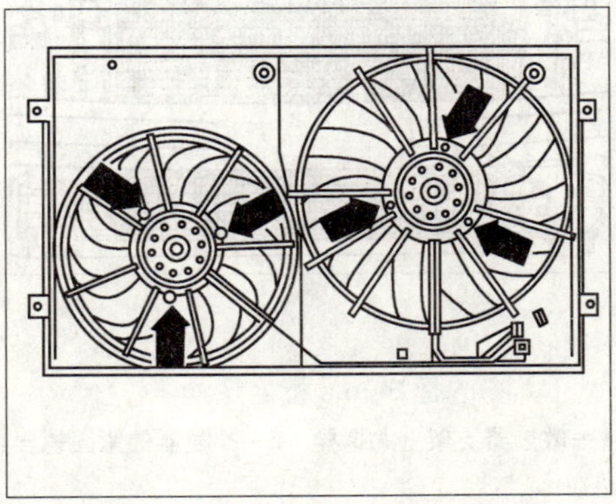

图 3-35 拧出螺母

2. 安装步骤

安装以与拆卸相反的顺序进行，安装过程中要注意以下几点：

1）从上部安装空气导管护罩。

2）安装时各部件的拧紧力矩见表 3-3。

表 3-3 各部件的拧紧力矩

部件	拧紧力矩/N·m
散热器风扇安装到空气导管护罩上	5
空气导管护罩安装到散热器上	5

5.4 拆卸和安装散热器

1. 拆卸散热器

1）排出冷却液。

2）拆下减振器前盖。

3）从散热器上拔出冷却液软管。

4）从冷却液风扇处拆下空气导管护罩。

5）拆卸减振器的左右导向件。

对于不安装空调的汽车，应从散热器支架上旋出螺栓1，如图3-36所示，并向下取出散热器。对于安装空调的汽车，按下述步骤进行拆卸：

1）将前围支架放于维修位置。

提示：为了避免损坏冷凝器以及制冷剂管路和软管，应注意不要过度拉伸、弯曲或扭曲管路和软管。

2）从散热器支架上旋出螺栓1（见图3-36）。

3）将散热器略微向后翻转。

4）旋出冷凝器的紧固螺栓2（见图3-36）。

5）旋出固定制冷剂管路的螺栓，如图3-37箭头所示。

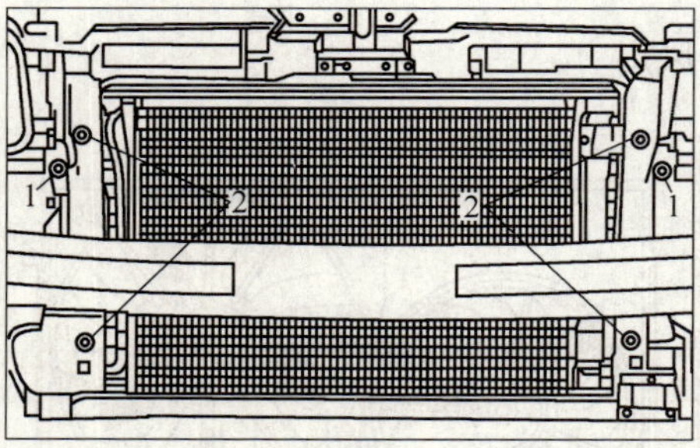

图3-36　拆卸螺栓

1—散热器支架上的螺栓　2—冷凝器的紧固螺栓

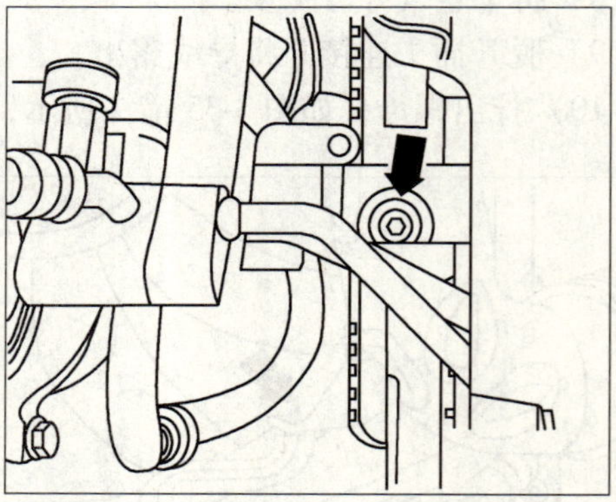

图3-37　旋出固定制冷剂管路的螺栓

6）向下取出散热器。

2. 安装散热器

按与拆卸相反的顺序进行安装，同时要注意下列问题：

1）当安装新的散热器时，需要更换冷却液。

2）加注冷却液。

3）安装时各部件的拧紧力矩见表3-4。

表3-4　各部件的拧紧力矩

部　　件	拧紧力矩/N · m
将散热器支架安装到前围支架上	5
将冷凝器安装到散热器上	5
空气导管护罩安装到散热器上	5

学习单元四
发动机冷却液温度高

1 气缸盖和气缸盖衬垫

气缸盖从上部封闭了燃烧室。它通过螺栓与气缸盖衬垫一起固定在气缸体上。

1.1 气缸盖

气缸盖上装有进气门、排气门和进排气门座，还安装有火花塞（对于直喷式发动机还装有喷油器）以及配气机构部件。由于气缸盖必须承受高燃烧压力和高燃气温度等，因此，气缸盖必须具备很高的形状稳定性、良好的热传导性和较小的热膨胀性。

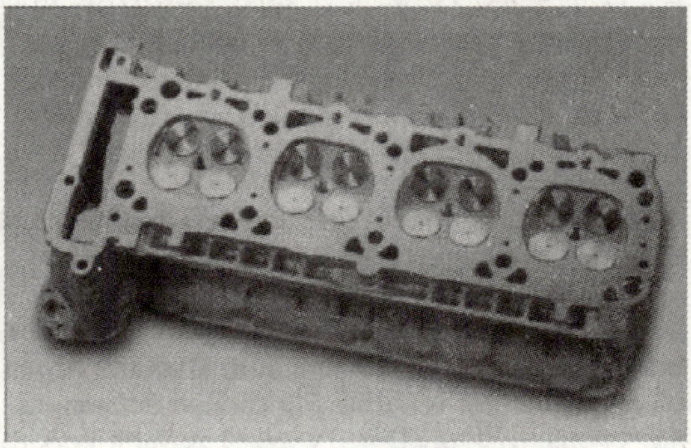

图 4-1 水冷型气缸盖

1. 水冷型气缸盖

水冷型气缸盖如图 4-1 所示，主要由铝合金铸成，分为覆盖全部气缸的整体式气缸盖和只覆盖一个气缸的单体式气缸盖两种形式。冷却液经水套由气缸体流向气缸盖。

2. 风冷型气缸盖

风冷型气缸盖全部由铝合金制成，并装有散热片。因为热量向空气传递比向冷却液传递困难，所以必须通过散热片增大气缸盖的散热面积。

3. 燃烧室

活塞运动到上止点时，活塞顶部与气缸盖之间的空间称为燃烧室。

（1）发动机燃烧室的几何形状对发动机工作特性的影响体现在以下方面

1）混合气涡流。

2）气缸盖强度。

3）燃烧过程。

4）转矩。

5）燃油消耗。

6）功率。

7）有害物质的排放。

8）效率。

（2）燃烧室的形状通过以下因素确定

1）压缩比。

2）燃烧室的表面积和容积之比（面容比）。

3）火花塞或喷油器的位置。

4）气门布置形式。

燃烧室的表面积越大，气缸壁的热量损失越多。这样很容易在燃烧室壁面产生过冷的区域，使该处的火焰熄灭，从而增加 HC 排放量。

火花塞和喷油器的位置不同，形成的火焰传播距离也不同。优化发动机功率就要尽可能缩短火焰传播距离，即把火花塞和喷油器安装在压缩室中心。

（3）理想的燃烧室形状应具备以下性质

1）通过合适的进气门开启截面积实现较大的充气量。

2）吸入的空气和喷入的燃料借助挤气区产生涡流运动并加以混合。

3）燃烧后的气体快速并尽可能全部从排气门排出。

4）空间紧凑，无裂口或凹槽（小的表面积）。

5）火花塞和喷油器安装在燃烧室中心以缩短火焰传播距离。

（4）典型的压缩室

1）半球形燃烧室，如图 4-2 所示。这种形式的压缩室接近于半球形，而且进气门和排气门位于横流式气缸盖中，彼此相对倾斜。通常情况下，进气门的直径比排气门大，以获得较大的充气量。

半球形燃烧室是一种理想的形状，因为它的火焰传播距离最短且表面积最小，但由于气门布置上的原因，实际的压缩室结构必须和理想的有所区别。

2）带挤气区的燃烧室，如图 4-3 所示。这种燃烧室通常是非常紧凑的，可为篷形、楔形，也可为盆形。当活塞接近上止点时，挤气区中的空气或空气和燃料的混合气被挤出，形成的涡流有助于喷入气缸的燃料和空气深入混合，以加快燃烧。采用此种压缩室的点火提前角可适当减小，从而实现降低火花塞点火温度、提高压缩比和应用普通汽油的可能。此外，此种压缩室由于燃烧较完全，尾气中的 HC 含量也有所降低。

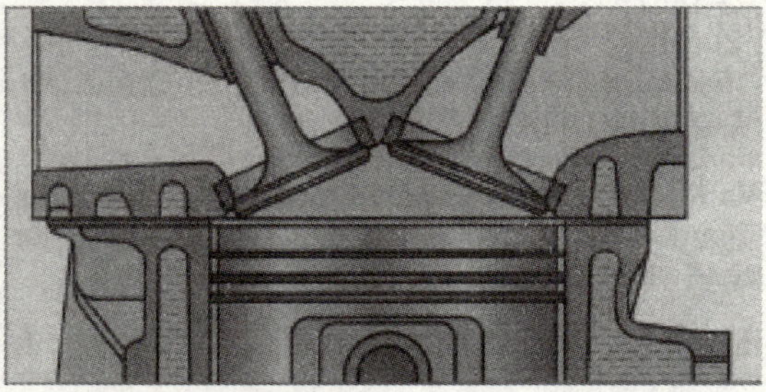

图 4-2　半球形燃烧室

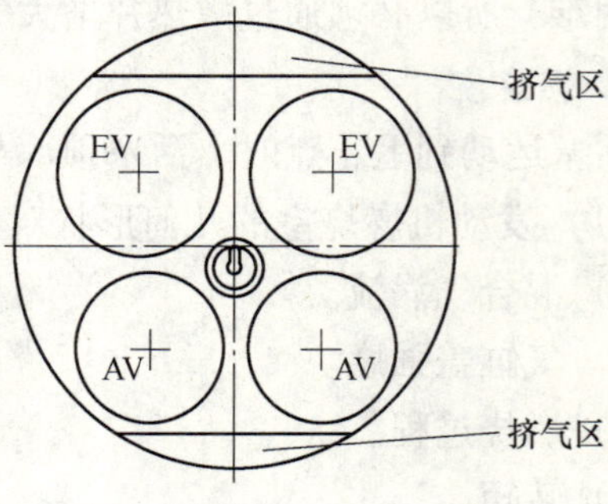

图 4-3　四气门两挤气区的篷形燃烧室

（5）多气门压缩室　多气门燃烧室，如图4-3所示。在采用两进气门两排气门结构时，燃烧室被设计成篷形或盆形。另外，通常设置两个位置相对的挤气区。火花塞和喷油器可布置在燃烧室中心以减小火焰传播距离，提高燃烧速度，还有助于提高发动机功率、减小燃料消耗量和废气量。当采用五气门（三个进气门两个排气门）结构时，燃烧室更接近球形，使气门顶的直径得以减小。

1.2　气缸盖衬垫

气缸盖衬垫，如图4-4所示。它应起到密封燃烧室以防止气体泄漏，并且防止冷却液、发动机机油从液体管道中漏出的作用。

气缸盖衬垫密封性好的前提是要使气缸体和气缸盖之间的表面平整。

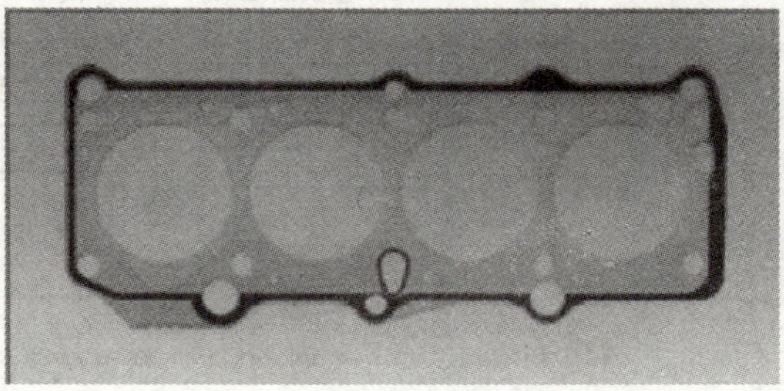

图4-4　气缸盖衬垫

1. 气缸盖衬垫的工作条件

燃料、废气、发动机机油和冷却液以液态和气态、冷态和热态接触气缸盖衬垫，并且在高压和低压条件下，部分地存在化学活性物质。

2. 气缸盖衬垫必须满足以下要求

1）在任何工况下保证密封面具有弹性。

2）小的下陷倾向以便在无需拧紧的情况下保持气缸盖压力。

3）不粘附在密封面上以便拆卸。

3. 在汽油机和柴油机中，常通过以下方式满足针对气缸盖衬垫的多方面要求

1）广泛采用金属—软材料气缸盖衬垫。

2）在大功率柴油机和载货车柴油机上采用金属气缸垫，在汽油机上也越来越多地应用金属气缸垫。

4. 金属—软材料气缸盖衬垫

金属—软材料气缸盖衬垫，如图4-5所示，在厚度大约为0.3mm的金属承板上有许多

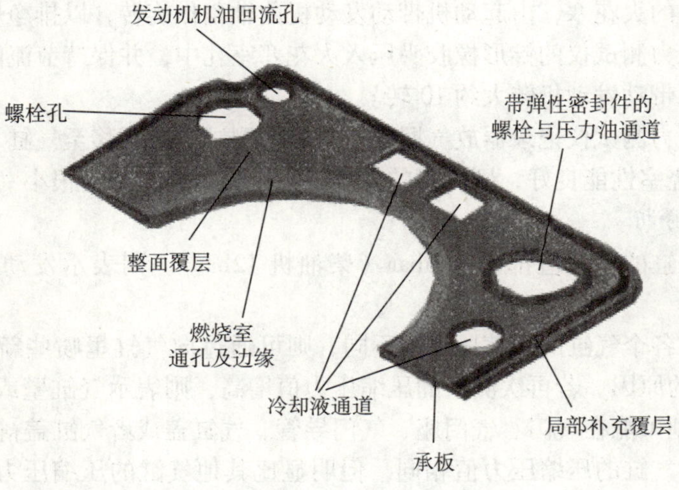

图4-5　金属—软材料气缸盖衬垫

带飞边的小孔，以便把软材料压在板的两面上。为了提高气缸盖衬垫的耐久性，软材料的表面上有一层填充的微孔塑料覆层；燃烧室通孔周围要用卷边加强，如用镀铝钢板；液体通孔周围的密封作用可以通过弹性体层进一步改进。

5. 金属气缸盖衬垫

金属气缸盖衬垫，如图 4-6 所示，通常由钢板制成多层气缸盖衬垫的形式。为了确保对气体的密封，要求在局部区域增加凸纹或者钢边。液体通孔周围的密封作用也通过弹性体层得以提高。

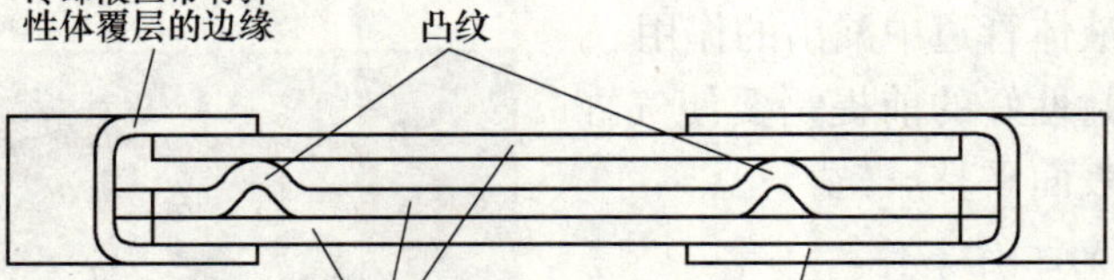

图 4-6　金属气缸盖衬垫

1.3　气缸盖和气缸盖衬垫的维修

1.3.1　压缩压力测试

使用压缩压力测试仪可以对各个燃烧室的压缩比进行对比测试，如图 4-7 所示。

1. 测试时需要注意以下几点

1）测试只能在发动机处于普通工作温度时进行。

2）关闭电子点火系统。

3）将测试记录纸插在压缩压力测试仪记录器的相应位置，使指针指向气缸 1。

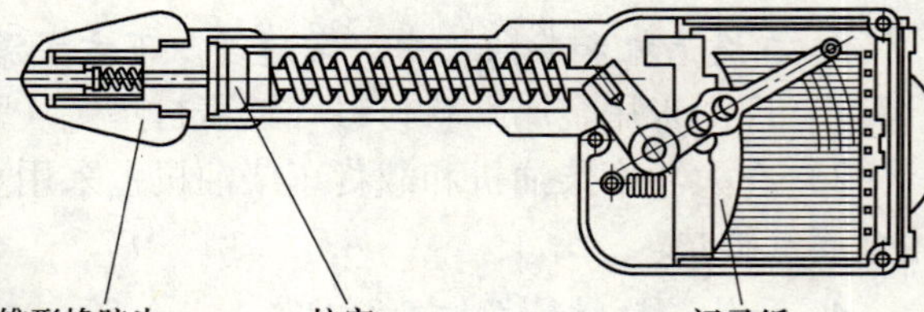

图 4-7　压缩压力测试仪

4）拧下所有的火花塞，由起动机带动发动机曲轴稍作旋转，以排净燃烧残余物。

5）把压缩压力测试仪的锥形橡胶头压入火花塞座孔中，并保持节流阀开启。

6）由起动机带动发动机转大约 10 转。

7）将压缩压力测试仪记录器放气回零，然后将测试记录纸移至气缸 2 的位置。

若发动机燃烧室性能良好，则测得的各气缸的压缩压力差别应很小（最大相差 2bar）。

2. 测试结果分析

1）若所有气缸的压力值都低于 6bar（柴油机 12bar），则表示发动机产生了正常的磨损。

2）若测出的各个气缸的压缩压力值不同，则可通过向气缸里喷些新机油的方法来查明造成气压损失的原因。若再次测量的压缩压力值增高，则表示气缸壁或活塞环处存在磨损。若未增高，则可能在气门、气门座、气门导管、气缸盖或者气缸盖衬垫处有损坏。

3）若两相邻气缸的压缩压力值相同，但明显比其他气缸的压缩压力值小，则可能是气缸盖有裂缝或是两个气缸之间的气缸盖衬垫有泄漏。

3. 压力损失测试

压力损失测试如图 4-8 所示。

若根据压缩压力测试分析出气缸可能有泄漏，则需进行压力损失测试。

测试各个气缸的压力损失时，要遵循以下步骤：

1）活塞必须处于压缩行程的上止点。

2）将压力损失测试计接到压缩空气系统中，并调整滚花螺钉进行校准。

3）利用气缸的火花塞螺纹接上测试计。

4）泄漏产生的压力损失会在压力计上以百分比的形式显示，其值不能超过测试计生产厂商的规定值。

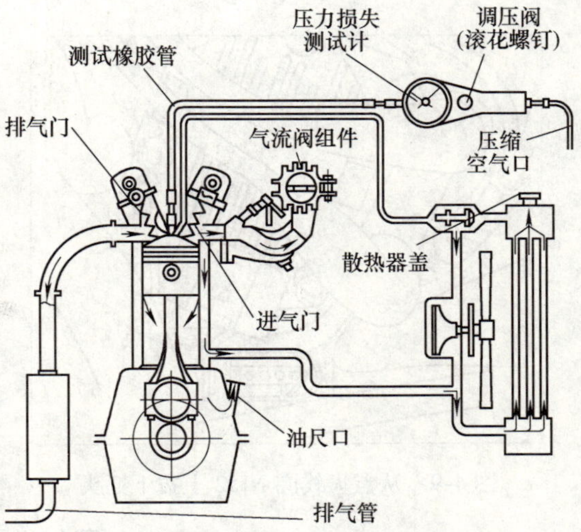

图 4-8　压力损失测试

5）若泄漏比较严重，则可通过确定漏气口来查明故障原因。

4. 故障原因推断

1）总进气管或排气管有漏气声：进气门或排气门有泄漏。

2）加油口接头或油尺口有漏气声：活塞、活塞环和气缸工作面磨损造成泄漏，气缸盖衬垫有损坏。

3）散热器加注口有气泡或相邻气缸的火花塞口有漏气声：气缸盖衬垫泄漏，气缸盖有裂缝。

1.3.2　检测压缩压力

1. 检测所需要的专用工具和维修设备

1）火花塞扳手。

2）起拔器。

3）扭力扳手。

4）气缸压力检测设备。

5）车辆诊断、测量和信息系统 VAS5051 或车辆诊断和保养信息系统 VAS5052。

2. 检测条件

1）机油温度必须至少 30℃。

2）供电正常。

3. 检测步骤

1）拆下发动机罩。

2）从点火线圈 N152 上拔下插头，如图 4-9 所示。

3）拔出外侧喷油器的连接插头。

4）用起拔器拔下火花塞插头（见图 4-10）。

5）用火花塞扳手旋下火花塞。

6）用气缸压力检测设备和适配接头检测压缩压力。

提示：检测设备的操作说明，参照使用说明书。

7）让另一人操纵起动电动机，直至检测设备不再显示压力上升。

压缩压力值见表 4-1。

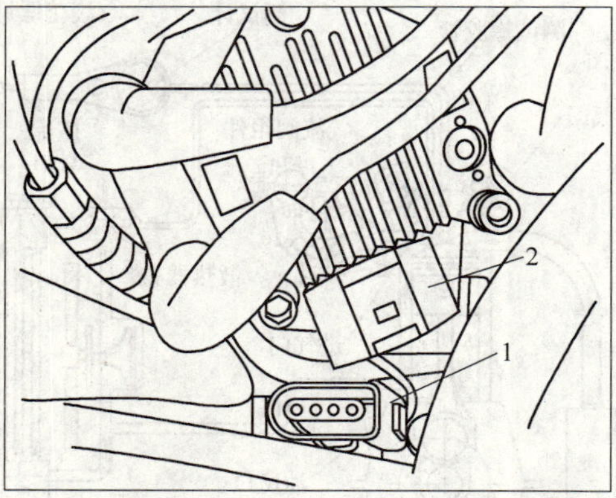

图 4-9　从点火线圈 N152 上拔下插头

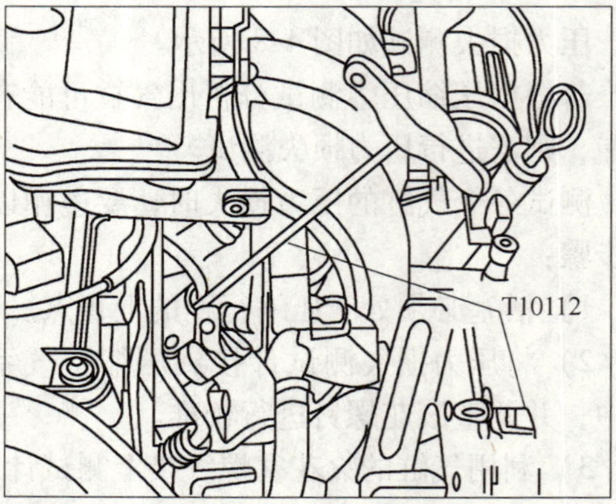

图 4-10　拔下火花塞插头

表 4-1　压缩压力值

新的/bar	磨损极限/bar	气缸之间的差别/bar
10.0～13.0	7.0	最大 3.0

8）查询发动机控制单元的故障储存器并清除出现的故障。

1.3.3　气缸盖衬垫的更换

1. 气缸盖和气缸体密封不良时的现象

1）功率损失，部分燃气泄漏，气缸压力下降。

2）气缸盖衬垫燃烧。

3）机油损失。

4）冷却液进入燃烧室内，造成发动机损坏。

2. 更换气缸盖衬垫时需注意的问题

1）松开缸盖螺栓之前，发动机必须冷却，防止气缸盖发生变形。

2）清除粘附的气缸盖衬垫残余物。

3）气缸体顶面和气缸盖密封面一定要平整，否则必须用平面磨床加工消除平面度误差。

4）气缸盖衬垫的厚度必须和生产商规定的一致。

5）气缸盖、气缸盖衬垫和气缸体的冷却液及润滑油通道必须相对应。

6）若气缸盖和气缸体有磨损，则需换用较厚的气缸盖衬垫，否则压缩比将发生变化。

7）气缸盖衬垫靠近燃烧室边缘的部分不能伸入燃烧室内，否则会引发炽热点火。

1.3.4　缸盖螺栓的紧固

缸盖螺栓的紧固必须按照维修手册中指定的顺序进行，不按顺序进行会导致气缸盖变形，引起泄漏。

拧紧缸盖螺栓的顺序一般可以为由中央向四周呈螺旋线扩展（见图4-11）或由中央向四周交叉拧紧。拧紧时，必须以生产厂商规定的拧紧力矩和旋转角

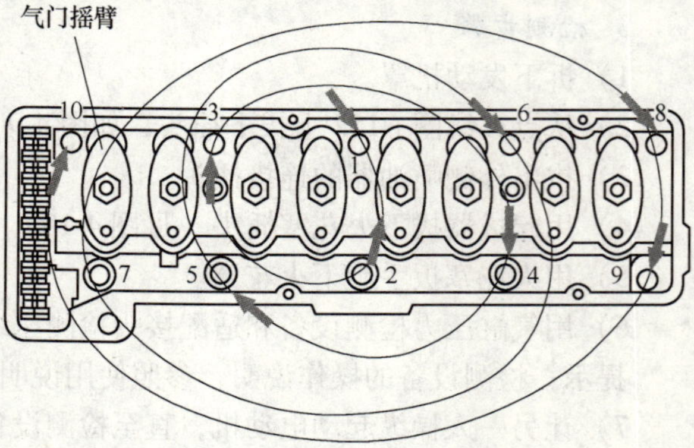

图 4-11　拧紧缸盖螺栓的顺序

进行操作。按规定必须使用一套新的缸盖螺栓。

1.3.5　气缸盖的拆装与检测

1. 气缸盖的检测

1）检查气缸盖的变形情况，允许最大变形量为0.05mm（见图4-12）。

2）气缸盖密封面的修整。气缸盖修整尺寸为 a，至少为132.9mm（见图4-13）。

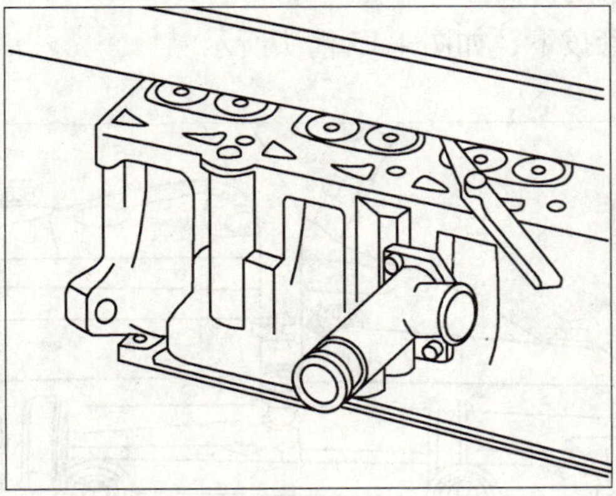

图4-12　气缸盖变形情况的检查

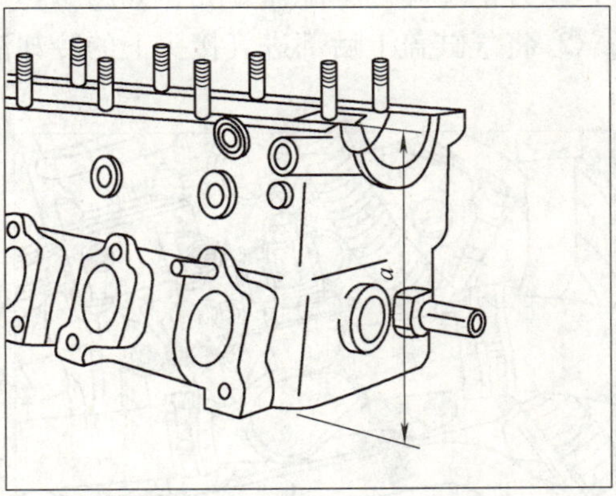

图4-13　气缸盖密封面的修整尺寸

2. 拆卸和安装气缸盖

拆装气缸盖所需要的专用工具和维修设备，见表4-2。

表4-2　拆装气缸盖所需要的专用工具和设备

收集盘	扭力扳手	弹性卡箍钳
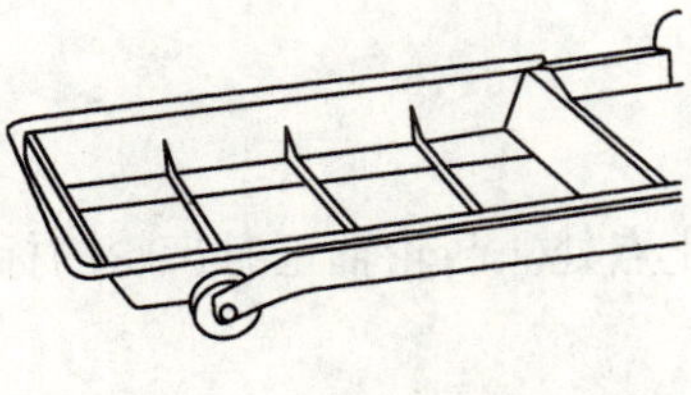	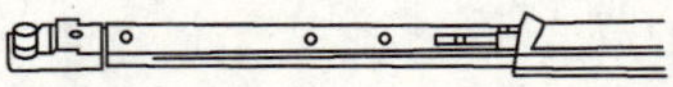	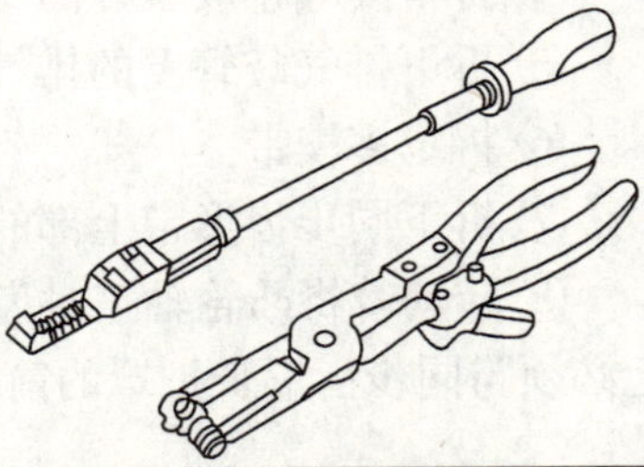
导向螺栓	旋出器	止旋工具或插接套件
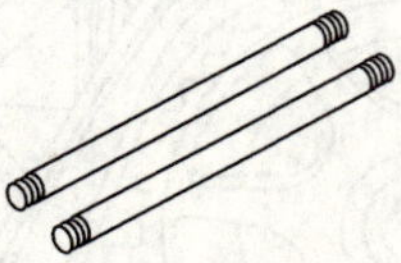	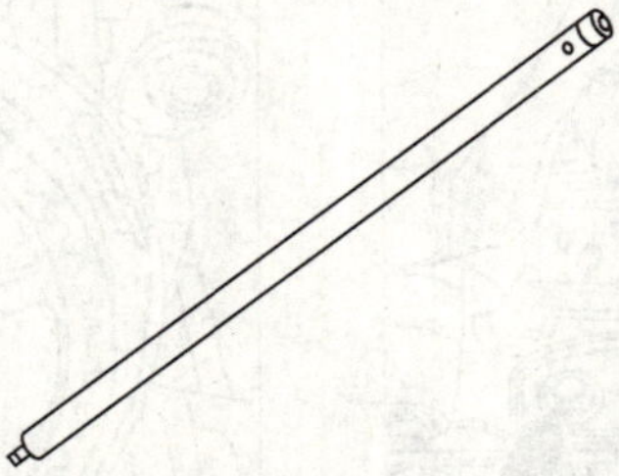	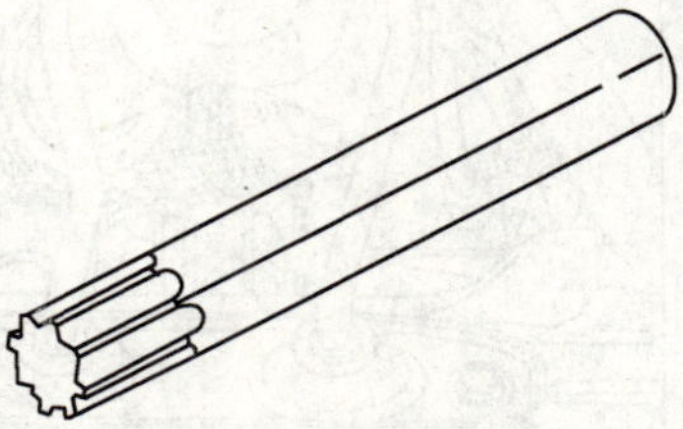

（1）拆卸气缸盖

提示：在拧紧气缸盖螺栓时，发动机最高只允许有手温的温度，否则气缸盖会扭曲。

1）拆卸前的准备。

① 首先检查是否安装了已设码的无线电设备，如是，请问明防盗设码。

② 在点火开关断开的情况下连接蓄电池的接地线。

③ 放出冷却液。

④ 拆下排气管。

提示：用一块干净的抹布封闭进气管下部件中的进气通道。

2）拆卸步骤。

① 拧下冷却液分配器外壳，如图 4-14 箭头所示。

② 将气缸盖上后部进气接头上的冷却液软管拔下，如图 4-15 箭头所示。

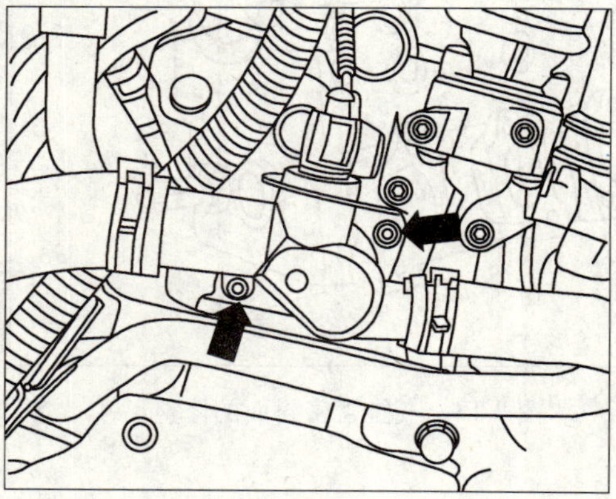

图 4-14　拧下冷却液分配器外壳

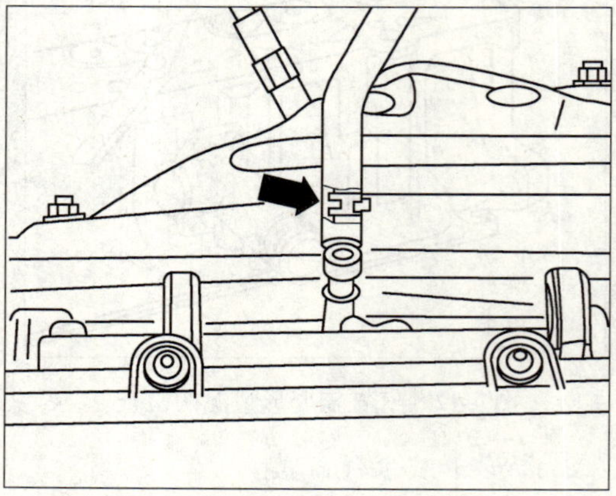

图 4-15　拔下冷却液软管

③ 从气缸盖上拔下或断开所有导线，并放在一旁。

④ 拧下废气排放装置的支架，如图 4-16 箭头所示。

⑤ 拆下排气歧管上的排气前管。

⑥ 拆下多楔带。

⑦ 拆下同步齿形带上部的护罩。

⑧ 转动着将凸轮轴正时齿轮安装到位，至气缸 1 处于上止点处。凸轮轴正时齿轮的标记必须与同步齿形带护罩的箭头平齐，如图 4-17 所示。

图 4-16　拧下废气排放装置的支架

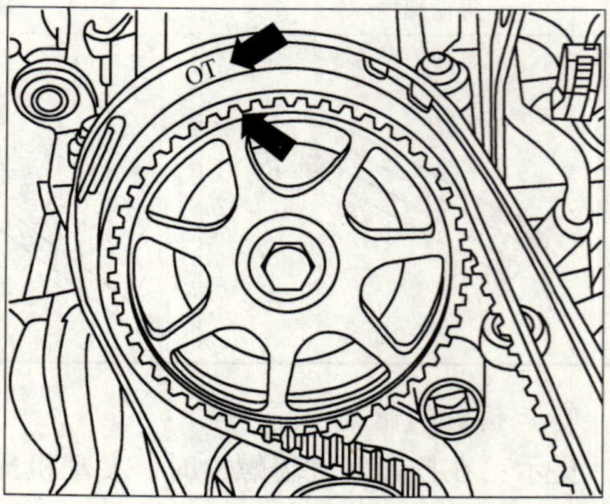

图 4-17　安装凸轮轴正时齿轮

⑨ 将张紧轮的紧固螺母和垫圈取下。

⑩ 将曲轴稍向反向旋转。

⑪ 拆下凸轮轴正时齿轮。松开螺栓时，用固定支架固定凸轮轴正时齿轮，如图 4-18 所示。

⑫ 从凸轮轴中取出平键。

⑬ 将同步齿形带后部的护罩从气缸盖上拆下，如图 4-19 所示。

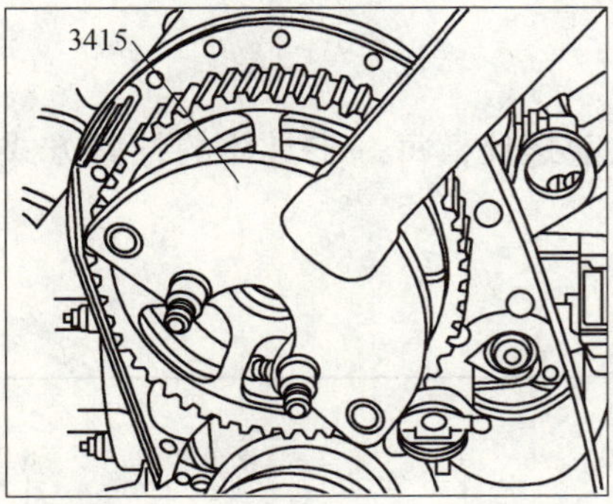

图 4-18　用固定支架固定凸轮轴正时齿轮

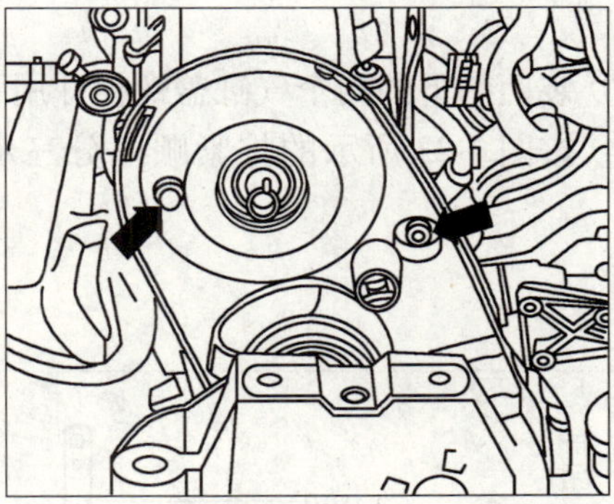

图 4-19　拆下同步齿形带后部的护罩

⑭ 拆下气缸盖罩。

⑮ 将气缸盖螺栓按规定顺序松开并拧出，如图 4-20 所示。

⑯ 将气缸盖稍抬起，并从同步齿形带护罩的侧面经过，从发动机上将其取下来。

提示：

1）同步齿形带张紧轮留在发动机支架上。

2）移动气缸盖必须小心，以免损坏。

（2）安装气缸盖

提示：在气缸体上的气缸盖螺栓盲孔中不允许有油液或冷却液；安装前才能从包装中直接取出新的气缸盖密封件；处置新密封件需格外小心，因为密封件损坏会导致泄漏；更换气缸盖螺栓。

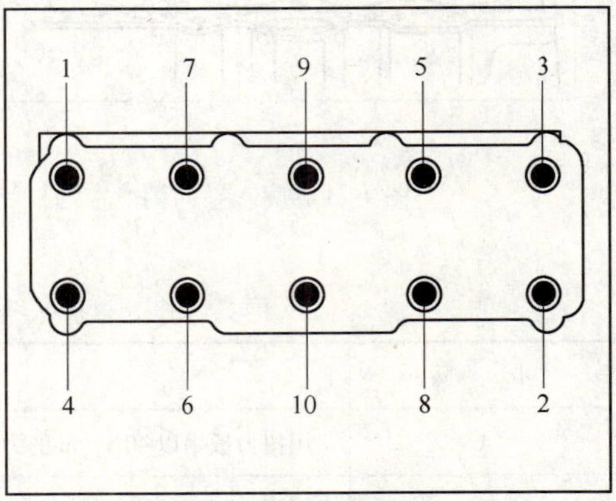

图 4-20　拆卸气缸盖螺栓顺序

1）安装前的准备。

① 用干净的抹布塞入气缸，以防气缸内表面和活塞之间存有污垢和砂屑。

② 要避免污物和研磨残余物进入冷却液。

③ 小心地清洁气缸盖和气缸体的密封面，同时注意必须不能形成拉长的沟槽或刮痕（使用砂纸时，粒度不允许小于 100）。

④ 小心去除摩擦下来的粉屑以及抹布。

⑤ 如果在此期间转动了曲轴，需将气缸 1 的活塞置于上止点，并将曲轴再次稍往回转。

⑥ 安装气缸盖衬垫和气缸盖前，将导向销旋入排气侧最外侧的两个气缸盖螺栓孔中，如图 4-21 所示。

⑦ 放上新的气缸盖密封件，标签（备件号码）必须可以看得清。

提示：安装气缸盖时必须将无头螺栓插入张紧轮。

2）安装步骤。

① 装上气缸盖，先装入 8 个气缸盖螺栓并略微拧紧。

② 用旋出器通过螺栓孔将导向销旋出。为此必须将旋出器向左旋转，直至可取出导向销。

③ 装上剩下的两个气缸盖螺栓并用手拧紧。

④ 按图 4-22 所示的拧紧顺序分三步拧紧气缸盖螺栓，每一步具体的拧紧方式见表 4-3。

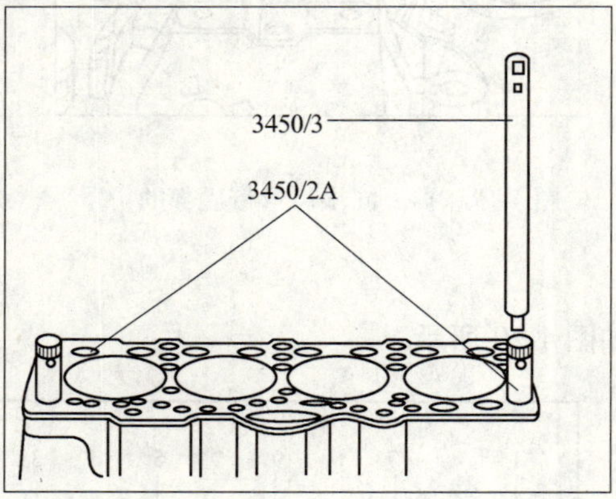

图 4-21　旋入导向销

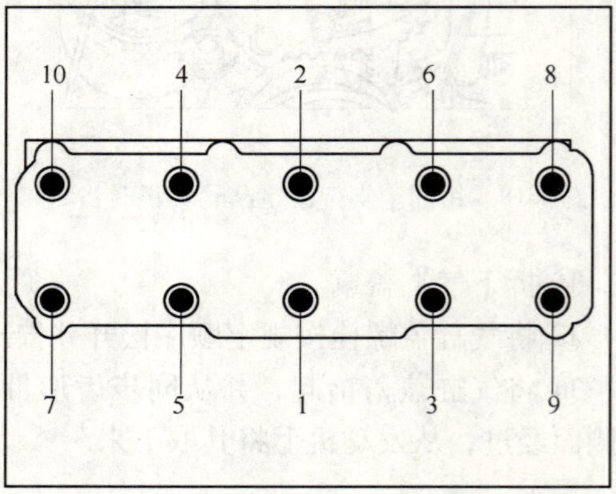

图 4-22　拧紧气缸盖螺栓

表 4-3　缸盖螺栓的拧紧方式

步　骤	拧紧方式
1	用扭力扳手以 40N · m 的力矩拧紧
2	用固定扳手继续旋转 90°（1/4 圈）
3	用固定扳手继续旋转 90°（1/4 圈）

提示：在转动凸轮轴时，不允许将曲轴停止在活塞处于上止点的位置，否则气门和活塞头有损坏的危险。

⑤ 安装同步齿形带并使其张紧。

⑥ 安装多楔带。

⑦ 按与拆卸相反的顺序安装其他零件。

⑧ 更新冷却液。

2 发动机配气机构

发动机配气机构负责控制发动机吸入新鲜工质和排出废气的时刻和持续时间。

气门打开和关闭的时刻以曲轴转角来表示，如进气门打开角为活塞上止点前15°，进气门关闭角为活塞上止点后42°。

2.1 发动机配气机构的基本原理

配气机构的动力通过曲轴经同步齿形带、链条或齿形带轮传递到凸轮轴上；凸轮和凸轮轴通过传动机构，如挺杆或挺柱，克服气门弹簧的弹力打开进、排气门；气门在气门弹簧的作用下实现关闭。

四冲程发动机的一个工作循环曲轴转两圈而气门只开闭一次，所以凸轮轴的转速必须是曲轴的一半，且曲轴正时齿轮的齿数是凸轮轴正时齿轮的齿数的一半。曲轴和凸轮轴的转数比为2∶1。

2.2 气门的布置

2.2.1 气门侧置式发动机

气门侧置式发动机，如图4-23所示，其气门布置在下止点附近。气门侧置式发动机的气门都布置在气缸体一侧，由于燃烧室形状不佳，该结构不用在汽车上。

2.2.2 气门顶置式发动机

气门顶置式发动机的气门布置在上止点附近，而且悬挂在气缸顶上，如图4-24所示。

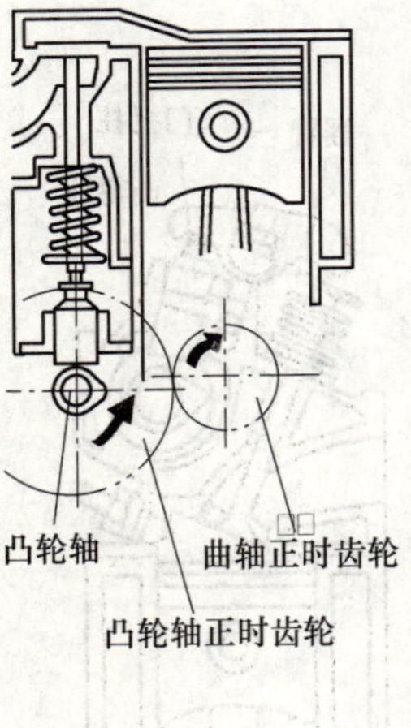

图4-23 气门侧置式发动机

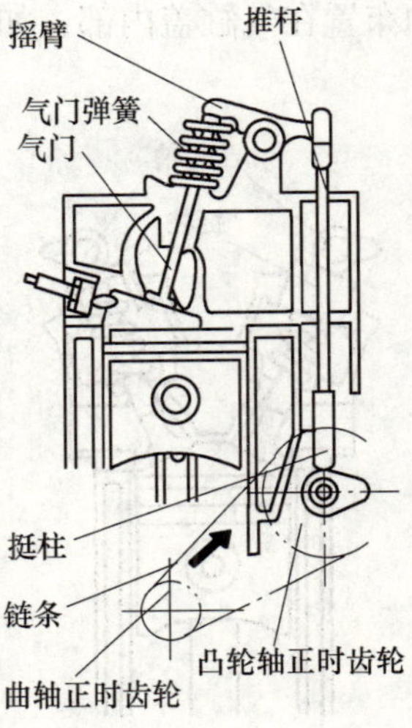

图4-24 气门顶置式发动机

2.3 凸轮轴的布置

气门顶置式发动机可根据凸轮轴的布置形式分类。

2.3.1 凸轮轴布置在气缸体或曲轴箱内

气门顶置式发动机的凸轮轴布置在气缸体或曲轴箱内，如图4-24所示。

2.3.2 凸轮轴顶置

凸轮轴顶置是凸轮轴布置在气缸盖上，如图4-25所示。

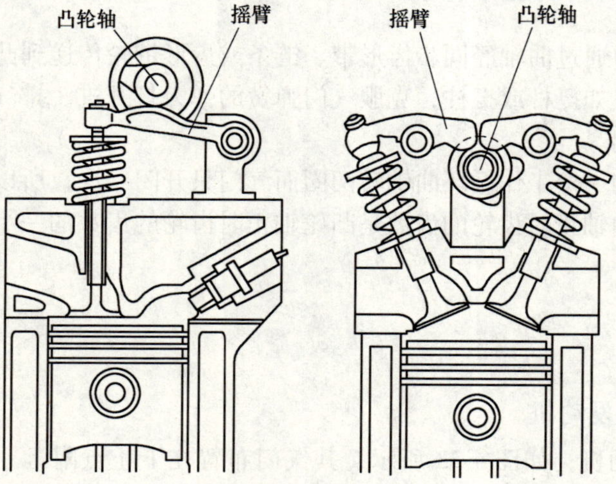

图4-25 顶置凸轮轴发动机

2.3.3 双凸轮轴顶置

双凸轮轴顶置是两根凸轮轴都布置在气缸盖上，如图4-26所示。

2.3.4 凸轮轴布置在气缸盖内部

凸轮轴布置在气缸盖内部，如图4-27所示。

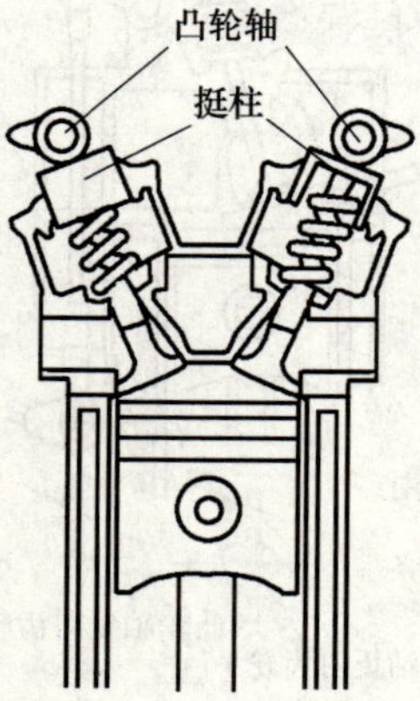

图4-26 双顶置凸轮轴

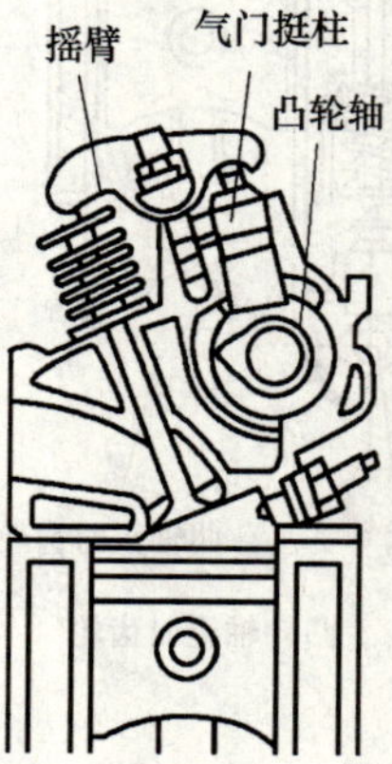

图4-27 凸轮轴布置在气缸盖内部

2.4　多气门技术

为了提高气缸内的换气效果，发动机每缸可采用两或三个进气门、一或两个排气门的结构。

2.4.1　三气门

三气门的布置如图 4-28a 所示，两进气门相对布置在较大的排气门的旁边。若火花塞中心位置被占时，可在气缸的偏心位置安装两个火花塞，从而提高混合气在活塞边缘处的燃烧性能。

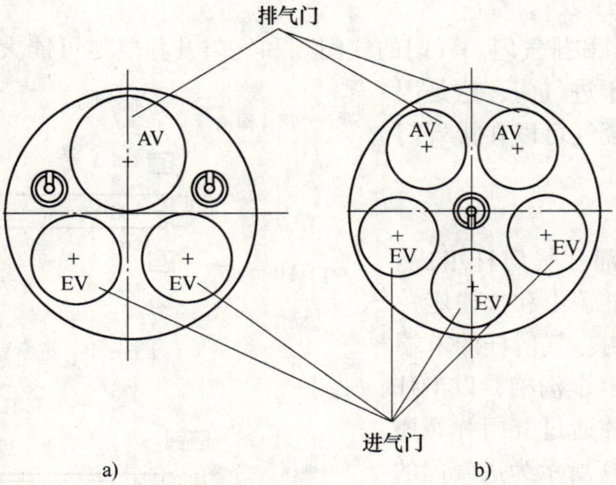

图 4-28　三气门和五气门

a）三气门　b）五气门

2.4.2　四气门

四气门是应用多气门技术的发动机的最常见形式，如图 4-29 所示，两个较大的进气

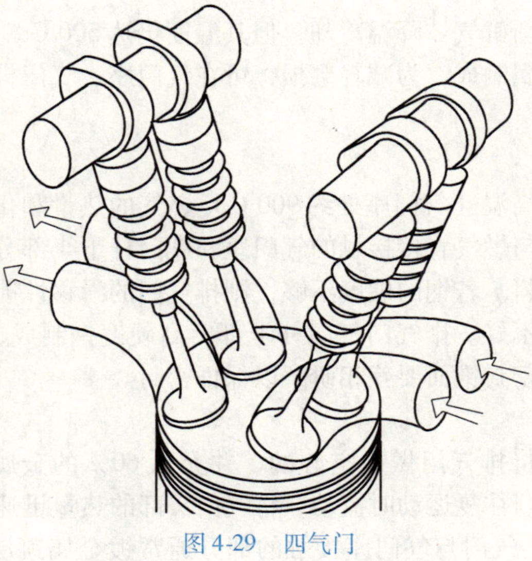

图 4-29　四气门

门与两个排气门相对布置。火花塞可在接近中心的位置上布置。此时，进气门、排气门各需一根凸轮轴。

2.4.3 五气门

五气门采用三个进气门和两个排气门结构，可获得最大的截流面积，如图 4-28b 所示。火花塞常布置在中心点。进气凸轮轴操纵三个进气门，排气凸轮轴操纵两个排气门。

2.5 发动机配气机构的组成

2.5.1 气门

气门分为进气门和排气门。气门的气门顶和气门升程要尽可能大些，以便利于换气。排气门直径一般小于进气门，这是因为燃烧室内的高压废气可以在排气门打开后很快排出。

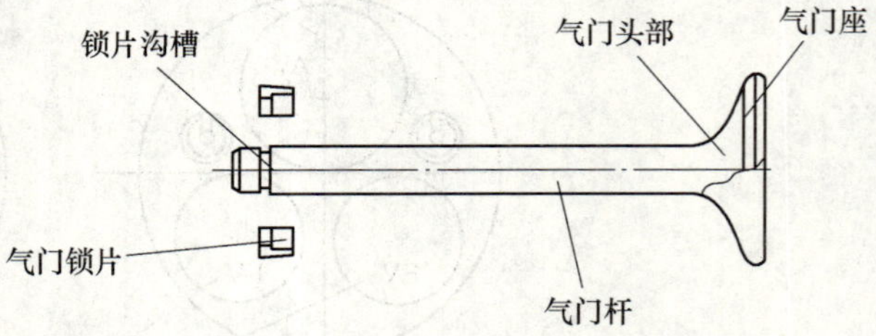

图 4-30　进气门

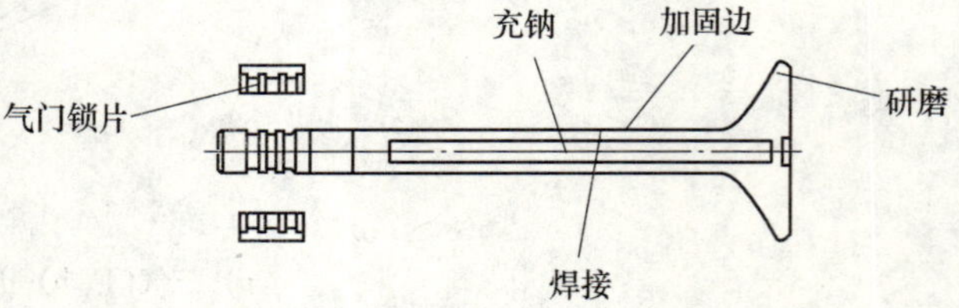

图 4-31　空心排气门

1. 气门的结构

气门由气门头部和气门杆组成。气门头部必须在气缸盖中和气门座一起实现燃烧室的密封。气门杆的末端开环槽或有一个或多个沟槽，以卡住气门锁片。气门锁片通过气门弹簧座压入槽内。如图 4-30 所示为进气门的结构，图 4-31 所示为排气门的结构。

2. 工作要求

气门的工作要求很高。气门在 1min 内打开和关闭约达 4 000 次，气门杆和杆端要求能够抵抗摩擦造成的磨损。

3. 进气门

进气门可通过吸入新鲜气体降温冷却，但其温度仍达 500℃。

进气门通常由单金属制成，为减轻磨损，可在气门座、气门杆、气门锁片沟槽和杆端的平面处做硬化处理。

4. 排气门

排气门要能够抵抗高温（气门座处约 900℃）燃气的热量和化学腐蚀，因此通常采用双金属排气门形式。在与燃气直接接触的气门座和气门杆下半部分，应用抗热性、抗腐蚀性、抗氧化性好的钢材料。若钢的硬度不够，则排气门的滑移性能很差，并且容易卡在气门导管中，导热性能也不好。排气门气门杆上部由高硬度钢制成，并具有良好的导热性，其气门头部和气门座的密封锥面要互相研磨以保证密封。

5. 空心排气门

为提高导热性，可将排气门做成空心的，并充入 60% 的金属钠。钠的熔点为 97℃，导热性好。液体钠在气门往复运动时流动，将气门头部的热量迅速传到杆部，这样可降低气门头部温度约 100℃。气门与气门座接触的部分通常镀金属镀层（见图 4-31），如硬质合金镀层，以减轻磨损并防止气门撞击气门座造成损坏。

6. 气门间隙

进排气门工作过程中，由于材料性质的不同而在温度上升时发生不同程度的膨胀。另外，配气机构传动件磨损后，长度也会发生改变。因此，为了使进排气门在各种工况下都能保证良好的密封作用，传动件之间需留有一定的间隙，此间隙为气门间隙。通常发动机冷却时的气门间隙比暖机时大。

一般来说，排气门的间隙比进气门大，因为排气门的工作温度更高。

（1）气门间隙过小　气门间隙过小会导致气门过早打开和过迟关闭。此时，在排气门关闭的冷却阶段，排气门头部的热量向气门座传递不充分，从而使排气门过热。此外，气门间隙过小还使进、排气门不能完全关闭，这样废气会通过排气门间隙重新流回燃烧室，并从进气门间隙流出，在进气门处产生回火，造成发动机燃气损失，功率下降。同时，气门在废气回流过程中过热，还会使气门头部和气门杆处燃烧。

（2）气门间隙过大　气门间隙过大会导致气门过迟打开和过早关闭。此时，因气门开启时间过短，进、排气截面积过小，造成充气质量变差和功率下降。同时，对气门的力学要求更高，气门噪声增加。

（3）气门间隙的调整　气门间隙的调整因发动机种类和制造工艺的不同而不同。气门间隙在暖机、冷机、停转和缓慢运转几种不同工况下有不同的规定值。

凸轮轴、气门摆臂或摇臂上置式的发动机，可用调整螺钉和锁紧螺母来调整气门间隙；或者按图 4-32a 所示的方法在摆臂支座的螺纹孔中旋入调整螺钉来调整，气门间隙需通过凸轮圆周和摆臂之间的缝隙来检验；也可在上置的凸轮轴和气门挺柱之间插入厚度不同的、经硬化处理的垫片来调整气门间隙，如图 4-32b 所示，并通过凸轮圆周和摆臂之间的缝隙来检验。

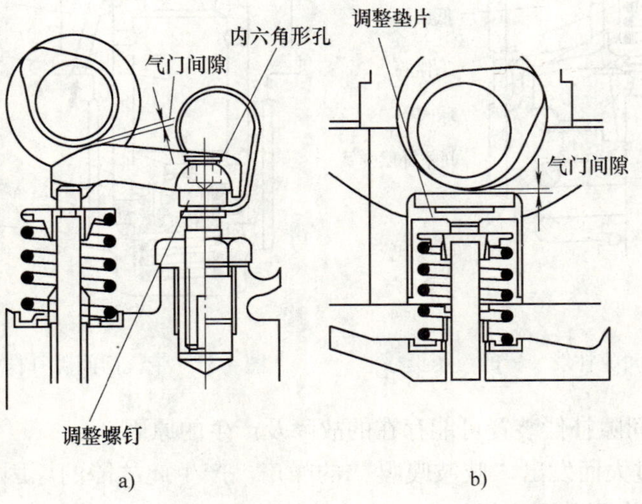

图 4-32　气门间隙的调整

a）用调整螺钉调整　b）用调整垫片调整

气门间隙的生产商规定值为0.1~0.3mm。气门间隙调整错误会导致气门开启和关闭时间推迟或提前。

（4）液压气门间隙补偿装置　带液压气门间隙补偿装置的发动机可不用对气门间隙进行调整。气门间隙补偿装置通过液压传动件对配气机构部件的长度变化自行补偿，从而消除了发动机运转时的气门间隙。

1）液压气门间隙补偿装置的构造。气门间隙补偿装置位于挺柱上，气门的开闭直接由凸轮通过挺柱控制，如图4-33所示。

2）工作原理。液压挺柱接在发动机循环油路中。润滑系统中的机油从油道经挺柱体侧面的油孔进入并充满低压油腔，并经压力油栓流入下面的存油腔中。

当凸轮顶端偏离液压挺柱时，压力油栓球阀打开，压力油栓在间隙补偿弹簧的作用下向上运动，由于压力油栓以下的空间变大，机油可由存油腔流入并充满工作腔。

当凸轮顶端压向液压挺柱时，压力油栓球阀关闭。由于液体的不可压缩性，整个工作腔像一个刚体一样上升。凸轮通过导向套管的运动控制进、排气门打开。当传动件受热膨胀时，少许的机油可经压力油栓和导向套管之间的配合间隙漏出，自行补偿气门间隙。

若凸轮轴经过摆臂控制气门，则可在摆臂轴座上加装气门间隙补偿装置，如图4-34所示，其工作原理与液压挺柱相同。

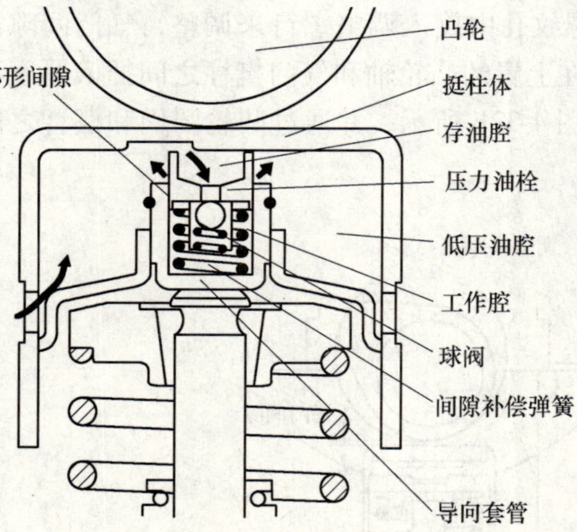

图4-33　带气门间隙补偿装置的液压挺柱

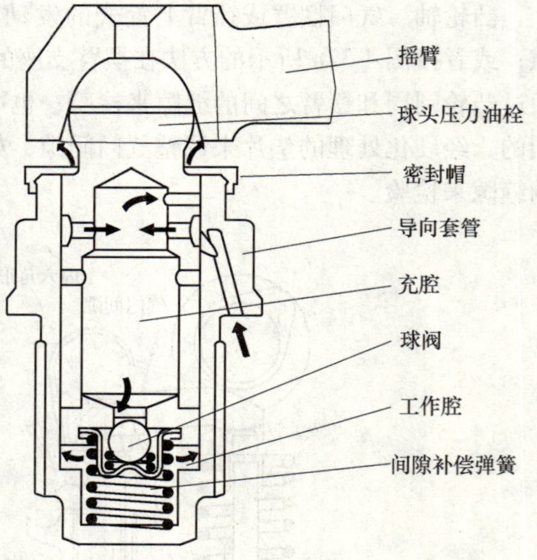

图4-34　带气门间隙补偿作用的摆臂轴座

3）液压气门间隙补偿装置可能存在的故障及产生的原因。

① 气门间隙过大而发出“吱吱嘎嘎”的噪声。产生此故障的原因可能是压力油栓和导向套筒之间的配合间隙因磨损加大，导致补偿装置失效，也可能是润滑油路中的单向阀损坏。

② 无间隙补偿作用。产生此故障的原因可能是气门间隙补偿装置损坏，也可能是补偿装置的机油油位过高，导致空气进入而产生气泡。

2.5.2　气门导管

气门导管如图4-35所示，常把滑移性能优越的气门导管压入铝合金气缸盖中。大部分气门导管由铸铁或特种铸铁制成。为了保证气门导管顶端和气门杆之间的密封性能，必须在导管中形成一层油膜，但同时需避免机油沿气门导管进入进、排气道中，造成过高的机油消耗和在气门杆上产生积炭的现象，并避免影响到三元催化器的作用。

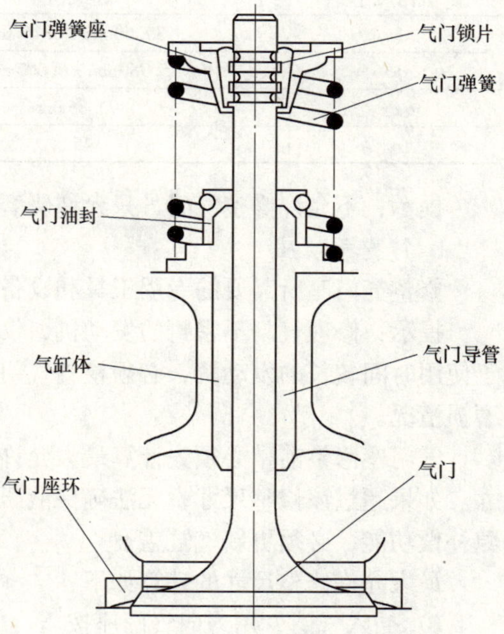

图4-35　气门导管

2.5.3　镶入气缸盖内的气门座

镶入气缸盖内的气门座，如图4-36所示，其锥角通常与气门顶部的锥角相同。气门座锥角为45°。

1. 修正锥角

修正锥角呈15°和75°，修正锥角改善了进入、排出气缸的气体的流动情况，并和修正的气门座宽度相适应。

2. 气门座宽度

气门座宽度改善了燃烧室的密封性。为提高气门处的热传导性，气门座宽度在进气门处约1.5mm，排气门处约1.5mm。气门顶部的锥角有时和气门座锥角不同，如气门顶部锥角44°，气门座锥角45°，从而为燃烧室形成了一条细长的密封边，该密封边会在使用过程中逐渐扩大至正常的气门座宽度。

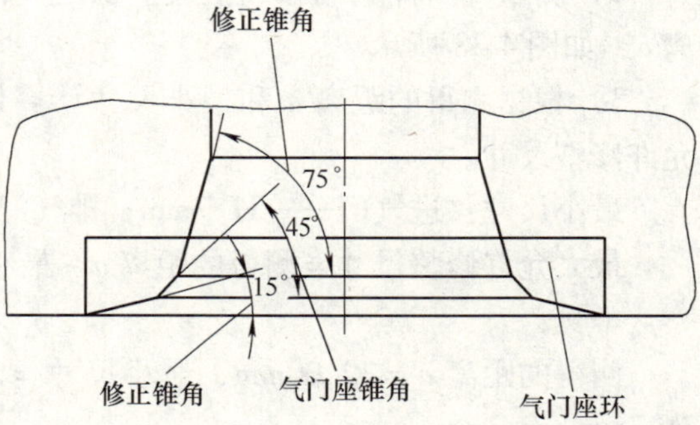

图4-36　镶入气缸盖内的气门座

2.5.4　气门座圈

气门座圈提高了镶入铝合金（有时为铸铁）气缸盖的气门座的强度。气门座圈必须耐高温、耐磨、抗氧化，并由高合金钢或特种钢制成。气门座圈需压入或经收缩后压入气缸盖中。

2.5.5　气门弹簧

气门弹簧在吸气或排气结束时关闭气门。气门弹簧采用螺旋式弹簧。为了防止在发动机高转速时弹簧发生共振而折断，可将弹簧绕成变螺距、锥形或直径逐渐减小的形状，有时也用内外两根弹簧。

2.5.6　气门尺寸

气门各部分的尺寸如图4-37所示，其具体数值见表4-4。

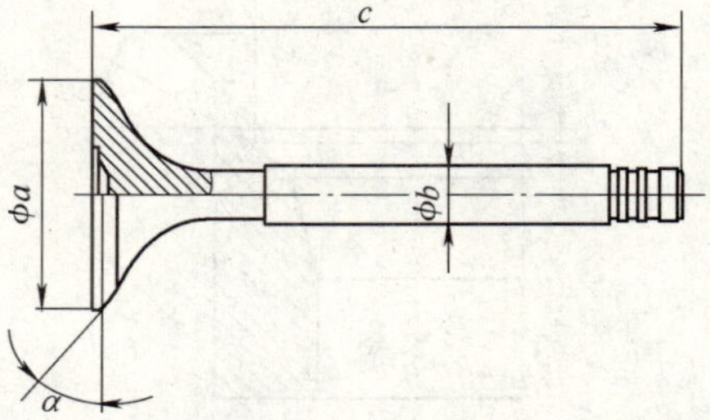

图4-37　气门尺寸

表 4-4　气门尺寸数值

气门尺寸	进气门	排气门
ϕa	39. 50mm ±0. 15mm	32. 90mm ±0. 15mm
ϕb	5. 980mm ±0. 007mm	5. 965mm ±0. 007mm
c	93. 85mm	93. 85mm
α	45°	45°

提示：不允许修整气门，只允许研磨。

1. 修整气门座

修整气门座所需要的专用工具和设备：深度游标卡尺、气门座加工装置。

提示：修理气门不密封的发动机，仅仅处理或更新气门座和气门是不够的。尤其是对于使用时间较长的发动机，必须检查气门导管的磨损情况。

气门座修整前，必须先计算最大允许修整尺寸。如果超过该修整尺寸，无法确保液压气门间隙补偿功能，必须更新气缸盖。

最大允许修整尺寸的计算如下：

1）插入气门，用力向气门座按压。

提示：如果修整时更换了气门，必须用新的气门进行测量。

2）测量气门杆末端和气缸盖上缘之间的距离 a，如图 4-38 所示。

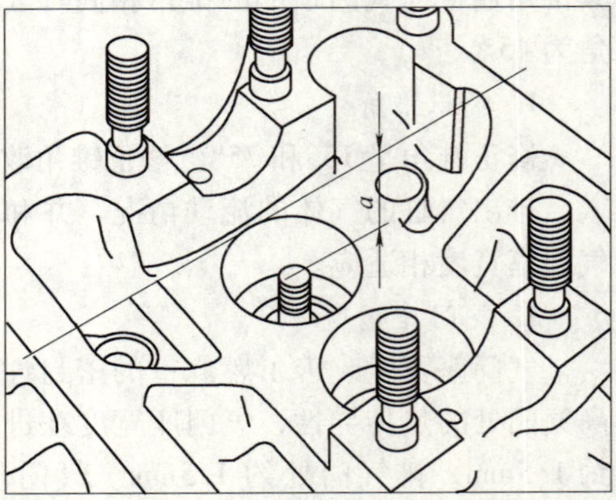

图 4-38　测量气门杆末端和气缸盖上缘之间的距离

3）根据测得的距离 a 和最小尺寸计算最大允许修整尺寸。

最小尺寸：进气门——31. 7mm；排气门——31. 7mm。

最大允许修整尺寸 = 测得的距离 a − 最小尺寸

举例：

测得的距离 a = 32. 00mm，最小尺寸 = 31. 7mm，则最大允许修整尺寸 = 32. 00mm − 31. 7mm = 0. 3mm。

最大允许修整尺寸为图 4-39、图 4-40 气门座修整图中的尺寸“b”。

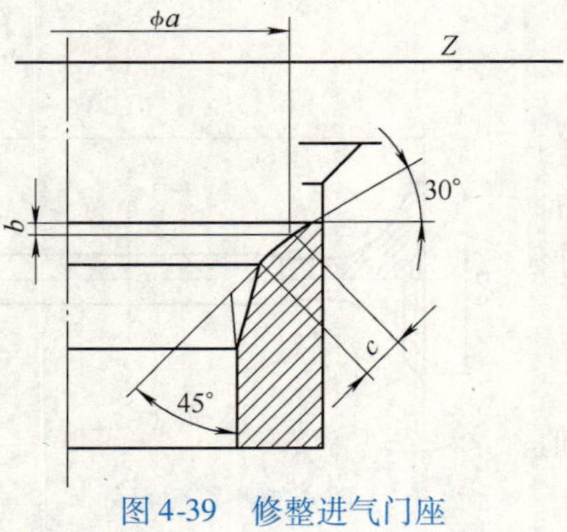

图 4-39　修整进气门座

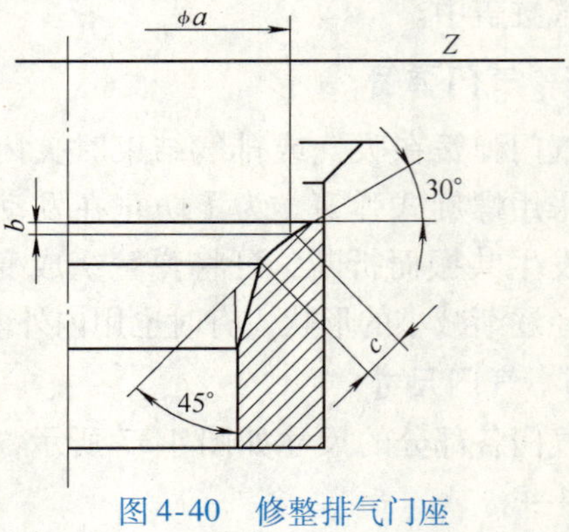

图 4-40　修整排气门座

修整进气门座（见图4-39）的相关尺寸见表4-5。

表4-5　修整进气门座

尺寸	进气门座
ϕa	39.2mm
b	最大允许修整尺寸
c	1.8～2.2mm
Z	气缸盖下缘
45°	气门座角度
30°	上修正角

修整排气门座（见图4-40）的相关尺寸见表4-6。

表4-6　修整排气门座

尺寸	排气门座
ϕa	32.4mm
b	最大允许修整尺寸
c	2.2～2.6mm
Z	气缸盖下缘
45°	气门座角度
30°	上修正角

2. 检查气门导管

检查气门导管所需要的专用工具和维修设备：通用千分表支架（见图4-41）和千分表。

检查气门导管的操作，如图4-42所示。

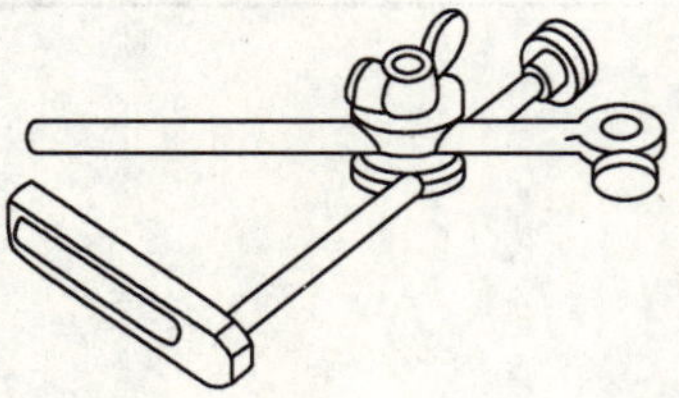

图4-41　千分表支架

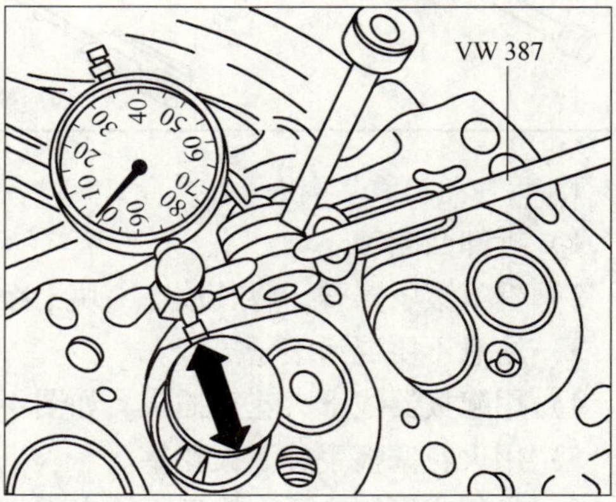

图4-42　检查气门导管

1）将新气门插入气门导管中，气门杆末端必须和导管紧贴。因为气门杆直径不同，进气门只能用在进气门导管中，而排气门只能用在排气门导管中。

2）确定旷摆间隙。磨损极限为0.6mm，如果超过旷摆间隙，需更换气缸盖。

2.5.7 更换气门杆密封件

更换气门杆密封件所需要的专用工具和维修设备见表4-7。

表4-7 更换气门杆密封件所需的专用工具和维修设备

扭力扳手	气门撬棒（带压块）	气门杆密封圈压入器
	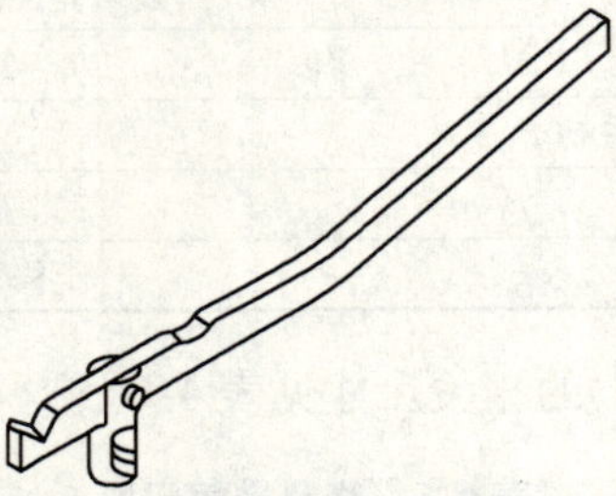	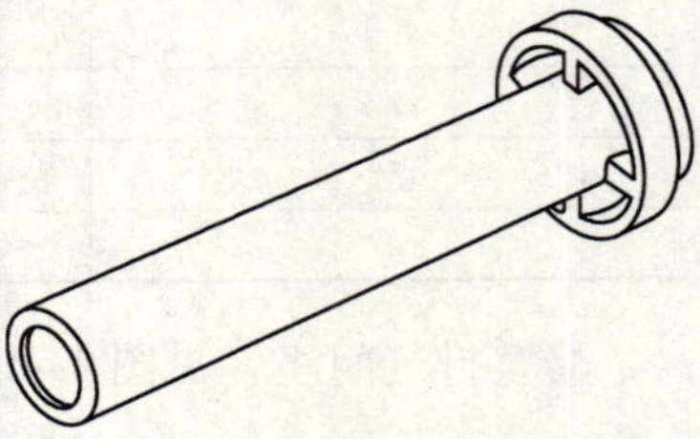
压力软管	气门装配专用工具	气门密封圈拔出器
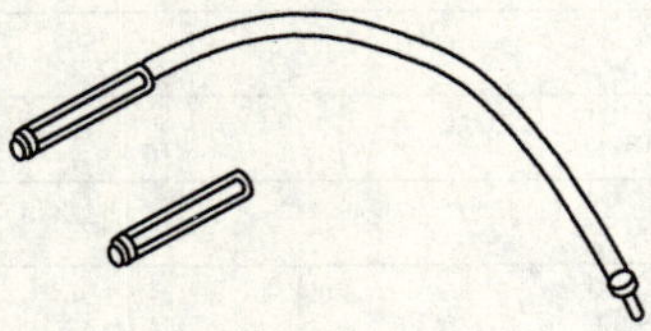	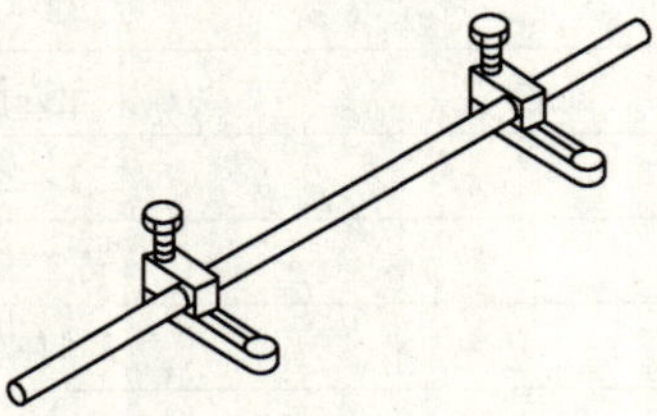	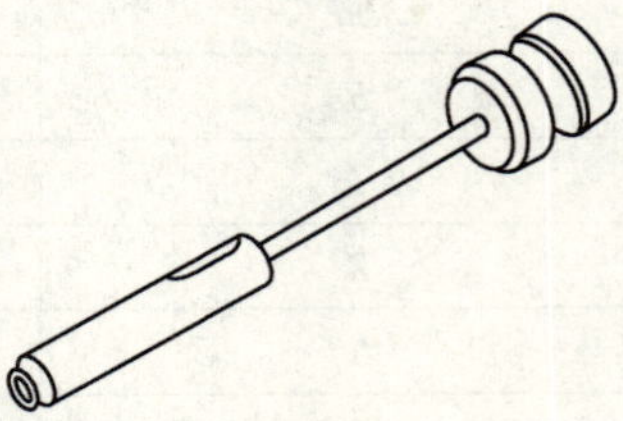
火花塞扳手	起拔器	
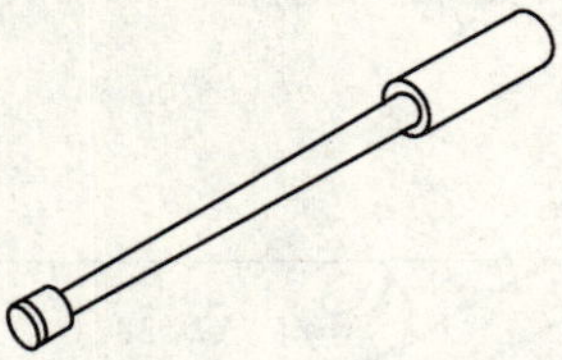	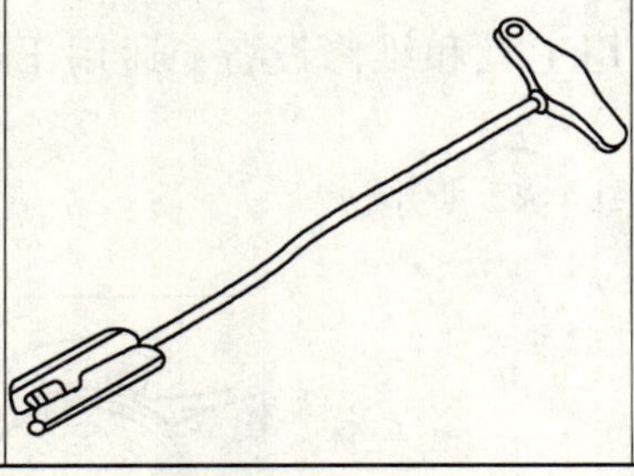	

1. 拆卸气门杆密封件

1）拆卸凸轮轴。

2）拆下滚子摇臂，将其放在一块干净的垫子上。

3）注意不要混淆滚子摇臂。

4）用起拔器拔下火花塞插头，如图4-43所示。

5）用火花塞扳手旋下火花塞。

6）将相应气缸的活塞置于下止点。

7）装上气门装配专用工具，并将支座调整到无头螺栓的高度。

8）将压力软管旋入火花塞螺纹中。

9）将压力软管接到至少6bar的压缩空气上。

10）用气门撬棒和压块拆卸气门弹簧。

提示：用锤子轻敲装配杆，松开固定的气门锁夹。

11）用气门杆密封圈拔出器拆下气门杆密封圈。

2. 安装气门杆密封件

1）将随附的塑料套筒 A 套到相应的气门杆上，这样可以避免损坏新的气门杆密封件，如图 4-44 所示。

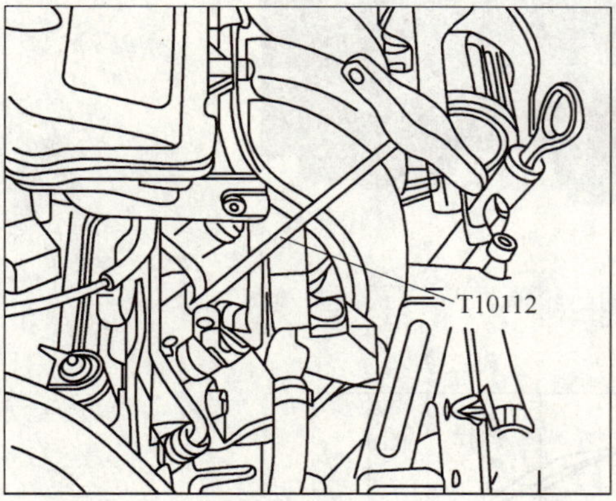

图 4-43 拔下火花塞插头

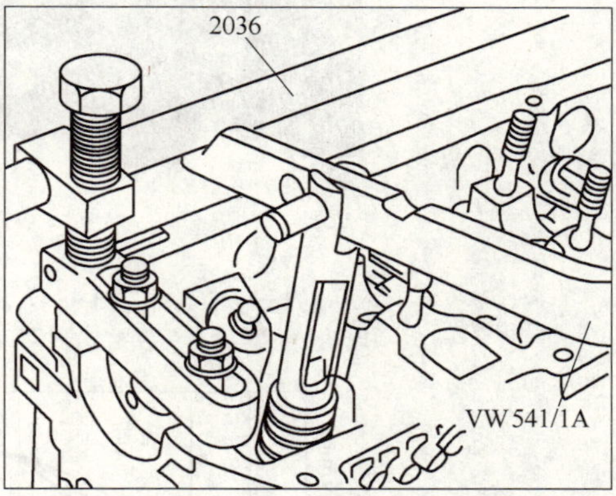

图 4-44 将塑料套筒套到相应的气门杆上

2）将新的气门杆密封圈 B 装入气门杆密封圈的推杆中，如图 4-45 所示。

3）给气门杆密封圈涂油并小心地移动到气门导管上。

4）其余的组装工作按与拆卸相反的顺序进行。

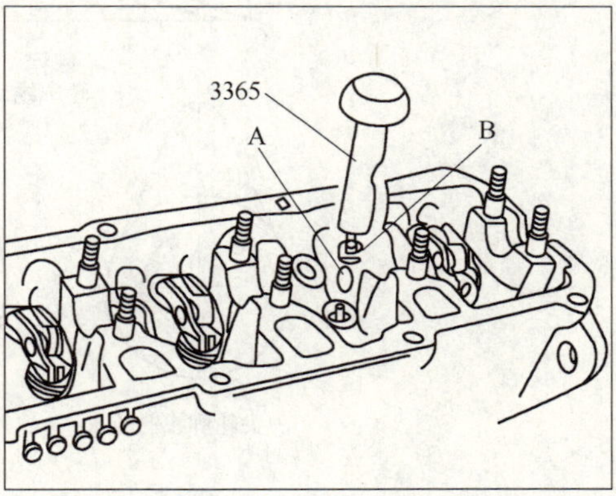

图 4-45 装入新的气门杆密封圈

2.5.8 凸轮轴

发动机工作时，必须用凸轮轴控制气门升降的正确时刻和次序，并保证气门正确回位。

1）铸造的凸轮轴，如图 4-46 所示，它由加入片状石墨或球墨的合金铸铁铸造而成。

图 4-46 铸造的凸轮轴

2）锻造的凸轮轴，如图 4-47 所示，其凸轮由渗碳钢、调制钢或渗氮钢单独制成，然后套在钢管上。

3）凸轮轮廓，如图 4-48 所示。凸轮轮廓决定了打开和关闭气门时的开启时间、上升速度、升程和回程。

① 尖轮廓线凸轮。使气门缓慢升起和落下，且气门完全打开的时间很短。

② 不对称轮廓线凸轮。升程轮廓线较平缓，使气门缓慢打开，回程轮廓线较陡，使开启时间较长的气门快速关闭。

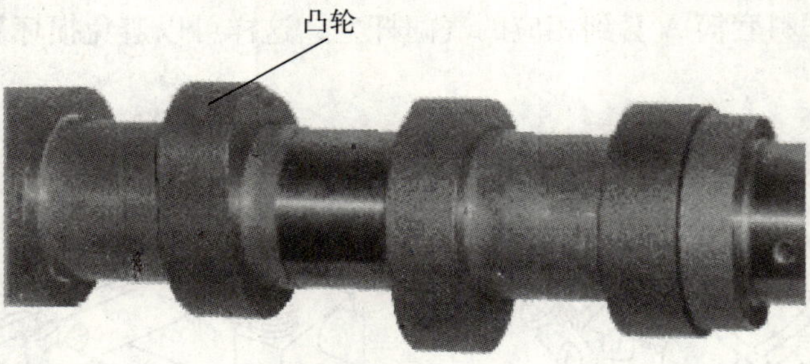

图 4-47　锻造的凸轮轴

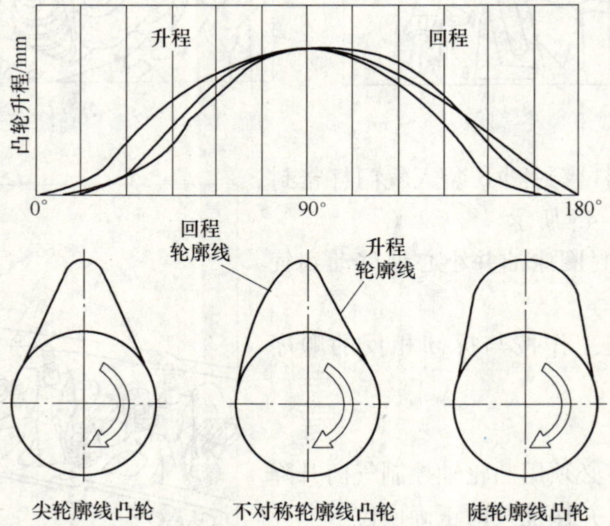

图 4-48　凸轮轮廓和凸轮行程

③ 陡轮廓线凸轮。使气门快速打开，并迅速关闭，气门完全开启的时间较长。

4）凸轮轴的传动。凸轮轴的传动形式见表4-8。其中，同步齿形带传动的特征包括以下几点：

① 减轻质量。

② 降低运行噪声。

③ 降低制造成本。

④ 预紧力小。

⑤ 无需润滑。

⑥ 安装时表面不能粘上油液。

⑦ 不能折叠。

⑧ 更换时注意生产商的说明。

表 4-8　凸轮轴的传动形式

齿形带传动	链传动	齿轮传动
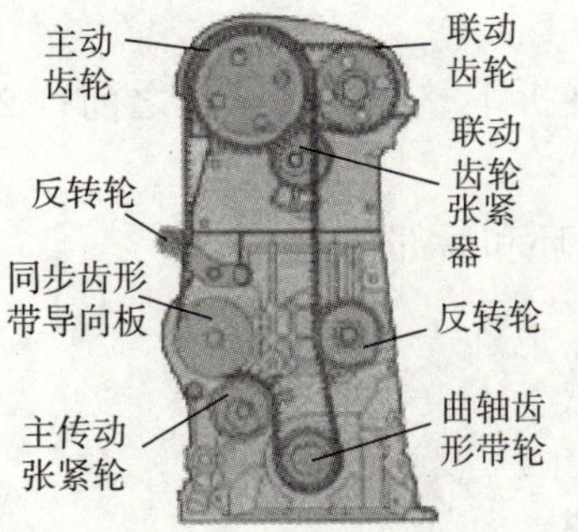	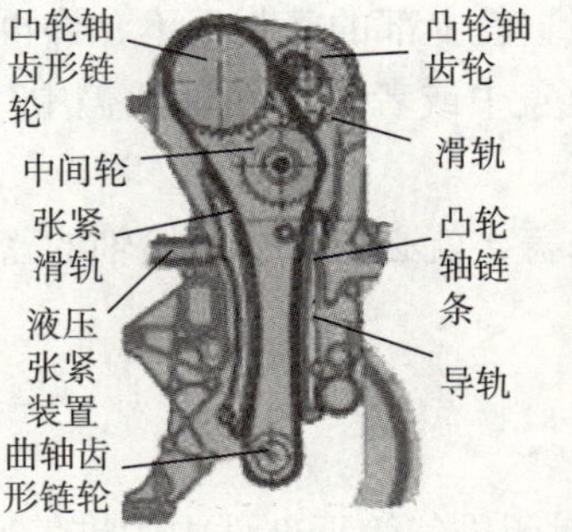	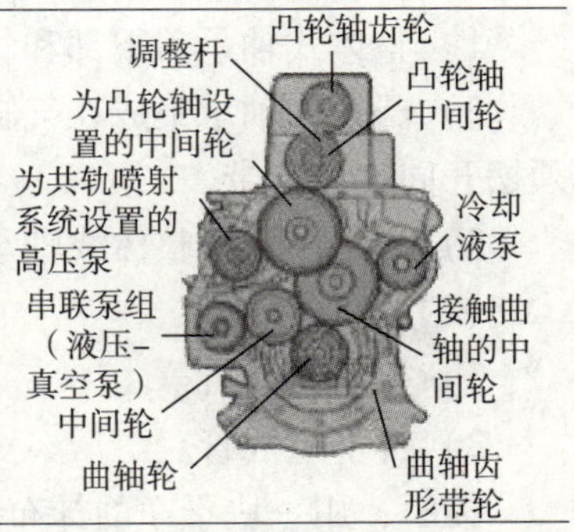
同步齿形带由合成材料制成，背衬通常由一种玻璃纤维材料做成，可承受拉力并限制同步齿形带的伸长。同步齿形带绕在齿形带轮上，并通过设置导向板防止其从一侧脱出	链传动应用在所传递的动力很大并需要对配气相位作精确控制的场合。链张紧机构使传动链张紧。为降低传动链的噪声，导链板用合成材料制成。曲轴正时链轮可加衬橡胶层	通过齿轮组将曲轴的旋转运动传递到气缸盖内的凸轮轴上。为降低噪声，齿轮组采用斜齿轮啮合 优点：可非常精确地传递动力和转矩并通过缩小齿轮的尺寸减少整个机构的长度

2.5.9　摆臂和摇臂

当气门不能直接和凸轮轴通过挺柱相连时，则在凸轮轴和气门之间安装摆臂或摇臂以控制气门的打开。

1）摆臂是个单臂杠杆，其一端与压力油栓的球头相连，另一端把凸轮的运动行程传给气门。带轴承的摆臂，如图 4-49 所示，它可以大大减轻凸轮和摆臂之间的摩擦。

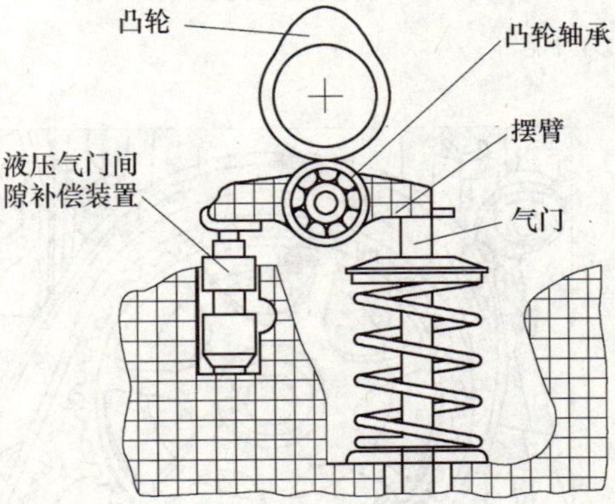

图 4-49　带轴承的摆臂

2）摇臂是个双臂杠杆。此时，凸轮轴布置在摇臂的下面。凸轮的运动行程通过摇臂传到气门杆上。和带轴承的摆臂一样，应用带轴承的摇臂可减轻凸轮和摇臂之间的摩擦。

2.5.10　拆卸和安装凸轮轴

拆卸和安装凸轮轴所需要的专用工具为扭力扳手和表 4-9 中的工具。

表 4-9　拆卸和安装凸轮轴的专用工具

装配专用工具	拉　入　套	夹　具
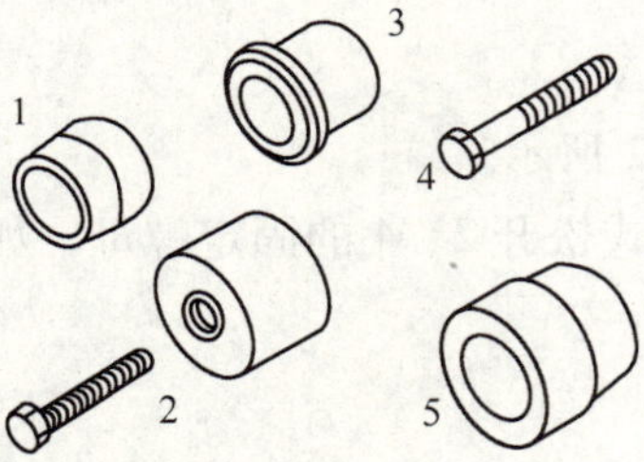		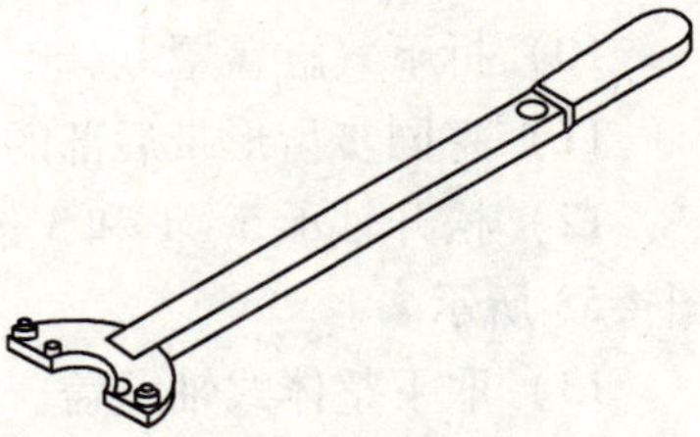

1. 拆卸凸轮轴

（1）操作注意事项

1）整体式轴承盖下部和气缸盖上部的密封面不允许再加工。

2）凸轮轴轴承集成在气缸盖中或者整体式轴承盖中。在拆下整体式轴承盖之前，必须松开同步齿形带。

3）如果已松开整体式轴承盖，就必须更换凸轮轴的密封环和后部端盖。

（2）拆卸步骤

1）拆下发动机罩。

2）拆下进气管。

提示：用一块干净的抹布封闭进气管下部件中的进气通道。

3）拆下同步齿形带上部的护罩。

4）转动着将凸轮轴正时齿轮安装到位，至第 1 缸活塞处于上止点。凸轮轴正时齿轮的标记必须与同步齿形带护罩的箭头对齐，如图 4-50 所示。

5）松开张紧轮并将同步齿形带从凸轮轴正时齿轮上取下。

6）将曲轴稍向反方向旋转。

7）拆下凸轮轴正时齿轮。松开螺栓时，用固定支架固定凸轮轴正时齿轮，如图 4-51 所示。

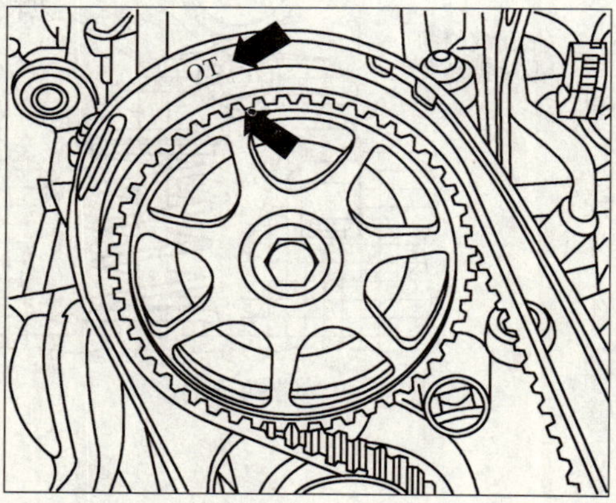

图 4-50　将凸轮轴正时齿轮的标记与同步齿形带护罩的箭头对齐

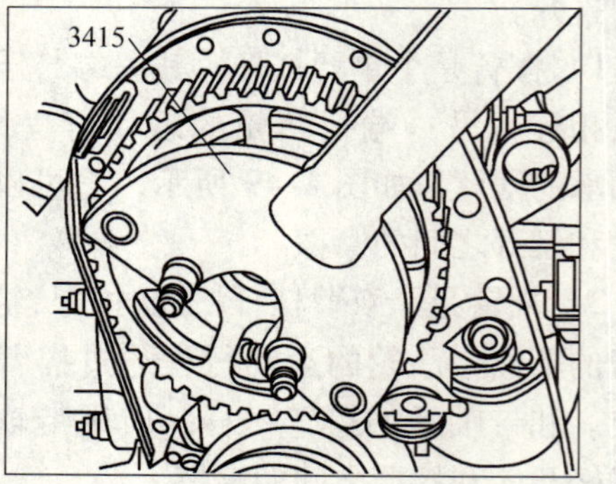

图 4-51　固定凸轮轴正时齿轮

8）从凸轮轴中取出平键。

9）由外向内松开气缸盖罩的螺栓。

10）拆下气缸盖罩。

11）将同步齿形带后部的护罩从气缸盖上拧下，如图 4-52 所示。

12）松开轴承 5、1 和 3 上的固定螺母，然后以交叉的方式松开 2、4 的固定螺母，如图 4-53 所示。

13）取下整体式轴承盖。

14）小心地向上取下凸轮轴并将其放在一块干净的垫子上。

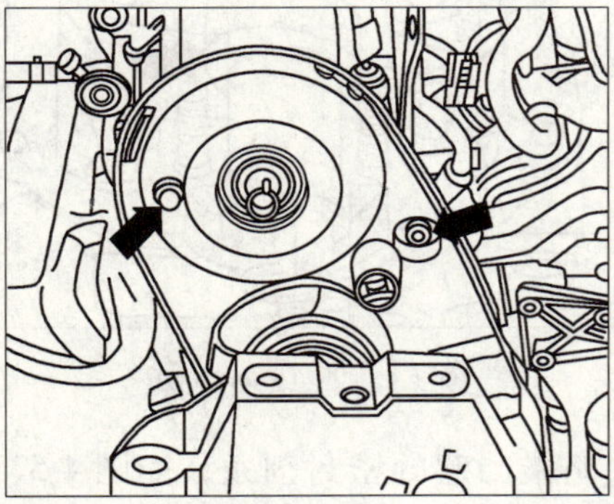

图 4-52　拧下同步齿形带后部的护罩

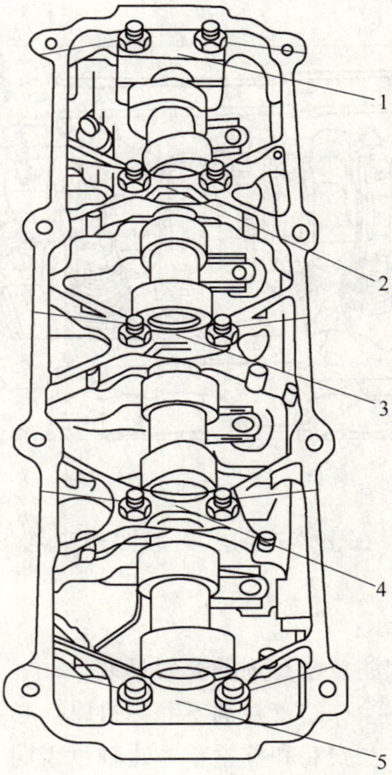

图 4-53　松开轴承的固定螺母

15）将滚子摇臂和挺柱一同取出，把其放在一块干净的垫子上。

16）注意不要混淆摇臂和挺柱。

17）从整体式轴承盖的凹槽和气缸盖的密封面上清除掉旧的密封剂。

18）要避免污物和密封剂的残余物进入气缸盖中。

2. 安装凸轮轴

（1）操作注意事项

1）密封面上必须无机油和油脂。

2）安装整体式轴承盖或者凸轮轴时，第 1 缸的凸轮必须指向上方。

3）不允许将活塞置于上止点。

（2）安装步骤

1）将挺柱装入气缸盖，并将相应的滚子摇臂安装在气门杆末端或挺柱上，如图 4-54 所示。

2）注意要让所有的滚子摇臂正确安装在气门杆末端 1 上，并且卡到相应的挺柱 2 上，如图 4-55 所示。

3）给凸轮轴的摩擦面涂润滑油。

4）将凸轮轴小心地装入气缸盖的凸轮轴轴

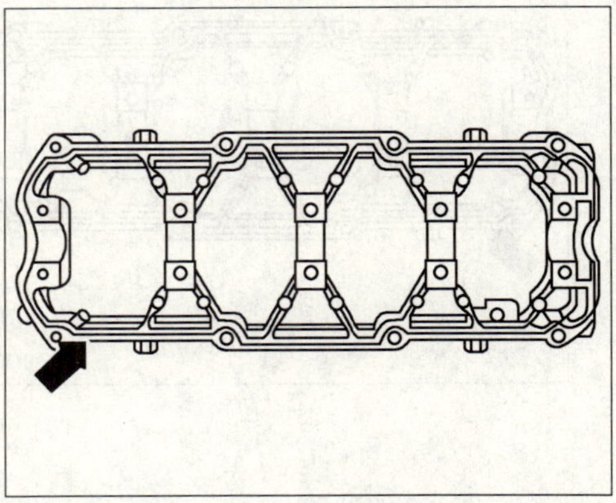

图 4-54　安装挺柱和摇臂

承中。第1缸的凸轮顶部必须指向上方，如图4-56箭头所示。

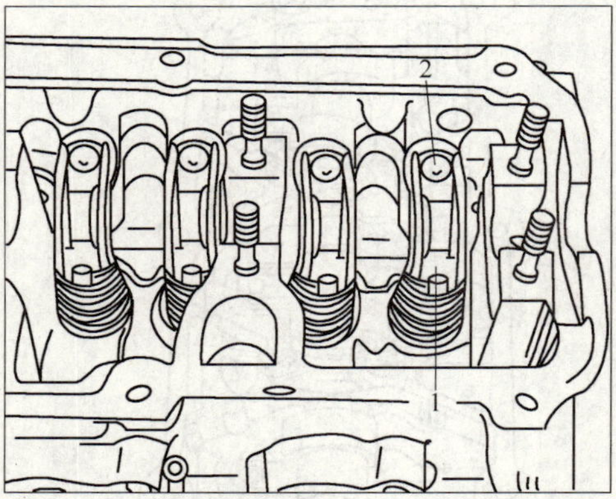

图4-55 正确安装摇臂

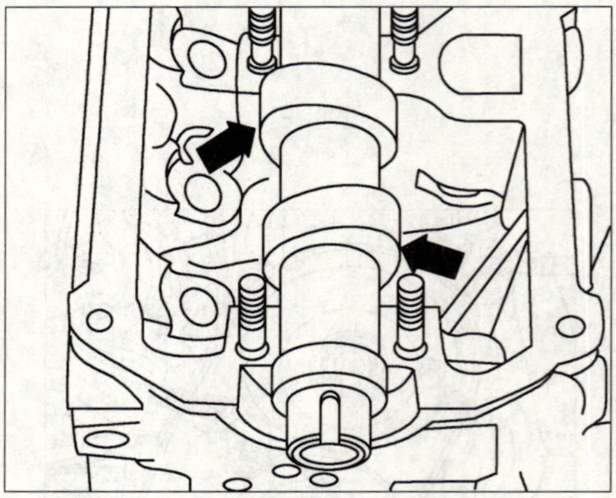

图4-56 装入凸轮轴

5）在整体式轴承盖的凹槽中均匀地涂抹一层略微凸起的密封剂条，如图4-57箭头所示。

提示：

① 注意密封剂的有效日期。

② 涂抹的密封剂不允许过厚。必要时，将多余的密封剂用一块不含纤维的抹布擦掉。

③ 在安装和拧紧整体式轴承盖时，不得中途中断，因为一旦密封面接触到一起，密封剂就立刻开始硬化。

6）将一个新的后部端盖平齐地安装好。

7）装上整体式轴承盖，并以交叉的方式略微拧紧轴承2和4的螺母。然后，以同样的方法拧紧轴承3、1和5的螺母。

8）最后按图4-58所示的顺序以23N·m的力矩拧紧螺母。

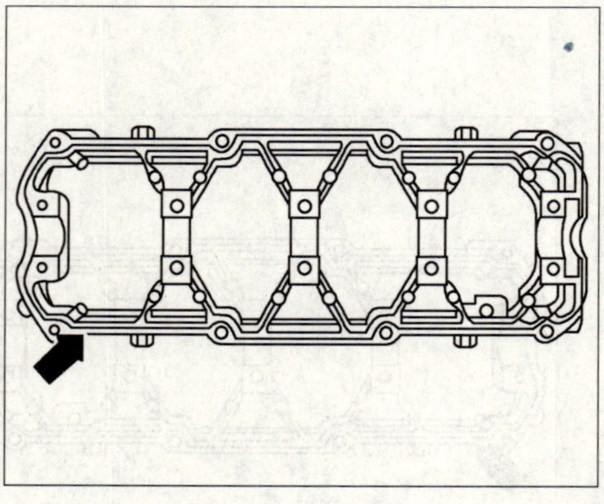

图4-57 在整体轴承盖的凹槽中涂抹密封剂

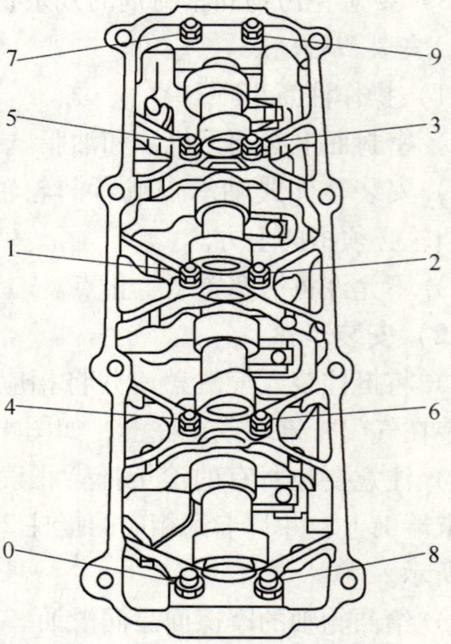

图4-58 拧紧轴承螺母

9）安装气缸盖罩，并将螺母从内向外以交叉的方式拧紧。

10）安装同步齿形带后部的护罩。

11）用装配专用工具（导向套）安装新的密封环，并用拉入套和装配专用工具将螺栓压入至极限位置，如图 4-59 所示。

提示：将一个较大的常用垫圈 M12 放在螺栓下面，以免磨坏压套。

12）将平键装入凸轮轴中。

13）安装好凸轮轴正时齿轮。拧紧螺栓时，用固定支架固定凸轮轴正时齿轮，如图 4-60所示。螺栓的拧紧力矩为 100N · m。

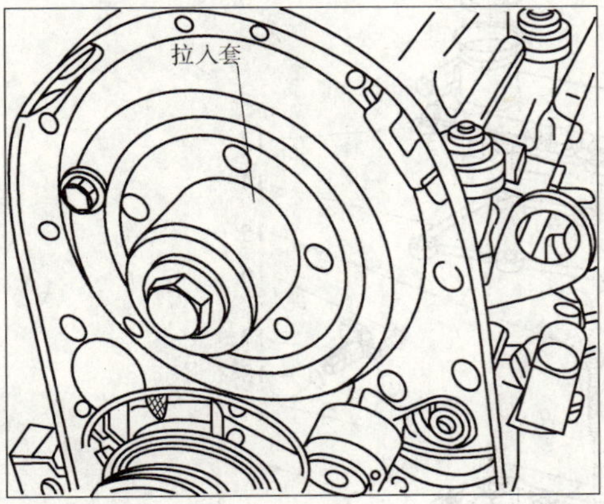

图 4-59　安装新密封环

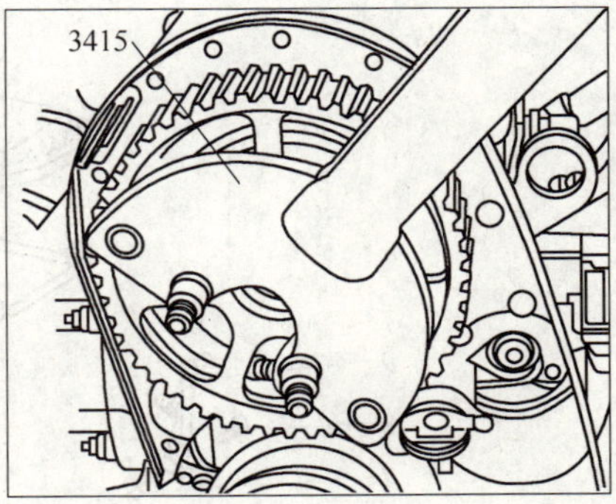

图 4-60　安装凸轮轴

提示：在转动凸轮轴时不允许将曲轴停在上止点，气门/活塞头有损坏危险。其余的组装工作大体上与拆卸顺序相反。

14）安装同步齿形带。

提示：安装整体式轴承盖和气缸盖罩后，必须让密封剂干燥约 30min。

2.5.11　检测凸轮轴轴向间隙

所需要的专用工具和维修设备：通用千分表支架和千分表。

在安装完整体式轴承盖后，对凸轮轴轴向间隙进行测量，检测方法如图 4-61 所示。磨损极限为 0.17mm。

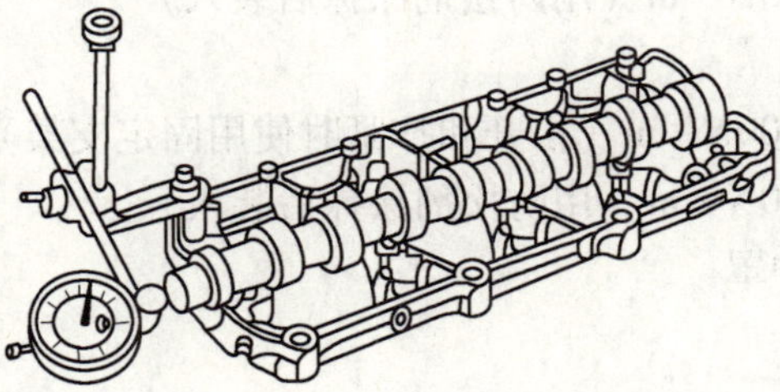

图 4-61　检测凸轮轴轴向间隙

3 速腾 2006 轿车气缸盖维修手册的相关知识

3.1 气缸盖结构

速腾 2006 轿车的气缸盖结构如图 4-62 所示，图中各部分的名称及相关内容介绍如下：

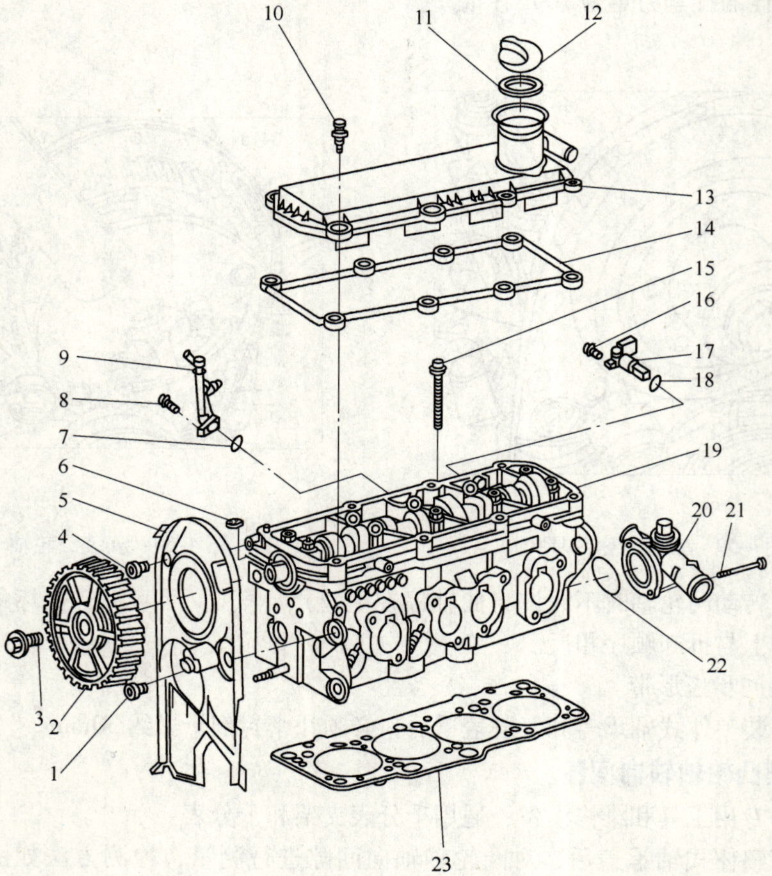

图 4-62 速腾 2006 轿车的气缸盖

1—螺栓，拧紧力矩 23N · m（用防松剂涂抹后装入）
2—凸轮轴正时齿轮
3—螺栓，拧紧力矩 100N · m（松开和拧紧时使用固定支架）
4—螺栓，拧紧力矩 10N · m（用防松剂涂抹后装入）
5—后部同步齿形带护罩
6—平键
7—密封环（需更新）
8—螺栓，拧紧力矩 10N · m
9—排气接头

10—专用螺钉，拧紧力矩 9N · m（损坏或泄漏时更换）
11—密封条（损坏或泄漏时更换）
12—端盖
13—气缸盖罩
1）拆卸时从外向内松开螺栓。
2）安装螺栓时，从内向外拧紧。
14—气缸盖罩密封件
15—气缸盖螺栓
1）需更新。
2）松开和拧紧时注意顺序。
16—螺栓，拧紧力矩 10N · m
17—霍尔传感器 G40
18—O 形环（需更新）
19—气缸盖
1）检查变形情况。
2）修整尺寸。
3）在更新后更新冷却液。
20—连接接头
21—螺栓，拧紧力矩 10N · m
22—O 形环（需更新）
23—气缸盖密封垫
1）安装位置：零件号朝向气缸盖，必须能从进气侧看到。
2）在更新后更新冷却液。

3.2　配气机构

提示：

1）对于气门座之间有裂缝或气门座圈与火花塞线圈之间有裂缝的气缸盖，如果只是有轻微的、小于 0.3mm 宽的裂缝，或只是火花塞线圈的前 4 个螺距有裂缝，可以继续使用而不降低使用寿命。

2）气缸体和整体式轴承盖必须一起更换。

速腾 2006 轿车的配气机构如图 4-63 所示，图中各部分的名称及相关内容介绍如下：
1—螺栓，拧紧力矩 100N · m（松开和拧紧时使用固定支架）
2—凸轮轴正时齿轮
3—密封环（需更新）
4—平键
5—螺栓，拧紧力矩 23N · m
6—整体式轴承盖
1）不允许再加工密封面。
2）带有集成式凸轮轴轴承。

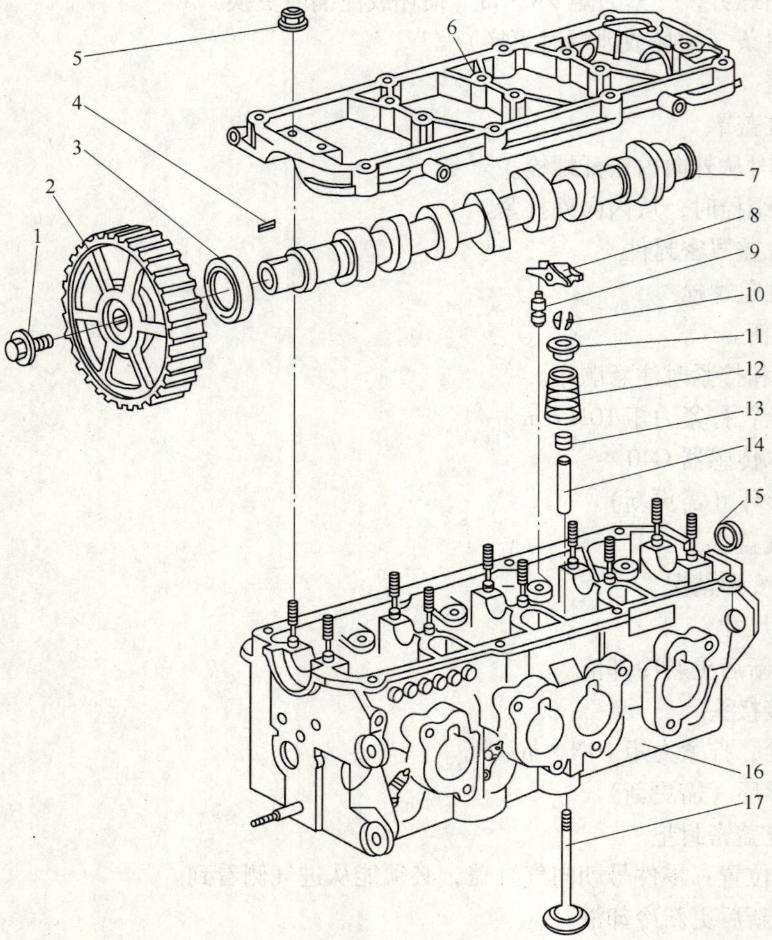

图 4-63 速腾 2006 轿车的配气机构

3）轴承 1 安装到带轮侧。

4）注意凸轮轴轴承的拧紧顺序。

5）将密封剂小心地涂抹在密封剂槽和下部的密封面上。

7—凸轮轴

1）检查轴向间隙。

2）用塑料线间隙规检测径向间隙，磨损极限：0.1mm；偏心：最大 0.04mm。

8—滚子摇臂

1）勿要混淆。

2）检查滚子轴承。

3）给摩擦面涂油。

4）装配时用防松夹将其夹紧在挺柱上。

9—支撑元件

1）勿要混淆。

2）带液压气门间隙补偿装置。

3）给摩擦面涂油。

10—气门锥形锁夹

11—气门弹簧座

12—气门弹簧

用气门弹簧压力器拆卸和安装。

13—气门杆密封件（需更新）

14—气门导管（需检查）

15—端盖

1）平齐安装。

2）拆卸时用螺钉旋具插入端盖中并将其撬出。

16—气缸盖

1）凸轮轴侧的密封面不允许再加工。

2）修整气门座。

17—气门

不能修整，只允许研磨。

4 内窥镜的使用

汽车和发动机的维修多采用解体拆检维修技术，检查时难以直接看到汽车发动机内部。现在，新的汽车和发动机维修技术是采用光学纤维内窥镜（见图4-64），在汽车发动机不解体的情况下，观察内部，确认内部损坏的形式和程度，再采取必要的免解体措施，将发动机和汽车修复，就好像是给发动机做个“B超体检”。这种技术无论是从操作工艺上还是从对发动机的维护上，无疑都提升到了一个很高的层次。

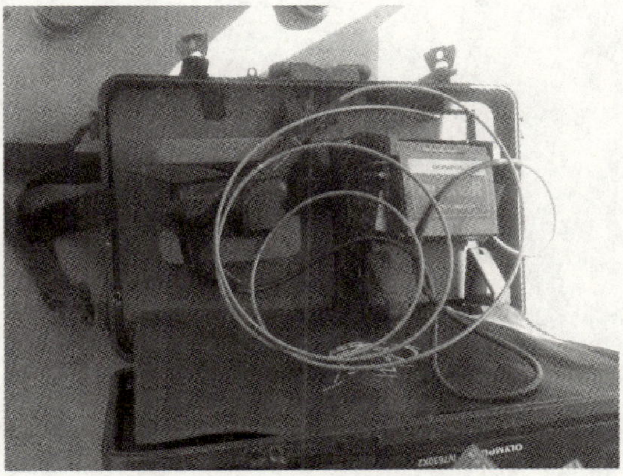

图4-64 内窥镜

现在，国内生产的光纤内窥镜有三种。第一种是简单的内窥镜头，它是直接通过看镜头来观察发动机内部情况的，优点是价格低廉，使用方便；缺点是不能保存图像，维修工只能用一只眼睛观察，不易看清楚。第二种是带有监视器、有摄像录像功能的内窥镜，它能直观地在监视器上看出发动机内部的状况，观察面大，视角宽，能录下当时的观察结果，如果接上视频打印机还能打印出结果，而且它的价格合理。第三种是电子式内窥镜，它是采用针孔摄像机直接连到镜头末端，也可以录像、打印，但是它成本太高，一般用于汽车制造商甚至用于飞机工业上，不推荐使用。因为以上原因，所以推荐第二种带有视频录像功能的工业内窥镜，它的视觉效果好，还能存储观察资料。维修工不妨这样试一试：在汽车做发动机免拆清洗前，用内窥镜观察发动机内部的状况，并摄录下来，注意观察点要多，面要宽，尤其是有积炭的地方要着重观察，也让车主看个清楚。当汽车经过清洗后，再次观察发动机内部的状况，并录下来，让车主对照未清洗时的录像对比一下看个明白。当然，这样做的前提是发动机免拆清洗机质量可靠，清洗液质量也必须过关。如此一来，即使车主不在现场，当取车的时候，也能看到自己的汽车清洗前后的效果对比，肯定会满意，也很有说服力。当然，工业内窥镜不只能观察发动机的内部状况，还可观察发动机缸体是否有裂痕。

发动机的内窥镜检查结果，如图 4-65 所示。

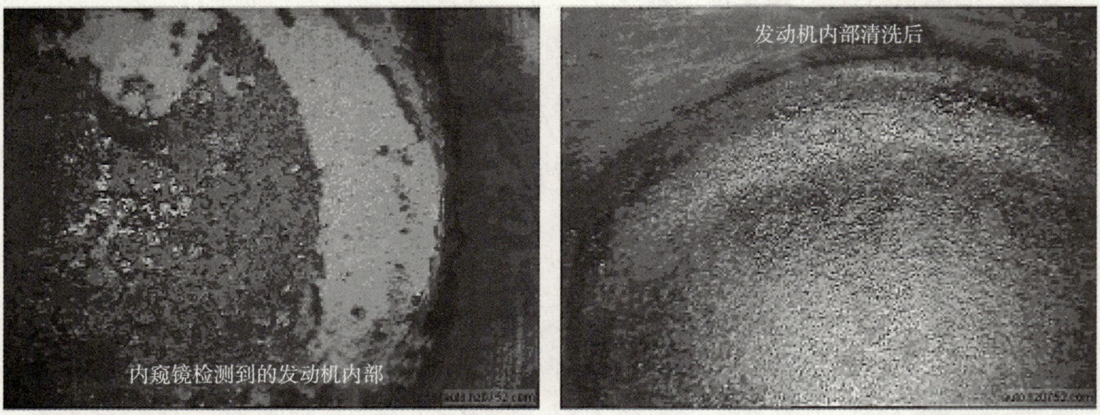

a）　　　　b）

图 4-65　用内窥镜观察发动机

a）内窥镜检测到的发动机内部　b）发动机内部清洗后

学习单元五

机油压力报警灯闪烁

1 润滑系统知识

1.1 润滑系统的作用

为了降低相对运动零部件间的磨损，可在它们之间添加润滑剂。这类润滑剂可以隔开相对滑动的物体，减少其表面的摩擦。

除此之外，润滑系统还有以下作用：

1）减少摩擦。

2）减弱碰撞。

3）防止腐蚀。

4）精密密封。

5）散热。

6）清除磨损颗粒。

7）降低噪声。

1.2 润滑的种类

根据润滑的状态，润滑可分为无润滑、润滑不良和流体润滑。

无润滑是指一个物体在另一个物体上滑动，两物体表面直接接触而没有任何润滑剂或保护膜，如活塞卡死时，活塞与气缸壁之间即为无润滑。无润滑会在摩擦表面间提高温度并增加磨损，如图 5-1 所示。

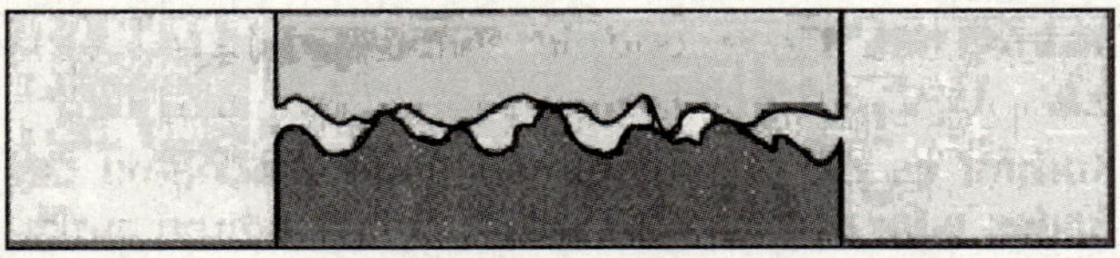

图 5-1　无润滑

润滑不良是指一个物体在另一个物体上滑动，两物体被润滑剂部分地隔开，如在冷起动时活塞与气缸间的润滑或传动装置齿轮间的齿面润滑。这类润滑使磨损和卡死的几率都降低了，如图 5-2 所示。

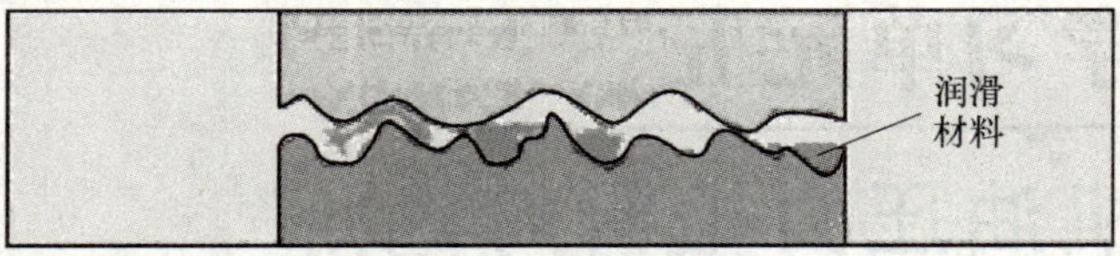

图 5-2　润滑不良

流体润滑是指一个物体在另一个物体上滑动，两个物体被润滑剂完全隔开，比如工作中的曲轴和曲轴轴瓦。此种润滑表面不会产生磨损，流体润滑中起主要作用的是润滑剂，如图 5-3 所示。

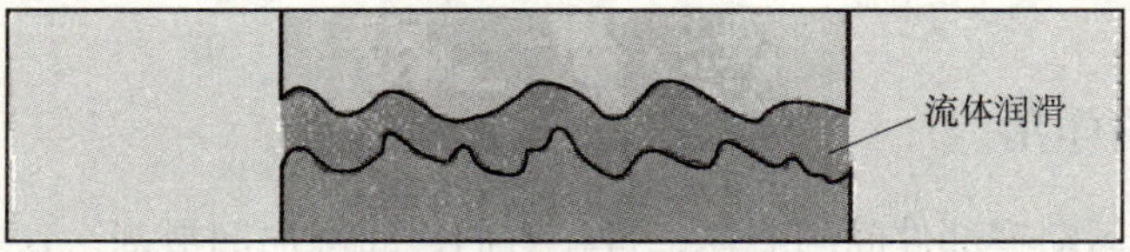

图 5-3　流体润滑

1.3　润滑剂的种类

在汽车上使用的润滑剂可以是液体润滑剂、脂类润滑剂和固体润滑剂。我们可以根据使用条件来选择合适的润滑剂。

液体润滑剂是添加有合金的矿物油或者人工合成油。当润滑油在滑动的物体表面停留时，会在物体表面产生一层油膜。工作时，润滑油产生一个三角楔形，从而使滑动物体的表面相互分离，如图 5-4 所示。但三角楔形润滑油能否形成，要取决于物体的相对滑动速度。

脂类润滑剂属于脂类，由钙、钠、锂的胶体结构组成，其内含有矿物油或人工合成油，如图 5-5 所示。当这些胶体结构运动时，会形成油滴，润滑物体表面。

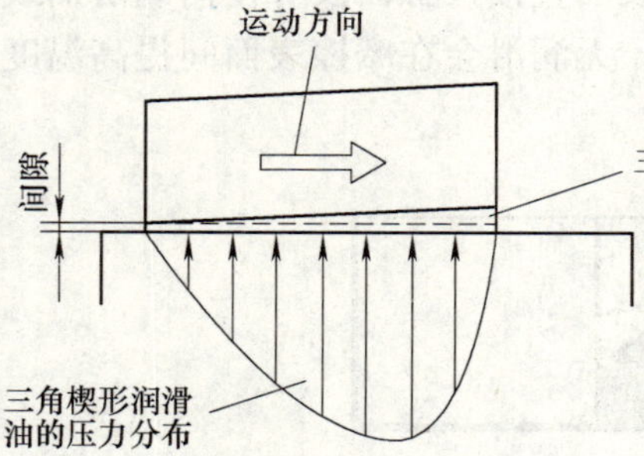

图 5-4　液体润滑剂的楔形润滑油

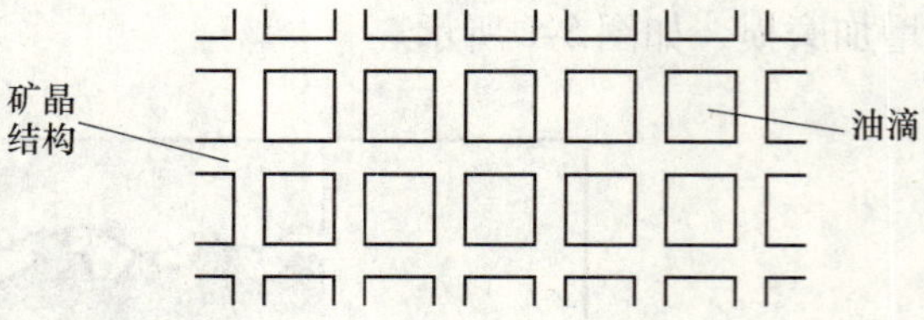

图 5-5　润滑脂的胶体结构

选用脂类润滑剂时，必须根据使用条件，选择适当的润滑油脂，如滚动轴承必须选用滚动轴承润滑脂。此外，还可以通过润滑油脂来帮助实现密封。受零件外表面往复工作和随之产生的热量的影响，油脂只能填满空壳体的一半。

固体润滑剂由细微的片状或粉状的石墨或者二硫化钼（MoS_2）组成。固体润滑剂通过把细微的具有润滑性能的块状微粒填在润滑缝隙里，使物体在上面滑行，来减少摩擦，如图5-6所示。

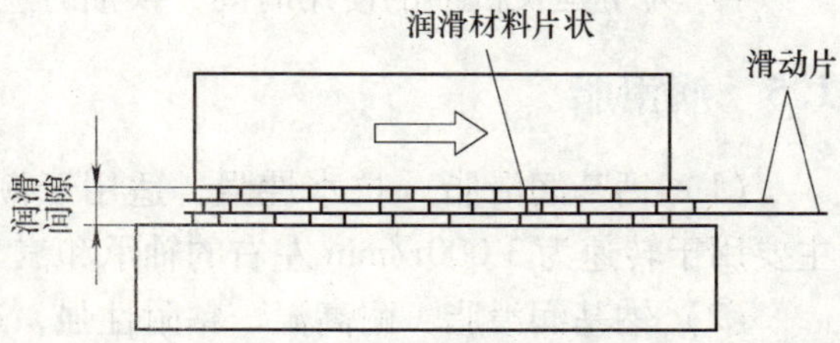

图5-6　在润滑缝隙里的固体润滑剂

1.4　机油

1.4.1　机油的质量分级

国外的汽油机油用字母S表示，档次由低到高分别为：SA、SB、SC、SD、SE和SF。我国汽油机油分为QB、QC、QD、QE和QF五级，分别相当于国外的SB、SC、SD、SE和SF级机油。国产的10号、15号汽油机油相当于国外的SB级，即国内的QB级。

国内外的柴油机油均用字母C表示，档次由低到高依次为：CA、CB、CC、CD、CE和CF。

为便于机油的保管和使用，国外研制出了汽油机和柴油机通用的机油，用字母S和C来表示，如国外太阳油公司的高级机油用SE/CC表示，特级机油用SF/CD表示。

机油的粘度分级：

1. 机油SAE粘度分级

目前，我国机油采用国际SAE粘度分级，分别设置了5W、10W、15W、20W和20、30、40、50等级别，其中字母“W”表示冬用机油（稠化机油），其后数字越大，粘度越高。

在SAE粘度分级中，只符合高温（夏用）或低温（冬用）粘度要求的机油，称为单级油，如15W、50等；若高低温兼顾，即既能冬用又能夏用的机油，称为多级油，如常用的SAE10W/30、超级机油SAE15W/40等。

2. API等级

美国石油协会（API）根据发动机维修中使用的机油来给机油定级。在过去，汽油发动机采用过许多API等级，如SA、SB、SC、SD、SE、SF、SG、SH、SJ和SL，其中有些等级现在仍在使用。过去的几年里，API按照减少发动机沉积物、承受较高的温度和压力、提供较好的防锈和防腐蚀保护的要求来持续改进机油的使用品质，使机油的使用等级持续改变和更新。现在，仅存的等级包括SJ和SL级，其他所有的机油等级均已作废，而且现用等级的机油包括以前各种类机油的性能特点。SJ和SL级机油能作如下使用：

SJ级：用于2001年款和更早的汽车发动机。

SL级：用于目前使用中的所有汽车发动机。

1.4.2　使用机油时的注意事项

1）不同品牌的汽油机油和柴油机油，一般不可混用。

2）机油中有水混入后，会乳化变白，不能再使用。

3）机油使用后颜色变深，为正常现象。

4）为了延长机油的使用时间，换油时应将旧油放净。

1.5 润滑脂

（1）钙基润滑脂　抗水性强，适用于潮湿环境；耐热性差，使用温度不超过60℃，主要用于转速为3 000r/min左右的轴承和汽车底盘的摩擦部位。

（2）钠基润滑脂　耐高温、粘附性强，适用于低速、高负荷的汽车轴承。

（3）钙钠基润滑脂　性能介于钙基润滑脂与钠基润滑脂之间，适用于工作温度在100℃以下而又易于与水接触的条件下使用。

（4）锂基润滑脂　具有钙基润滑脂和钠基润滑脂的优点，是一种常用的多效能润滑脂。目前市场上的锂基润滑脂有通用锂基润滑脂、极压锂基润滑脂和汽车锂基润滑脂。汽车锂基润滑脂适用的工作温度为－30～120℃。

1.6 润滑系统的组成

润滑系统由油底壳、机油泵、限压阀、机油滤清器、机油压力表、排气口、旁通阀、机油冷却器等组成，如图5-7所示。

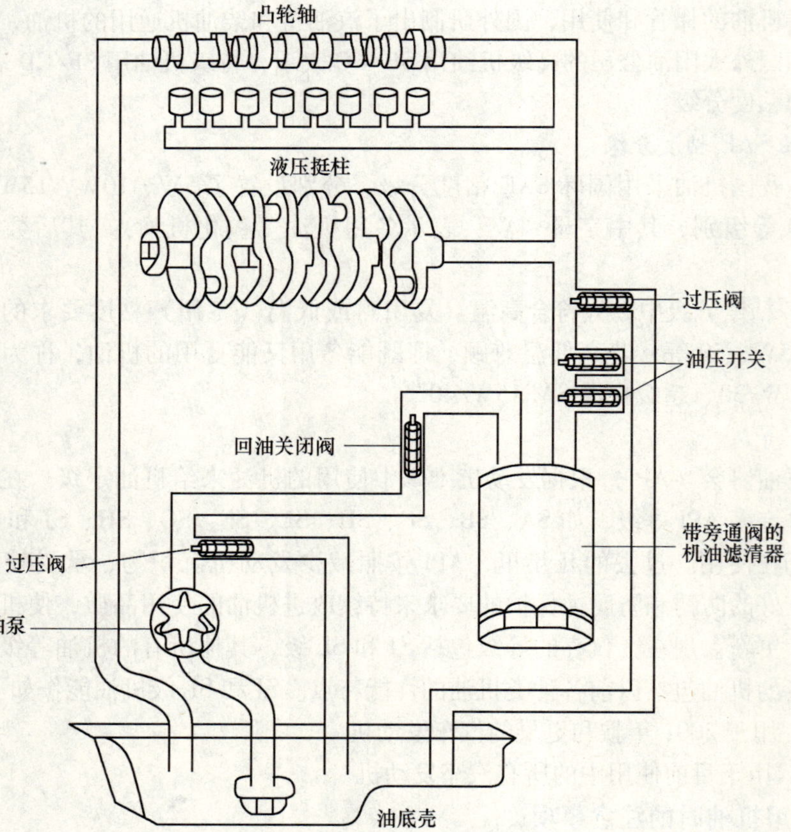

图5-7　润滑系统的组成

1. 油底壳

油底壳为发动机储备机油。油底壳底部通常设有挡板以防止在汽车转弯、加速、制动时机油偏向一侧运动。油底壳表面还起到帮机油散热的作用。小型发动机越来越多地采用轻质廉价的塑料油底壳代替带散热片的轻合金金属油底壳。油底壳的密封性通过油底壳垫和加涂液态密封硅胶来保证。

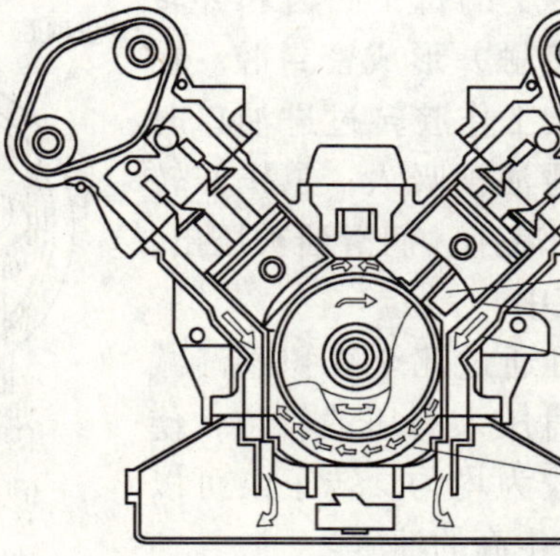

图 5-8　两体式曲轴箱

2. 两体式曲轴箱

两体式曲轴箱如图 5-8 所示。两体式曲轴箱的曲轴箱以下直到油底壳部分是封闭的，这样在活塞以下的部分就产生了变化的、通过特殊的机油回流口和油底壳中的机油连在一起的封闭空间。

两体式曲轴箱的优点如下：

1）曲轴箱硬度高。通过封闭式油底壳和发动机机体的结合，提高了发动机的硬度，这对于进一步减轻发动机的重量有好处。

2）减轻了活塞敲缸的现象。活塞以下的曲轴封闭空间在活塞下行时产生高压，该压力在活塞上行时得到释放并使活塞运动稳定。

3）减少了因机油窜气而生成气泡的现象。

3. 机油泵

机油泵必须在高流量下（250 ~ 350L/h）运行，以保证提供足够的油压。它将机油封闭在轮齿径向间隙中从进油腔一侧带到出油腔一侧，轮齿啮合所构成的封闭空间可防止机油回流，如图 5-9 所示。

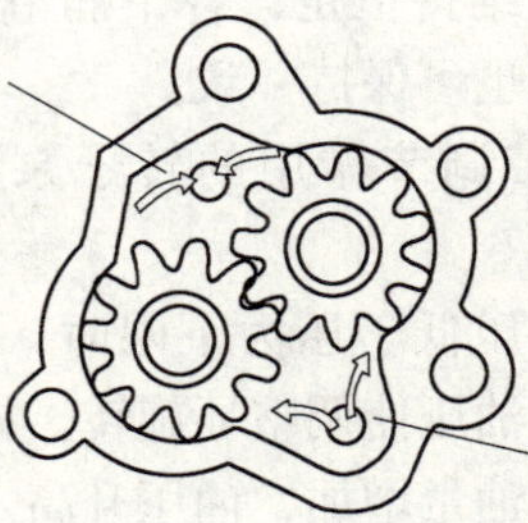

图 5-9　齿轮式机油泵

1）齿轮式机油泵的进油腔一侧为低压区，出油腔一侧为高压区。

2）内接齿轮式机油泵，如图 5-10 所示。这是一种特殊形式的齿轮式机油泵。它的内啮合齿轮直接装在发动机曲轴上。在泵体内，外啮合齿轮和内啮合齿轮偏心安装，这样就形成了一个进油腔和一个出油腔，两腔之间由月牙形卡铁分隔。机油在齿槽中沿着月牙形的上部和下部输送。

内接齿轮式机油泵和传统机油泵相比，具有更高的泵油效率，尤其是在发动机低转速下。

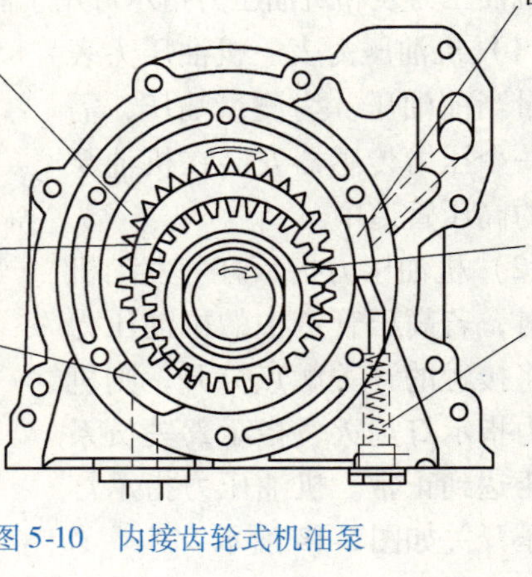

图 5-10　内接齿轮式机油泵

3）如图5-11所示，转子泵由内啮合的外转子和外啮合的内转子组成。内转子比外转子的齿数少一个，并固定在传动轴上。

转子泵内转子的每个凸齿和外转子的每个凹齿接触并形成密封腔。在内转子旋转时，工作腔转过进油口时容积增大，润滑油被吸入；工作腔转过出油口时容积减小，润滑油被压出，并进入高压管道中。

由于机油可通过几个容积逐渐减小的工作腔同时压入高压油管道，使转子泵的供油较为均匀。转子泵可以在流量较大时产生高的油压。

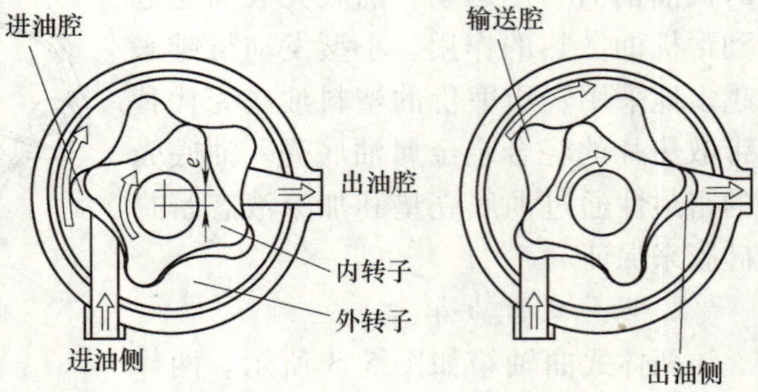

图5-11 转子泵

4）带调节作用的转子泵。

① 带调节作用的转子泵的结构。这种转子泵在外转子和泵体之间增加了一个调整环，如图5-12所示。该调整环可根据油压和调节弹簧的弹力不同转动，使油压不受发动机工作条件的影响而维持恒定，各个润滑部件的润滑情况也可保持一致。

② 带调节作用的转子泵的工作过程。

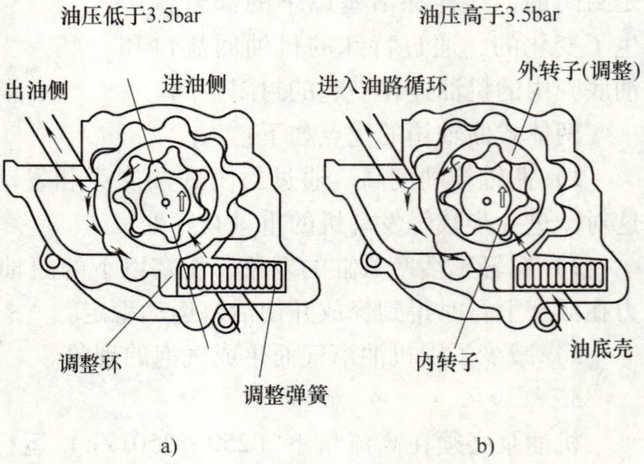

图5-12 带调节作用的转子泵

当油压低于压力下限时，调整弹簧就克服油压使调整环旋转，如图5-12a所示。此时内外转子之间的容积增大，进油腔到出油腔的油量增加，油压升高。

当油压高于压力上限时，油压就克服调整弹簧的弹力使调整环反向旋转，如图5-12b所示。此时内外转子间的容积减小，进油腔到出油腔的油量减小，油压降低。

4. 机油压力表和机油压力指示灯

机油压力表和机油压力指示灯用于监控机油压力，它们都安装在机油泵和轴承座之间。

（1）机油压力表 机油压力表可测量当前油压。为测量油压，需要把一个压力传感器安装在机油泵后面的高压管道中。

（2）机油压力指示灯 发动机起动时，若高压管道中的机油压力足够将接触的开关触点分开，则机油压力指示灯熄灭，指示驾驶员系统油压达到正常。机油压力指示灯的油压开关如图5-13所示。

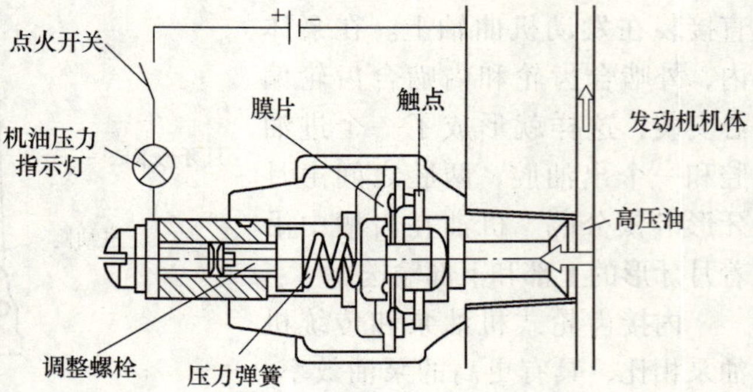

图5-13 机油压力指示灯的油压开关

5. 限压阀

限压阀装在机油泵之后，防止机油压力过高，因为油压高并不意味着润滑性能好。比如冷机高油压时的润滑性能就比暖机低油压时的润滑性能差，而且机油管路或机油滤清器发生堵塞时，尽管油压很高，润滑性能却很差。过高的油压对机油的密封性、机油管道和通向机油冷却器与机油滤清器的软管都有害处。

6. 机油滤清器

安装机油滤清器的目的在于滤除污染机油的杂质，包括金属碎屑、积炭和灰尘等，但机油滤清器不能去除液体杂质或溶于机油中的成分，也不能改变机油在发动机工作时产生的物理化学变化（比如机油老化）。机油滤清器根据流量不同可分为全流式机油滤清器和分流式机油滤清器。

1）全流式机油滤清器如图 5-14 所示。全流式机油滤清器能确保所有机油都经过过滤后再到达润滑部件。为保证一定的机油渗透量，滤清器的通过阻力（取决于滤芯孔径的大小）不能太大，但这同时也限制了过滤效果，全流式机油滤清器无法过滤掉机油中的微粒杂质。

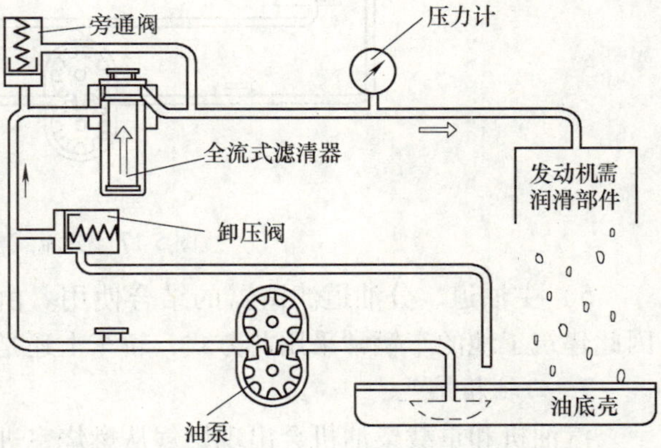

图 5-14 全流式机油滤清器

2）旁通阀如图 5-15 所示。当滤清器发生堵塞时，机油则通过旁通阀不经过滤地直接从滤清器的旁路流向润滑部件。

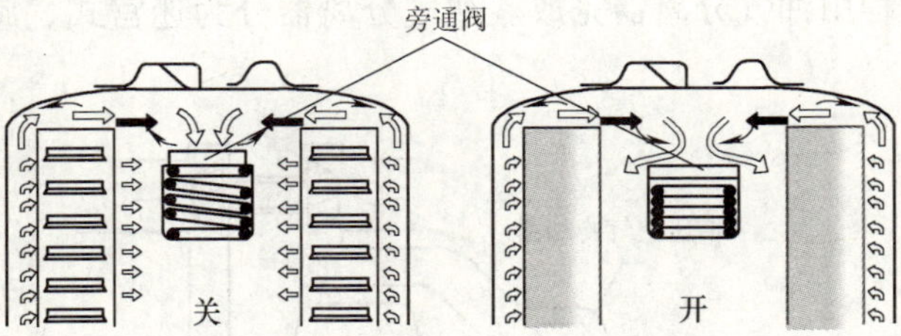

图 5-15 旁通阀

3）单向阀如图 5-16 所示。单向阀可以加装在滤清器的进油和回油通道中，用以避免发动机停转时全流式机油滤清器内的机油流空。

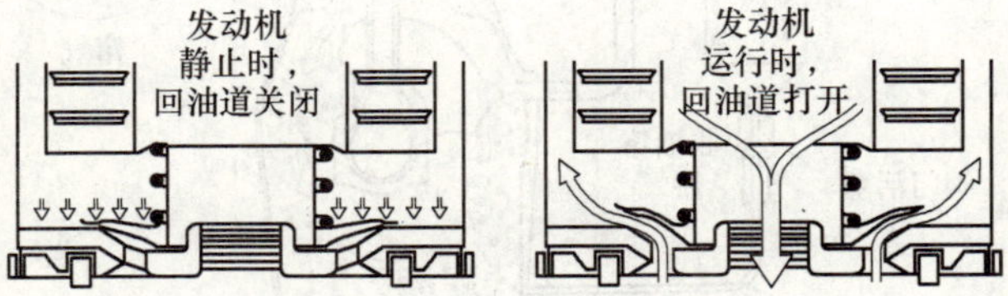

图 5-16 单向阀

4）分流式机油滤清器如图5-17所示。分流式机油滤清器安装在和主油道平行的支路（分油道）中。流经分流式滤清器的机油流量只占机油总流量的一部分（5%～10%），因此每次循环只有部分机油经过分流式滤清器过滤后到达润滑部件。分流式滤清器的滤芯孔径可以减小些，以过滤支流中细小的杂质。

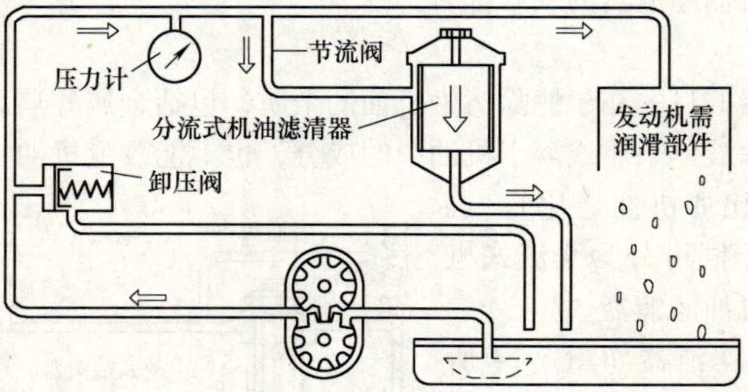

图5-17　分流式机油滤清器

5）主油道、分油道滤清器的结合使用。由于两者配合使用能起到最优的过滤效果，因此建筑工地的车辆常采用此方式，轿车上还是以主油道滤清器为主。

7. 曲轴箱排气

汽油机和重载柴油机会出现燃气从燃烧室进入曲轴箱的窜气现象。这些被油滴、燃料残余、水蒸气和积炭污染的气体可通过油气分离器被新鲜空气净化，这一净化过程称为曲轴箱排气。

为减少机油消耗、保护发动机的敏感部件和减少废气排放，上述燃气在回流前需要先进行净化，其净化过程由油气分离器完成。油气分离器分为迷宫式、旋风式（见图5-18）和离心分离式。

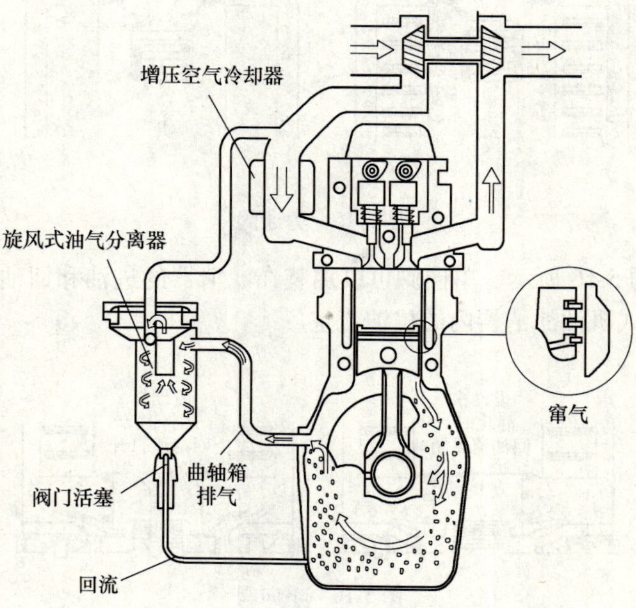

图5-18　曲轴箱排气

8. 机油传感器

为精确掌握发动机机油的油位、压力和状态，可于油底壳内加装一个机油传感器，如图 5-19 所示。

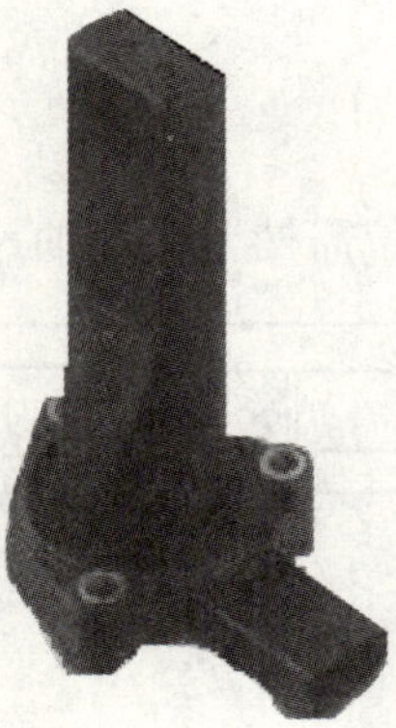

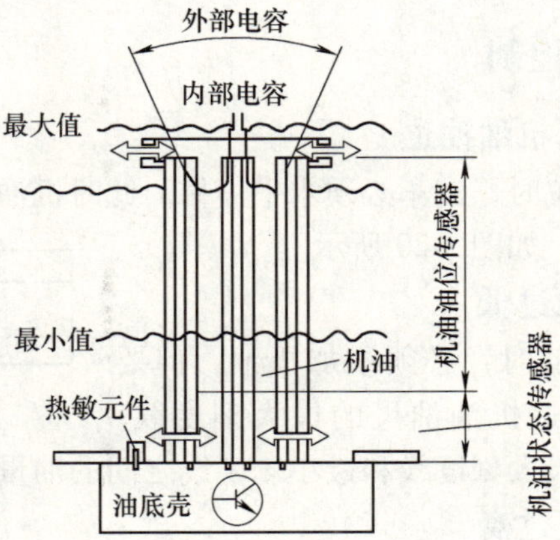

图 5-19　机油传感器

机油传感器由两个相叠放置的气缸电容器组成，其下半部分用于评价机油质量，上半部分用于确定机油油位。

（1）机油传感器的测量原理　若因为零件磨损或机油添加剂分解使机油的状态发生变化时，充有机油的气缸电容器的电容值也相应发生变化。电容值可通过集成化的电子测量元件变换为数字信号并送至发动机控制单元，以计算出下次更换机油的时间。驾驶员可通过液晶屏幕显示得知机油的油位情况。

（2）机油温度　为测量机油温度，需在机油传感器中集成一个热敏元件。

1.7　机油的性能要求

发动机用润滑油需具备很高的热化学性能和力学性能。如在使用过程中其性能达不到要求，则需要更换。

定期更换机油的原因如下：

1）机油老化。空气和燃气从活塞和气缸之间的缝隙窜入曲轴箱（窜气），造成机油氧化（老化），酸性增大。

2）机油淤积。裂解的机油脂、道路上的粉尘、金属碎屑还有分解的燃烧残余物会使机油发生淤积，在油路中输送淤积物会使油路堵塞。

3）机油稀释。难于蒸发的燃料成分，会溶在机油中稀释机油。

4）机油固化。机油和炭粒产生强烈的氧化作用而使机油特别是柴油发动机的机油发生固化。

5）机油消耗。所有的发动机在工作一段时间后，都必须补充机油的消耗量。这是由于机油（比如气缸壁、气门导管处的油膜）进入燃烧室并燃烧而造成的。

由于上述原因，必须定期更换机油。更换机油是在汽车做保养时根据生产商的规定按照不同的间隔时间完成的。

2　润滑系统的维修

2.1　机油油位控制

2.1.1　用油尺测机油油位

检查机油油位时，汽车必须水平停靠。此时机油油位需处于机油油尺的最大刻度线和最小刻度线之间，如图5-20所示。

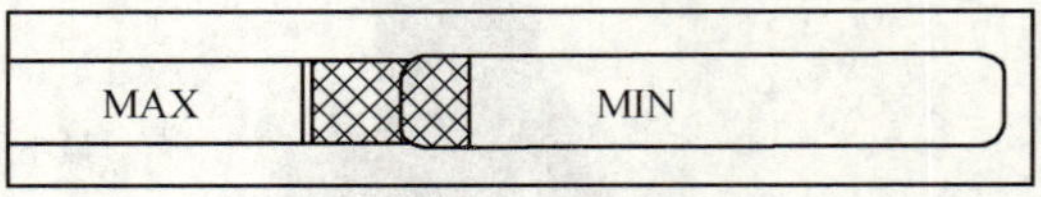

图5-20　机油油位

2.1.2　机油油位过低

机油油位过低时，必须添加机油，但要注意油量不能超过机油油尺的最大刻度线。轿车机油油尺的最大刻度线和最小刻度线之间的油量差一般为1L。

2.1.3　机油油位过高

经常跑短途的汽车的机油可能会产生机油稀释并伴随机油油位过高的现象。这种情况下，需要在汽车长时间行驶之后，发动机还是热的时候测量机油油位。若再次测量的油位仍然过高，则必须排放掉或抽出多余的机油。

2.1.4　机油消耗

1. 机油状态在汽车液晶屏幕上的显示

若汽车安装了机油传感器，则可在液晶屏幕上的菜单项“发动机机油”处显示出机油的状态，并显示距下一次更换机油的行驶里程数。

2. 机油消耗的不同情况及处理方法

（1）正常的机油消耗　汽车行驶里程数达到1 000km时，正常的机油消耗量不超过0.1～1.0L。新车处于磨合期时，机油消耗量较高。

（2）机油消耗量增加　若发现机油消耗量持续增加，则可能存在如下机械故障：

1）气门杆密封有缺陷。此时机油可进入进排气管，而且会因为机油燃烧而产生蓝烟。

2）活塞环和活塞环槽之间的轴向间隙因两部件之间的磨损而增大。环槽中的活塞环在活塞上下行时作往复运动。这种位置的变化会使机油“泵入”燃烧室，如图5-21所示。

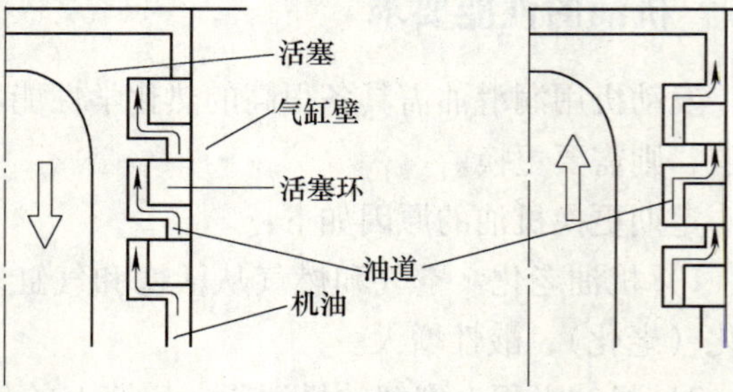

图5-21　活塞环的“泵油”作用

机油进入燃烧室后参与燃烧，形成积炭使活塞环在环槽内卡死，并产生蓝烟。

3）发动机密封有损坏。此时的发动机即使停止运转也要消耗机油。如果在车辆行驶过的地面上发现机油或发动机表面有油污，则说明发动机密封有损坏。

2.2 更换机油

1. 更换机油的间隔

汽车生产商规定了两次换机油的间隔。可通过排放或抽吸机油的方法给发动机换机油。

2. 排放机油

排放机油时，机油几乎全从油底壳的放油口流到油盘中。排放机油后，放油口处的密封圈需要换上新的。若放油螺塞集成有磁铁，则需除掉上面附着的金属屑。

3. 抽出机油

将抽油探针伸入油底壳内并抽吸机油 5~10min。抽油后油底壳中仍剩余约 0.5L 的旧机油，所以在按照规定值加机油时要注意，不要把油加得太多，否则易使油位过高。探针若没有伸入油底壳的最底部，则不能抽掉淤积的污物。

4. 更换机油滤清器

和换机油一样，机油滤清器也要按照生产商的规定按照一定的间隔更换。

5. 拆卸机油滤清器壳

必须用特殊的机油滤清器扳手卸下机油滤清器壳，如图 5-22 所示。安装机油滤清器壳时必须注意以下问题：

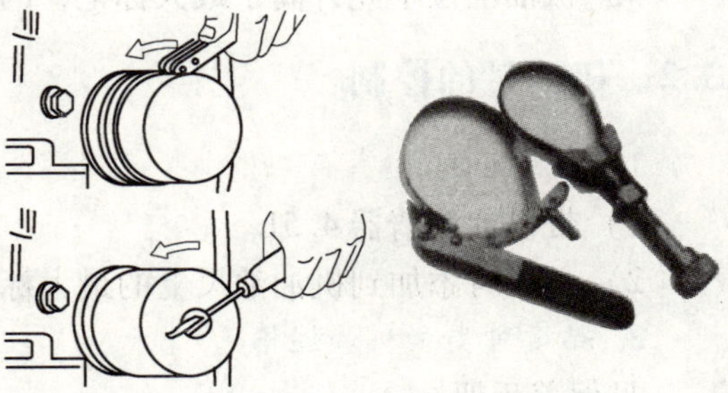
图 5-22 拆卸机油滤清器壳和机油滤清器扳手

1）在 O 形密封圈表面涂一层新的机油，防止下次换机油滤清器壳时 O 形密封圈粘在密封面上。

2）用手拧紧机油滤清器壳。

6. 更换滤芯

此时必须打开机油滤清器壳体，并注意将滤芯圆筒放对位置，同时，需换掉机油滤清器壳体上的 O 形密封圈。

7. 加机油

只能使用生产商规定的机油品种。按规定量加满机油后，需测一下油位，然后起动发动机，以检查机油的密封性是否良好。

8. 旧机油和旧机油滤清器

在环保的前提下储存旧机油并处理掉旧机油滤清器。

9. 机油油压的测量

可在一定的发动机转速下对油压开关和油压进行测量。油压开关和测量管接头连在一起。可在油压开关和电池之间接上指示灯，如图 5-23 所示。发动机停转时，该指示灯闪烁。当压力机指示值为 0.3~0.6bar 时，指示灯

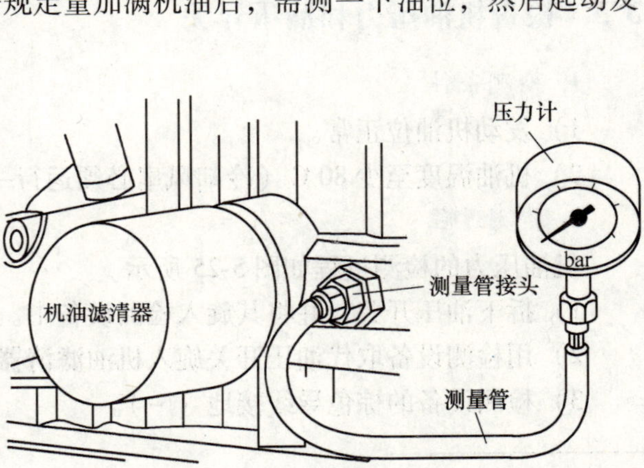

图 5-23 油压开关和机油油压的测量

熄灭。若结果和规定值不符，则要更换油压开关。发动机转速为 2 000r/min、机油温度为 80℃时，油压至少应为 2bar。

3　速腾 2006 轿车[㊀]润滑系统维修

3.1　润滑系统部件的维修

提示：如果在修理发动机时发现大量金属屑或粉末，这表明可能是曲轴或连杆轴承损坏。为防止继续出现这种磨损，请在维修后执行下列操作：

1）仔细清洁油道。

2）更换喷油器。

3）更换机油滤清器。

4）机油油位不允许高于最大标记，因为这会有损坏尾气催化净化器的危险！

3.2　机油量的控制

1. 机油加注量

1）带机油滤清器 4. 5L。

2）必要时添加到机油油尺上的最大标记处。

2. 粘度种类和机油规格

见保养手册。

3. 机油油尺上的标记

机油油尺上的标记如图 5-24 所示，图中箭头 1 为最大标记，图中箭头 2 为最小标记。

a—油位在最大标记区域内：不添加发动机机油。

b—油位在中间区域内：可以添加发动机机油。

c—油位在最小标记区域内：大约可添加 0. 5L 发动机机油。

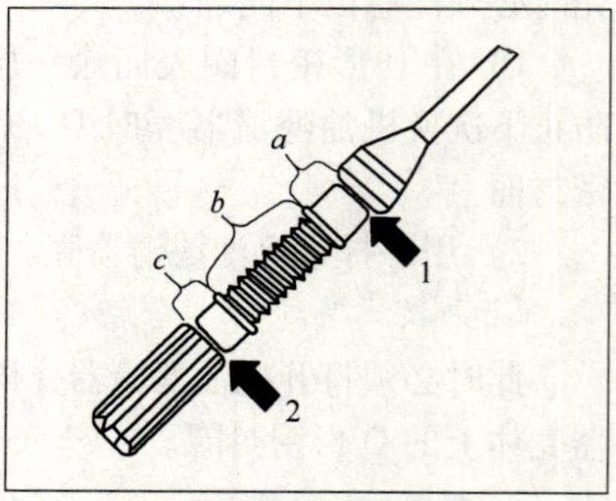

图 5-24　机油尺上的标记

3.3　检查机油压力和油压开关

1. 检测条件

1）发动机油位正常。

2）机油温度至少 80℃（冷却风扇必须运行一次）。

2. 检测过程

机油压力的检测过程如图 5-25 所示。

1）拆下油压开关，并将其旋入检测设备中。

2）用检测设备取代油压开关旋入机油滤清器支架中。

3）检测设备的棕色导线接地（－）。

㊀　4 缸电喷发动机，排量 1. 6L，滚子摇臂。

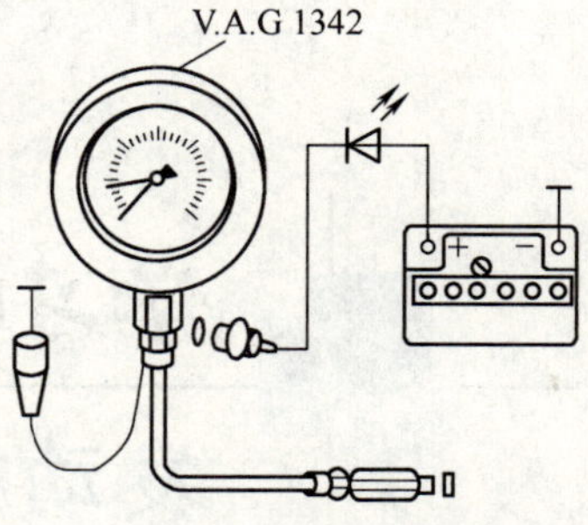

图 5-25　检测机油压力

4）用发光二极管测试笔连同辅助测量工具套件中的导线把蓄电池正极（+）连接到油压开关。

发光二极管不得点亮，如果发光二极管点亮，更换油压开关。

如果发光二极管不亮，起动发动机并提高转速，在1.2～1.6bar过压时，发光二极管必须点亮，否则更换机油压力开关。继续提高发动机转速，在转速为2 000r/min且机油温度为80℃时，机油过压应在2.7～4.5bar。转速更高时，油压不允许超过7.0bar。

如果机油压力小于标准值，应检查进油管的滤网上是否有污物。

提示：

1）机械性损坏（如轴承损坏）也可能造成机油压力过低。

2）如未发现故障，更换机油泵。

3）如果油压超过标准值，应检查油道，必要时更换机油滤清器支架与安全阀。

学习单元六
发动机异响

1 发动机的结构

1.1 气缸体

1.1.1 气缸体概述

1. 气缸体的功用

1）与活塞一起构成燃烧室。

2）为活塞在气缸中的运动导向。

2. 气缸体的工作条件

1）高的燃烧压力和温度。

2）因温度迅速变化而引起的高的热压力。

3）由摩擦和燃烧残余物引起的工作面的磨损。

4）冷起动时摩擦大；未汽化的燃料易破坏气缸壁上的润滑油膜，影响润滑效果。

3. 气缸体材料的特性

1）高强度和稳定性。

2）导热性好。

3）热膨胀小。

4）抗磨性好。

5）气缸表面滑移性能好。

1.1.2 发动机的形式

1. 水冷型发动机

水冷型发动机的气缸体大部分是一体式的，其冷却管穿过气缸体内外壁面之间的空间。冷却液由冷却液泵输送至冷却气缸壁，再经管路流向气缸盖。

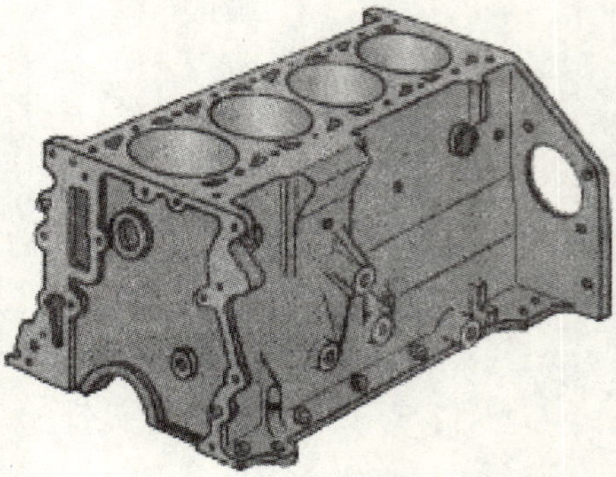

图 6-1 发动机气缸体

1）发动机气缸体，如图 6-1 所示。气缸体和曲轴箱上部作为一个整体浇铸而成，其材料有以下几种：

① 含片状石墨的铸铁（灰口铸铁）。这种材料除了具有良好的刚度、强度、滑移性和耐磨性外，其热应变也很小，降噪性好。

② 蠕墨铸铁。在铸件冷却时，石墨的沉淀不呈片状，而呈蠕状。因内部晶体结构之间的缺口效应变弱，故其强度和刚度得到显著增强，该特性使得气缸体可以承受更大的内部压力，因此在气缸壁较薄时（减轻重量）也可以提供较高的功率。

③ 铝合金。和铸铁相比，铝合金的显著优点在于密度小、导热性好，但铝合金的发动机气缸体上需要加筋以提高其形状稳定性，其工作面耐磨性的提高必须通过特殊的制造工艺或通过使用气缸套来实现。

2）气缸体的结构。封闭式结构的气缸体如图 6-1 所示。这种气缸体在气缸体与气缸盖接触的密封面上以及气缸周围都是封闭的，只有用于输送冷却液的管道存在。当气缸体的材料为铸铁时，几乎都采用这种结构形式，而对于铝合金材料，这种形式的缸体则需用重力铸造或者低压铸造的方式制造。

开放式结构的气缸体如图 6-2 所示，其气缸周围的水套对气缸盖敞开，因此可以用压铸的方法制造气缸壁。开放式结构的气缸体刚度较低，故需采用金属的气缸盖密封垫。由于该种气缸垫的收缩性小，故在拧紧气缸盖时，螺栓的预紧力应比较小，从而减小气缸体和气缸盖的变形。

2. 风冷型发动机

风冷型发动机设有散热片以增加缸体的表面积，从而增强冷却效果。它以独立的带散热片的气缸体形式经螺栓和曲轴箱相连。

风冷型发动机气缸如图 6-3 所示，它主要使用铝合金铸成。由于这种气缸体的气缸套滑移性能和耐磨性能较差，因此必须和铝合金水冷型气缸体一样，采用特殊的制造工艺以改善其性能，或者用铁铝复式铸法嵌入缸套。

图 6-2　开放式结构的气缸体曲轴箱

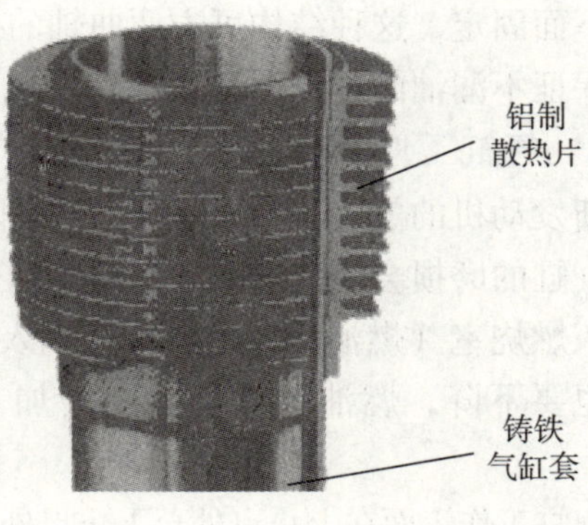

图 6-3　风冷型发动机气缸

1.2　气缸套

由高品质细粒铸铁制成的气缸套（离心铸造）镶入到铸铁或铝合金气缸体中。因缸套的耐磨性比铸铁气缸体的气缸工作面好，故能延长气缸体的使用寿命。

缸套分为干式缸套和湿式缸套两种。

1. 湿式缸套

如图 6-4 所示，湿式缸套与冷却液直接接触，冷却效果好。湿式缸套的更换可单独进行，但其气缸体的刚度较低，容易变形。湿式缸套的顶端有一轴环。这种气缸套和曲轴箱之间必须通过密封圈密封，否则冷却液会进入曲轴箱。

2. 干式缸套

如图 6-5 所示，干式缸套为一薄壁套管，以间隙配合或过盈配合的方式装入气缸体。干式缸套不与冷却液直接接触，故其导热性比湿式缸套差。间隙配合的干式缸套要在装配前经过精加工，过盈配合的干式缸套要在粗镗出气缸孔后压入气缸体，之后再进行精镗、珩磨。

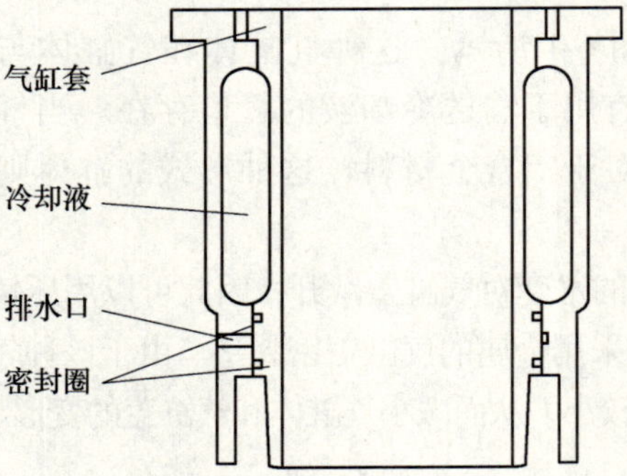

图 6-4　湿式缸套

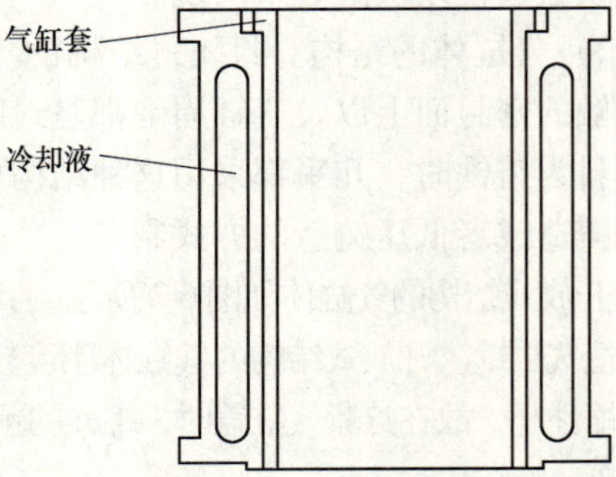

图 6-5　干式缸套

1.3　曲轴箱

曲轴箱内有曲轴，凸轮轴有时也位于曲轴箱内。

1.3.1　曲轴箱的结构

曲轴箱通常在曲轴轴线所在的水平高度上分开，其上部是曲轴的轴承座，轴承盖用螺栓从下面固定，这种结构可方便曲轴的拆卸。曲轴箱的下部是油底壳，油底壳和曲轴箱上部在保证不漏油的前提下用螺栓紧固。

1.3.2　气缸工作面的磨损

新发动机的气缸工作面是完好的圆柱面，但随着使用时间的增加，磨损情况开始出现。气缸的磨损会使活塞环的密封性能变差从而无法完全密闭燃烧室，进而导致机油和燃油窜入燃烧室（燃油消耗增加）或漏入曲轴箱（稀释机油）。密封性能变差后，发动机的功率也要下降，燃油消耗量也会增加，同时由于活塞敲击气缸壁，发动机的噪声也会增加。

气缸工作表面在上止点处至下止点处有着不同程度的磨损。这是因为活塞侧向力随燃烧压力而变化，且因上止点附近的润滑差，故上止点附近的磨损最为严重，因而磨损后的气缸孔呈现倒锥形，如图 6-6a 所示。

非正常磨损（一般由润滑条件差导致）的气缸筒通常会呈中间比两头粗的形状，如图 6-6b 所示。气缸壁圆周上的磨损往往是不均匀的，承受活塞侧向力方向的磨损严重。活塞敲击气缸壁也加剧了磨损。汽车行驶 10 000 公里后，气缸工作面的正常磨损值大约为 0.01mm。

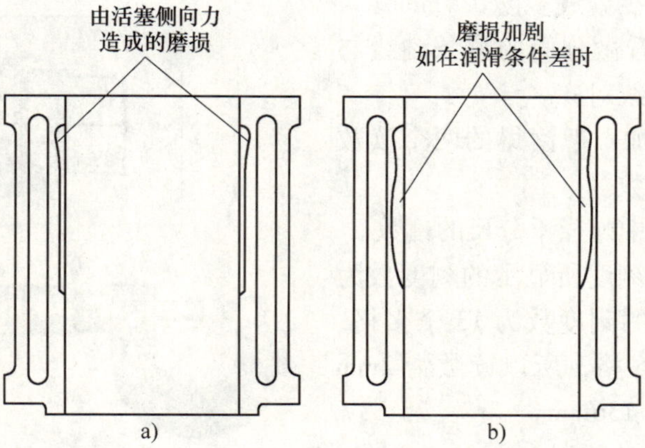

图 6-6　正常磨损的和不正常磨损的气缸工作面

a）正常磨损　b）不正常磨损

1.3.3　气缸工作面的检查

1. 外径千分尺

（1）外径千分尺的构造及刻度原理

1）外径千分尺的结构。外径千分尺由弓架、测砧、测微螺杆、制动环（锁紧手柄）、固定套管、微分筒和棘轮等组成，如图 6-7 所示。

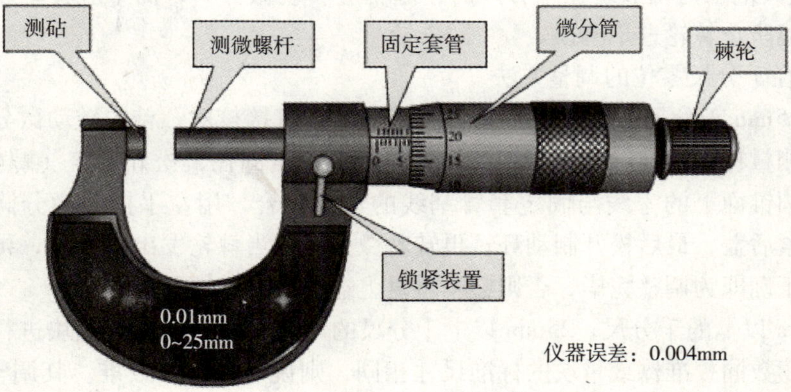

图 6-7　外径千分尺的结构

2）外径千分尺的刻度原理。根据螺旋副的原理，将角度的位移变为直线的位移，利用固定套管和微分筒之间的刻度关系而达到 0.01mm 的精度。在带螺母的固定套管的轴向表面刻有基线，基线上下均匀地刻了许多毫米刻线，上下相邻的两条刻线之间错开 0.5mm。如果单就基线的上边或下边来说，每两条刻线之间为 1mm。在带量杆的微分筒的圆锥面上刻有 50 条刻线。由于测微螺杆后面有精密螺纹，螺距是 0.5mm，所以当活动套管转一周时，测微螺杆就移动 0.5mm，同时微分筒就遮住或露出固定套管的一条刻线。所以，当微分筒每转一格时（即 1/50 周），测微螺杆的移动量为：0.5 × 1/50 = 0.01mm，即千分尺的测量精度为 0.01mm。

（2）外径千分尺的读数

1）先读整数：看微分筒左边固定套筒上露出的刻线是多少（注意看 0.5mm 的刻线是

否露出来，否则就会少读或多读0.5mm）。

2）再读小数：看微分筒的哪条刻线与固定套管上的轴向刻线对齐。

3）两次读数相加：把读得的两个读数相加即为千分尺的读数。

例：读出图6-8中外径千分尺的读数。

由图可知，固定刻度所显示的刻度数为2mm，可动刻度所示的刻度数为13个多格，这里我们估读为13.6格，所以读数为2mm +13.6×0.01mm=2.136mm。

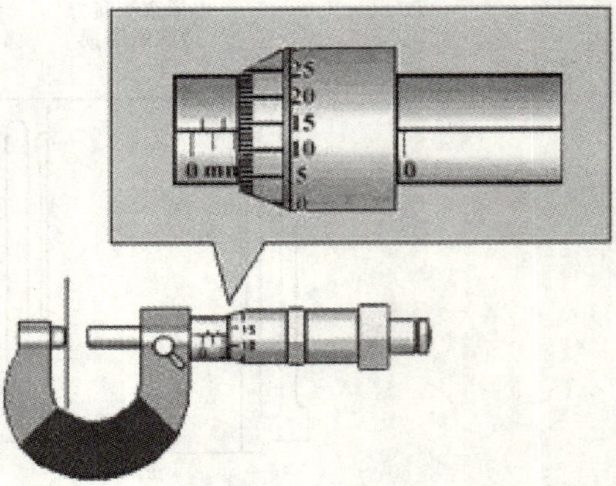

图6-8 外径千分尺的读数

（3）外径千分尺的使用方法

1）使用前应检查外径千分尺的零位是否正确。

2）使用前还应注意其灵敏性。

3）在测量时，应将被测工件擦净，当两个测量杆已接近工件时，就不要再转动微分筒，以免损坏外径千分尺或影响其精度。

4）为了消除测量误差，最好在同一位置多测几次，取其平均值。

5）在较大范围内调节外径千分尺时，起初应转动微分筒，而不应转动棘轮，这样既节省时间又能防止棘轮过早磨损。

（4）外径千分尺零位的调整方法

1）0~25mm千分尺。0~25mm千分尺调整时可直接校对。首先转动微分筒，使测微螺杆和固定测量杆轻轻接触，再用制动环将测微螺杆紧固住，松开后盖（螺帽），再转动微分筒使其圆锥面上的零线与固定套管基线的零线重合，用左手捏住微分筒，使其不转动，右手上紧后盖，最后松开制动环，再转动微分筒，当棘轮发出响声时，再查看零位是否正确，如正确即为调整完毕，否则必须重复上述步骤再进行调整。

2）25mm以上的千分尺。25mm以上千分尺的调整应用校准棒或量块进行校正，若外径千分尺的读数同校准棒或量块的标准尺寸相同，则说明零位已校准。其调整方法同0~25mm千分尺。

（5）外径千分尺的保管注意事项

1）注意清洁。

2）禁止用外径千分尺测量运转的或高温的机件。

3）外径千分尺只用于测量精密零件，决不能用它来测量毛坯等粗糙表面。

4）校准棒或量块要保持完好无损。当必须拆卸保养时，应特别注意其螺纹，以防碰伤。使用时，不可用力拧紧微分筒。

5）严禁将外径千分尺当卡规用，或当锤子敲击其他物体等。

2. 内径百分表

（1）内径百分表的结构　内径百分表由百分表、表杆、活动量杆、接杆等组成。当活动量杆每移动0.01mm，大指针摆动一格；每移动1mm，大指针转动一周（100格），小指针摆动一格，如图6-9所示。

（2）内径百分表的使用　用内径百分表进行气缸测量的内容主要是测气缸的圆度和圆柱度。

1）使用前，将表擦净后小心地装进表架的弹簧插口中，并使表的指针转过一圈，再拧紧接杆上的固定螺母，此后还需复校一次，再进行测量。

2）根据气缸内径的大小，选取一个相应尺寸的可换测头装在表架上。

3）校对“0”位。首先检查内径百分表的灵敏度，然后用外径千分尺校正。当活动量杆的长度与缸径的标准尺寸相同时，将刻度盘上的“0”位转到对正指针，然后再动几次，复查“0”位。

4）测量时，必须使量杆与气缸的轴线保持垂直。将表架伸入气缸沿图 6-10 所示箭头方向摇动内径百分表，以消除测量误差。通过测量和计算可得到气缸的圆度和气缸工作面的圆柱度误差。若指针正好指在“0”位，说明被测气缸的内径与标准尺寸相同；若大指针沿顺时针方向离开“0”位，则说明活动量杆缩短，此时应从气缸标准尺寸中减去指针转过的刻度值，其差即为气缸的实际尺寸（表示气缸直径小于标准尺寸）；若大指针沿逆时针方向离开“0”位，则说明活动量杆伸长，此时应将缸径标准尺寸加上指针转过的刻度值，其和即为气缸的实际尺寸（表示气缸直径大于标准尺寸）。

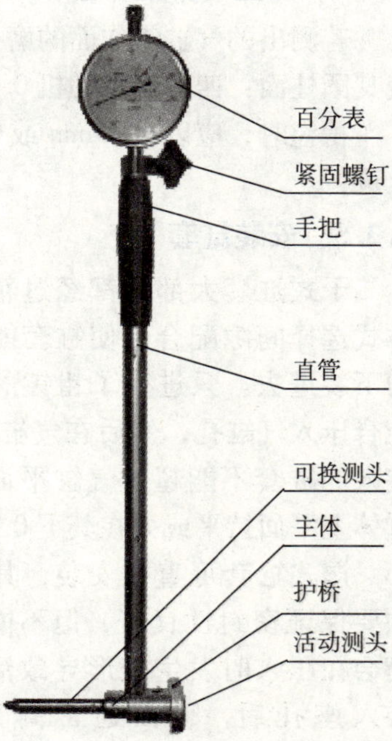

图 6-9　内径百分表的结构

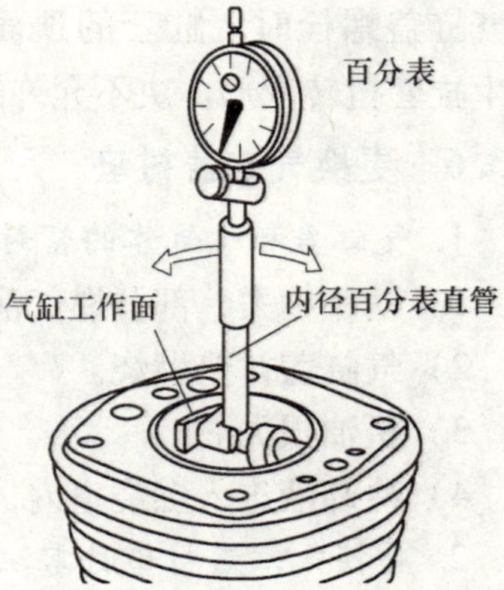

图 6-10　测量气缸工作面

5）圆度的测量。将内径百分表的量杆放在气缸上边缘第一道活塞环相应之处。测量气缸同一横断面的纵向和横向直径，可得气缸的最大直径（D_1）和最小直径（D_1'）的差值，差值的 $\frac{1}{2}$ 便为圆度偏差 $\Delta R_1 = (D_1 - D_1')/2$。用同样方法可在气缸中部（活塞上、下止点间的 $\frac{1}{2}$ 处）、下部测得圆度偏差 ΔR_2 和 ΔR_3，ΔR_1、ΔR_2、ΔR_3 中的最大值即为该气缸的圆度偏差（在正常情况下，ΔR_1 应为最大）。

6）圆柱度的测量。气缸的圆柱度偏差是指气缸在轴向截面上磨损的不均匀性。气缸轴线方向的多点测量的最大与最小缸径代数差的 $\frac{1}{2}$，即为该缸的圆柱度偏差。

（3）内径百分表的保养注意事项

1）用完后，分别取下百分表和可换测头并擦净，在测头上涂抹防锈油，清查附件后一并放入木盒内。

2）勿让灰尘、油污和水等进入表架内。

3）测量时，应将测量杆、测头和被测零件擦干净。

1.3.4 加工气缸工作面

若测出的气缸工作面的磨损超过以下允许限度，则必须通过精镗或研磨重新加工以恢复其圆柱面：四冲程发动机0.5mm；两冲程发动机0.2mm；载货车柴油发动机0.8mm。

精镗时，应以0.25mm或0.5mm为一级加大活塞尺寸，且研磨加工需在专门的研磨机上进行。

1.3.5 安装缸套

干式缸套大部分都经过精加工，其配合方式选择间隙配合以使缸套能够在较低的压力下装进去。只进行了粗镗的缸套先按过盈配合压入气缸孔，然后在气缸里进行精加工。装入的缸套不能超过气缸平面，而应该与气缸体上平面持平或处在其下0.1mm的范围内。

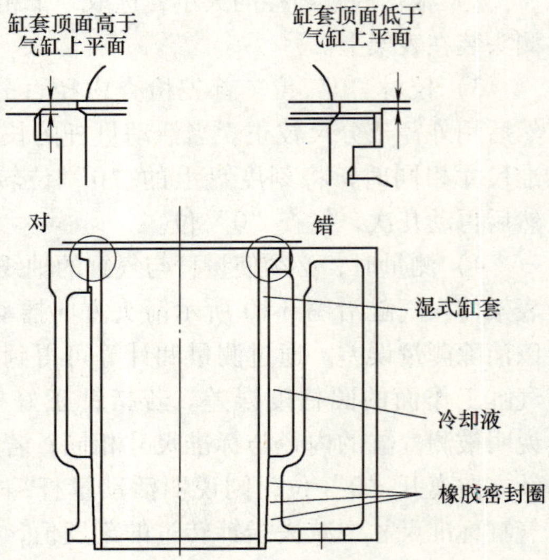

图6-11 缸套的安装位置

湿式缸套可直接安装，其橡胶密封圈必须要保证密封性良好，但不能太厚，否则缸套会在压入时发生变形导致活塞卡死。缸套装入座孔后，顶面通常高于气缸上平面0.1mm，如图6-11所示。气缸盖衬垫的边缘不能过多，且不能压在缸套内壁上，否则在拧气缸盖螺栓时，缸套的顶面会发生开裂或发生缸套扭转变形。决不允许缸套顶面低于气缸上平面，否则缸套会移动。

1.3.6 更换气缸盖衬垫

1. 气缸盖和气缸体的密封性能不良时，会导致以下现象

1）功率损失，部分燃气泄漏，气缸压力下降。

2）气缸盖衬垫燃烧。

3）机油损失。

4）冷却液进入燃烧室内，造成发动机损坏。

2. 更换气缸盖衬垫时需注意以下几点

1）松开缸盖螺栓之前，发动机必须冷却，防止气缸盖发生变形。

2）清除粘附的气缸盖衬垫残余物。

3）气缸体顶面和气缸盖密封面一定要平整，否则必须用平面磨床加工以消除不平度。

4）气缸盖衬垫的厚度必须和生产商的规定一致。

5）必须保证冷却液通道与发动机机油通道都是贯通的。

6）若气缸盖和气缸体有磨损，则需换用较厚的气缸盖衬垫，否则压缩比将发生变化。

7）气缸盖衬垫靠近燃烧室边缘的部分不能伸入燃烧室内，否则会引起炽热点火。

3. 气缸体的检查与修整

以速腾2006（4缸电喷发动机，1.6升，滚子摇臂）轿车气缸盖部分维修手册资料为例。

1）检查气缸体的变形情况，允许最大变形为0.05mm，如图6-12所示。

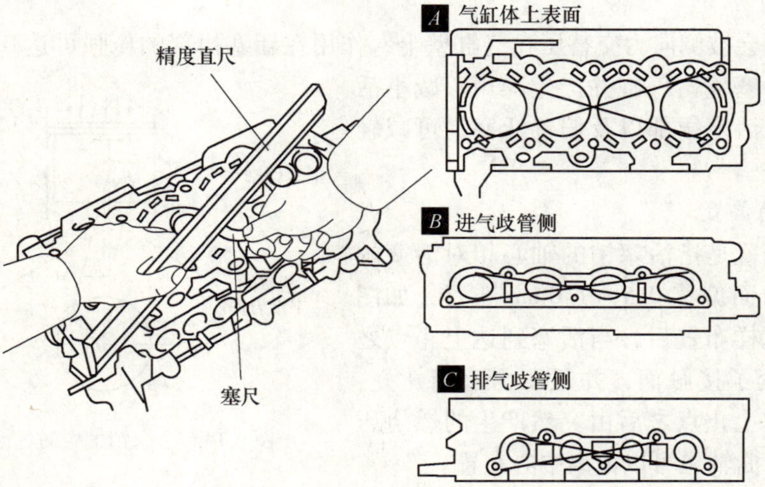

图 6-12　检查气缸体变形情况

2）气缸体密封面修整。气缸盖修整后，上平面与下平面之间的尺寸至少为 132.9mm。

1.4　缸盖螺栓的紧固

螺栓的紧固必须按照维修手册中指定的顺序进行。因为不按顺序进行会导致气缸盖变形，引起泄漏。

拧紧缸盖螺栓的顺序一般为由中央向四周呈螺旋线扩展，如图 6-13 所示，也可由中央向四周交叉拧紧。拧紧时，必须以生产厂商规定的力矩和旋转角（如有必要）进行。

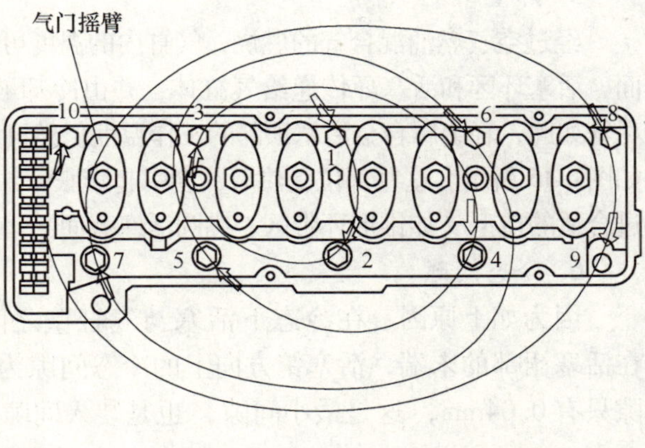

图 6-13　缸盖螺栓的拧紧顺序

2　曲柄连杆机构

2.1　活塞

2.1.1　活塞的作用

1）把燃烧室与曲轴箱隔离的移动密封件。

2）承受燃烧时所产生的气体压力，并通过连杆把力以转矩的形式传递给曲轴。

3）将燃烧气体的热量传递给气缸壁。

4）在二冲程发动机中还有控制气体交换的作用。

2.1.2　活塞的工作条件

1. 活塞力

作用于汽油机活塞顶部的压强高达 60bar，在直径为 80mm 的活塞表面将产生高达 30 000N 的活塞力。活塞销毂承受了来自活塞销的 $60N/mm^2$ 的表面压强。

2. 侧向力

活塞两侧会被侧向力交替压在气缸壁上，作用在活塞裙部的压强可达 0.8N/mm^2。侧向力将导致活塞撞击气缸并产生噪声。减小活塞间隙、加长活塞裙部以及偏置活塞销可减轻活塞撞击气缸。

3. 活塞销偏置

活塞销偏置是指活塞销的轴心相对活塞的中心朝主压力面偏移 0.5～1.0mm 布置，如图 6-14 所示。这样布置后，当活塞到达上止点之前就已经改变了接触面，并且压力逐渐建立，而不会在越过上止点之后由突然产生的燃烧压力推向一边。曲轴也可以偏离中心布置。

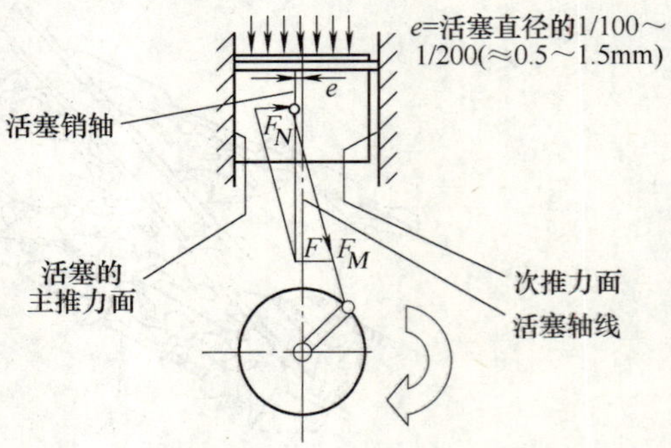

图 6-14　活塞销偏置时的受力情况

4. 摩擦力

活塞裙部、活塞环槽和活塞销毂均要承受摩擦负荷。通过选取合适的材料、悉心加工滑移面和良好的润滑可以减小摩擦和磨损。

5. 热量

经过空气燃油混合气的燃烧，气缸内的温度可达到 2 500℃。大部分多余的热量经由活塞顶面、活塞环区和活塞环传递给气缸体，并由冷却液带走。此外，润滑油也可带走一部分热量。尽管如此，轻金属合金活塞顶部的工作温度仍然高达 250～350℃，裙部的温度也可达到 150℃，如图 6-15 所示。这些部位受热后，会引起膨胀，并可能导致活塞卡死。为避免这一现象，可通过合适的造型（如锥形环带区、椭圆活塞截面），使活塞不同部位的热膨胀趋于一致。

6. 冷态间隙

因为如上原因，在冷态下活塞与气缸壁之间各部的间隙大小不一，如图 6-16 所示。在活塞裙部的末端，活塞销方向上的冷态间隙为 0.088mm，而与活塞销成 90° 方向上的间隙只有 0.04mm，这是最小间隙，也是装入间隙，因为活塞在这一位置的直径最大。

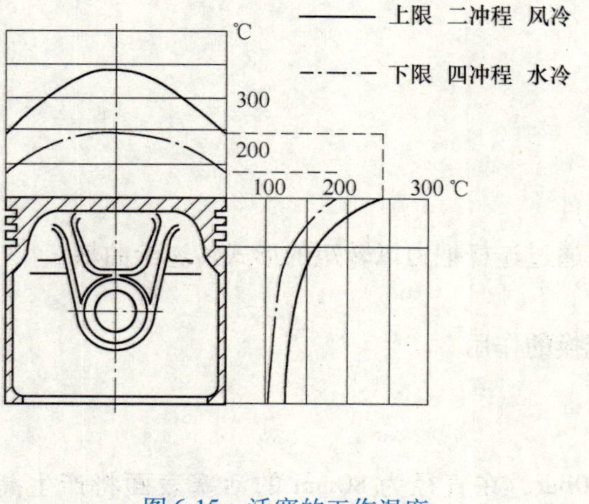

图 6-15　活塞的工作温度

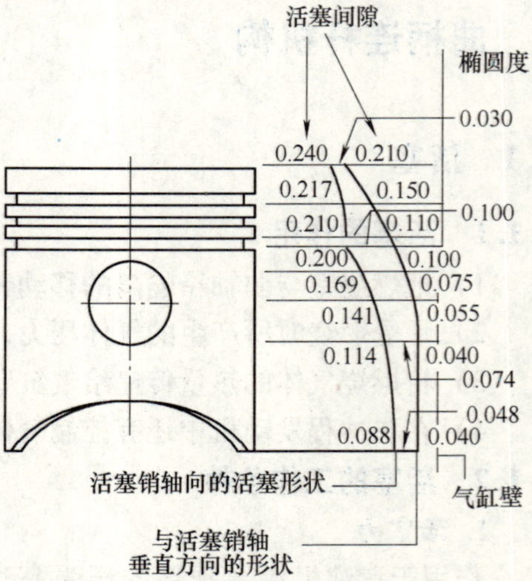

图 6-16　冷态间隙（mm）

活塞顶面和活塞环带区处于高温区，所以其热膨胀量也比活塞裙部更大，这就要求整个活塞各部分的直径大小必须不一样。人们通过把活塞截面设计成椭圆形，而不是圆形，同时使活塞带弧面或锥度而非圆柱形来实现这一目标，如图6-17所示。

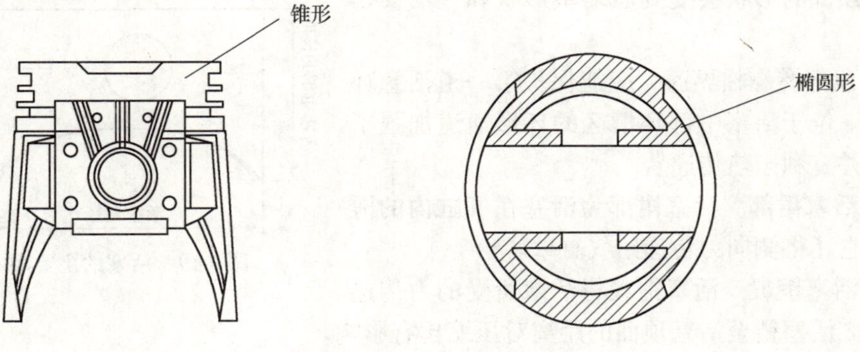

图6-17　冷态时活塞的形态

7. 热态间隙

在工作温度下，活塞渐渐变成近似圆柱形，同时活塞与气缸壁之间的间隙减小。热态间隙的大小无法测量，但任何时刻都必须有一个间隙余量用以抵消工作温度超过许可温度时的热膨胀量。

2.1.3　活塞的材料

要求活塞的材料要具有下列特性：

1）密度小（较小的惯性力）。

2）强度高（高温下同样能保证足够的强度）。

3）导热性好。

4）热膨胀系数小。

5）摩擦阻力小。

6）抗磨损。

由于要求活塞密度小（$\rho \approx 2.7\ kg/dm^3$）且导热性好，故人们通常使用铝硅合金来铸造活塞。铝硅合金中硅的含量越高，活塞的热膨胀系数越小且越不易磨损，但同时在生产过程中也更难加工。一般来说，AlSi12CuNi的性能已经足够了，由AlSi18CuNi或AlSi25CuNi铸造的活塞适用于温度要求更高的场合。

一般活塞采用硬模铸造的方法加工，而要承受特别高压力的活塞将采用冲压制造（锻造）的方法加工。

2.1.4　活塞的结构及其主要尺寸

1. 活塞的结构

活塞由活塞顶部、活塞环带区和顶部燃烧临界面、活塞裙部以及活塞销毂（销孔）等部分组成，如图6-18所示。

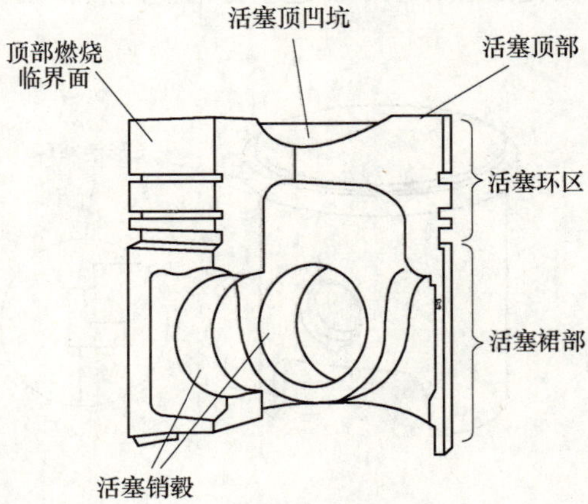

图6-18　活塞的结构

（1）活塞顶部　活塞顶部可以是平的，也可以是向内凹（盘形）或向外凸（拱形）的。通过布置一个顶部凹坑可以使得压缩室的一部分置于活塞内。活塞顶部的形状会受到压缩室形状和气门安排的影响。

（2）顶部燃烧临界面　应能保护第一道活塞环免于过热。位于活塞中部环槽区的环形通道加强了活塞顶部并有利于热传递。

（3）活塞裙部　活塞裙部为活塞在气缸内的滑动导向。它还将侧向力传递给气缸壁。

（4）活塞销毂　活塞销毂将活塞所受的力传递给活塞销。活塞销至活塞顶面的距离对压缩比有影响。

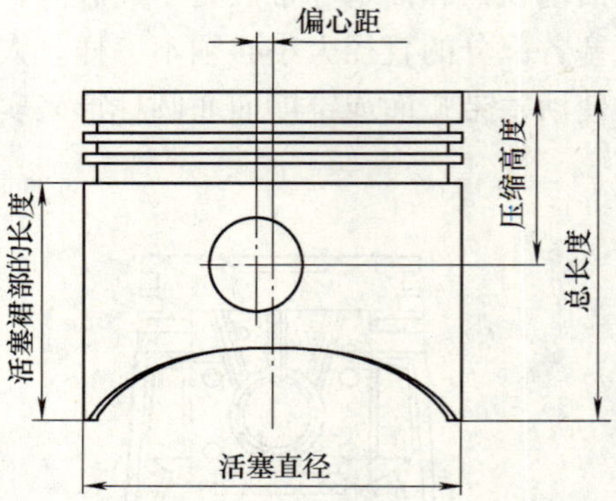

图 6-19　活塞的主要尺寸

2. 活塞的主要尺寸

活塞的主要尺寸如图 6-19 所示。

2.1.5　活塞的类型

1. 单金属活塞

这是一种铸造或锻造的活塞，其裙部不开槽，用于二冲程汽油机或柴油机，如图 6-20 所示。它只由一种材料制成，比如铝硅合金。当燃烧压力较高时，比如在柴油机内，活塞顶部、活塞环带区和裙部通道的厚度将被加大。

2. 热调节活塞

热调节活塞是在轻金属内部镶铸钢片，比如环形钢片、钢条或弓形钢片。当活塞受热时，这些钢片能阻碍热膨胀或将热量导入一个确定的方向（双金属效应）。这种活塞对冷态与工作热态的适应性较好，因而能在保证较小的装入间隙的同时达到较好的运转状态和保持较低的噪声。

双金属效应，如图 6-21 所示。由于钢条和轻金属的热膨胀系数不相同，故活塞内镶铸的钢条会弯曲，并导致活塞直径增大。在活塞销毂附近镶铸钢条，可将热膨胀导向活塞销轴的方向，而受压力方向（垂直于活塞销轴）的活塞直径几乎不变。活塞销毂周围的椭圆化处理可以平衡这个方向上的热膨胀。

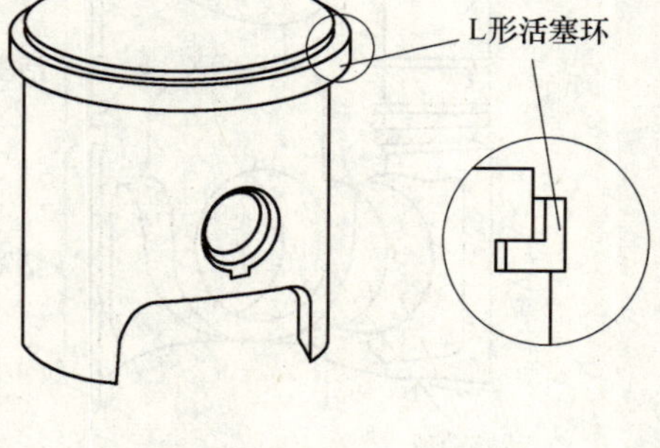

图 6-20　单金属活塞（二冲程活塞）

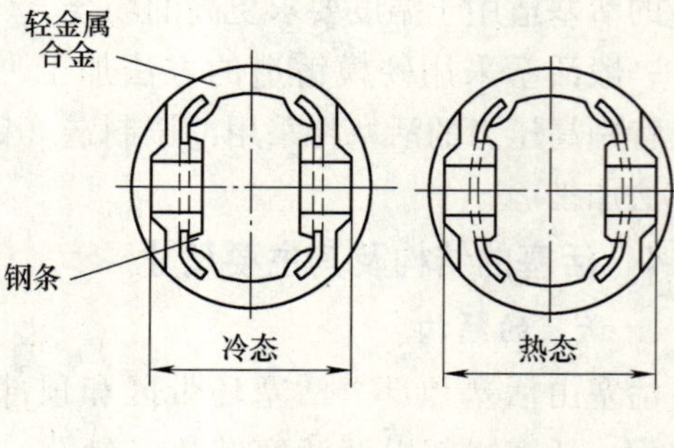

图 6-21　镶铸钢条的活塞的双金属效应

3. 环槽镶圈的活塞

由于顶部燃烧临界面附近承受较大的热载荷和压力载荷，人们通常在第一道活塞环槽处镶铸一道环槽镶圈，如图6-22所示，借此降低环槽敲击引起的磨损。附加的环槽经阳极氧化处理还可以提高抗磨损能力。多余的热量被镶铸的冷却液槽中的冷却液带走。黄铜轴套也提高了销座孔的强度。

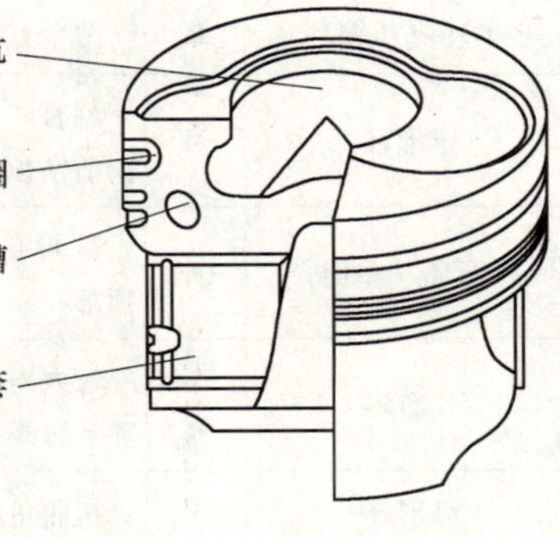

图6-22　环槽镶圈的活塞和其冷却液通道

2.2　活塞环

活塞环分为气环（密封环）和油环两种。

2.2.1　气环

气环如图6-23所示，它的作用是：

1）实现气缸中的活塞对曲轴箱的密封。

2）在活塞与气缸壁之间进行热量传递。

2.2.2　油环

油环的作用

1）刮除气缸壁上多余的机油。

2）将这些机油送回油底壳。

2.2.3　活塞环的特性

活塞环必须有弹性，当将其安装在活塞上或压缩至标称尺寸时，活塞环不得出现永久性形变。工作过程中，由于环后的气体对活塞环有压力，故活塞环对气缸壁表面的压紧力也会增大。

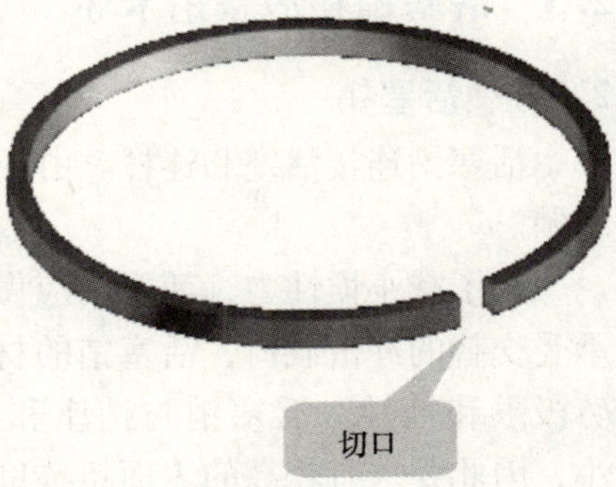

图6-23　气环

2.2.4　活塞环的材料

标准的活塞环由铸铁或高级铸铁制成，高承载活塞环由球墨铸铁或高碳钢制造而成。

2.2.5　活塞环的保护镀层

1）磷酸盐或锌可改善滑移特性，促进磨合。

2）钼可以非常平坦地镀在活塞环的工作表面。钼具有良好的导热性，熔点高达2 620℃并具有良好的自润滑性，这些性能在很大程度上可以避免活塞环卡死。

3）镀铬环抗腐蚀、耐磨损，通常作为最上部的活塞环使用。

2.2.6 活塞环的形状及其安装方法

活塞环的形状及其安装方法见表6-1。

表6-1 活塞环的形状及其安装方法

活塞环的形状		缩写	安装方法	该截面形状的优点
截面	名称			
	矩形环（压缩环）	R	两个方向皆可	便于生产制造
	锥形环	M	刻有“上”字样的环面朝向活塞顶部	提高磨合性能（通常装在最上部的环槽内）
	梯形环（单面）	Tr	锥形的环侧面朝向活塞顶部	防止活塞环在环槽内卡死
	L形环	L R	较大内径朝向活塞顶部或环上边缘	借助燃烧气体增加压紧力
	鼻形环	N	扭曲角朝向裙部	加强刮油效应
	带槽油环（普通）	O	两个方向皆可	刮油并附带通向活塞内部的泄油通道
	加衬簧的油环（双斜切式油环）	S F	两个方向皆可	压紧力更高，刮油效应更好

2.3 活塞销和活塞销卡环

2.3.1 活塞销

活塞销连接活塞和连杆。由于它和活塞一起做往复运动，故应尽量选用质量较轻的活塞销。

为了减小惯性力，活塞销应做成空心的。由于要承受交替的冲击载荷，活塞销的材料也要有较高的疲劳极限和韧性。活塞销与销座和连杆之间的间隙很小，因此要求有较高的表面粗糙度和形状精度。为减小磨损，在恶劣的润滑条件下，还要求活塞销有较高的表面硬度。活塞销的主要结构形式有以下几种，如图6-24所示。

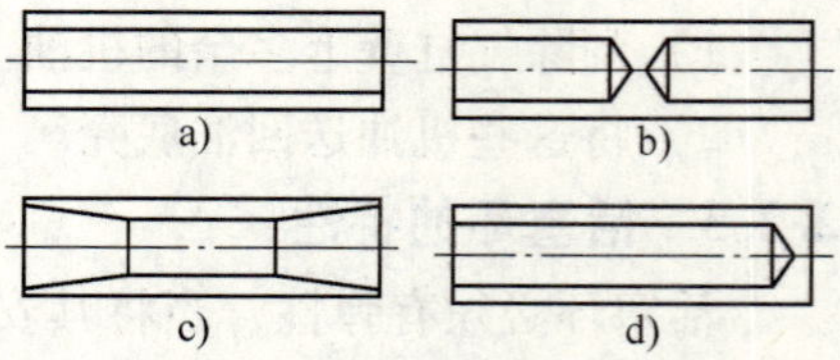

图6-24 活塞销的结构形式

1）带圆柱空心孔的活塞销（标准形式），如图6-24a所示。

2）带两端锥形孔的活塞销（减轻质量），如图6-24b所示。

3）带中部密封或一端密封孔的活塞销，如图6-24c、d所示，以减少二冲程发动机的扫气损失。

活塞销一般用渗碳钢和渗氮钢制造。

Ck15渗碳钢适用于标准载荷，在载荷较高的汽油机和柴油机中，常用17Cr3，16MnCr5和31CrMo12渗碳钢。

渗氮钢如31CrMo12和31CrMoV9用于载荷更大且对表面硬度要求更高的场合。

2.3.2　活塞销卡环

活塞销卡环，如图6-25所示。在全浮式活塞销中，卡环可防止因活塞销在销座中的轴向窜动而刮伤气缸壁。

活塞销卡环是径向弹性钢圈，安装在活塞销毂中相应的槽内。为便于装配，活塞销毂两边的卡环孔的尺寸都调节到与装配钳相匹配，钢丝卡环的末端被弯曲成钩状。

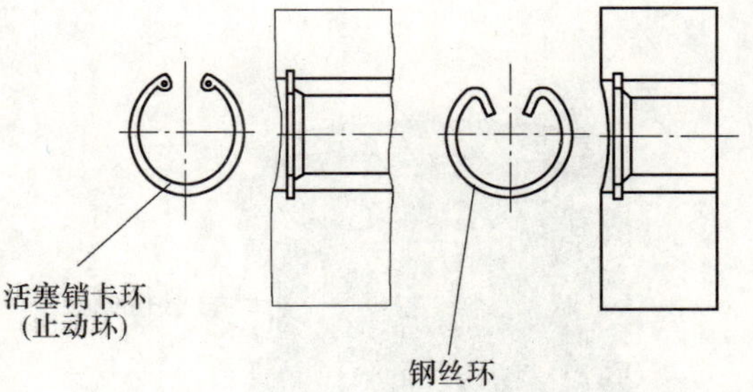

图6-25　活塞销卡环

2.4　活塞损伤

在安装时对活塞的不正确的处理可能导致活塞损伤，比如由于气缸盖螺栓紧固不平衡，活塞销和连杆配合过紧或气缸衬套不平等导致的气缸变形。此外，下列情况亦可能引起活塞损伤：

1）炽热点火：使用低辛烷值的燃料，火花塞热值错误。

2）爆燃燃烧：燃料不合适，选用错误的气缸盖密封垫导致过高的压缩比，点火时刻过早，混合气过稀，发动机过热。

3）由于点火延迟、不完全燃烧和喷油器漏滴导致的燃烧不正常。

4）润滑不足或没有润滑。

5）冷却不够、供油量过多而导致活塞过热。

2.4.1　活塞蚀伤

1. 活塞蚀伤的识别

无润滑运转而引起的蚀伤，如图6-26所示。活塞蚀伤主要是指裙部蚀伤。活塞裙部周边的大面积蚀伤，可由颜色辨认，颜色较深的部位便是损伤的位置，环带区由于总是承受高温而磨损严重。

2. 活塞蚀伤的原因

活塞蚀伤是因发动机过热而使活塞和气缸壁之间的润滑油膜被破坏而引起的。引起活塞蚀伤的主要故障有冷却液损耗严重、节温器故障、点火延迟、润滑油品不佳或润滑油量不足。

2.4.2　活塞顶部烧穿

1. 活塞顶部烧穿的定义

活塞顶部一部分材料熔穿，出现大面积漏斗状向下扩展的孔（可从活塞顶部的底侧识别），而活塞裙部和环带区通常无损伤（无蚀痕），称为活塞顶部烧穿，如图6-27所示。

2. 活塞顶部烧穿的原因

区域性的炽热点火会使活塞顶部在数秒钟之内被加热到其熔点。燃烧气体的压力作用在软化了的活塞体上，使炽热点的强度下降，燃烧压力甚至能够将活塞顶部部分以漏斗状压穿。

图 6-26　活塞裙部无润滑蚀伤

图 6-27　活塞顶部烧穿

2.5　活塞的检测与安装

2.5.1　活塞直径和安装间隙

活塞生产商提供活塞成品时，在其顶部标有活塞的最大裙部直径（活塞直径），单位为 mm，如图 6-28 所示活塞的直径为 84.00mm。这一数值是于活塞裙部末端与销轴垂直的方向上测得的。

安装间隙同样刻在活塞顶部，如 0.04。它说明在 20℃时，气缸和活塞的直径之差，单位为 mm。活塞直径 + 装配间隙 = 气缸直径。

根据结构类型为各种不同直径的气缸规定了四种不同的过盈量，且以 0.5mm 为增量（轻便型摩托车气缸以 0.25mm 为增量），此值作为气缸的磨光余量，相应地也有四种过盈活塞。

2.5.2　活塞环的安装

如果要安装某个活塞环，那么应注意正确选用活塞环的类型，并且将标有“顶”或“上”等字样的活塞环侧面朝向活塞顶部。安装活塞环时，请务必使用活塞环卡钳，如图 6-29 所示。

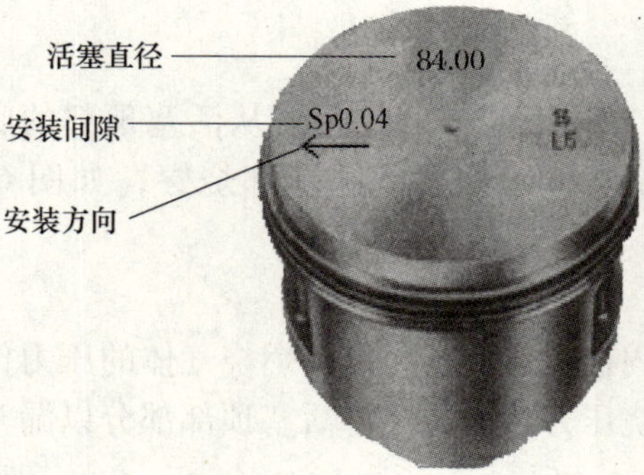

图 6-28　活塞顶部的安装提示

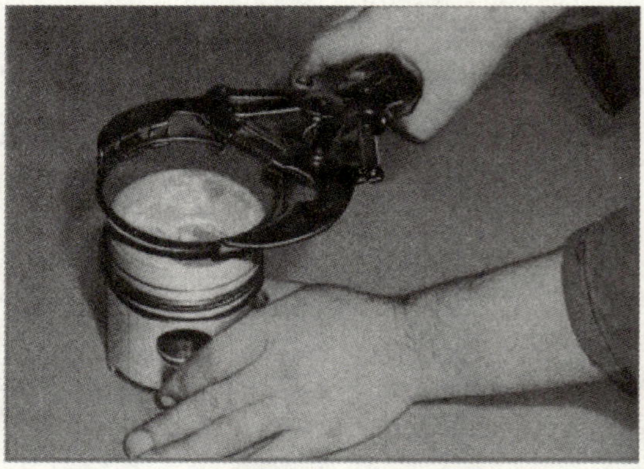
图 6-29　用活塞环卡钳安装活塞环

根据活塞环类型的不同，大于0.025mm小于0.04mm的活塞环槽轴向间隙可能会导致堵塞和“泵吸”。也就是说，磨损严重的活塞环槽使活塞环的作用就像一个泵，把机油吸到燃烧室里面。在装入活塞时，活塞环还应具有一定的开口间隙，约0.2～0.3mm。否则，活塞环可能会失去弹性而折断。此间隙也不能过大，否则会引起漏气。如果把活塞环单独放入气缸，则可用量具测量该间隙。

2.5.3　活塞销卡环的安装

安装活塞销卡环时，只允许使用专用装配工具以避免损坏活塞销毂孔。在压紧活塞销卡环时应小心用力，以免卡环永久变形或丧失预紧力，不能固定在安装位置。正确的安装方法是，卡环的开口向上或向下精确地安装在活塞销毂内。为检测卡环在销毂内的安装定位，要用扳手对其进行一次扭曲试验，试验中应感受到明显的阻力。使用过的卡环不能再用。

2.5.4　活塞的安装

1. 活塞的安装方法

如果必要的话，可用清洁的汽油清洗已经装上活塞环的活塞，并用压缩空气将其吹干，因为污渍可能会损坏活塞，然后把所有的滑动表面涂上机油。注意活塞销毂和连杆孔之间应留有足够的间隙，以免工作过程中活塞总是压向气缸的一个侧面。

连杆小头和连杆轴承必须同轴。在安装活塞之前，应仔细清洗气缸。在将润滑好的活塞装入气缸时，应用活塞环压紧装置压紧活塞环，如图6-30和图6-31所示，以免损坏活塞环。

安装活塞环时，各个活塞环的开口应错开120°布置。

图6-30　活塞装入气缸（一）

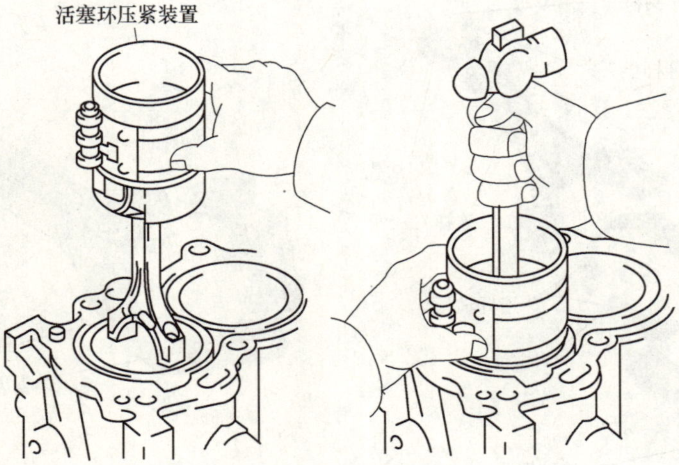

图6-31　活塞装入气缸（二）

活塞安装完毕后，在活塞销方向上，活塞的顶部到气缸的壁面应有相同的空隙，该空隙同时也能控制连杆的正确的外倾角度。可用量规检测该空隙值。

2. 活塞的安装方向

在安装带偏置活塞销轴的活塞时，应注意使活塞销处于主推力面一侧。这种活塞以及活塞顶部结构特殊的活塞应按照活塞顶部标明的箭头方向安装，该箭头通常也表示汽车的行驶方向。除箭头外，还常使用“前”等字样或曲轴记号来标示活塞的安装方向（横置发动机或后置发动机）。

2.6 连杆

2.6.1 连杆的功用

1）连接活塞和曲轴。

2）将活塞的直线运动转化成曲轴的旋转运动。

3）将活塞力传递到曲轴上并形成转矩。

2.6.2 连杆的工作条件

1）受到由于活塞顶部的气体压力产生的轴向压力。

2）受到由于持续交变的活塞运动速度产生的轴向拉、压惯性力。

3）由于连杆持续绕活塞销轴旋转，在连杆体产生弯曲应力。

4）大的压力引起的弯曲应力。

2.6.3 连杆组件

连杆组件和轴瓦如图 6-32 所示。连杆组件选用优质合金钢经模锻或合金钢粉末经烧结锻造制成。烧结锻制的连杆组件较之模锻的连杆组件有更优良的机械特性，其横截面可以减小，进而减轻其质量。连杆大头在制造过程中已成形，而不是锯开的，只有借助于激光器将其切割然后再通过楔子破开。连杆和连杆大头轴承盖上有纹路相同的锯齿形切口以保证装配时连杆盖能在连杆大头精确定位，而不必使用铰孔螺栓，如图 6-33 所示。

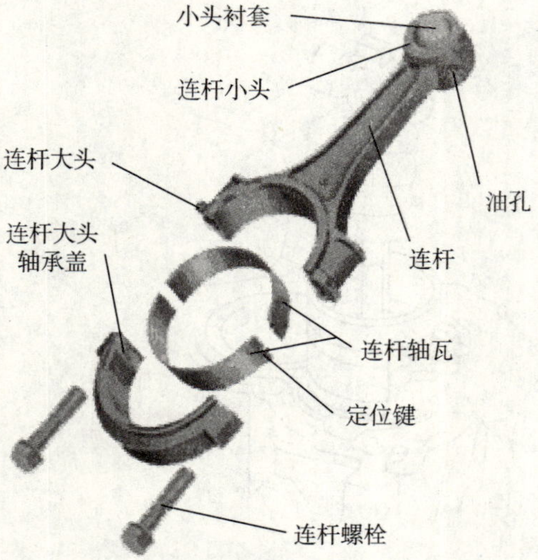

图 6-32　连杆组件和轴瓦

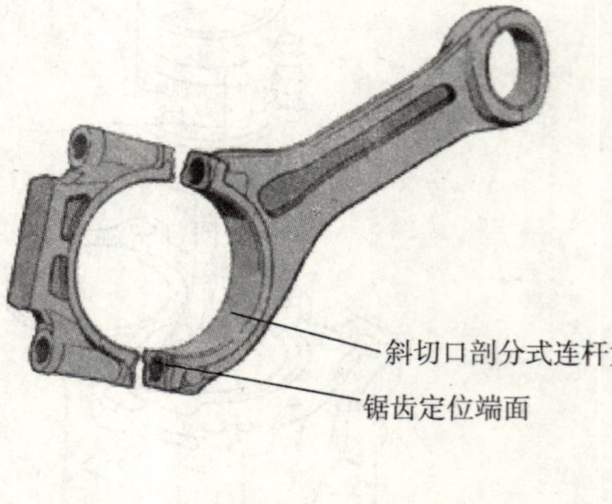

图 6-33　斜切口剖分式连杆大头的组成

1. 连杆小头

连杆小头用来包住活塞销。若使用全浮式活塞销，连杆小头通常被压在一个铜合金（CuPbSn）的轴承衬套中；如果活塞销通过热压配合固定在连杆小头中，那么它将直接被压在连杆小头中。

2. 连杆体

连杆体连接连杆小头和连杆大头，为提高其抗扭强度，通常做成“工”字形横截面。

3. 连杆大头

连杆大头与连杆大头轴承盖一起构成了连杆轴承，属于剖分式滑动轴承。通常用应力螺栓把连杆盖固定在连杆大头上。

4. 连杆组件在曲轴上的轴承

该轴承同曲轴箱内的轴承一样有多层轴瓦，其止动钩可防止其平移或转动。

5. 轴承间隙

轴承间隙由生产商规定并且可以通过连杆轴承和曲轴连杆轴颈的尺寸来确定。在使用曲轴径向间隙测量工具测量其间隙时，应分别测量每个轴承。

6. 连杆组件的特殊结构形式

（1）梯形连杆　连杆小头的下半部分由于要吸收巨大的燃烧压力而逐渐加宽，而其上半部分由于负荷较小而较窄，这就形成了梯形的连杆小头。

（2）斜切口连杆　由于柴油机的压力更大，所以连杆大头通常需要有更高的强度，以至于其尺寸超出了气缸直径。此时，只有采用斜切口的连杆大头才能通过气缸拆装。

（3）整体式连杆　单缸二冲程发动机的连杆大头通常做成整体式的，所以也要求曲轴由数个部件组成。此时，可以使用滚动轴承来取代滑动轴承。

7. 润滑

连杆轴承使用发动机的润滑油来润滑。机油从曲轴轴颈的一个小孔流向活塞销，进而润滑活塞销和连杆衬套（通过连杆小头上的油孔）。

2.7　活塞连杆组的维修

2.7.1　重量公差的检查

必须注意的是，在更换连杆组件和活塞时，配件的重量必须与原来的元件保持一致，以免因惯性力不平衡而影响发动机的工作过程。制造商规定了各组件（活塞、连杆组件）的允许重量公差。微小的超重可通过在连杆大头进行研磨来补偿。

2.7.2　活塞和连杆的组装

1. 全浮式活塞销的安装

如果活塞销在连杆小头的衬套和活塞销座孔中是完全浮动支撑的，那么装配时必须注意活塞销卡环的正确安装。

全浮式活塞销与座孔在常温下有微量过盈，所以安装时一定要先将活塞加热再进行装配，即在装配之前将活塞通过诸如油浴的方法加热至约80℃。为将上了油的、冷态的活塞销顺利插入活塞销座孔内，必须使用导向销将活塞销座孔和连杆衬套的中心线对齐，以使活塞销容易推入，避免其在活塞内过早被压紧，如图6-34所示。

2. 半浮式活塞销的安装

活塞与半浮式活塞销为间隙配合，而半浮式活塞销与连杆为过盈配合，在装配时应注意区别。

半浮式活塞销在安装时，也应在加温条件下，使用专用设备进行安装，其具体安装步骤如下：

1）将连杆组件加热到 280 ~ 320℃（必须控制好温度）。

2）用干冰或在低温冷冻箱内冷冻活塞销以减小其直径，方便装配。

3）对齐中心线，小心地将活塞平放在带止动心轴的形状基准块上。

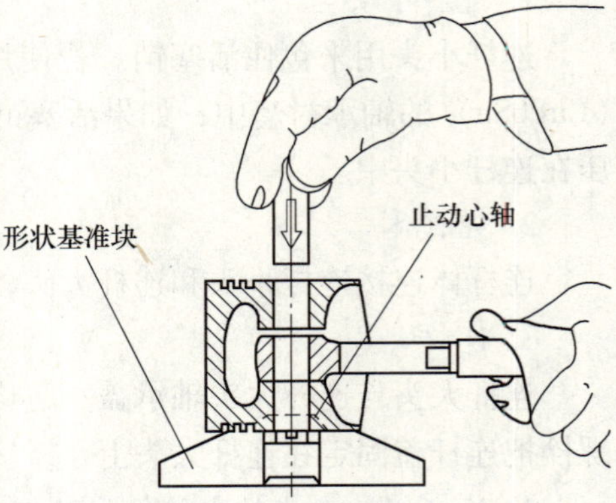

图 6-34 将热压配合的活塞销装入连杆

4）精确对齐中心线，将加热后的连杆安放在下方的活塞销毂孔上。

5）将冷冻后的活塞销从上方的活塞销毂孔插入，接触连杆组件。

6）迅速将活塞销一次推至止动心轴的挡块上（末端）。

2.7.3 连杆组件和曲轴的装配

连杆组件同曲轴轴颈之间必须有侧向间隙，以保证曲轴和曲轴箱之间不同的热膨胀得到平衡。连杆螺栓一般是应力螺栓，通常使用扭力扳手按照制造商规定的力矩来安装。

2.7.4 活塞和连杆装配一览图

如图 6-35 所示为活塞和连杆装配一览图。

1）活塞环。开口错开 120°；用活塞环钳拆卸和安装；标记“TOP”朝向活塞顶；检测对缝间隙；检测高度间隙。

2）活塞。标出安装位置和所属气缸；活塞头上的箭头指向带轮侧；用活塞环卡箍安装。

3）活塞销。不易移动时将活塞加热至 60℃，用心轴拆卸和安装。

4）卡环。

5）连杆。只能成套地更新；标出所属气缸（B），如图 6-35 所示；安装位置：标记“A”指向带轮侧。

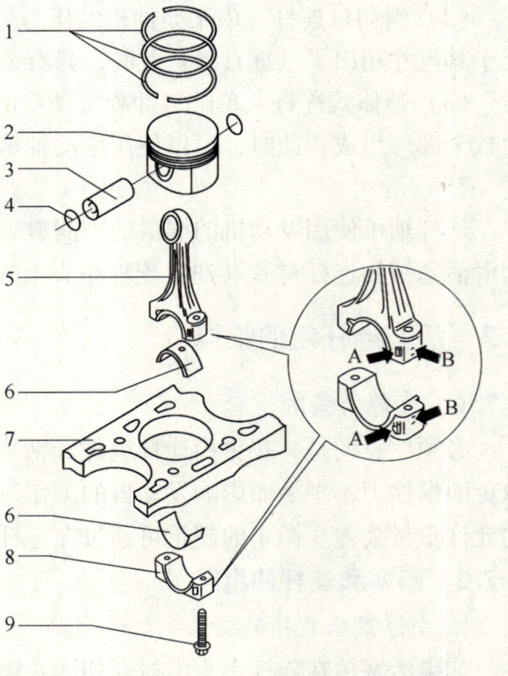

图 6-35 活塞和连杆装配一览图

1—活塞环 2—活塞 3—活塞销 4—卡环 5—连杆 6—轴瓦 7—气缸体 8—连杆盖 9—连杆螺栓

6）轴瓦。①注意安装位置；②不要与使用过的轴瓦混淆；③在中间装入轴瓦；④新轴向间隙：0.05 ~ 0.31mm，磨损极限：0.37mm；⑤用塑料线间隙规测量径向间隙：0.01 ~ 0.06mm，磨损极限：0.09mm（测量径向间隙时，不能扭转曲轴）。

7）气缸体。①检查气缸内径；②测量活塞和气缸尺寸。

8）连杆盖。①注意安装位置；②通过折断法（断裂）拆开的连杆，其连杆盖只能在一个位置上安装，且只能安装到所属的连杆上。

9）连杆螺栓，30N · m + 90°（1/4 圈）继续旋转（更新）。①星形螺栓 Torx E10；②给螺纹和接触面涂油；③为测量连杆轴瓦与曲轴的径向间隙，用 30N · m 的力矩拧紧，但不用继续旋转。

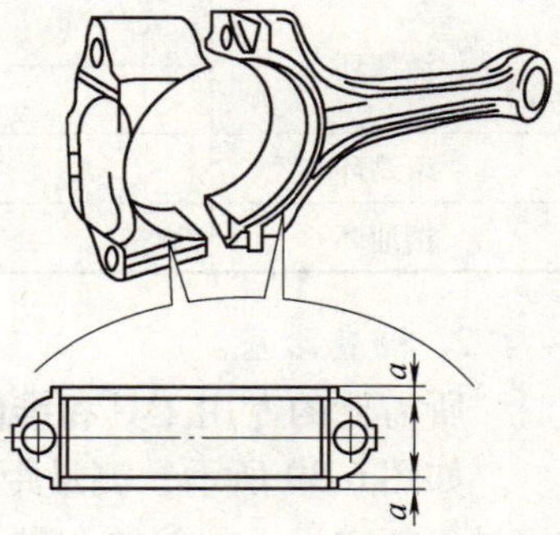

图 6-36　轴瓦的安装位置

2.7.5　轴瓦的安装位置

将轴瓦居中装入连杆和连杆盖内，其左右的尺寸 a 必须一致，如图 6-36 所示。

2.7.6　检查活塞、活塞环和气缸内径

1. 检查活塞环

1）检查活塞环的切口间隙，如图 6-37 所示。

所需要的专用工具和维修设备：塞尺。

将活塞环垂直地从上面推进下面的气缸开口，离气缸边缘约 15mm。

活塞环的切口间隙见表 6-2。

表 6-2　活塞环的切口间隙

活塞环	切口间隙/mm	
	新的	磨损极限
压缩环	0. 20 ~ 0. 40	0. 8
挡油环	0. 25 ~ 0. 50	0. 8

2）检查活塞环的高度间隙，如图 6-38 所示。

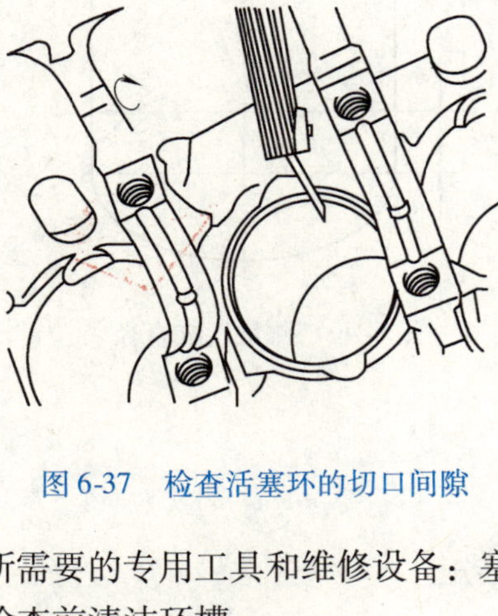
图 6-37　检查活塞环的切口间隙

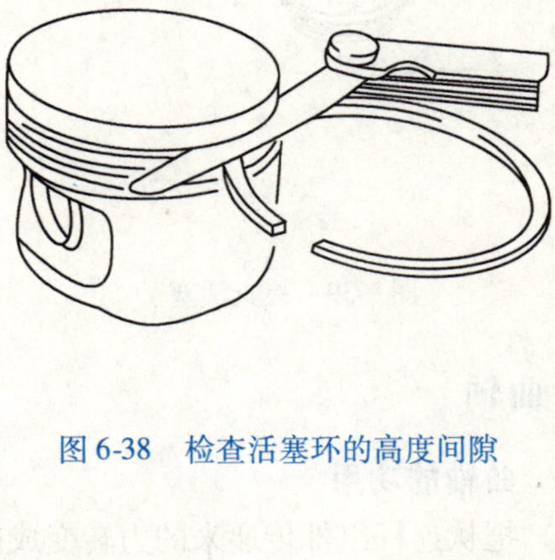
图 6-38　检查活塞环的高度间隙

所需要的专用工具和维修设备：塞尺。

检查前清洁环槽。

活塞环的高度间隙见表 6-3。

表 6-3　活塞环的高度间隙

活塞环	高度间隙/mm	
	新的	磨损极限
压缩环	0.06～0.09	0.20
挡油环	0.03～0.06	0.15

2. 检查活塞

所需要的专用工具和维修设备：外径千分尺（75～100mm）。

如图 6-39 所示，测量距活塞下边缘约 10mm、并与活塞销的轴线错开 90°处的直径。相对于额定尺寸的偏差：最大 0.04mm。活塞和气缸的标称尺寸见表 6-4。

表 6-4　活塞和气缸的标称尺寸

研磨尺寸	活塞	气缸
基本尺寸	80.965mm①	81.01mm

① 无石墨层（厚度 0.02mm）的尺寸，石墨层磨损。

3. 测量气缸内径

所需要的专用工具和维修设备：百分表（50～100mm）。

如图 6-40 所示，在三处位置上以交叉方式沿横向 *A* 和纵向 *B* 测量。

提示：

如果气缸体固定在发动机和变速器支架上，则不允许测量气缸内径，否则可能出错。

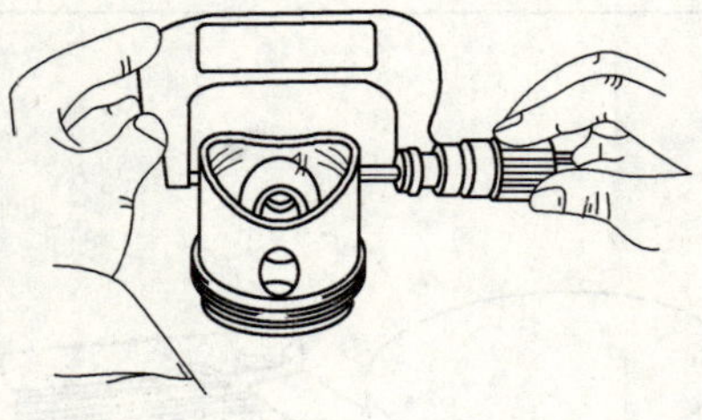

图 6-39　检查活塞

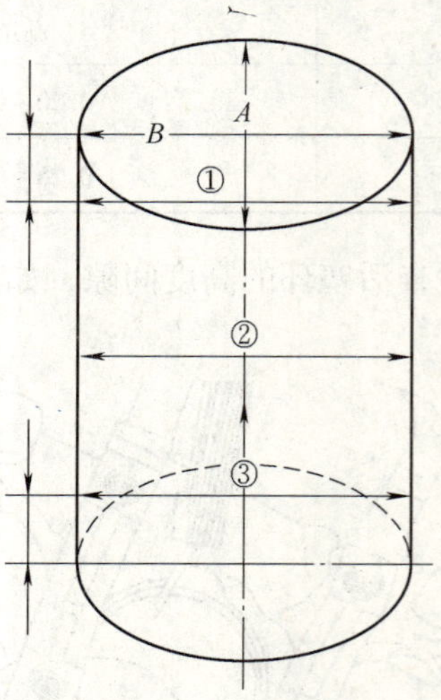

图 6-40　测量气缸直径

2.8　曲轴

2.8.1　曲轴的功用

1）把从连杆组件传递来的力转变成旋转的力和转矩。

2）将一部分转矩通过飞轮继续传递给离合器。

3）用剩余转矩驱动发动机的辅助装置和总成。

2.8.2　曲轴的工作条件

在发动机工作的每个冲程中，连杆组件和活塞都会被曲轴加速一次然后再减速一次，于是就产生了非常大的惯性力。此外，曲轴还要承受很大的离心力。这些力会使得曲轴承受拉伸、弯曲和扭转载荷，并加剧轴承处的磨损。

2.8.3　曲轴的材料

曲轴由以下材料制造：

1）优质合金钢。

2）渗氮钢。

3）球墨铸铁。

钢制的曲轴都要经过模锻成型。模锻时生成的相关的纤维错位和致密组织有很高的强度。球墨铸铁制造的曲轴有很好的减振性。

2.8.4　曲轴的结构

曲轴的结构如图6-41所示。

1. 曲柄销和轴颈

每个曲轴都有一对位于曲轴箱轴承内的同轴轴颈和承载曲柄的轴颈（曲柄销）。轴颈都经过了表面硬化和磨光处理。

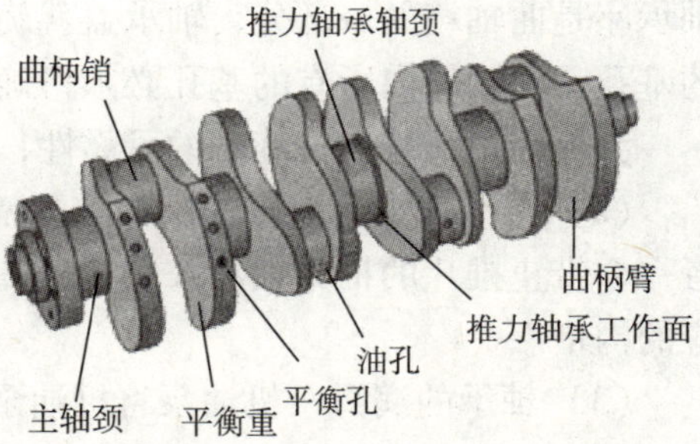

图6-41　曲轴的结构

2. 曲柄臂

轴颈和曲柄销通过曲柄臂连接在一起。曲柄销和曲柄臂会导致质量分配不平衡，通过设置平衡重可以抵消这种不平衡。润滑油孔从轴颈经过曲柄臂直达曲柄销。使用前，还应对曲轴进行动平衡处理，其中原材料在某一位置的堆积可以通过钻平衡孔来抵消。

3. 推力轴承

轴颈之一的侧面布置有滑动平面，那么就需要一个推力轴承（定向轴承）来对曲轴进行轴向定位。这个推力轴承可以阻止曲轴冲击离合器等。

飞轮被固定在曲轴的输出端，并通常与离合器相结合。在曲轴的另一端设置有齿轮、正时链轮或齿形带轮（驱动凸轮轴、油泵等），有时还装有一个吸振器。

曲轴的形状取决于气缸数、曲轴上的轴承数目、行程长短、点火次序和气缸排列形式。

4. 曲拐

它由一个轴颈和两个曲柄臂组成。在直列四缸发动机中曲轴上所有的曲拐在一个平面内，而在直列六缸发动机中，各个曲拐相互错开120°布置。

5. 飞轮

飞轮可以在做功冲程储蓄能量（做功能力）并在其他冲程再次将其释放。凭借飞轮储备的能量，可以使发动机顺利度过“空冲程”和工作循环上止点，并能平衡转速振荡。飞轮周边的齿环通常是通过热压或者螺纹配合的，该齿环上的小齿轮与发动机的起动机啮合在一起。

飞轮由钢或者特种铸铁制造。通常飞轮和曲轴要一起进行动平衡，以保证在高转速时不会出现不平衡，否则曲轴运行不平稳，且曲轴和轴承负荷过大。

6. 平衡轴

平衡轴用来平衡曲柄连杆机构和发动机振动时产生的惯性力。平衡轴分布在曲轴两侧，如图6-42所示。平衡轴有一定的不平衡度，这一不平衡惯性力产生在与曲柄连杆机构的不平衡惯性力相对的位置。由于待消除的振动频率是曲轴转速的两倍，所以平衡轴以曲轴转速的两倍转动。其中一根平衡轴与曲轴转向相同，另一根则与曲轴转向相反。

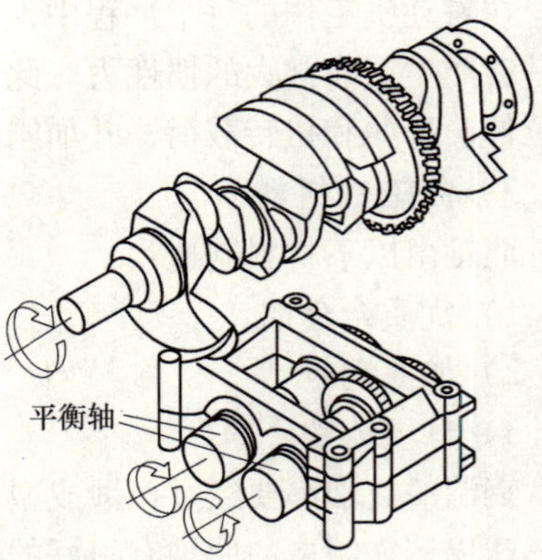

图6-42　带平衡轴的直列四缸发动机

7. 曲轴轴承

（1）主轴承　曲轴主轴承将曲轴支承并控制在曲轴箱内。曲轴主轴承通常采用分列式滑动轴承。轴承座是曲轴箱的一部分，轴承盖就旋在轴承座上。轴承座和轴承盖一起构成了安装轴瓦的基孔。曲轴箱内所有的基孔必须精确同轴。

为保证抗滑移和抗旋转的可靠性，轴瓦上通常配有止动钩。

（2）推力轴承　曲轴的轴向定位需要靠一个带双面轴环的推力轴承（导向轴承）或者一个带止推片的推力轴承来完成，如图6-43所示。为能夹住止推片，基孔两边均有相应的沟槽。

（3）轴承的润滑　机油泵将机油泵出，穿过油孔通过油槽，到达曲轴轴承表面，对其进行润滑。轴瓦上还有一个环形槽和一个油孔，如图6-43所示，机油通过它们可到达连杆轴承。

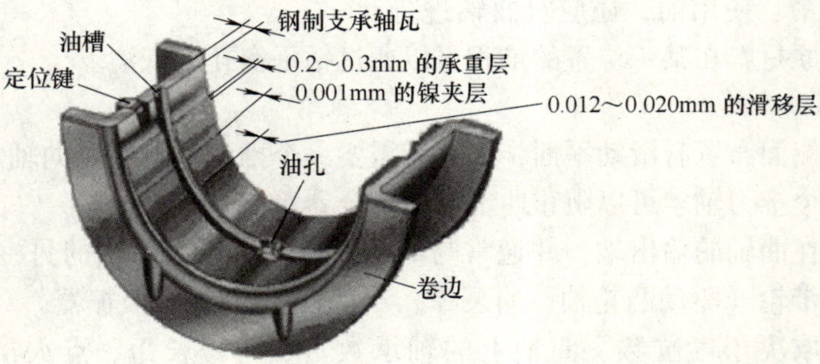

图6-43　三元金属推力轴承

2.8.5　曲柄连杆机构的维修

1. 曲轴的检测

借助于量片器可以检测曲轴的径向跳动，借助于螺旋测微器可以测量轴颈的尺寸。制造商往往会为小于标准尺寸的曲轴提供轴瓦。

2. 轴承间隙的测量

（1）轴向间隙　借助于导向齿条和量片器可以检测推力轴承的轴向间隙。

（2）径向间隙　借助于内径千分尺和螺旋测微器或者专用的曲轴径向间隙测量工具测出轴承和轴颈的外部尺寸，然后通过计算确定其径向间隙。曲轴径向间隙测量工具的塑料纤维可以平放在轴颈上，如图 6-44 所示。装上轴承盖之后，把加了预先设定的低转矩的应力螺栓装上，然后再卸载。对比受损的纤维与刻在封套上的刻度，即可读出径向间隙。每个轴承都必须单独测量径向间隙。在装配时，最终要安装加载了预设转矩的应力螺栓。

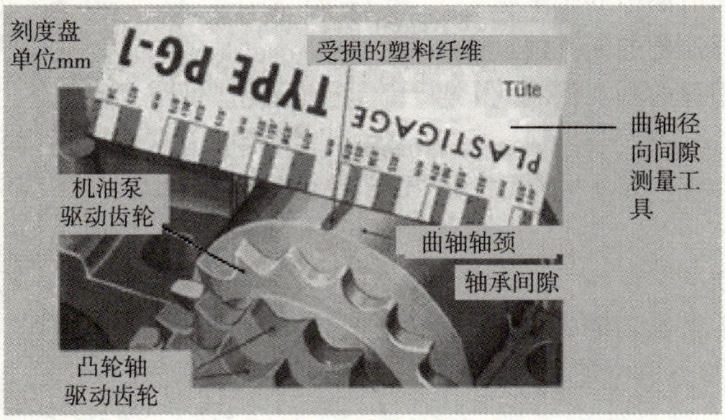

图 6-44　用曲轴径向间隙测量工具测量轴承间隙

3. 正常的机油消耗

汽车每行驶 1 000km 机油消耗量在 0.1 ~ 1L 属于正常的机油消耗。新车处于磨合期时，机油消耗量较高。

4. 机油消耗量增加

若发现机油消耗量持续增加，则可能存在如下机械故障：

（1）气门杆密封有缺陷　此时机油可进入进排气管，而在燃烧室燃烧产生蓝烟。

（2）活塞环和活塞环槽之间的轴向间隙增大　活塞环与活塞环槽两部件之间因受磨损而使间隙增大。环槽中的活塞环在活塞上下行时做往复运动，这种位置的变化会使机油“泵入”燃烧室，如图 6-45 所示。机油进入燃烧室并燃烧，形成积炭使活塞环在环槽内卡死，并产生强烈的蓝烟。

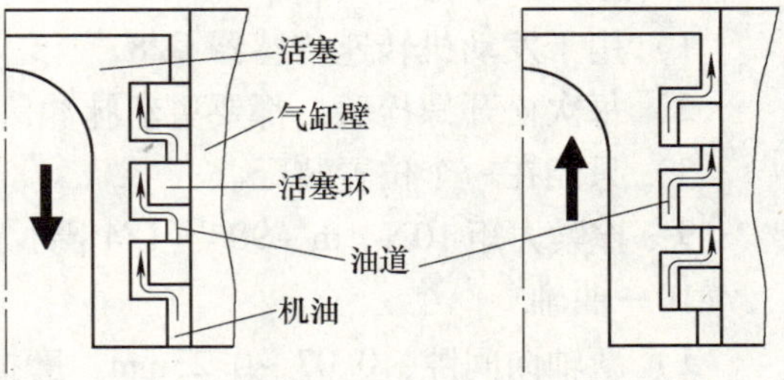

图 6-45　活塞环“泵油”作用

（3）发动机密封损坏　这时的发动机即使停止运转也要消耗机油。若在汽车行驶过的地面上发现机油或发动机表面有油污，则说明发动机密封不良。

2.8.6　曲轴的检测与维修

提示：

1）在拆卸曲轴之前，请准备一个合适的杂物箱，防止碰撞或损坏脉冲信号轮。

2）为了进行装配工作，应将发动机用发动机和变速器支架固定在装配架上。

3）如果您在修理发动机时发现大量金属屑或粉末，这表明可能是曲轴或连杆轴承损坏。为防止继续出现这种磨损，请您在维修后执行下列操作：仔细清洁油道、更换喷油器、更换机油滤清器。

如图 6-46 所示为速腾 2006 汽车发动机的气缸体，其各部分的名称及相关知识如下：

1—机油泵

2—拧紧力矩 15N · m

3—链轮（用于油泵驱动装置）

4—轴瓦

1）用于不带润滑油槽的轴承盖。

2）用于带润滑油槽的气缸体。

3）不要与使用过的轴瓦混淆（做好记号）。

5—拧紧力矩 40N · m + 90°（1/4 圈）继续旋转

1）螺栓应更新。

2）测量曲轴主轴瓦与曲轴径向间隙时，用 40N · m 的力矩拧紧。

6—轴承盖

1）轴承盖 1 位于带轮侧。

2）气缸体轴瓦和轴承盖轴瓦的固定凸缘必须相互重叠。

7—轴瓦 3

8—脉冲信号轮

1）用于发动机转速传感器 G28。

2）每次松开螺栓后，都要更新脉冲信号轮。

3）只能在一个位置装配。

9—拧紧力矩 10N · m + 90°（1/4 圈）继续旋转（更新）

10—曲轴

1）新轴向间隙：0.07 ~ 0.23mm，磨损极限：0.30mm。

2）用塑料线间隙规测量径向间隙，新的间隙值：0.01 ~ 0.04mm，磨损极限：0.07mm，测量径向间隙时不能旋转曲轴。

3）曲轴的尺寸（以 mm 为单位的尺寸见表 6-5）。

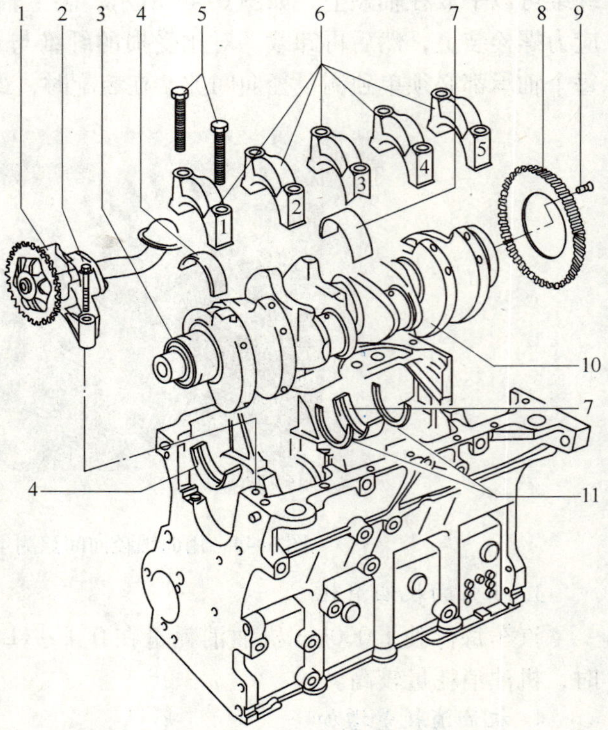

如图 6-46　速腾 2006 汽车发动机气缸体

表 6-5　曲轴的尺寸

研磨尺寸	曲轴轴承轴颈/mm		曲轴轴承轴颈/mm	
基本尺寸	48.00	-0.017 -0.037	42.00	-0.022 -0.042
等级Ⅰ	47.75	-0.017 -0.037	41.75	-0.022 -0.042
等级Ⅱ	47.50	-0.017 -0.037	41.50	-0.022 -0.042
等级Ⅲ	47.25	-0.017 -0.037	41.25	-0.022 -0.042

11—止推垫片

1）用于气缸体，轴承3。

2）字符指向支撑座。

2.8.7　拆卸和安装发动机

所需要的专用工具和维修设备：扭力扳手、发动机和变速器举升装置、弹簧卡箍钳、导线、发动机支架、电缆扎带等。

1. 拆卸发动机

（1）提示

1）在进行其他工作步骤前，必须断开蓄电池的接地线。因此请检查是否安装了已设码的收音机设备，然后在必要时先查询防盗设码。

2）将发动机连同变速器一起拆下。

3）所有在拆卸发动机时松开或切断的电缆扎带，在安装发动机时应再次在同一位置复原。

4）正确铺设所有类型的管路（例如燃油、液压、活性炭罐装置、冷却液和制冷剂、制动液、真空系统）和电气导线，以便重建原始的布线。

5）为了避免损坏管路和导线，应注意所有运动的部件要保持足够的距离。

（2）拆卸步骤

1）关闭点火开关后，断开蓄电池接地线。

2）拆下发动机罩，如图6-47所示。

3）拔下空气滤清器壳上的软管1和2，如图6-48所示。

4）旋出螺栓3，并将空气滤清器壳拆下，如图6-48所示。

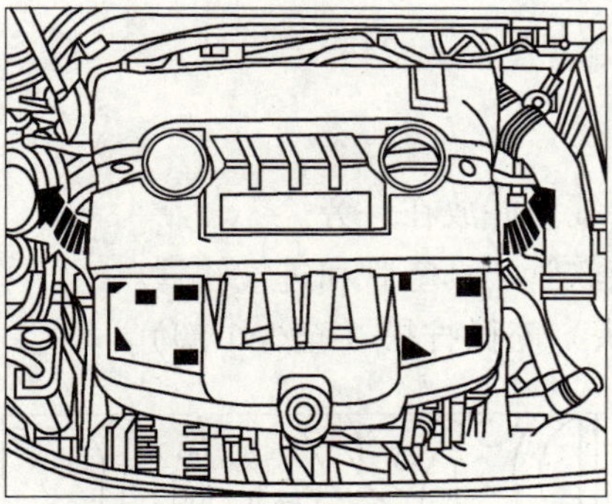

图6-47　拆下发动机罩

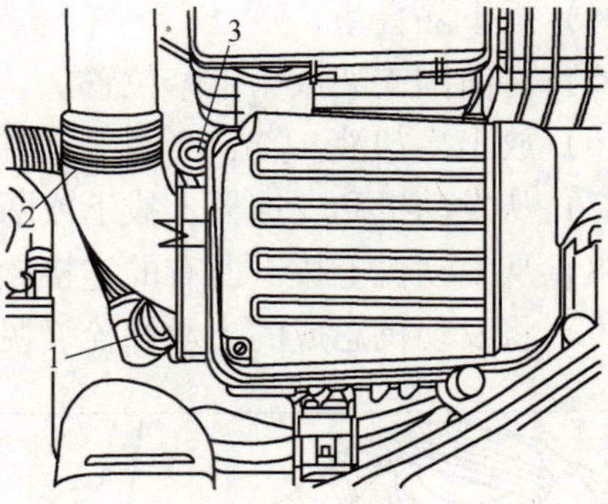

图6-48　拔下空气滤清器软管，拆下空气滤清器壳

1、2—软管　3—螺栓

5）拆下蓄电池。

6）打开电控箱的端盖1，并将管路2拧下，如图6-49所示。

7）拧出螺栓（箭头所指），拆下蓄电池架，如图6-49所示。

8）拆下散热器前围板。

9）从控制单元上拔下发动机线束插头。

10）松开发动机线束的套管（箭头所示），并向上将其拔出，如图6-50所示。

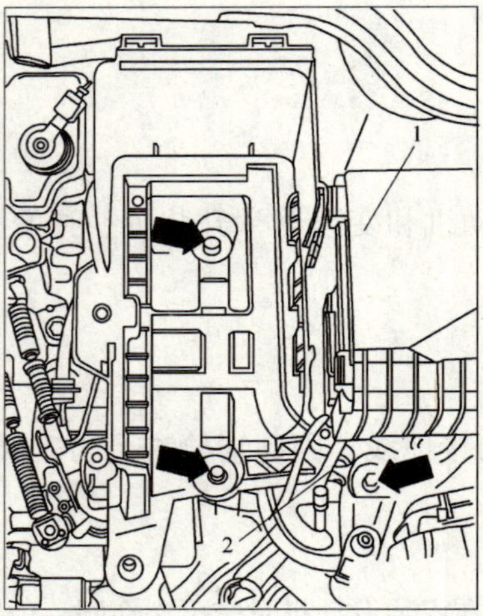

图 6-49　拆下蓄电池架

1—电控箱端盖　2—管路

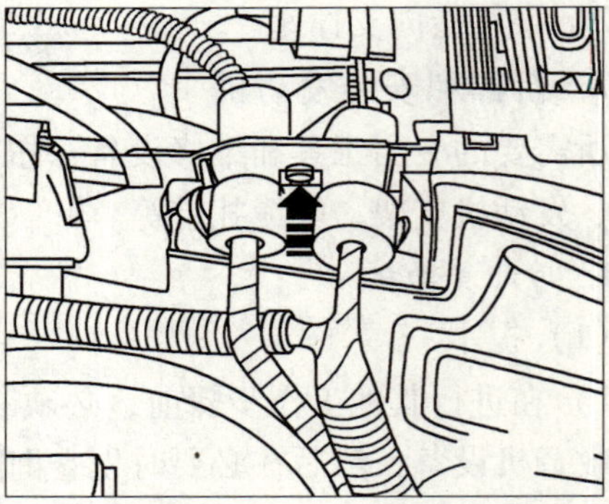

图 6-50　拔出发动机线束的套管

11）打开导线导向件的支座。

12）从导向件中取出发动机控制单元线束，将发动机线束置于发动机上。

注意：

① 燃油进油管承受有压力，需戴好防护眼镜并穿好防护服，以免燃油接触和伤害皮肤。

② 在松开软管连接前，在连接处周围放置抹布，然后小心地拔出软管，以卸除压力。

13）脱开通风管 1 和进油管路 2，为此要压入卡环，如图 6-51 所示。封闭管路，避免燃油系统受污染。

14）拆下隔音垫。

15）将前围支架放于维修位置。

16）放出冷却液。

17）从发动机和变速器上拔下或断开所有的导线，并放在一旁。

18）从发动机上拔下所有的连接软管、冷却液软管、真空管和进气软管。

19）将发动机总成的支承螺栓（见图 6-52 箭头）略微拧松（至少 1 圈）。

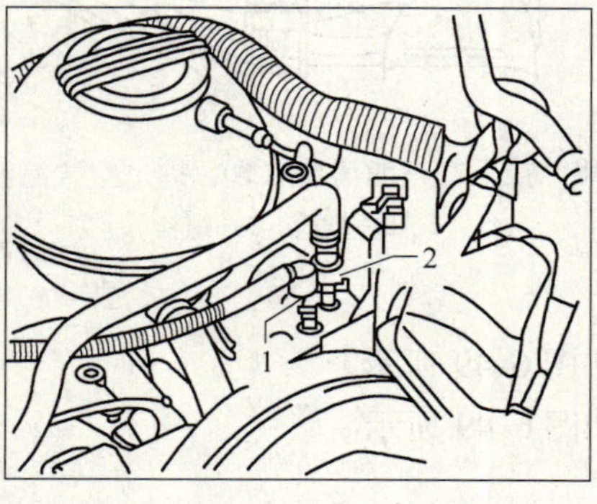

图 6-51　脱开通风管和进油管路

1—通风管　2—进油管

图 6-52　拧松发动机总成的支承螺栓

20）将变速器总成的支承螺栓（见图6-53箭头）略微拧松（至少1圈）。

对安装有空调的汽车，需进行以下步骤。

提示：

为了避免损坏冷凝器以及制冷剂管路和软管，应注意不要过度拉伸、弯折或扭曲管路和软管；为了可以在不打开制冷剂循环回路的情况下拆卸和安装发动机。

① 拆卸多楔带。

② 从附加动力总成支架上拆下空调压缩机。

③ 将空调压缩机安装在前围支架上时，冷却液管路和冷却液软管应处于卸载状态。

对装有手动变速器的汽车，需进行以下步骤。

① 拆卸变速器连接件。

② 拆下从动缸（见图6-54箭头），并将其置于一侧，不要打开管道系统。

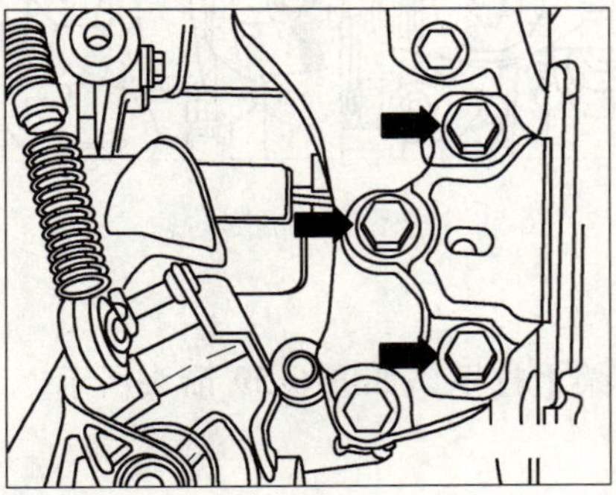

图6-53　拧松变速器总成的支承螺栓

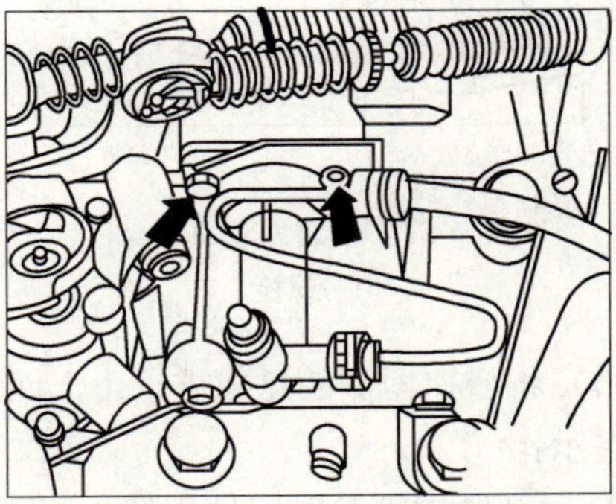

图6-54　拆下从动缸

提示：在拆下从动缸后，不要再踩下离合器踏板。

对装配有自动变速器的汽车需将选择杠杆绳索传动装置从变速器上拆下来。

其他汽车，直接进入下一步：

21）拆下带尾气催化净化器的排气前管。

22）如图6-55所示，首先旋出螺栓1，然后旋出螺栓2和3，并拆下摆动支承。

23）拆下右侧的万向传动轴并拧下变速器上左侧的万向传动轴。

24）旋出气缸体前面的螺纹销，如图6-56箭头所示。

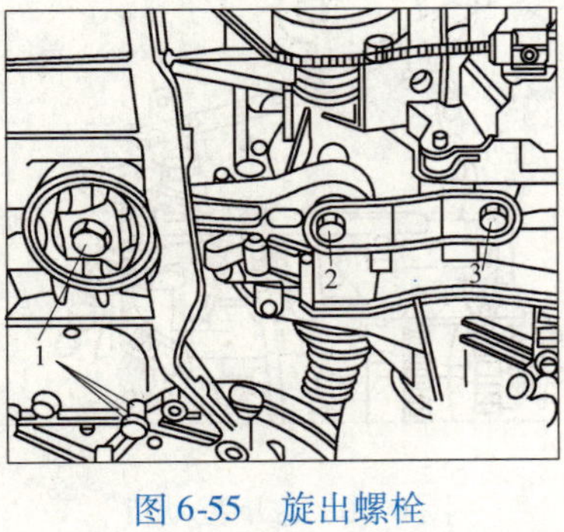

图6-55　旋出螺栓

1、2、3—螺栓

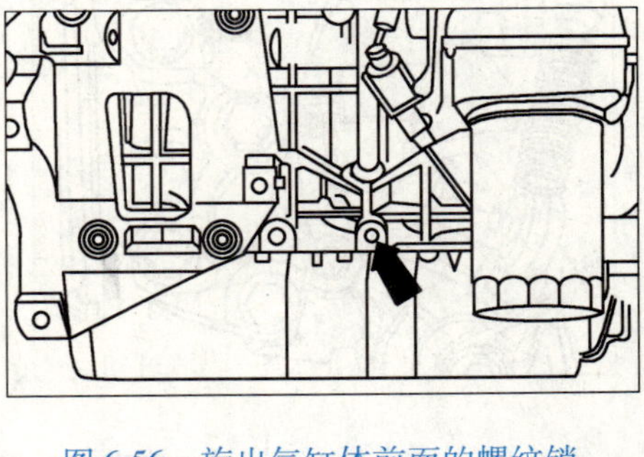

图6-56　旋出气缸体前面的螺纹销

25）安装发动机和变速器举升装置 V. A. G 1383A 中的发动机支架 T10012。

26）如图 6-57 所示，拧出螺栓 1，不要使它承重过度。

27）如图 6-57 所示，安装发动机支架 T10012，用 20N · m 的力矩拧紧气缸体前面的螺钉。

28）将发动机和变速器用发动机和变速器举升装置 V. A. G 1383A 略微举起。

29）将发动机侧的总成支承由上面从发动机支架上拧下，如图 6-58 箭头所示。

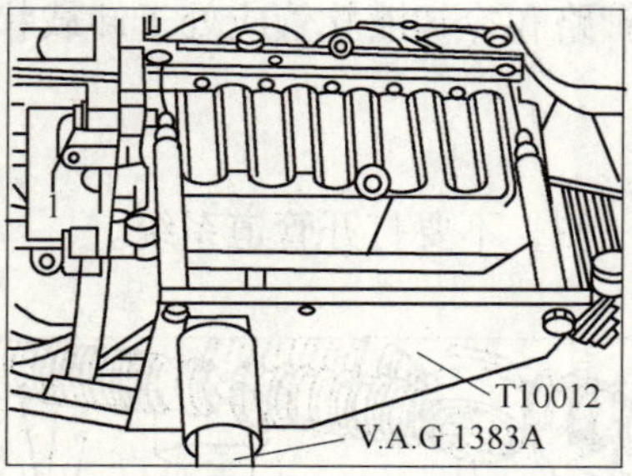

图 6-57　安装发动机支架

1—螺栓

图 6-58　拧下发动机侧的总成支承

30）将变速器侧的总成支承由上面从发动机支架上拧下，如图 6-59 箭头所示。

提示：

① 拆卸紧固螺栓时应使用梯子。

② 降低发动机与变速器时，必须小心地引导，以免损坏车身。

③ 小心地向下降低发动机与变速器。

④ 在装配架上固定发动机。

⑤ 所需要的专用工具和维修设备：吊架、车间起重机、发动机和变速器支架。

具体操作步骤：

① 如图 6-60 所示，挂入吊架，并将发动机用车间起重机从发动机和变速器举升装置上取下。

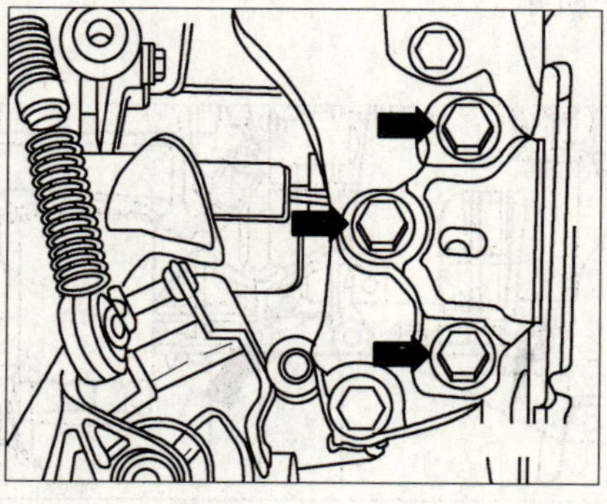

图 6-59　拧下变速器侧的总成支承

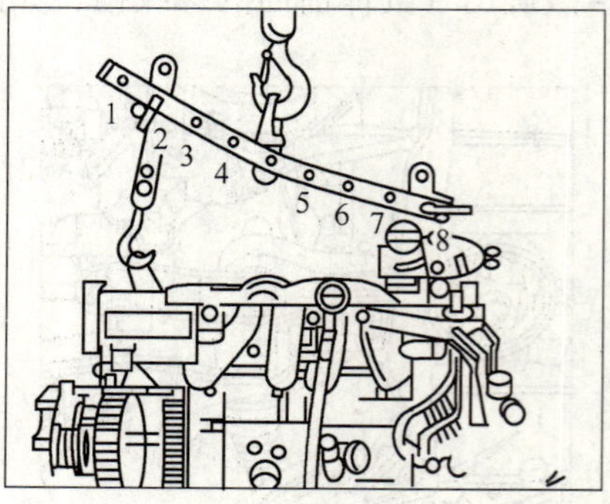

图 6-60　取下发动机

② 在带轮侧，将孔条第 3 个孔置于位置 2；在飞轮侧，将孔条第 3 个孔置于位置 8（见图 6-61）。

注意：

A. 在钩子和锁止杆上使用安全销，以免损坏发动机和汽车。

B. 拱形支架上标记 1.4 的插拔位置指向带轮。

C. 带孔导轨上的孔从挂钩处数起。

③ 将发动机固定到发动机和变速器支架上，必须将配合套取下。

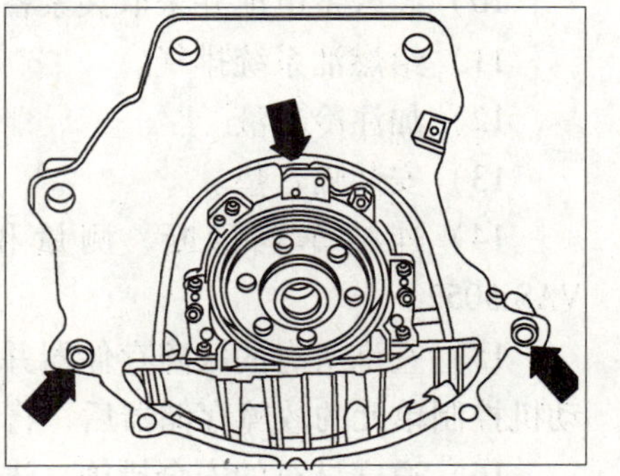

图 6-61　将垫板推到配合套上

2. 安装发动机

安装时以与拆卸相反的顺序进行，具体如下：

1）将垫板嵌到密封法兰上，然后推到配合套上，如图 6-61 箭头所示。

（以下步骤适用于带有手动变速器的汽车。）

2）在驱动轴齿轮上用少许润滑脂润滑。

3）检测和安装离合器和离合器操纵装置。

（以下步骤适用于所有汽车。）

4）在安装发动机和变速器机组时，应注意副车架及其到散热器的距离。

5）摇动发动机支座，将其调整到无应力，如有必要，将发动机支座从车身上松开。

提示：

① 安装所有电缆扎带时，应在相同的位置上重新固定。

② 装配时更换自锁螺母和螺栓。

③ 更换以规定角度拧紧的螺栓、密封环和密封件。

6）将发动机和变速器定心时，将新配合套装入气缸体。

7）如图 6-62 所示，将发动机线束 1 和线束 2 沿控制单元下部向左（汽车行驶方向）铺设。

8）安装蓄电池支架并拧紧螺栓，如图 6-63 箭头所示。

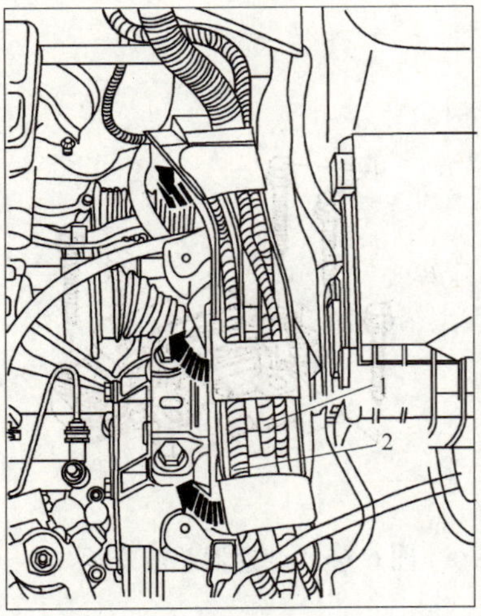

图 6-62　铺设发动机线速

1、2—线束

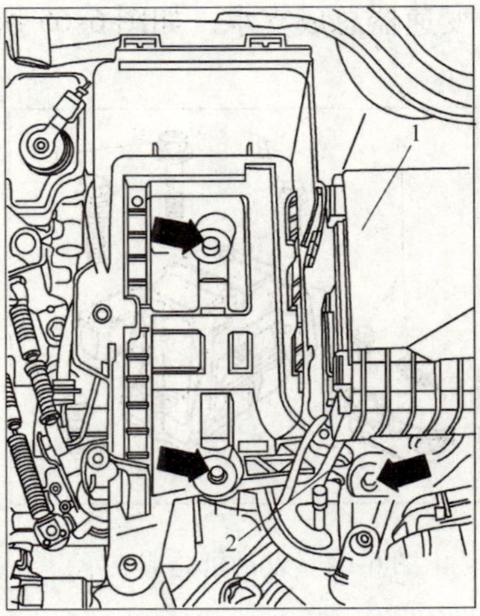

图 6-63　安装蓄电池支架

1—电控箱　2—导线

9）如图 6-63 所示，铺设导线 2，并在电控箱 1 旁将其旋紧。

10）装入蓄电池并采取夹紧蓄电池的措施。

11）给燃油系统排气。

12）加注冷却液。

13）安装隔音垫。

14）连接车辆诊断、测量和信息系统 VAS 5051 或车辆诊断和保养信息系统 VAS 5052。

15）查询所有的故障存储器并清除由于安装发动机而产生的所有故障输入。在清除发动机控制单元的故障存储器后，将会产生就绪代码。

16）遵守试车的安全措施，进行试车。

17）运行新的汽车测试系统，必要时排除故障。

安装时，各螺栓联接的拧紧力矩见表 6-6。

表 6-6　螺栓联接的拧紧力矩

螺栓联接/（螺栓、螺母）	拧紧力矩/N · m
M6	10
M7	15
M8	20
M10	45
M12	60

各支承螺栓的拧紧力矩如下：

① 发动机总成支承，如图 6-64 所示。

A = 20N · m + 继续旋转 90°（1/4 圈）更新螺栓

B = 40N · m + 继续旋转 90°（1/4 圈）更新螺栓

C = 60N · m + 继续旋转 90°（1/4 圈）更新螺栓

② 变速器总成支承，如图 6-65 所示。

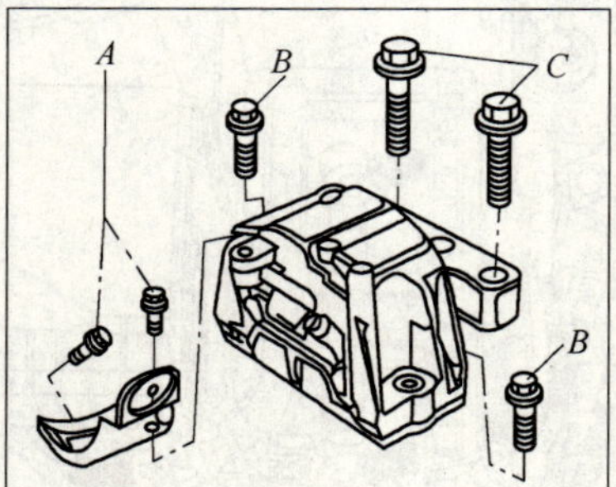

图 6-64　发动机总成支承

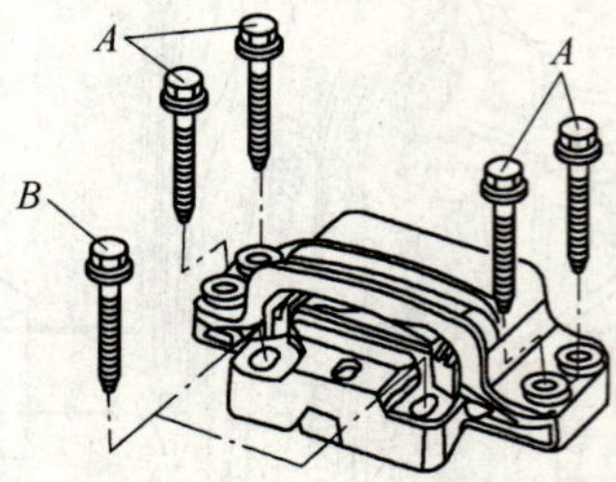

图 6-65　变速器总成支承

A = 40N · m + 继续旋转 90°（1/4 圈）更新螺栓

B = 60N · m + 继续旋转 90°（1/4 圈）更新螺栓

③ 摆动支承，如图 6-66 所示。

A = 40N · m + 继续旋转 90°（1/4 圈）更新螺栓

B = 60N · m + 继续旋转 90°（1/4 圈）更新螺栓

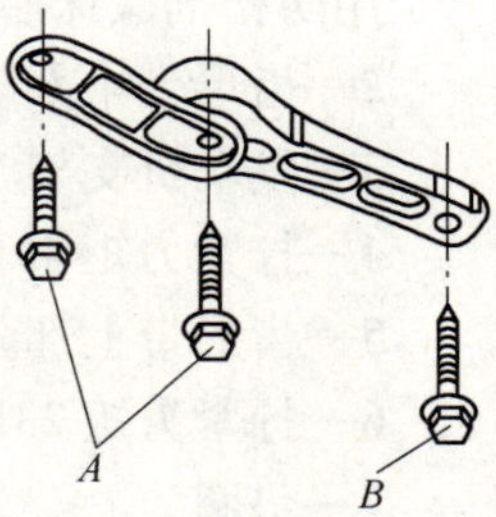

图 6-66 摆动支承

2.8.8 分解和组装发动机

提示：如果您在修理发动机时发现大量金属屑或粉末，这表明可能是曲轴或连杆轴承损坏。为防止继续出现这种磨损，请您在维修后执行下列操作：

1）仔细清洁油道。

2）更新喷油器。

3）更新机油滤清器。

1. 第一部分

第一部分的操作内容如图 6-67 所示，图中各部分的名称及相关知识如下：

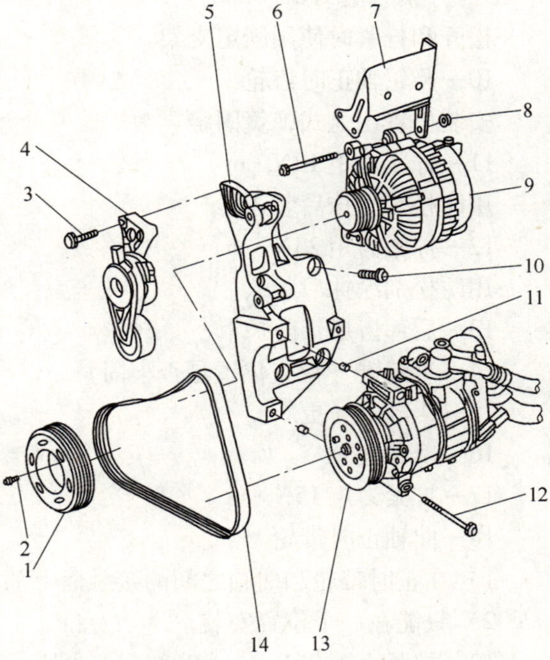

图 6-67 分解和组装发动机（一）

1—曲轴带轮

2—拧紧力矩 10N · m + 90°（1/4 圈）（更新）

3—拧紧力矩 23N · m

4—多楔带的张紧装置

松开多楔带时，用呆扳手翻转。

5—辅助机组支架

注意拧紧顺序：螺栓按从 A 到 F 的顺序拧紧并涂抹防松剂，见图 6-68。

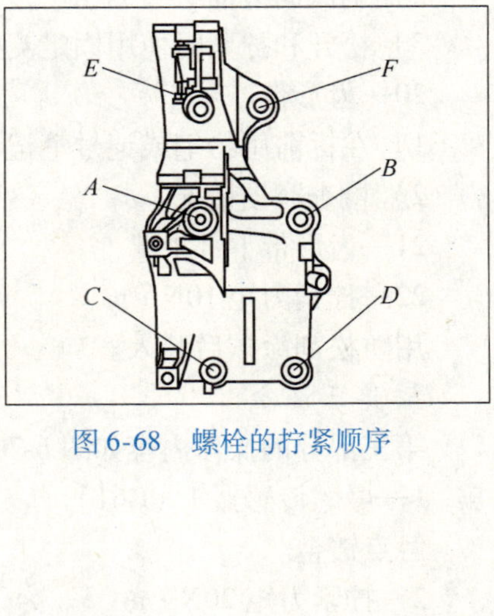

图 6-68 螺栓的拧紧顺序

6—拧紧力矩 23N · m

7—防护板

8—拧紧力矩 23N · m

9—发电机（要更容易地安装发动机，请将发电机上固定螺栓的螺纹套略微向后推）

10—拧紧力矩 45N · m

11—轴套（2 件）

12—拧紧力矩 25N · m

13—空调压缩机

14—多楔带

1）在拆前用粉笔或记号笔记下其转动方向。

2）检查磨损情况。

3）不得弯折。

2. 第二部分

第二部分的操作内容如图 6-69 所示，图中各部分的名称及相关知识如下：

1—拧紧力矩 10N · m

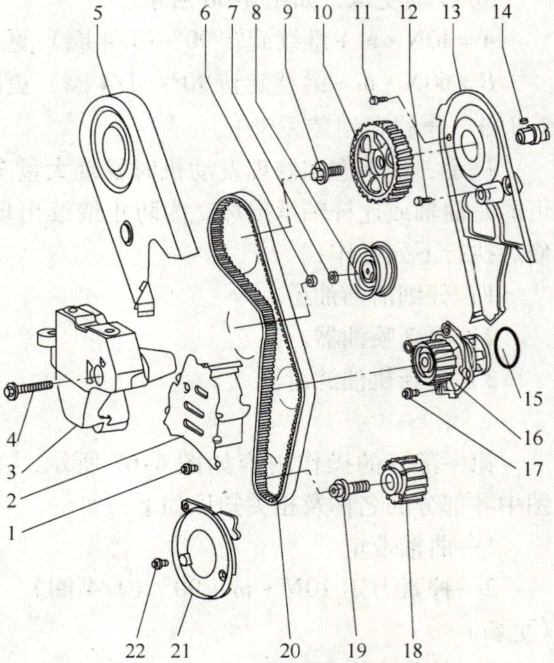

图 6-69　分解和组装发动机（二）

用防松剂涂抹后装入。
2—齿形带中部防护
3—发动机支架
4—拧紧力矩 45N · m
5—齿形带上部防护罩
6—拧紧力矩 23N · m
7—垫圈
8—半自动张紧轮（检查）
9—拧紧力矩 100N · m
松开和拧紧时使用固定支架。
10—凸轮轴正时齿轮
安装位置用盘式弹簧固定。
11—拧紧力矩 10N · m
用防松剂涂抹后装入。
12—拧紧力矩 23N · m
用防松剂涂抹后装入。
13—后部齿形带防护罩
14—半圆键（检查位置是否牢固）
15—O 形圈（更新）
16—冷却液泵
17—拧紧力矩 15N · m
18—曲轴正时带轮
1）在正时带轮和曲轴之间的接触面上部允许有润滑油。
2）只能在一个位置安装。
19—拧紧力矩 90N · m +90°（1/4 圈）
1）更新。
2）不涂润滑油。
3）松开和拧紧时使用固定支架。
20—齿形带
1）在拆前用粉笔或记号笔记下其转动方向。
2）检查磨损情况。
21—齿形带下部护罩
22—拧紧力矩 10N · m
用防松剂涂抹后装入。

3. 第三部分

第三部分的操作内容如图 6-70 所示，图中各部分的名称及相关知识如下：
1—爆燃传感器 1（G61）
触点镀金。
2—拧紧力矩 20N · m

拧紧力矩对爆燃传感器的功能有影响。

3—机油尺

油位不允许超过最大标记。

4—支架

用于点火线圈。

5—拧紧力矩 10N · m

6—拧紧力矩 10N · m

7—拧紧力矩 10N · m

8—支架

9—拧紧力矩 6N · m

10—带加装件的机油滤清器支架

11—拧紧力矩 15N · m + 90°（1/4 圈）（更新）

12—密封条（更新）

13—拧紧力矩 10N · m

14—发动机转速传感器（G28）

15—连接接头

16—拧紧力矩 15N · m

17—O 形环（更新）

18—密封环（更新）

19—节温器（检测：在水中加热调节器）

开启起点：约 85℃。

开启终点：约 105℃。

开启行程：至少 7mm。

20—气缸体

21—冷却液管上的密封环（更新）

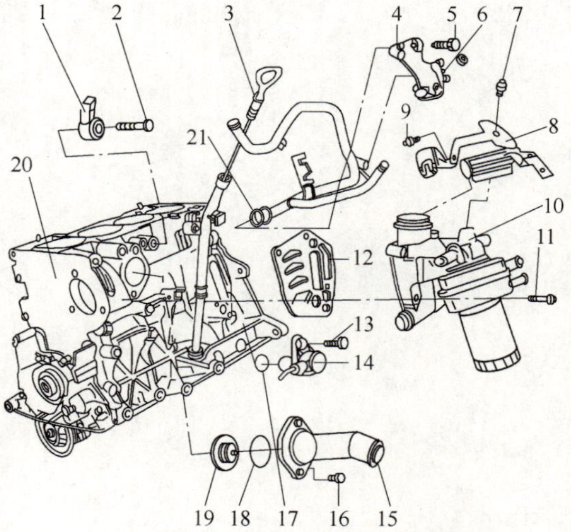

图 6-70　分解和组装发动机（三）